高等院校小学教育专业教材

小学教师专业发展

主　编◎饶从满　　副主编◎张晓莉

华东师范大学出版社
·上海·

图书在版编目(CIP)数据

小学教师专业发展/饶从满主编. —上海:华东师范大学出版社,2020
高等师范院校小学教育专业本科教材
ISBN 978-7-5760-0412-0

Ⅰ.①小… Ⅱ.①饶… Ⅲ.①小学教师-师资培养-师范大学-教材 Ⅳ.①G625.1

中国版本图书馆 CIP 数据核字(2020)第 100370 号

小学教师专业发展

主　　编　饶从满
责任编辑　李恒平
审读编辑　王秋华
责任校对　张丽洲　时东明
装帧设计　俞　越

出版发行　华东师范大学出版社
社　　址　上海市中山北路 3663 号　邮编 200062
网　　址　www.ecnupress.com.cn
电　　话　021-60821666　行政传真 021-62572105
客服电话　021-62865537　门市(邮购)电话 021-62869887
地　　址　上海市中山北路 3663 号华东师范大学校内先锋路口
网　　店　http://hdsdcbs.tmall.com

印 刷 者　上海昌鑫龙印务有限公司
开　　本　787 毫米×1092 毫米　1/16
印　　张　17.75
字　　数　380 千字
版　　次　2020 年 7 月第 1 版
印　　次　2025 年 6 月第 8 次
书　　号　ISBN 978-7-5760-0412-0
定　　价　54.00 元

出版人　王　焰

(如发现本版图书有印订质量问题,请寄回本社客服中心调换或电话 021-62865537 联系)

前 言

虽然目前对于教师(专业)发展概念源于何时、由谁最先使用尚缺乏系统的考证,但可以肯定的是,教师(专业)发展概念首先在欧美教育界兴起并被广泛使用。据日本学者今津孝次郎的考察,在20世纪80年代以前的欧美教育社会学文献中,一个学生从接受教师培养到成为新任教师,进而通过积累经验和接受在职教育成长为熟练教师的过程,一般被称作教师的"职业社会化"(occupational socialization)、"专业社会化"(professionalization),或者"教师社会化"(teacher socialization)。然而,进入20世纪80年代以后,即使在教育社会学者中也不太使用"职业社会化"这一用语,取而代之的是"教师专业发展"(professional development of teachers)或"教师发展"(teacher development)这样的表述。[①] 用语的更替所反映的不仅是学术界的话语转换,同时也表明了实践领域的变化——教师(专业)发展的重要性日趋凸显,并成为教师教育改革与发展的中心。为了更好地促进教师发展,越来越多的国家制定了教师专业标准,并且在对教师的素质与能力进行规定时,也将教师的专业发展能力作为教师的重要专业素质明确提出。

在教师专业化发展的大趋势下,为了更好地促进教师发展,我国相继于2011年和2012年颁布了教师教育课程标准和教师专业标准。2012年颁布的《小学教师专业标准(试行)》规定小学教师应遵循"德育为先"、"学生为本"、"能力为重"、"终身学习"四个基本理念,其中有两个理念与教师的专业发展能力有关。一是在"能力为重"的理念下,要求小学教师"坚持实践、反思、再实践、再反思,不断提高专业能力"和"研究小学生,遵循小学生成长规律,提升教育教学专业化水平";二是在"终身学习"的理念下,强调小学教师应"具有终身学习与持续发展的意识和能力,做终身学习的典范"。这一理念当然也体现在对小学教师"专业能力"的具体规定上:小学教师除了要具备教育教学设计、组织与实施、激励与评价等"教书育人"的能力之外,还应具备"沟通与合作"和"反思与发展"

[①] [日]今津孝次郎.変動社会の教師教育[M].名古屋:名古屋大学出版会,1996:69—70.

的能力。其中,在"沟通与合作"能力方面,要求小学教师能够"与同事合作交流,分享经验和资源,共同发展";在"反思与发展"能力方面,要求小学教师能够"主动收集分析相关信息,不断进行反思,改进教育教学工作","针对教育教学工作中的现实需要与问题,进行探索和研究",以及"制定专业发展规划,不断提高自身专业素质"。2011年颁布的《教师教育课程标准(试行)》也将"育人为本"、"实践取向"、"终身学习"并列为指导教师教育课程设置的三大基本理念,并在"小学职前教师教育课程目标与课程设置"中,将"具有发展自我的知识与能力"列为小学教师应具备的"教育知识与能力"之一,具体包括:(1)"了解教师专业素养的核心内容,明确自身专业发展的重点";(2)"了解教师专业发展的阶段与途径,熟悉教师专业发展规划的一般方法,学会理解与分享优秀教师的成功经验";(3)"了解教师专业发展的影响因素,学会利用以课程学习为主的各种机会积累发展经验"。毫无疑问,本书的编写是依据上述两个标准进行的。

根据《国家中长期教育改革和发展规划纲要(2010—2020年)》建立"国标、省考、县聘"的教师资格准入与管理体制的精神,教育部于2011年颁发了《关于开展中小学和幼儿园教师资格考试改革试点的指导意见》和《中小学教师资格定期注册试行办法》,与此同时还颁布了教师资格考试标准和考试大纲。根据教师资格试点的要求,2011年以后入学的师范类专业学生与非师范类毕业生或公民一样,申请教师资格均须参加教师资格考试。在教师资格考试制度改革的背景下,本书自然也必须满足教师资格考试的要求。小学教师资格考试大纲包括"教育教学知识与能力"和"综合素质"两大部分。"掌握教师专业发展的基础知识"属于"教育教学知识与能力"考核的目标和内容之一。帮助有意取得小学教师资格证书者掌握教师专业发展的基础知识,也是本书的重要目标。

但是,鉴于目前的小学教师资格考试大纲尚处于试行阶段,还不够成熟,特别是对于"教师专业发展的基础知识"的具体内容缺乏具体的规定,本教材在满足资格考试要求的同时,更多地依据《小学教师专业标准(试行)》和《教师教育课程标准(试行)》的精神与要求,并立足教师是自身专业发展的主体这一基本理念,着眼于引领并帮助职前小学教师了解自己的职业,形成专业认同,明晰自己作为专业人员的发展规律、发展方向和发展内容,掌握实现有效专业发展的基本路径与策略。

基于如上指导思想,本书按照"为什么要做小学教师、做什么样的小学教师——教师是如何发展的——教师要发展什么——教师应该如何发展"这一逻辑线路,进行结构设计。我们认为首先要引导小学职前教师在理解和认识小学教育与小学教师工作的特点及其重要性的基础上,形成对小学教师工作的职业认同;同时,引导小学职前教师理解小学教师作为专业人员的基本意蕴,并把成为一名专业的小学教师作为自己的终身追求。思考教师是如何发展的旨在帮助小学职前教师理解教师发展的基本过程及其影响因素,从而使其更好地进行自身生涯发展的规划。教师要发展什么是一个重要的主题,主要通过对《小学教师专业标准(试行)》的解析,帮助小学职前教师了解作为一名合格的小学教师应该发展哪些基本素质,引导小学职前教师明确作为优秀教师应该努力的方向和重点。最后呈现的是小学教师特别是作为小学在职教师实现专业发展的主要路径与策略。之所以从"教师的自我发展"、"基于合作的教师发展"和"师生相长"这三个方面来呈现教师专业发展的路径与策略,主要的考虑是:对于每一位普通的小学教师来说,最重要的专业发展资源是校本资源。也就是说,学校不仅是学生发展的场所,也应该是教师发展的场所。而在校本资源中,最重要的潜在发展资源是人——教师自身、同事和学生。要把这些潜在的发展资源变成现实,需要在教师与自身、教师与同事、教师与学生之间建立一种"对话"关系。所谓"教师的自我发展",就是通过在教师主我(I)与客我(M)之间建立"对话"关系,实现自我导向性发展;所谓"基于合作的教师发展",就是通过与同事之间建立"对话"关系,在合作与共享的过程中实现共同发展;所谓"师生相长",就是通过在教师与学生之间建立"对话"关系,把学生作为教师发展的资源加以激活,促进小学教师的教学相长,进而实现师生的共同发展。本书最后的教师专业发展规划部分旨在引导职前教师确立正确的教师发展理念,理解教师发展规划的重要性,并知晓如何制定自己的生涯发展规划,提升职业幸福感。

本教材由饶从满(东北师范大学国际与比较教育研究所教授)担任主编,负责教材总体框架的设计和统稿。在统稿过程中,张晓莉博士协助主编做了很多工作。参与本教材编写工作的人员均是从事教师发展和教师教育研究的青年学者,在此领域均有一定的思考与积累。各章的具体分工如下:

第一章,吴振利(吉林师范大学教育科学学院教授)与贺敬雯(沈阳师范大学学前与初等教育学院副教授);第二章,程耀忠(长春师范大学国际教师教育学院副教授);第三章,张晓莉(长春师范大学教育学院副教授);第四章,回俊松(江苏第二师范学院江苏教育行政干部培训中心讲师);第五章,周成海(辽宁师范大学教育学院副教授);第六章,蹇世琼(长江师范学院教师教育学院副教授)与黄河(贵州师范大学教育科学学院讲师);第七章,苗学杰(河南师范大学教育学院副教授)。

  由于参与教材编写工作的人员均有繁重的教学科研任务,加上我们的教材编写经验与水平有限,本教材一定还存在诸多不足,敬请广大读者批评指正,你们的宝贵意见将在未来的修订中得到体现。

饶从满

2020年4月于东北师范大学

  党的二十大报告对做好新时代新征程教育工作、加快推进教育高质量发展作出新的重大部署。实现教育的高质量发展,教师队伍是关键。因此,党的二十大报告提出要"加强师德师风建设,培养高素质教师队伍,弘扬尊师重教社会风尚"。而要培养高素质教师队伍,就需要更加注重培养教师的教学胜任力和自我发展能力。只有教师队伍的专业水平得到了提升,教育教学质量才有根本保证,尊师重教的社会风尚才具有社会基础。

2023年12月补记

目 录

第一章 做什么样的小学教师 / 1
- 第一节 小学教育的重要地位与小学教师工作的独特价值 / 5
- 第二节 教师的传统形象与专业形象 / 27
- 第三节 做专业的小学教师 / 48

第二章 教师是如何发展的 / 64
- 第一节 教师专业发展研究的理论视野 / 65
- 第二节 教师发展的阶段性特征 / 77

第三章 教师要发展什么 / 93
- 第一节 合格教师的素质要求 / 94
- 第二节 优秀教师的素质特征 / 122

第四章 教师的自我发展 / 142
- 第一节 教师自我发展概述 / 143
- 第二节 教师自我发展的主要策略 / 149

第五章 基于合作的教师发展 / 160
- 第一节 教师合作概述 / 161
- 第二节 教师专业共同体中的教师合作 / 165
- 第三节 教师合作的促进 / 184

第六章 师生相长 / 190
- 第一节 师生相长概述 / 192
- 第二节 师生相长的实现策略 / 212

第七章　教师专业发展规划 / 230
　　第一节　多维思考：学校组织中的教师发展 / 231
　　第二节　实践探索：个体发展与组织发展结合的模式 / 242
　　第三节　教师职业倦怠应对 / 258

第一章
做什么样的小学教师

学习目标

1. 理解小学教育的地位和特点。
2. 体会小学教师工作的意义和价值。
3. 感受小学教师工作的快乐与幸福。
4. 知晓典型的教师形象的隐喻,理解其意蕴,并能评价其合理与不当之处。
5. 把握专业性职业的特质,准确阐释教师职业的专业属性,明晰教师专业化的意义及进程。
6. 理解专业的小学教师之意蕴,全面把握专业的小学教师的角色形象。

关键概念

1. **小学教育**:是人们接受的最初阶段的正规教育,是基础教育的重要组成部分,一般 6—12 岁为小学适龄儿童,现阶段小学阶段教育的年限一般是 6 年。
2. **国民教育**:亦称公共教育,国家为本国国民(或公民)实施的学校教育,一般为国家规定的每个公民必须接受的基础教育,即小学和初中教育,有的国家还包括幼儿教育和高等教育。
3. **国民教育体系**:是指主权国家通过法规确定的为本国国民提供教育服务的,适用于本国国民的,具有现代特征的教育组织体系。
4. **义务教育**:是指依法律规定,国家对一定年龄的儿童所实施的一定年限或范围的普通学校教育。
5. **教师形象**:对培养或成为什么样的教师的描述,是教师角色的社会期待以及自身角色行为的外化与表征,是一定历史条件和文化背景下,人们对于教师这一职业的职能、特点、行为所形成的一种较为稳固而概括的总体评价与整体印象。
6. **理想教师形象**:是人们对心目中所期待的教师的形象描述,不同时期人们关于理想教师形象的认识不同。
7. **专业**:基于专业知识和职业道德而建立起的职业群体,能够提供社会服务,具有不可或缺的社会功能。
8. **专业化**:是一个社会学概念,是指一个普通的职业群体在一定时期内,逐渐符合专业标准、成为专业性职业并获得相应的专业地位的过程。

9. 教师专业化：是指教师职业专业化的过程，主要强调教师群体的、外在的、专业性的提升，更多体现的是一种思想或思潮，一种教育制度，以及一种教育改革运动。

10. 教师专业发展：是指教师的专业成长或教师内在专业结构不断更新、演进和丰富的过程。

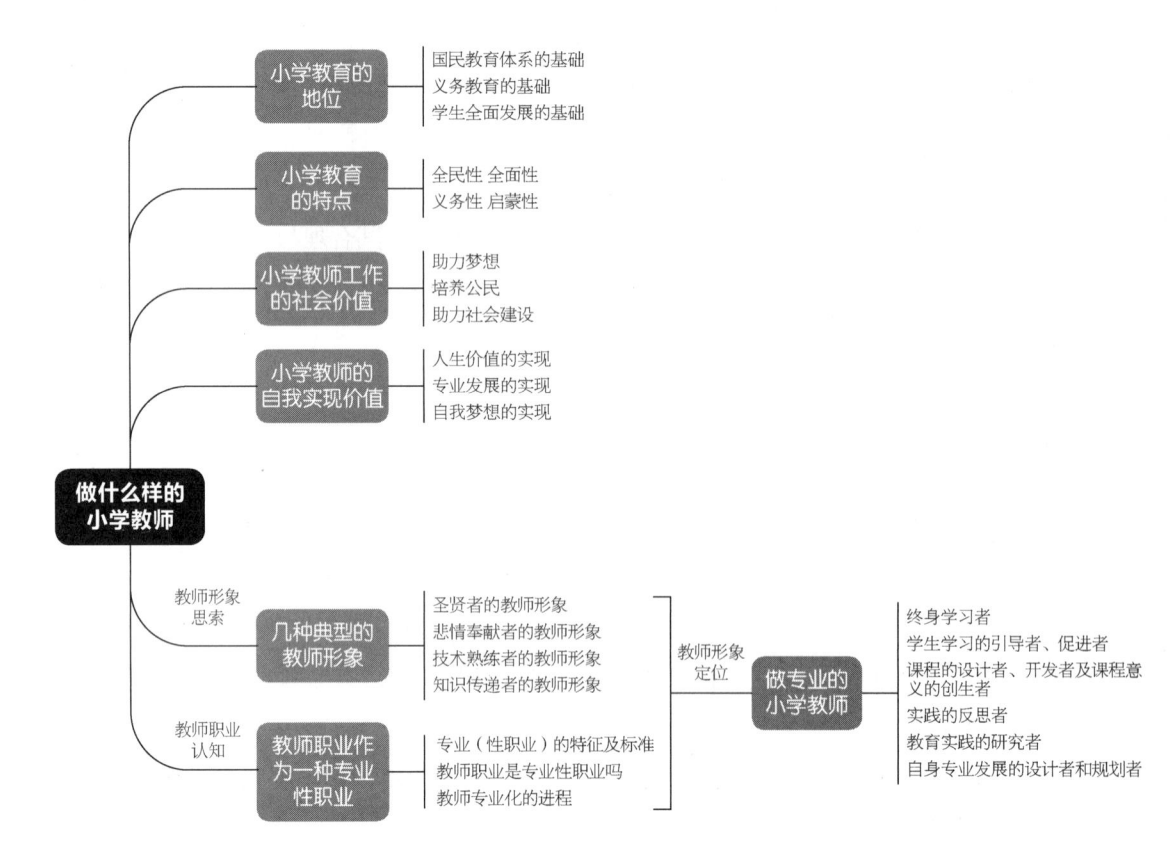

内容脉络

做什么样的小学教师

- 小学教育的地位
  - 国民教育体系的基础
  - 义务教育的基础
  - 学生全面发展的基础
- 小学教育的特点
  - 全民性 全面性
  - 义务性 启蒙性
- 小学教师工作的社会价值
  - 助力梦想
  - 培养公民
  - 助力社会建设
- 小学教师的自我实现价值
  - 人生价值的实现
  - 专业发展的实现
  - 自我梦想的实现
- 教师形象思索
  - 几种典型的教师形象
    - 圣贤者的教师形象
    - 悲情奉献者的教师形象
    - 技术熟练者的教师形象
    - 知识传递者的教师形象
- 教师职业认知
  - 教师职业作为一种专业性职业
    - 专业（性职业）的特征及标准
    - 教师职业是专业性职业吗
    - 教师专业化的进程
- 教师形象定位 → 做专业的小学教师
  - 终身学习者
  - 学生学习的引导者、促进者
  - 课程的设计者、开发者及课程意义的创生者
  - 实践的反思者
  - 教育实践的研究者
  - 自身专业发展的设计者和规划者

这是一门非常重要的课程，或许要等到你成为教师 5 年以后、10 年以后、20 年以后甚或 30 年以后才能认识到这一点。

先来看看两个真实的例子。

案例 1-1

最美的礼物[①]

我是一名刚刚参加工作一年半的小学教师，入职时，我被分配到了一年级。面对这些刚入学不懂纪律的孩子们，虽然我感到格外辛苦，却也常常对他们的天真可爱喜爱不已。在教学的过程中，我遇到了一个这样的女孩儿，她活泼好动、异常调皮，但相处下来，她每每表现

---

① 本案例由东北师范大学附属小学王小依老师提供，此处有少量改动。

出来的那种于我而言虽幼稚但真诚的关怀,却让我非常感动。

这个小女孩儿名叫王浩铭,是个性格极活泼的孩子,上课时也常常难以控制自己的情绪,高兴了就不免要大声笑出来,难过了也要大声哭出来才行,虽然小学教育专业出身的我,十分了解这其实是一个6岁的孩子该有的天性,但课堂上的大哭大笑,往往会对其他孩子产生影响。因此,课后,我常常会与她聊一聊这些事,她也都做懂事状点头答应,之后也确实努力改正。然而毕竟天性如此,她还是会在课堂上表现出类似的行为。所以偶尔在课堂上,我也会对她"出格"的行为进行严厉的批评和制止,但庆幸的是,这丝毫没有影响她对我的喜爱之情。

在我教她的时候,她就表现出对我的格外喜欢,不过她不像其他孩子一样,一到课间就围在我身边玩儿,心灵手巧的她经常会在自己的座位上忙活着,比如画画、剪纸或者用彩泥做一些精致的手工,然后她会把它们送给我,这些小礼物时常让我感到惊喜,我也乐得沉浸在她的关注和喜欢里。

后来,王浩铭所在的班级开始利用每周五下午的时间,举行主题为"分享"的班会,偶尔是分享食物,偶尔是分享玩具或者自己闲置的其他物品。有一个周五的下午,小小的她趁着班会休息时间,从她教室所在的A区一楼,大老远跑到B区五楼我的办公室,气喘吁吁地捧着一颗那种奶奶款针织毛衣上的扣子,笑得眼睛眯成一条缝地对我说:"老师,这是我刚刚从别人手里换来的,你看它多好看呀,这是我见过最好看的宝贝了!它的周边都是水晶做成的,还是透明的,往里面看,有一颗蓝色的宝石,我实在太喜欢了,用了两个玩具才把它换过来,现在我要把它送给你!"不争气的我,眼睛里氤氲成汽,那一刻,我仿佛看到这个小小的人儿捧着一颗赤子之心站在我面前,把她最真挚的爱都送给了我。我竟感慨,这一生何德何能,做了小学老师,得了孩子们如此一片赤诚。

一年以后,这批孩子顺利升入二年级,我因工作需要,又重新回到一年级迎接下一批孩子,可是直到现在,每周五下午我依然会收到她的礼物,可能是一张贺卡,可能是一幅画,也可能是几块饼干。但在我看来,所有她带来的,都是一个纯真善良的心灵,给予我的关心和惦念。作为这样美好心灵的守护者,我发自内心地感到幸福和快乐!而这样纯善的心灵,将是我此生收到的最美的礼物。

小学教育与幼儿园时期有何不一样?与中学呢?你认为这位老师理解了小学教育的独特价值吗?你认为他(她)会成长为一名出色的教师吗?为什么?

案例1-2

流失的教师[①]

几年前,为了一个新办学校的筹备工作,我们招聘了20多名新教师。人力资源部门制定了一个新教师培训方案,其中最重要的一项培训是团队精神培养,设计了时下流行的户外团

---

① 本案例由儿童教育专家,美术教育家和巴学园创始人李跃儿老师讲述。

队拓展训练——一群人在拓展基地进行各种游戏活动。最后一个活动是攀越高墙障碍,一名成员在高墙上向后仰倒并由团队成员接住。活动结束后,培训师引导大家追问:我要做什么?生命的意义是什么?让大家去思考。

我没想到的是,一年后,这批老师中的90%都流失了。他们离职后做了什么工作?有的做了销售,有的做了物流从业人员,有的做了企业行政助理,有的做了电商,还有的自己开了网店……遗憾的是他们大多离开了教师这个行业。"我一辈子就是陪着这一群群毛孩子吗?"这样的追问把这批新教师引向了虚无,使他们一时迷失了方向。

如果一个追问只是导向自我,或者认为只有追求到金钱和成功才能实现一个人的价值与幸福感,那就把最重要的东西弄丢了。其实,教师的专业性是独特的,要让孩子将来很好地生活,不仅是要教他们认字算数之类的知识,更要给孩子心灵的滋养和情感的关怀,尊重孩子,让孩子人格发展健全,拥有面对生活的能力、处理复杂关系的能力和学习的能力,幸福生活才能成为可能。

我们后来汲取了教训,格外重视对新入职教师的引导,让老师感受爱的氛围,引导他们读懂儿童心灵进而读懂教育。这以后,新教师的招聘和培养再也没有发生那样意外的流失事件。

你认为一个人选择教师作为职业,他(她)最初完全理解了这种选择吗?为什么培训师的一个追问会改变一个人的选择?教师的信念是怎样建立的?教师的成长和发展是一个人跌跌撞撞地摸索尝试还是可以循着一些规律更好地找准方向?教师从新手到合格教师,到行家,再到专家,要发展自己的什么?

对于这些问题,在这门课程的学习过程中,大家都可以不停地思考。教师专业发展不是一门讲述知识点的课程,这门课程的奇妙在于它需要结合每个学习者的经验进行思考。它既需要一种"自由意识"(批判教育论),也需要一种"对话精神"(社会文化教育论),还需要一种"专业热忱"(存在教育论)或者"沉醉参与",更需要一种"实践智慧"(系统论或实用主义)。它既需要以史为鉴,学习教学名师的智慧,博观约取,厚积薄发,也需要对自身的"教育哲学"进行不断的反思、总结和提升。

这门课程的学习还特别需要一种整合观,有观点认为教师的专业发展最终都要指向提升课堂教学质量。例如,2016年9月,英国文化教育协会发布其新版《教师持续专业发展框架》(见图1-1),重新界定了教师专业发展的不同阶段和12个专业能力发展维度。这12个专业能力维度是:①教学与课程计划;②了解学习者;③课堂管理;④掌握学科知识;⑤资源管理;⑥学习成绩评估;⑦信息技术整合;⑧自主专业发展;⑨包容性教育;⑩多语种教学;⑪提升二十一世纪技能;⑫理解教育政策与实践。每个维度教师专业发展的不同阶段:①意识阶段;②理解阶段;③实践阶段;④整合阶段。[①] 作为教师,如果赞同这种整合观,你会如何

[①] 英国文化教育协会.卓越教学:中小学教师持续专业发展[Z].2016.

通过提高课堂教学质量来促进自己的专业发展？如果不赞同，你会怎么做？尤其是新时代教师专业发展需要面对全新的课题：德育、学习科学、脑科学、STEAM教育、核心素养、项目式学习、混合式学习、基础教育均衡发展、互联网对教学的变革、跨学科教育、人工智能、从教书向育人转变等，你会如何应对这些挑战？

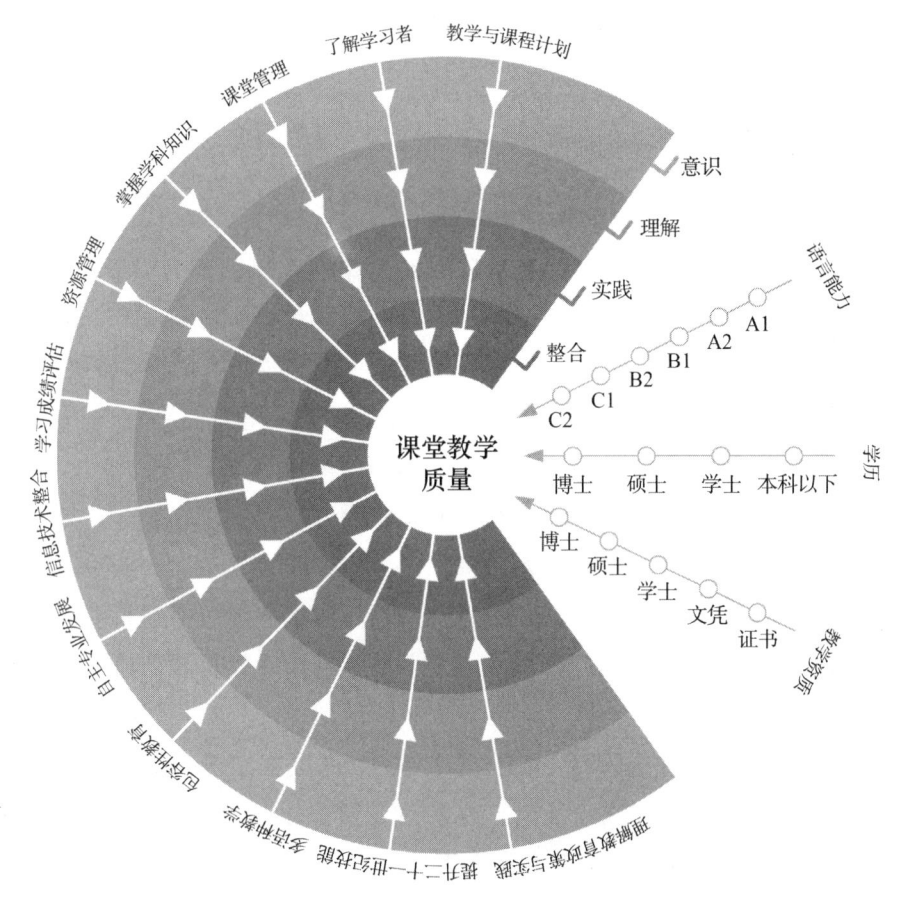

图1-1 教师持续专业发展框架

上述问题都是前沿、动态发展的，本书或许不能全部回答，或者也不能完全展示教师专业发展的每一个细节。但是，本书将一一呈现教师专业发展最重要的内容：思考教师专业发展的框架和工具，分析教师专业发展的具体途径和方法，即个人掌控的方法和通过共同体相互学习和指导而获得的方法。这里，我们将首先从认识小学教师的价值切入。

第一节 小学教育的重要地位与小学教师工作的独特价值

我国电影《美丽的大脚》和印度电影《地球上的星星》《嗝嗝老师》里面的小学教师都让观众感动而落泪。这是因为电影里面包含的是生活中最普遍而又最难以改变的触动人心最底处的东西——善良、坚持不懈、勇敢，以及老师这个职业的无私与伟大——牺牲自己的时间去改变孩子,帮助他们一步步成长进步,将他们培养成为对社会和国家有用的人。

可是如果我们只从教育的角度思考,为什么在影视作品里对老师的形象刻画,能够这么容易给人留下深刻的印象?

小学教育是整个教育体系的开端和基础,是学生受教育的启蒙阶段,为学生一生的发展和成长奠基。小学教育具备基础教育的特点,如全民性、全面性、义务性、启蒙性等,而对这些特点的把握与应对,也将成为检验一名小学教师是否合格的重要标准之一。

一、小学教育的地位

(一) 小学教育是国民教育体系中的基础

"国民教育"一词是西方民族意识觉醒和民族主义盛行的产物,作为一个外来词,其含义历来有所争议,《教育大辞典》中对"国民教育"的定义,即国民教育(national education)亦称公共教育,国家为本国国民(或公民)实施的学校教育,一般为国家规定的每个公民必须接受的基础教育,即小学和初中教育,有的国家还包括幼儿教育和高等教育。[①]

小学教育的发展不仅要为自己负责,更要为整个国民教育负责,为每一个学生的未来负责,为数以万计的家庭负责,为祖国的明天和未来负责。

从一个人的受教育历程来看,小学教育是每个人经历的初始的受教育阶段,是日后接受中等教育和高等教育的基础。从知识体系的建构来看,从小学到初中到高中再到大学,知识应该是具有连贯性和整体性的,每个阶段的教学内容虽然看似零散和独立,实质上却相互贯通,这是我们要培养一个完整的人所需要也必须做到的,而在知识难度层层递进的过程中,小学阶段的知识看起来最简单,却是之后接受更深层次知识的基础,如果学生的基础不牢靠,就很容易出现知识断层,甚至导致其整个知识体系构建不成而分崩离析。因此,作为整个教育体系的基础,小学教育在知识培养方面一定要牢牢紧抓,让儿童将基石打牢。

然而,学习最基础的学科知识,仅仅体现了小学教育基础性的一方面,在小学教育的过程中,更重要的其实是注重个体全方位的发展,为儿童在成长过程中所需要的各方面能力和素养奠定基础,这样才能在未来为祖国培养负责任的全面发展的公民。

小学阶段的学校教育要让儿童在学到基本知识和技能的同时,掌握正确的学习方法;养成良好的学习和生活习惯;具有清晰的思维模式,具备一定的逻辑推理能力;提出问题后懂得如何分析并解决问题;拥有独立的判断能力、创新能力;能够积极乐观地面对生活;勇于承担责任;等。这其中的每一项内容都会被贯穿于课堂教学和课外活动中,也贯穿于整个小学教育阶段的始终,而每一种能力和素养的养成,都将成为儿童在未来接受教育的道路上不可或缺的宝贵财富,同时也是帮助儿童成长为有民族意识的、对社会负有责任心的公民所必须

---

① 顾明远.教育大辞典[M].上海:上海教育出版社,1998:526.

具备的良好品质。

小学教育是公民终身发展的基础。联合国教科文组织国际教育发展委员会于1972年发布的《学会生存——教育世界的今天与明天》中指出,未来社会必须要实现每个人都主动谋求自身的教育和发展,要将学校教育转化为自我教育的理念。"学习型社会"及"终身教育"成为各国教育改革和探索的基本出发点和立足点,而一个国家要想实现全民主动学习和终身发展的目标,就必然要从国民教育中义务教育的基础阶段——小学教育着手。

著名的瑞士心理学家让·皮亚杰(Jean Piaget)将儿童思维的认知发展分为感知运动阶段(sensorimotor stage)、前运算阶段(preoperational stage)、具体运算阶段(concrete operational stage)和形式运算阶段(formal operational stage)四个阶段。其中,具体运算阶段的儿童年龄大致为7—11岁。这一阶段儿童心理发展的特点是:能够根据已有的生活经验提出问题、发现问题并解决问题,同时,能理解和遵守规则。儿童在这一时期开始接受学校教育,对其以后的认知发展具有重要意义。[1]

小学教育作为学生实现终身发展所要接受的基础教育阶段,不仅要传授给学生通识的学科知识,还要超越学科限制,激发学生积极探索和学习的主动性,培养学生良好的学习习惯,教授学生基本的学习方法以及如何将所学到的知识应用到自己的实际生活当中,为学生一生的学习和发展调准正确的方向,奠定坚实的基础。

因此,小学教育作为国民教育体系的基础,具有为整个国民教育铺石开路的重要意义。

(二)小学教育是义务教育的基础

义务教育是指依法律规定,国家对一定年龄的儿童所实施的一定年限或范围的普通学校教育。[2]《中华人民共和国义务教育法》[3]中规定,国家实行九年义务教育制度。

义务教育是国家规定强制实施的学校教育,目的是为了保障适龄儿童、少年接受教育的权利,提高全民族素质。一个国家,只有当教育惠及每一个公民时,这个国家的国民素养才能真正有所提高,城乡之间的贫富差距才能逐渐缩小,人民生活的幸福指数才能有所上升,国家也才能建设得更加文明和富强。

小学教育作为义务教育的基础,是培养儿童全面发展能力的黄金时期。从个人层面来讲,小学教育作为每个公民必须履行的义务,是每个儿童在成人之前所必须接受的基础教育。在这一阶段,儿童要学习最基础的文化常识和最基本的生活技能,拥有识文断字的能力,具备与人沟通和交流的能力,懂得最基本的文明教养,养成良好端正的品德,树立正确的世界观、人生观和价值观,具有基本的法律常识和守法意识,并明确做人的道德底线,为自己能够成为一个负责任的良好公民打下基础。从国家层面来看,近年来,随着我国经济、科技

---

[1] 陈琦,刘儒德.当代教育心理学[M].北京:北京师范大学出版社,2007:31-34.
[2] 张念宏.中国教育百科全书[M].北京:海洋出版社,1991:62.
[3] 参见全国人大网公布的最新修订文本(2018年12月29日通过)。

和文化等各方面的快速发展,对小学教育质量提出了更高的要求。因为小学教育作为义务教育的基础,有两个方面的基本功能,一是为培养"合格公民"奠定基础,二是为培养优秀的社会主义建设者与接班人(首先也需要合格)做好准备。

义务教育分为小学教育和初中教育两个阶段,小学教育作为义务教育的基础,承担着"童蒙养正"和适应社会的基础性任务,而初中教育则主要是小学教育的深化、展开和向更高级阶段的过渡。所以,小学教育承担着重要的"养正"和成人的任务,需要帮助儿童掌握顺利适应社会所需要的基础知识和能力,需要在儿童内心深处种下善良、诚信、规矩的种子,需要帮助儿童扣好人生第一粒扣子,帮助儿童把握好人生的方向,奠定"三观"的早期基础。如果一个人在小学阶段没有打好扎实的诚意、正心和修学等基础性功夫,则会使其错过一些能力发展的关键期,也会使其错失一些品质铸造的高效期,后期再想补救则很难。况且每个阶段有每个阶段的任务,补救则意味着会造成新的不足。

《中华人民共和国义务教育法》第三十四条规定:"教育教学工作应当符合教育规律和学生身心发展特点,面向全体学生,教书育人,将德育、智育、体育、美育等有机统一在教育教学活动中,注重培养学生独立思考能力、创新能力和实践能力,促进学生全面发展。"

在进入小学初期,儿童通常会有几个星期到几个月的适应阶段,这个时期的儿童开始或快或慢地熟悉并了解一个新的环境,认识新的老师和同学,学习并遵守新的课堂纪律与班级规则,对于他们而言,一切都是一个崭新的开始。然而从适应期开始,正式的课堂学习就已经替代了幼儿园时的游戏教学,在学校有计划的安排下,知识的海洋开始揭开神秘的面纱,向他们展示五彩纷呈的全新世界,他们开始学习简单的数字和字母,开始用尚未发育成熟的小肌肉群费力地摹写出黑板上老师要求抄录的字词,开始并不完整地复述和表述,一切都显得笨拙且艰难。这就是初入小学的儿童,应该且必须拥有的启蒙教育的起点。

从教学内容来看,为了帮助儿童实现终身发展的目标,除了语文、数学和英语这样的工具类学科外,学校通常会根据不同年龄段学生的心理发展特点,为学生开设不同的非工具类课程[①],以便让学生能在小学教育阶段接受通识且全面的教育。如在小学,会为低年级的学生开设德育类课程(道德与法治)、美育类课程(美术、音乐)和体育类课程(体育),并保证每周每类课程均占有4个课时的教学时间,以期让学生在德、智、体、美、劳等各方面得到均衡发展。进入中高年级以后,随着小学学习内容的深入和儿童年龄的增长,儿童各方面的能力会逐渐得到提升,比如语言能力、观察能力、书写能力、动手能力、记忆能力和思维能力等,于是学校会逐渐开设科学、综合实践和信息技术等课程。所有这些课程,在小学教育阶段都占有重要的地位,它们之间看似独立,实际相互联结,相辅相成,缺一不可。下面将以低年级的教学内容为例,分别阐述其对于小学生实现终身发展目标所具有的不可替代的作用。

[①] 所谓工具类学科与非工具类学科只是相对的划分,工具类学科不但自身单独作为学科能够培养学生的某种素养,还是学习其他学科的工具,最典型者如语文和数学;由于世界的普遍联系性和知识的彼此关涉性,非工具类学科通常也会成为其他学科的支撑与辅助,但却不具有明显的工具性。

1. 智育

　　语文学科作为培养学生语文素养的主要学科,在小学教育阶段占有十分重要的地位。一个人从出生就已经开始接触母语了,而进行由浅入深的系统学习,还是在学生进入小学一年级接受学校教育开始的。从每一个字母的认读到拼读再到熟记,从每一个汉字笔画到笔顺的勾勒描绘,从组词到造句再到作文,语文学科的学习从此由课堂延展至每个人的一生,逐渐积累听、说、读、写的素材并提升其能力,为每个学生未来更高水平的阅读、交际和写作夯实基础。

　　随着我国教育研究和改革的逐步深化,小学教育中的数学课程越来越重视学生能力的培养以及这些能力在生活中的应用。在数学教学中,教师更加重视学生发现问题、提出问题和解决问题的培养过程,让学生在自主合作探究的学习过程中,形成一定的思维能力和推理能力,也体验数学在生活中的实际应用价值,学会利用已有的知识解决问题。这样的能力培养将使得每一个学生受用终生。

　　经济全球化使得语言工具愈发受到人们的重视,英语作为重要的国际交流语言,也成为小学启蒙教育中必备的工具类科目之一。近年来,英语的学习开始更加注重培养学生的口语交际能力,通过英语学科的学习,能让学生更多地了解西方文化,为其成为拥有全球视野的中国公民奠定基础。

2. 德育

　　德育一直是基础教育阶段强调的首要教育目标之一。2016年起,义务教育阶段全面铺开道德与法治课程的实施工作,将基础教育中的德育进一步落到实处。对于低年级的学生来说,道德与法治课程主要侧重培养学生的国家意识、道德意识和规则意识,通过让学生对国旗、国歌以及祖国伟大成就等方面的了解,初步培养学生的爱国主义情怀。透过课程内容,逐渐培养学生的道德意识,为学生从根本上树立正确的道德观念,同时培养学生的规则意识,让学生懂得遵守规则的必要性,为将学生培养成为遵纪守法、诚实守信的公民打下坚实的基础。

3. 美育

　　美术和音乐两个学科的课程实施,是小学阶段美育目标达成的主要途径。美术和音乐就像两种全世界通用的语言,对于懂得欣赏它们的人来说,它们的美拥有震撼人心的力量。因此,通过美术和音乐课程的学习,不仅能够提高学生的审美能力,更能激发他们在未来的人生道路上,对生活的感知与热爱。

4. 体育

　　增强国民体质是一个国家甚至是全人类永恒的话题。近年来,随着生活水平的提高,生活节奏的加快,越来越多的人以忙碌为由不再重视体育锻炼,许多年轻人都处于亚健康状态,这对于一个国家的发展而言只有百害而无一利。因此,小学阶段的体育课程尤为重要,需要在这个阶段培养学生良好的运动习惯,积累一些基础性的体育知识。体育课程能够让学生在运动中体验快乐,在运动中学习规则,在运动中学会处理人际关系和矛盾冲突,为其终身发展打下良好的基础。

从小学低年段的课程设置中不难看出,每一门课程都有其独特且重大的意义,而实际上,在每门课程的实施中,教师都不仅仅是在教授这门学科的知识,而是透过这门学科,对学生进行更深层次的教育。当所有课程连贯起来时,将对学生各个方面的发展起到全方位的奠基作用,从而实现为学生的终身发展奠定基础的教育目标。

基础不牢,地动山摇。小学教育是义务教育阶段的基础,对于一个人的全面、协调和可持续发展意义重大,对于培养合格的社会公民意义重大,对于培养高素质的社会主义建设者与接班人意义重大。

反思 1-1

难以承受之重与之问[①]

作为一名观察、思考和研究教育的工作者,我感觉广大教育工作者应该做的事情,往大了说就是提点育人、帮人筑梦、植绿渡人和美饰希望,努力成为帮助人类社会描绘涂抹美好蓝图的智者与能者。但是,许多时候,我深深地感觉到的却是社会愈演愈烈的执拗和广大教育工作者能力的欠缺。

之所以有如上感受,有很多个依据和缘由,其中最为痛彻的一点是:小学生的书包为什么越来越重?他们的学习时间为什么越来越多?小学生为什么要那么累、那么辛苦?小学生的"工作性"学习为什么越来越多,而游戏性学习却越来越少?小学生的顽劣、童心和快乐为什么会迅速衰减,但其功利、世故和少年老成的痕迹却日益明显?

为了不让孩子输在所谓的"起跑线"上,打着"为孩子好"的旗号,抱着为了"将来"的初衷,老师加班加点,布置的作业越来越多,一些父母甚至会继续加码、增加作业量,或让孩子学习各种班(补习班和特长班)。如此,导致孩子的业余时间少得可怜,孩子的任务异常繁重;导致孩子早早戴上眼镜,早早就遭受种种残酷的竞争;导致"无忧无虑"的童年变成了一个无法实现的梦;导致各种压力和无奈无情地转嫁到孩子小小的肩头上。

试问,这难道是童年该有的样子嘛?这难道真的是本然应然的"小学"吗?小学的基础性,就该是这样急匆匆和忙碌碌的模样吗?再试问,小学教师留作业的时候,有多少大量重复的内容呢?小学教室里边的质量和成色,到底怎么样呢?有几多小学老师能够通晓并贯彻"越少反而越多"的信条呢?小学课堂里,是否大

[①] 根据吉林师范大学吴振利老师的讲座发言整理而成。

量存在老师比较清闲而学生比较辛苦的现象呢?再试问,不快乐的童年,会在孩子内心留下多大的阴影面积呢?如此累与痛的小学生活,能为长久的阳光与和谐打好基础吗?如此的累与痛,与稚嫩的小学生匹配吗?是否会留下"小学隐患"呢?

当所有难以承受之重与之问接踵而至时,作为小学教师的你和作为观察思考教育教学现象的我,都做何感想呢?

教师,就应该是学习者、思想者和力行者,在指引和教育学生的同时,更要努力诘问自我、改造自我、解剖自我和完善自我。

上述现象和问题,相信大家都不陌生。这些现象和问题,值得小学教师深思和重视,需要小学教师做目力长远和正本清源的力行者。为此,我们需要深识如下几点:(1)小学就是"小"学;(2)小学生还是稚嫩的孩子,玩是孩子的天性,玩本身也是学习,甚至是更长效、更有用和更根本的教育;(3)在小学阶段打下"尽可能"好的基础就可以了,尽可能好不意味着无限加压和升级;(4)童年本来意味着什么,小学原本该是一个什么样子,这是一个值得探究的课题。

二、小学教育的特点

(一) 全民性

小学教育的全民性,是世界各国前进和发展的共同前提,几乎是所有国家教育改革的共同目标。1948年12月,联合国大会通过《世界人权宣言》向全世界宣告,人人都该享有受教育的权利。1989年11月,联合国大会专门针对儿童权利问题出台具有国际法律效益的《儿童权利公约》,强调受教育是每个儿童都该享有的合法权利,基础教育应该具有全民性。同年,在巴黎召开的联合国教科文组织第25届大会上制定了"争取全民基础教育"计划,要求尽国家最大能力保护人民接受初等教育的权利。1990年3月,由150个国家联合参与的,在泰国举行的议题为"让全民享有受教育的权利"的全球全民教育大会上,1 500名代表通过了《世界全民教育宣言——满足基本学习需要》,其中多次提及,要为全民提供受教育的权利和机会,让基础教育具有全民性。

教育是人类文明得以传递的基本手段和途径,也是一个国家得以发展和强大的有力支撑。我国法律规定义务教育所针对的对象是全国所有适龄儿童和少年,其中包括边远地区、农村地区的儿童,也包括特殊儿童。义务教育从提出之初,就是为了顺应社会发展的需要,旨在提高整个中华民族的素质,将教育普及到每个适龄儿童,让每个人享有最基本的受教育权利。小学教育作为义务教育中的基础教育阶段,必须放开胸怀容纳所有需要接受教育的儿童,为他们每个人未来的人生征程打下扎实的基础。

相较于城市比较完善的师资力量和硬件设施,国家自实施义务教育以来更加关注资源匮乏的边远地区和农村地区,国家鼓励小学教育专业的师范生毕业以后支援贫困落后地区,并相应给予其津贴,以支撑全国各地的小学教育都能更高质量地顺利实施,也期望落后地区的儿童能接受与城市尽量均衡的基础教育,并逐渐改善家乡贫穷愚昧的现状,帮助家乡建设得越来越好,从而为整个国家的发展贡献力量。

基础教育的全民性不仅仅是我国社会主义现代化建设的需要,也是整个世界发展和进步的需求,作为基础教育的重要组成部分,小学教育必然也必须具有全民性。对于一名小学教师而言,小学教育的全民性意味着,你未来的职业生涯中有可能会遇到各种各样的儿童,他们之间可能有着极强的个体差异,他们中可能会有人时常调皮不守规则,他们之中甚至会有特殊儿童,然而正是因为每个儿童的独一无二,才让他显得与众不同。一名合格的小学教师应该爱他羽翼庇护下的每一个学生,保护他们的弱小,对他们施以平等对待,不抛弃、也不放弃任何一个学生,在尊重学生个性差异的前提下,让他接受对他而言最合适的教育。

人类的文明进步和国家的兴旺繁荣,需要受过教育,最好是高水平教育的国民来承担,而受教育自然必须要经历小学阶段,故小学教育具有全民性,是需要也是必然。

(二) 全面性

小学教育作为基础教育的基础,其全面性不仅体现为育才,更体现为育人。自古以来,无论回望我国,还是放眼世界,人类都早已迈开了追求全面发展的脚步,而要想实现人的全面和谐发展,就不能仅仅将眼光停留在知识层面,过分追求才学,而更应该注重培养具有美好品格的完整的人。

早在我国春秋时期,著名的教育家孔子就是一个在育才的同时更加注重育人的典范。孔子自己是一个博学广识之人,他所主张的教育内容也包含了当时"六艺"的全部内容:礼、乐、射、御、书、数。然而,他在教育方法上主张"因材施教",并不苛求弟子们在学识上样样精通,但对于学生的品行却要求极高。孔子之所以能成为中华民族几千年来尊崇的"至圣先师",也绝不仅仅因为他所宣扬的教育内容广博深厚,更因为他所推崇的"仁义"等思想让世人深受教化,其门下弟子流传后世者均被称为"贤人"。因此,追溯历史,我国的教育一直都是既注重育才,同时更注重育人、追求人的全面发展的。

古希腊时期,人们也认为要想真正成为一个和谐的人,不仅要有渊博的学识,还要有健美的体格和美好的心灵,要注重内外兼修。当时的著名思想家亚里士多德还提出教育应该按照人的发展分阶段进行。其中,7岁以上的青少年教育更显得尤为重要,他所主张设置的教育内容丰富且全面,其中包括体育、德育、法律、哲学、物理学、生物学等诸多内容。尽管受时代所限,当时的教育强调只有富有闲暇时间的贵族才能享受这样的权利,但是在教育内容和教育目标上,的确已经体现了基础教育的全面性。

时代发展到今天,无论是社会生产的需要,还是个人自我价值实现的需要,培养全面发展的完整的人都早已成为世界各国共同追求的教育目标。《中华人民共和国义务教育法》中规定义务教育阶段,要将德、智、体、美有机结合,贯穿于教育教学的全过程。《小学教师专业标准(试行)解读》中也强调:"小学教师是通过小学某一学科教学来教育小学儿童的,而不是单纯地向小学儿童教授某一学科知识。"[①]同时,无论是哪一学科的教学,教学目标中除了知识与技能、过程与方法,也还必须加入情感、态度和价值观这一维度的目标设定,也就是说每一节课的课程目标都不仅仅是单纯地教授学生文化知识,更重要的是通过每门课程,对学生进行更全面也更深远的教育。

　　不难看出,无论从义务教育的相关法规还是从国家对小学教师的要求中,小学教育的最终目标是在育才的同时进一步实现育人,要在促进学生在学识上均衡发展的同时,让学生成为一个完整的人。因此,小学教育的全面性要求小学教师在必须具备更加宽广的复合型知识结构的同时,也必须拥有健全的人格、爱与包容等美好的品质,只有自身先成为一个完整的全面发展的人,才能更好地为实现小学教育的全面性而努力奋斗。

(三) 义务性

　　《中华人民共和国义务教育法》中规定,适龄儿童和少年有义务接受小学和初中两个阶段的学校教育,而国家、社会、学校和家庭对于保障适龄儿童和少年必须接受一定年限内的义务教育具有不可推卸的义务和责任。因此,小学教育的义务性实际上在国家、社会、学校、家庭和儿童这几个方面均有体现,是需要几者共同扛起的义务。

　　一方面,国家和社会通过办学、筹款拨款、培养专职教师等方式来实现义务,学校通过建设硬件设施、聘用教师、招收适龄儿童和少年入学、有组织地进行有序教学等方式完成义务;而家长则应保证儿童在合适的年龄及时入学并顺利完成学业。另一方面,对于适龄儿童和少年而言,接受小学教育是他们作为国家公民应尽的义务,国家的进步和发展需要每个人都接受教育,人类文明的传承更需要每一代人的共同努力。

　　对于妨碍和阻碍适龄儿童和少年接受义务教育的情况,《中华人民共和国义务教育法》中针对不同对象以及情节轻重也进行了明文规定。如《中华人民共和国义务教育法》第五十八条规定:"适龄儿童、少年的父母或者其他法定监护人无正当理由未依照本法规定送适龄儿童、少年入学接受义务教育的,由当地乡镇人民政府或者县级人民政府教育行政部门给予批评教育,责令限期改正。"第五十九条规定:"有下列情形之一的,依照有关法律、行政法规的规定予以处罚:(一)胁迫或者诱骗应当接受义务教育的适龄儿童、少年失学、辍学的;(二)非法招用应当接受义务教育的适龄儿童、少年的。"

　　另外,小学教育的义务性对于小学教师也有一定要求。首先,小学教师应该做到知法懂法,要对《中华人民共和国义务教育法》、《中华人民共和国教育法》、《中华人民共和国教师

[①] 教育部教师工作司组编.小学教师专业标准(试行)解读[M].北京:北京师范大学出版社,2016:5.

法》、《中华人民共和国未成年人保护法》和《中华人民共和国预防未成年人犯罪法》等几部法律都有一定了解,并维护儿童在校期间的任何合法权益,做到遵纪守法,依法执教。

实际上,教师在执教的过程中,由于小学生的年龄特点,学生课上课下难免会出现不守纪律,甚至调皮捣蛋的现象。但无论任何情况,教师一定要提醒自己必须在法律允许的前提下对学生进行合理合法的教育,教师不得剥夺学生受教育的权利;不得体罚或者变相体罚学生;不得使用侮辱性语言对学生进行人身攻击;不得当众揭露隐私等。

小学教师应该做到维护学生的合法权益,爱护和关心学生,平等对待每一个学生,保证学生在校期间的安全,为学生营造健康愉悦的学习环境等。让每个适龄儿童和少年都能按照法律规定及时接受义务教育,这需要社会各界的努力维护、支撑和保障,也同样需要每一名小学教师贡献自己应有的力量。

(四)启蒙性

启蒙教育主要通过学前教育和小学教育完成,二者均具有启蒙性,但侧重点不一样。学前教育阶段的启蒙性主要体现为学习物理事物、生活法则和人际互动等,以生活和游戏为主要形式,以"自然而然"为主。小学阶段要开始全面认识世界和接触科学,已经正式进入了系统学习的生活,其启蒙主要体现在知识技能、思想道德、身体素质和艺术素养等多个方面,以"求其应然"为主。

1. 在知识技能方面的启蒙作用

小学阶段的儿童具有这一时期独有的心理特征和认知特征,由于身体发育不够完善,各方面的能力都相对贫弱且不够成熟。在开始接受知识时,小学生在听、说、读、写等各方面都会表现得不尽人意,因此很多内容需要反复练习和记忆。然而正是这样的稳扎稳打,才使得儿童最初所掌握的知识会在头脑中转化为长期记忆,甚至终身牢记,而这样的基础知识储备对于每个人来说,都是重要且必要的。

另外,除了知识的学习,小学阶段的学生还要掌握一些基本技能,例如阅读技能、写作技能、人际交往技能等,这些对于他们以后接受更高层次的教育或者走入社会都将起到重要作用。

小学阶段,还应该通过多种形式的实践活动培养学生自己动手解决问题的能力,以及大胆开阔学生的思路,培养学生创造性地解决问题的能力。这些能力的培养都需要从小学阶段开始,教师应该注意不给学生唯一答案,鼓励学生发散思维,为国家培养富有可持续发展能力的实用型和创新型人才。

2. 在思想道德方面的启蒙作用

我国一直以来都十分重视思想道德方面的教育,思想道德是一个人的为人之本,而正确的思想道德观念的培养,应该从小学教育开始。

小学阶段的儿童尚不具备明辨是非的能力,他们对事物的判断大多来源于家长和教师的言传身教,而这一时期养成的习惯往往会成为思维定式,很难再改变。因此,儿童在小学教育阶段所接受的思想道德方面的启蒙教育是十分关键的。大到国家荣誉感的培养,对大自然的热爱,小到对班集体荣誉的维护,对长辈的敬爱,对同辈的友善以及对别人劳动成果的尊重等等,这些都需要教师自己首先做到,并且将这样的美德一点一滴、时时刻刻地渗透到每一节课、每一个游戏甚至每一次对话中去。每一份细小的善良,都会陪伴他们逐渐成长,然后最终可能放大为他们人生中最耀眼的光芒。

3. 在身体素质方面的启蒙作用

小学阶段的儿童,正处于身体快速成长发育的阶段,这一时期的儿童抵抗力相对较弱,因此需要通过一定的体育运动来增强体质。体育教师在教学中需要教会学生正确的运动方式,以及如何在运动中保护自己的身体不受到伤害。同时,还要指导和督促小学生养成良好的运动习惯与生活习惯,以保证身体的健康成长。

拥有健康的身体是一个人进行一切生命活动的前提,近年来,身体素质对于一个人的重要性已经越来越为人们所重视。随着科技时代的到来,很多事已经不需要人们亲自去做,而是被科技产品所替代,导致不常进行体育运动的人们越来越多地出现亚健康状态,其中甚至包括许多年轻人。而这样的现象,无论是对个人,还是对国家而言,都是一个亟待解决的问题。因此,培养良好的身体素质必须从小学阶段就开始抓起。

4. 在艺术素养方面的启蒙作用

小学阶段的美术和音乐两个学科,都是学生接受艺术教育的启蒙学科,是一个人懂得欣赏艺术之美的开始。艺术素养的培养,对于培养一个完整的人,具有不可替代的意义。

艺术素养并非是只有专业的人或者具有大师级水平的人才能具备的素养,普通生活中的每个人都应该具有这种欣赏和追求美好生活的能力。只有当一个人感受过音乐和美术作品那种直达人心的震撼,才能体会二者为生活带来的美好,也才能够更加珍惜和热爱生活。艺术素养不仅仅是高雅情趣的体现,也将成为一个人一生都享用不尽的财富。

总而言之,小学阶段是一个人人生中第一次正式接受有组织、有计划的学习活动。由此开始,儿童要从以前自由散漫的状态进入守纪律和守规则的小学生角色;要从以前的个体或者小群体活动逐渐融入大的集体活动;要从以前接受零星的碎片知识转变为接受全面而系统的基础教育。在这个过程中,他们在知识体系的构建上、习惯的养成上以及人格的塑造上等许多方面都会发生重大变化,并且这些都会对其以后的人生产生深远影响。小学阶段的儿童很容易对自己的老师产生崇敬感和信赖感,因此无论是在知识的传授方面,还是榜样形象的树立方面,每一名小学教师都有着不可替代的重要地位,在极具模仿能力的小学生面前,教师们的一言一行都具有导向性。

小学生面对各种各样的知识,具有十分强烈的好奇心和探知欲,遇到不懂的事情会迅速产生许多疑问,这个时候他们第一时间会求助的就是身边的老师,而此时老师的态度和对问题的解答往往会对他们产生重要的影响。因此,作为一名小学教师,首先要在知识上丰富自己,让自己的知识储备足以供给小学生在成长过程中可能会需要的养分。同时,小学教师在解答小学生的疑问时,除了要有耐心,还应该具有一定的方法,比如当学生问及自然科学方面的问题时,答案应该具有一定的科学性和严谨性,同时也要引导、告诉学生除了问老师之外,还可以有上网搜索或者查阅书籍等其他解决疑问的办法,争取在传授知识之外,也培养他们处理问题的能力。许多年以后,也许当年的这些答案他们已经不再记得了,但是解决问题的思路和方法,一定会成为一种习惯让他们受益终生。

案例 1-3　　　　　　　　　　特长班的愿与违[①]

泰德(TED)演讲中一位教育学者肯·罗宾森(Ken Robinson)讲述了一个舞蹈家的故事。这个舞蹈家叫吉莉(Gillian),她上学的时候总不能安静地坐下来听讲,而是到处乱动。现在我们会觉得她有多动症,不过幸好在吉莉上学的1930年代还没有"多动症"这个词,所以她母亲只是带她去看了普通的医生。在母亲讲述病情的期间,吉莉也不能安静坐下来。当母亲说完病情以后,医生跟那位母亲说,我想跟你单独谈谈,于是医生和母亲两个人都走出了房间。在走出房间之前,医生顺手打开了桌子上的收音机。走出房间后,医生并没有跟妈妈讨论病情,而只是说一起观察一下孩子,他们看到吉莉随着收音机里的音乐跳起了舞。看了一会儿,医生对妈妈说:"这个孩子没病,而是一个舞蹈天才",劝这位母亲带着孩子去舞蹈学校试试看。吉莉在舞蹈学校遇到了很多像自己一样"多动"的孩子,她说跳舞的感觉棒极了。后来,吉莉考上了皇家芭蕾学院,成了著名的舞蹈家,编舞并出演了著名的歌剧《猫》和《歌剧魅影》等,成就了自己的事业。

萌萌的妈妈受到这个故事鼓舞(这个故事说到每个小孩都是独特的,应支持孩子发挥自己的优势,其实与特长班并没有很强的逻辑关联),总觉得要给萌萌报一个特长班来发挥她的优势,于是在学前和小学阶段给她报了不同的兴趣班,英语、国学、钢琴、二胡、绘画、足球、游泳、跆拳道、奥数、机器人制作、演讲唱歌比赛、科创等。可是萌萌对这么多兴趣班却有点抗拒。

在日常生活中,我们能够看到,几乎所有有条件的家长,都会允许和鼓励孩子学各种特长班,即便孩子不想学,也会为孩子选择和安排参加各种特长班。同时,我们还能经常听到众多家长唠叨与抱怨:"我家孩子没长性,学什么都是三天半新鲜,今天学这个明天又想学那个,都不能坚持,都是半途而废。"或者说:"我家孩子学了画画、钢琴、声乐、书法、围棋等众多特长班,但一个都没有学明白,真愁人。"

作为小学教师,结合本案例,需要你思考和回答如下四个问题:(1)家长对待特长班的正确做法应该是什么?(2)半途而废或学不明白,是因为什么,是孩子存在什么问题吗?(3)小学阶段的全面性应该如何贯彻落实?(4)启蒙之本意是什么?特长班达到启蒙效果了吗?

[①] 本案例由吉林师范大学吴振利老师根据资料综合改写。

作为专业化的小学教师,你们必须善于观察和敏于思考教育现象,不但要能科学地引导和教育学生,更要专业和有效地指导和影响家长,如此才会逐渐逼近专家型的"导师"。

三、小学教师工作的社会价值

(一)小学教师帮助孩子不断强壮和逼近梦想

在小学六年中,小学教师往往能见证一个一年级时自理能力较差、动辄哭鼻子的孩子,成长为六年级时坚强而有一定主见的铮铮少年。于此过程中,离不开小学教师一路上的教育、帮助和辅导,离不开小学教师从拼音到单词、从单词到段落、从生活矛盾到人际规范、从英雄故事到家国情怀等诸多方面的指导与教诲。在小学教师的帮助下,通过小学六年的学习生活,小学生获得了进一步增长学问的基础,获得了对世界和社会更多更开阔的认识与判断,收获了外部身体上的强壮和自身生活能力上的显著提高,收获了内心世界和人际关系的不断丰富,这些都是孩子们的成长,是在小学教师帮助下的成长。帮助成长和见证成长,非常有意义和价值。尤其当孩子临近小学毕业的时候,伴随着他们翅膀的初步生长,他们就开始有了"飞翔"的梦想,开始由过去的怯生生变为想要对着世界高声呼喊——当小学教师看见自己过去的努力迎来了如此的变化,他们无疑会感觉到自己是有价值和满足的。可见,初步帮助小学生铺就和逼近梦想,也是小学教师工作的重要意义之一。

一个人的梦想往往是从儿时开始播种的,尤其是在初步了解并接触社会的小学阶段。从踏入小学校门开始,每一个备受家庭呵护的宝贝开始正式接触这个社会,开始在校园生活以及自己的成长过程中逐渐了解社会上的各种工作和职业。近年来,社会各行各业的发展日趋专业化和精细化,信息化时代的到来也让孩子们能够通过各种途径对未来职业有更多了解,自然也会让他们心生向往,这种向往实际上也就是每个孩子个人梦想的最初模样。

随着年龄的增长,孩子们的梦想会更加贴近职业现实,与此同时,他人生中最初的崇拜者——小学教师便将在他实现梦想的道路上起到不可忽视的作用。在小学生认识世界和初步确定人生目标的时候,于众多影响因素中,小学教师无疑是最重要的一个,小学教师是小学生认识世界的权威性参照,在小学生的重要他人中,其影响甚至超过他们的父母。小学生具有更强的亲师性和向师性,小学教师培养与影响着小学生的认知能力,小学生经常说"我们老师说过……,我们老师说的……",小学教师是小学生判断的重要尺度,甚至可堪称是其模板型的教材。孩子的内心非常柔软和稚嫩,小学教师的一言一行,都能对他们的认知和判断产生重要影响,也会于无形中缓慢地描绘和搭建他们的信念与梦想。因为,小学教师是孩子小学阶段的最重要的影响者,是孩子树立和铺展梦想的重要引路人。

由于小学生尚不成熟、不全面和正处于成长期的心理特点,他们对世界的现实与冷漠尚知悉不多,他们的承受力和抗挫折能力还非常有限,他们的独立认知和辨识能力还远远不足。所以小学生稚嫩而脆弱的内心,非常需要呵护、鼓励和悉心料理。小学生很容易对身边的老师产生信任感和依赖感,无论是教师在本学科方向上还是关于其他方向上的评价甚态度都有可能对其产生深远影响。因此,教师的评价一定要慎重且多带有鼓励性,一句简单的鼓励或许就能成为孩子向着梦想前行的动力,同样,有时无意的一句打击或者质疑,也都有可能成为一个学生一生的阴影,而导致学生当初的梦想被尘封,再不敢碰。

案例1-4　　关于梦想的伤[①]

2014年,徐艳从某师范大学毕业后,来到家乡所在省份最好的小学任教,任教科目为思想品德(现改名为道德与法治),任教年级为一年级,其教学内容主要是沿着季节脉络,利用大自然的馈赠,带领学生快乐地进行游戏,以求在游戏的过程中教会学生遵守规则、了解如何与人交往,同时引导学生塑造良好的品德,做一个品德高尚的人。

在授课过程中,由于受到低年级学生年龄特点的限制,学校要求任课老师每节课板书的字数不宜过多,且最好图文并茂,形象生动。然而在刚工作的前几个月,徐艳却始终不曾动笔在黑板上画过画,每次遇到必须画画的课程内容,她也都提前请其他人在纸上代为画好,裁剪后上课时直接粘贴在板书上,呈现给学生。

由于该学校有规定,每半年,新入职的教师必须要上一堂汇报课来检验这半年以来的进步和成果,而恰好当时选择的课程内容,需要教师当堂画画才能展示出最好的效果。当陪同徐艳备课的前辈们问她有什么困难时,她讲述了自己之所以不敢动笔画画的原因竟然是缘于小学时候的一段经历。

原来,徐艳在上小学的时候,她和她的同桌都特别爱画画,她的同桌还是全班公认的画画好的学生。有一天班主任在班会上让每个学生都站起来说一说自己的梦想是什么,当她同桌说完自己的梦想是成为一名画家时,班主任老师给予了肯定并表示寄予希望,然而当她也说了同样的梦想,换来的却是不屑和嗤之以鼻,她至今仍记得班主任对她说:"你就没有画画的天赋,还说想当画家?我看你就是别人说什么就跟着说什么。"从此以后,徐艳在潜意识里认为,自己是不会画画的,所以从此以后,再也不敢画画了,更别提是在那么多学生的面前。

当她说出这个在心里积压已久的创伤后,很多前辈们都鼓励她可以先在常规课上试着画一画,于是她也决定要克服心理障碍,看一看究竟能在课堂上画出什么样的效果。

在课前做了充足的准备之后,课堂上,她按照原本的设计终于在板书上画起画来,让她十分惊喜的是,孩子们都对她的画赞叹不已,甚至有孩子说,她画得跟美术老师一样好。虽然她心里清楚,多年不画画的她,不可能有美术老师画得好,可孩子们的赞扬还是让她一点一点重拾了信心。

汇报课十分成功,渐渐地,徐艳不仅放下了当年的心结,还经常帮助组里的其他老师画一些课前需要准备的图案。

[①] 东北师范大学附属小学王小依老师提供的案例。

其实类似这样的案例一定还有很多。当然,如果当年徐艳在说出自己的梦想之后,班主任也同样给予肯定,她也未必会在日后实现当画家的梦想,但如果如同案例中发生的那样,对于一名小学教师而言,毁掉一个梦想,又是何等容易,哪怕一句无心的打击,这给学生留下的阴影都有可能会令他们终其一生也无法抹去。

可以说,小学教师端正的品行、公正的内心以及美好的人格,都将有助于学生成长为一个值得信赖、品行端正、受人喜爱并能为社会主义建设贡献力量的人,而这些都终将会成为一个人实现梦想的动力。因此,小学教师无疑是每个孩子个人梦想实现的助力者。

(二) 小学教师对培养和谐社会公民的意义

和谐社会的建设自然离不开和谐社会公民的培养,只有每一位公民都为之努力和奋斗,建设社会主义和谐社会的目标才能达成和实现。培养和谐社会公民,要从小学教育抓起,每一位小学教师,也都对培养和谐社会公民负有不可推卸的责任。

和谐社会即要求社会和谐,而社会和谐自然离不开人与人之间的和谐交往,例如和谐团队的打造。当今社会,各个行业中除了重视个人的发展之外,也越来越强调团队的合作与共事。

为了适应社会发展的需求,解决我国现阶段独生子女团队意识差等问题,促进学生更好地处理人际关系并形成良好的人格和品质,我国基础教育新课程改革强调,要将合作学习作为一种重要的教学方法,运用到课堂教学中去,以引导学生在合作与探究的学习过程中,形成一定的合作能力、领导能力和被领导能力。因此,小学教师在课堂教学中要根据学生的实际情况,适当布置小组合作的学习任务。在一些学校,有些高年级教室已经告别传统的座位布局,直接改用小组围坐式,固定的小组分配能让学生更容易产生集体荣誉感,并学会如何在团队合作的"碰撞"中逐渐改善与队友之间的关系,从而打造和谐且卓越的团队,为学生以后步入社会做好长远准备。

实际上,合作学习已经成为小学课堂上应用十分普遍的教学方法,然而,对于小学生而言,团队的合作还存在很多他们这个年龄的学习和生活经验所不足以解决的困难和问题。因此,在每个小组的合作学习过程中,教师作为一个引导者会对他们进行随时且及时的帮助和指导,而不是完全放任生生之间绝对自由的合作。

在小学阶段的合作学习中,教师通常将学生分为小组,每组人数大多为2—6人不等,很多第一次接触合作学习的学生会不知道自己需要做什么以及如何做。因此教师在合作学习开始之前会做详细认真的讲解和指导,让学生明确自己的组员、合作学习的目标、需要讨论的内容以及小组成员分工等等。而这其中的每一点,都必须得到教师的重视。

当然,除了在"合作学习"方面的教学和指导,小学教师在日常生活和常规教学中,也无时无刻不对学生和谐人格的养成产生影响。"如果一个孩子生活在批评之中,他就学会了谴责。如果一个孩子生活在敌意之中,他就学会了争斗。如果一个孩子生活在恐惧之中,他就学会了忧

如何倡导合作学习

虑……如果一个孩子生活在鼓励之中,他就学会了自信。如果一个孩子生活在表扬之中,他就学会了感激。"[1]当老师对某个孩子只有批评而没有表扬时,孩子逐渐就会形成挑剔、不自信和阴暗的畸形性格,甚至会"棒杀"掉这个孩子。小学生柔弱的双肩和稚嫩的心灵,更容易受教师影响,小学教师应该尽力为未来社会培养和谐社会公民做好引路人,应该为小学生阳光、成熟而理智地开启新生活做好引导者。

(三) 小学教师对美好社会建设的意义

随着国家经济的快速发展,建设美好文明的社会,已经成为当今时代的要求和人民共同的心愿。只有让国家的每一个公民从小就树立正确的价值观念,继承中华民族美好的道德情操,才能让社会愈加美好,也让人与人之间的相处更加友善。因此,美善社会的建设要依靠深厚而有效的小学教育为之奠基。如果说小学教育是美好品德养成的摇篮,削减恶俗风气的根本,那么小学教师就是美善社会的助力者,就是和谐社会的股肱之臣。

在我国的基础教育目标中,德育一直都被放在首要位置。《小学教师专业标准(试行)》中,也将小学教师的道德水平作为对其重要考量标准之一,只有当小学教师自身做好榜样,才能在对新时代人才的言传身教中,真正对其产生正向的影响,让他们在六年的小学时光里,真正从心底里树立正确的价值观念,养成良好的道德品质,做一个美好善良的人。

教书以育人。小学教师的工作绝不仅仅是教书那么简单,教书的目的和价值在于育人,育人比教书要更加困难和艰巨。实际上,小学教师在人格方面对小学生的影响是无处不在的,道德的培养并不是靠言传就可以实现的,更多的时候,小学教师自身的言行一致和美善外彰,才是对学生美好品德最好的唤醒和指引。以身示教,不仅渗透于学科的教学内容,甚至贯穿于课堂上问题的处理、与学生的交流以及对学生的评价中。

案例 1-5

言传且要身教[2]

语文课堂上,当小明同学在回答问题时,同桌小美却没有认真倾听,而是回过头看向书包柜的方向。语文老师发现这一现象,中途制止了小明没说完的话,对小美的行为进行了不点名批评,并强调,别人在说话时,认真倾听是尊重别人的表现,只有尊重别人,别人才会尊重自己,这是人际交往中最基本的礼貌。之后又示意小明继续作答。

这是小学课堂上很常见的一个场景,教师及时纠正了不认真倾听的学生的行为,告知学生应该尊重他人,这仿佛是对的。但同时,我们也可以追问,那教师自己打断小明的话转而批评其他学生的行为,不也是一种不尊重吗?

"己所不欲,勿施于人"是最基本的道德原则,也是最高尚的道德原则。教师在孩子清澈

---

[1] [新西兰]戈登·得莱顿,[美国]珍尼·特沃斯.学习的革命[M].顾瑞荣,陈标,许静,译.上海:上海三联书店,1998:76.
[2] 东北师范大学附属小学王小依老师提供的案例。

见底和天真无邪的童心面前,要努力做到心口如一和言行一致。"德"要求心口如一和言行一致。小学教师要努力做一个纯粹的美善者,不仅要内心拥有美好的品质,更要对外施行于人,做到心中常存善念,以善施之于人才是德育最终所要达到的目标,而案例中这位教师,言传与身教不符的现象,很容易让学生认为,老师也不过是嘴上说说罢了,既然老师自己也没做到,就可以不必当真,久而久之,德育便很容易沦为说教,甚至让学生产生质疑,造成负面影响。

因此,真正的德育要从教师的一言一行做起,美好的道德品质要像空气一样弥散在校园的每一个角落,让学生真正在纯净美好的环境中感受和谐社会的气氛,真正发自内心愿意做一个正直善良的人,真正愿意去关心周围的人和事物,有能力来面对所有的困难,也会去感恩所有的付出。如果那样的话,六年的小学教育其实足以让孩子们将这些信念养成习惯,并逐渐建立属于自己的观念体系,不为外界负面的纷扰所动摇。

随着人们生活水平的提高和社会的发展,人们对物质生活的要求逐渐提高,尤其在这样一个尊重主体、个性差异和多样化的时代里,要保证少年儿童拥有正确的价值观念,教师必须要教会孩子们如何判断是非,明晰善恶。尽管这是一个价值多元化的社会,但教师仍然需要教会学生最基本的道德标准,让他们懂得这个世界上永远有一些东西值得坚持,也永远存在一些风气需要摒弃,只有坚持了自己心中认为对的东西,才能真正成为一个拥有高尚人格的人。

综上,小学教师的社会价值主要体现在对个人梦想的实现、和谐公民的培养以及美善社会的营造三个方面,从个体到国家,小学教师作为基础教育的主要实施者,都显得尤为重要。每一名小学教师都该意识到自己肩负的责任,从而时刻提点和勉励自己不断学习、不断反思、不断进步。读书、教学、教研都应该是小学教师日常的工作,做一个正直、善良、美好的人,更应该是每一个小学教师终生的追求。"学高为师,身正为范"是陶行知先生对所有为人师者的期望,实际上,也该是每一位人民教师对自己的要求。与大学教师相比,小学教师在专业知识方面的研究可能不需要有多高深,但小学教师的知识领域却一定要广博,尽管在众人眼中,小学教师的社会地位可能没有大学教师那样让人景仰,但"身正为范"的要求却绝不能因此而有丝毫折扣,不管外人如何评价,作为一名小学教师,就该为自身负起责任,为每一名学生负起责任,为每一个集体负起责任,为整个社会的未来发展和美好明天负起责任。

四、小学教师工作的自我实现价值

小学教师的工作除了具有十分重要的社会价值外,还同时具有相对应的自我实现价值。在为社会培养人才,助力学生实现梦想的同时,小学教师自己也会在忙碌的工作中实现自己的人生价值;在不断的学习、反思和研究中提升自己,达成自我进步和专业发展的目标;在机会到来的时候,实现自己的梦想,圆满自己的人生。

(一)小学教师自我价值的实现

小学阶段是学生正式接受的学校教育体制中的第一个阶段,他们的各方面能力在这一时期都需要受到关注并逐渐培养,尤其受年龄特点的影响,许多小学生甚至还不完全具备自理能力。因此,小学教师相较于其他阶段教师的工作任务要更加宽泛和琐碎,小学生柔弱的身体更容易受伤,此时就需要教师帮忙处理;小学生更容易产生纠纷也更缺乏能力解决纠纷,此时也需要教师帮忙;小学生更容易产生解不开的心结,当然也需要老师的开导与指引,如此这些细碎的琐事发生在众多小学生身上,就会使小学教师很忙碌。然而也正是这样渗透于生活点滴的忙碌,让小学教师的工作更加充实和有意义,让小学教师更能感受到自己人生价值的实现。

学界赋予了教师众多的称谓,如燃烧自己、照亮别人的蜡烛,如辛勤的园丁和人类灵魂的工程师,如学生学习的引路人和辅导者,再如课堂的主导者和"平等中的首席"。所有这些都是对教师的定位或歌颂,部分称谓则将教师溢美为一个奉献者,深究和较真起来,这些都不够完整或有失偏颇。有关教师的职业形象我们在后面还会进一步讨论,这里不妨将教师称为"成就学生的自我实现者"。小学教师成就学生和自我实现的方式较多,除了上文所言之"忙碌与琐碎"外,其最主要部分则是备课、上课和课下辅导。小学教师也主要通过备课、上课和课下辅导,体现和演绎着作为师者的价值,下文将大略地集中阐述之。

备课是小学教师工作的重中之重,备课形式通常包含集体备课、组内备课、师徒备课以及自主备课等形成;备课内容通常包括教学进度计划以及每个课时的教学设计,教学设计中则需要呈现教学目标、教学重点、教学难点、教学准备、教学流程以及板书设计等内容。

小学课堂教学要求分为三个方面,即知识与技能,过程与方法以及情感、态度和价值观,这三方面的教学要求看似各自独立,但实际上却紧密联系、高度渗透、相辅相成。知识与技能目标中,要包含该课时学生需要掌握的本学科的基本知识和基本技能;过程与方法则是让学生知其然,也知其所以然,因为只有当学生真正了解知识形成的过程,才能真正掌握学到的知识,同时,要让学生在学习的过程中进行思考和探究,学会学习的方法,也学会解决问题的方法。相较于前两个维度,情感、态度和价值观则显得更加博大而意义深远。这一维度主要强调的是将学生培养成为热爱生活、富有责任心和使命感的国家公民。所谓情感,不仅指学生对学习的热爱,也是指向学生内心深处丰富的情感体验;态度也包括了让学生养成积极主动的学习态度,对待知识的严谨态度以及乐观向上的人生态度等;价值观不但要培养学生对自然、社会、人生等的正确认识,更要使学生达到自我价值与社会价值的和谐以及科学价值与人文价值的和谐。教学目标的设计,要求教师要充分了解学生,根据学生的实际情况进行设定,既要有很强的针对性,也要有一定的弹性,以指导教师课时内的所有教学活动。

教学流程这部分内容在整个教学设计中所占的比重最大,其中包含在教学目标指导下,教师课时内预设的所有教学活动。教学流程主要从教学环节、教师指导、学生活动以及教师评价等几个方面进行设计,教师对课堂内的所有活动既要有所预设,也要做好生成的准备,这就要求教师在备课过程中,既要对教材进行准确把握,也要对所授课班级学生的情况有所熟悉。教学中的重点和难点,要在教学流程中有所突出,教学重点要尽量体现在板书设计中,而板书设计又要依据不同年段学生的特点设定,如低年级教学中,板书最好不要有太多文字,且文字要尽量大而清晰等。教师在每节课前都要做好全面而充分的教学准备,以期能够最大程度达成教学目标。

课堂上,教师除了需要根据预设进行教学外,还要时刻观察学生的学习活动,并及时给予评价,评价的语言要细致贴切,要对学生的语言或者行为真正具有指导意义,而不是对于学生的所有回答都只用"你真棒"、"你真厉害"等含糊、内容不明确的词语,小学生尚且缺乏对于自身的全面认识,小学教师在教学过程中只有进行具体细致的评价和指导才能更好地促进小学生的进步和成长,也让学生从中学习如何在生生互动以及小组合作学习中对他人进行评价。因此,即使看似容易的课堂评价也是一门学问,它需要小学教师及时反应,语言中肯且多带有鼓励性,评价语言要在小学生可以听懂和接受的范围内,切记不可打压学生的积极性,或立刻否定学生给出的答案,伤害学生的自尊心。

课下休息时间,尤其对于低年级的小学生,班级里需要有至少一名老师的陪同,因为即使只有10分钟的短暂课间,对于安全意识差、人际交往能力有待完善的小学生来说依然会出现很多问题,小到告状评理,大到打架斗殴,因而需要教师的时刻关注和提醒。很多人认为,小学生的告状评理,基本不会有大的事情,因此很多小学教师选择对其置之不理,当然,这其中的确会有一部分学生,只是为了寻求教师的关注或者只是想要达到诉说的欲求。然而随着小学生年龄的增长,他们考虑的事情也会更加复杂,这个时候,小学教师如果还依然无视或者忽略他们的困扰,就很容易导致个别学生因为长期受到压抑而选择极端的方式来解决问题。因此,小学教师需要根据每个学生的个体差异,对他们所反映的问题进行适当关注并妥善处理,避免更多不必要的伤害发生。

实际上,小学生之间经常容易因为一点小事产生矛盾,缺少生活经验的他们不懂得要如何妥善解决,往往两个人容易一言不合就情绪激动而导致大打出手,这时就需要教师及时发现并制止,而在处理问题和解决矛盾的过程中,小学教师更应该关注的是,教会学生如何更加平和地解决类似问题,如何保护自己同时也避免伤害他人。如果这一过程中真的出现有学生受到伤害等现象,教师还应该及时将学生送往校医院甚至当地权威医院进行救治,并与家长取得联系,将事情的来龙去脉讲清道明,同时规避或处理好家长与校方、家长与家长之间可能产生的矛盾和隔阂。

对于一名小学教师而言,每天除了要像所有老师一样做好教学工作之外,还要更多地关注学生的日常生活与成长,甚至于低年级学生的文明用语,也都需要每一名教师不断提醒及督促,然而也正是这样平凡琐碎的忙碌,才会让小学生们一天天变得更好,让小学教师自身也能从中品味出生活的美妙和产生获得感,也让小学教师的每一天都感受到自我人生价值的实现。

(二) 小学教师专业发展的实现

每个人都需要有奉献精神,小学教师则尤其如此。"成就学生的自我实现者"对于不同学段的教师而言,其意蕴会稍有不同。大学教师往往只需要做好学业上的指导和学问上的点拨;中学生的自理能力已经比较强,中学老师的主要任务是关注学业和少数后进生(也有称为问题学生),其任务相对比较专;然而相对于中学生,自理能力不强和初谙世事的小学生,几乎时时处处都有问题,都需要小学教师协助解决,正视与帮助解决如此众多的问题,自然更需要有奉献精神。缺乏奉献精神的小学教师,有时会选择无视问题或者遇见问题绕道走。小学教师不但需要奉献于传授知识和培养能力,更需要奉献于小学生身心各个方面的全面、健康与和谐成长。

基础教育的目标不仅要求学生获得知识,更要让学生在接受教育的过程中,养成自主学习的意识以及积极主动的学习态度,让学生形成良好的学习习惯并能够自觉学习。而只有当小学教师不断鼓励学生,并能为学生以身示范时,学生的学习自觉才更容易养成。也就是说,小学教师要实现对学生的教育目标,自身必须首先成为一个能够自觉学习的人,而这样的学习自觉意味着教师必然会对自己的职业有所规划,并为自己设定特定时间范围内要达成的目标,这样的规划和努力,才会促进教师实现自身的专业发展。

实际上,小学教师作为拥有实际职业需求的成年人,其学习的目的性和针对性都要比小学生更明确,比如每学年初制订职业规划,分析自身专业的优势及劣势,确定本年度发展目标以及预计达成的时间,其中包括专业态度、专业知识、专业能力等各方面的发展目标。在明确目标的指引下,小学教师更需要踏实肯干,将每一堂课都当作是公开课一样严格要求自己,不得有丝毫懈怠和马虎;遇到问题及时向同事或者学科前辈请教,并加入自己的思考,以寻求最佳的解决办法和个性化的教学方案,从而形成自己独特的教学风格;在遇见紧急情况时,也能及时做出反应,给出最佳应对办法。只有通过这样一点点的积淀,才能让小学教师真正实现自己的专业发展目标。

小学教师实现专业发展的方式主要有自主研修、专家指导、同伴互助、教师发展培训等,其发展的内容往往都聚焦于如何备课与上课。精品课是磨出来的,更是展示出来的。磨与展示二者高度相关,当需要做汇报课(也称公开课)和竞赛课时,当然需要展示,而展示之前则需要长时间反复磨课,故汇报课和竞赛课往往是教师实现专业发展的重要契机。

小学教师的每次汇报课都是其专业发展和进步的关键。由于汇报课通常会有很多部门领导和学科前辈听课,因此会得到教师的格外重视。对于小学教师而言,每一次汇报课,实际上都是一次意义重大的淬炼。有些教师甚至提前两个月为汇报课开始做准备,每天都利用课下的时间进行教案的打磨,不断请教领导或其他有经验的前辈们进行指教改正,确定授课班级以及预设课堂可能发生的所有情况,甚至精细到预设每一次学生回答问题后的评价。当然,每一个孩子都是鲜活独立的个体,即使教师准备得再细致,课堂也难免发生意料之外的情况,但如果教师对整堂课的内容已经有了全面深入的了解,对整堂课的设计也有了完全的把握,所有生成性的问题,教师都将轻松应对,所谓的困难也都不再觉得为难。

尽管,我们不可能把每一堂常规课都打磨得像汇报课一样精细,但正是因为经历过汇报课的辛苦,才让教师懂得真正上好一堂课有多难。也正是因为这样的日磨一日的准备,让教师明白该怎样备好一堂课,自己的教学中究竟存在多少问题,还有多少细节是自己平时意识不到却真正需要改进的,这其中的每一次改进,实际上都让小学教师离自己的专业发展目标更近一步。

虽然对于每天都处于紧张的教学状态中的小学教师而言,这所有的任务加在一起非常繁重,甚至已经成了挑战,然而也正是在这样的磨练中,小学教师才能在自己的职业生涯中得到真正的进步,让自己快速成长。而这样的成长对于小学教师专业发展目标的实现具有重大意义。

(三)小学教师自我梦想的实现

作为小学教师,很多人都怀抱自己的梦想,例如成为一位知名教师、上好每一堂课、教好每一位学生等等,这其中每一个梦想的实现,其实都基于教师自己在平时繁重工作中的努力,当一切都已经做得足够好,机会来临的时候,梦想便自然得以实现。

为了确保每位小学教师都能在自己的岗位上有所进步,有所成长,除了每天忙碌的教学工作之外,学校通常会要求小学教师定期开展教学反思和自我反思。教学反思是小学教师工作中一项十分重要的内容,也是促进小学教师自身逐渐厚重和不断成长的关键因素之一,更是小学教师自我梦想得以实现的催化剂。

教育心理学家波斯纳曾提出:教师成长=经验+反思。我国教育家叶澜也曾指出:一名教师写一辈子教案未必能成为名师,但如果一名教师写三年教学反思却有可能成为名师。由此可见,坚持进行教学反思性实践,对于一名教师的成长以及梦想的实现至关重要。

两眼一睁、忙到熄灯的生活,其质量通常不会很高,"三十年如一日"甚至可以说是对一个人的批评。唯有"苟日新,日日新,又日新",才有利于实现自我梦想,欲如此,必须追求善思而深思。正是思想的力量,使小学教师不一样,正是因为善思而深思,才有利于使小学教师走向梦想。作为专业人员,小学教师只能将很少时间用于趣闲而思远,更多时间都应该聚焦地思考,尤其需要聚焦地反思,例如反思自我和反思教学,有时二者是统一的,因为反思教学往往就是反思自我。学而不思则罔,思而不学则殆。如果将前述之磨课比作学,那么反思无疑是小学教师专业发展的另外一环,两者应该相辅相成。可见,教学反思是小学教师成长的重要依靠之一,是否有高质量的教学反思,往往能成就不一样的小学教师。

教学反思是教师在课堂教学以后,对整个课堂的教学内容、教学方法、课堂评价、学生学习过程、学生发言情况等进行思考,从中找出自己处理不当或有待改善的部分进行经验总结,以求进步,又或者对于课上的某一部分印象深刻,颇有心得,都可以作为教学反思的内容进行整理和记录。当然,对于一名教师而言,不可能对每堂课的教学都有深刻的感触,然而当同样的内容讲给不同的学生听,或者对着相同的学生讲授不同的内容时,细心的教师都一定能从中发现亮点或者找到问题。可以说,教学反思是一名教师在不断教学过程中留下的最好的财富和积蓄,有了这笔积蓄,当机会来临的时候,教师才能够抓住时机,厚积薄发实现自我梦想。

但反思是有成本的。"吾尝终日而思矣,不如须臾之所学也;吾尝跂而望矣,不如登高之博见也。"对于反思而言,说起来容易,但要做到高质量却很难。做高质量反思的前提是要有"板凳甘坐十年冷"的功夫,是厚积薄发的积累,是已经储备了足资思考的思料、思路和思想,缺乏必要的储备,高质量反思必成奢望。高质量反思的资本就是平日里的深厚储备,教师应该是学者,此学者应该是正在学习、始终在学习和有一定学问的人。

案例 1-6　　　　　　　　　　厚积薄发的力量①

山东省著名特级教师、全国首届十佳教师提名人韩学庆的成名经历很具有戏剧性。1983 年,山东省潍坊市召开第二届语文教学年会。当数百人赶往寿光县城听一位老教师的课时,这位老教师却因偶发事件不能来了。主持者万分焦灼。正在此时,韩学庆说:"非指望他一个人么,别人谁上不行?"带队老师以为他说风凉话,就冲他直嚷:"你能上?"韩学庆憨憨一笑:"如不嫌,就试试呗。"

于是,韩学庆就站在各路高手众目睽睽的三尺讲台上。等下课铃声响起时,教室里爆发出长时间的掌声。

后来,韩学庆在接受采访时说:"自从当教师的第一堂,我就为自己设计了一条奋斗之路,要成为同行中的优秀者,学生崇拜的好老师。我刻苦自励,扎扎实实地上好每一节课,总结点点滴滴的经验教训。当自己有了一定的积蓄后,我就想瞄准机会,露它一手。就在这一个个'偶然机会'中,我的'积蓄'发挥了作用。"

韩学庆老师正是因为在工作岗位上踏实肯干,且肯舍出时间和精力"总结点点滴滴的经验教训",才能在机会来临时一鸣惊人。韩老师简单的一句"积蓄"实际上一定饱含了无数个寒来暑往的辛苦备课、严谨教学、反思记录及省过自新,也只有这样的"积蓄"才能在临时受命的情况下从容淡定,惊艳四座,并最终实现自己的梦想。

工作的繁琐与忙碌、奉献与辛苦、坚持与磨练都是小学教师在筑梦学生成长和社会进步的同时对自我实现的一种体现。也正因为这样的自我实现,才让小学教师更加深刻地感受到,把小学教育和自己的工作当成事业是多么重要,对自身是多么有价值。

无论是从小学教师的社会价值,还是自我实现价值来看,小学教师的工作都承载着众多家庭的梦想和社会的未来,都事关民生和社会福祉。因此,每一位小学教师心中都应该富有强烈的责任感和使命感,让教书育人成为自己生命中成全自己也成全他人的爱的奉献。

小学教师的快乐与幸福

---

① 傅道春,等.中国杰出教师行为访谈录[M].上海:上海教育出版社,1995:201-210.

第二节 教师的传统形象与专业形象

"做最好的自己!"我多次这样对学生说。

"做最好的教师!"现在,我这样对自己说。

几个说法矛盾吗?我认为不矛盾。

"最好"是相对的,因为这是永远没有止境的追求——从这个意义上说,"最好"其实就是"更好";但是,理直气壮地提出"做最好的自己",则表明了一种更高的人生和事业的标杆,虽然这个"最好"永远达不到,但一个比一个的"更好"便汇成了一个人一生中的"最好"!

我所谓的"做最好的自己",强调的是自己和自己比——昨天的自己和今天的自己比,不断地超越自己。这里的"自己"不是抽象的人,而是具体的张三李四;而具体的张三李四都是有具体职业的,因此,"做最好的自己"便意味着要尽可能在自己的职业中达到自己力所能及的最好程度。

所谓"最好的教师",不是与我敬仰的于漪、钱梦龙、魏书生等老师相比——他们的人格、学识、能力乃至天赋,我是永远无法企及的,比也白比;但我可以和自己比呀!也就是用今天的李镇西与昨天的李镇西相比——我今天备课是不是比昨天更认真?我今天上课是不是比昨天更精彩?我今天找学生谈心是不是比昨天更诚恳?我今天处理突发事件是不是比昨天更机智?今天我组织班集体活动是不是比昨天更有趣?我今天帮助"后进生"是不是比昨天更细心?我今天所积累的教育智慧是不是比昨天更丰富?我今天所进行的教育反思是不是比昨天更深刻?今天我面对学生的教育教学建议或意见是不是比昨天更虚心?我今天所听到各种"不理解"后的情绪是不是比昨天更冷静?……每天都不是最好,甚至每天都有遗憾,但每天都这样自己和自己比,坚持不懈,我便不断地向"最好的教师"的境界靠近。或者干脆"骄傲"一点说,同样是教师,今天的李镇西和25年前的李镇西相比,可以说是"最好的教师"了。当然,和明天相比,和未来相比,今天的李镇西又不能算是"最好的教师",不过不要紧,我还会继续自己和自己比,反正"做最好的教师"是我永远的追求,直到我教育生涯的终点。

——节选自李镇西《做最好的教师》序言

上面这段话是特级教师李镇西在其著作《做最好的教师》的序言"爱是永恒的教育理论"中谈到的内容,开篇探讨的首要问题便是"做什么样的教师",李老师在多年的经验积累和人生体会中,对这一问题进行了深入的思考,提出了"做最好的教师"这一理想教师形象,并深入地阐释了关于这一认识的理解。"做什么样的教师?"实质上是对教师形象问题的探讨。教师形象是对培养或成为什么样的教师的描述,是教师角色的社会期待以及自身角色行为的外化与表征,是一定历史条件和文化背景下,人们对于教师这一职业的职能、特点、行为所形成的一种较为稳固而概括的总体评价与整体印象。自教师这个职业诞生以来,人们对教师形象的关注就没有停歇过,有关教师形象的研究数量众多,见仁见智,每一种教师形象观背后都体现着人们关于"教师是谁"、"教师的本真是什么"等问题的价值追寻。理想的教师形象是人们对心目中所期待的教师形象的描述,不同时期人们关于理想教师形象的认识不同。随着教育活动时空的变化,理想教师的形象也必然产生相应的变化。

关于教师形象的认识反映了时代对教师角色的期待,本节将从几种具有广泛影响的教师形象观出发,通过对典型教师形象的梳理,使学生深入地了解不同时代对教师形象的要求,并深刻理解时代转换对教师形象带来的更迭,从而更加科学理性地认识教师职业的特点及其对教师形象的要求。

一、传统的教师形象

(一) 圣贤者的教师形象

圣贤者的教师形象源自传统儒学的理念。在儒学信仰中,人被分为圣人、贤人、君子、士人、庸人五个等级,圣人的主要特征是自身的品德与天地的自然法则融为一体,贤人的主要特征是品德合于法度,行为合于规范,其言论足以被天下人奉为道德准则,其道性足以教化百姓。而"圣贤"则是圣人与贤人的合称,指那些品德高尚、有超凡才华和智慧的人。

教师的圣贤者形象的文化源头可以追溯至我国古代的神话传说,如燧人氏教人钻木取火、有巢氏教人构木为巢、伏羲氏教人渔猎、神农氏教人稼穑等。在这些故事中,伏羲、神农、皇帝、尧、舜等这些传说中的圣贤之人便是人们描绘的最原始的教师形象。这种教师形象在春秋战国时期得到了丰满,特别是以孔子、孟子为代表的儒家学派先贤,将教师的圣贤者形象发展到了极致。

儒家文化中的圣贤形象的第一要素是以德服人。孟子曰:"以力服人者,非心服也,力不赡也;以德服人者,中心悦而诚服也,如七十子之服孔子也。"(《见孟子·公孙丑上》)孟子认为,以武力征服人,人不是真正心服,而是力量不足,抵抗不住,而以恩德服人,人的心中高兴才是真心实意的服从,就像孔子的七十弟子服从孔子一样。儒家文化中圣贤思想的第二要素是安贫乐道。子曰:"贤哉,回也!一箪食,一瓢饮,在陋巷,人不堪其忧,回也不改其乐。贤哉,回也!"(《见论语·雍也》),这是孔子在称赞其弟子颜回贤德,因为颜回能够在简陋的巷子中,一箪饭食,一瓢饮水,他人都受不了贫困的忧愁,颜回却不改变向道的乐趣。儒家文化中圣贤形象的第三要素是躬身垂范。如子曰:"其身正,不令而行;其身不正,虽令不从。"(《见论语·子路》)孔子认为自身品行端正,即使不发布命令老百姓也会去服从,而自身不端正,即使发布命令,老百姓也不会服从。因此,在儒家文化的背景下,教师自然以圣贤者形象自觉地充任起了儒家思想道德文化的传承者、示范者和践行者。从教师圣贤形象的基本内涵来看,主要包括以下三个方面。

1. 学而不厌

"学而不厌"是古代教师圣贤形象的核心价值追求之一,出自《论语·述而》,"默而识之,学而不厌,诲人不倦,何有于我哉?"。其原意是:默默地记住所学的知识,学习而不感到满足,教导别人不知道疲倦,哪一条是我所具备的呢?这句话是孔子自谦的说法,既是孔子教育他人的准则,也表达出其常常反省自身,并以此激励和鞭策自己。学而不厌是古代教师的精神内核,只有做到学而不厌,才能不断地充实自身,才有能力做到诲人不倦。

孔子作为圣贤先师一生贯彻"学而不厌"的精神,为世人树立了教师终身乐学好学的典型形象,他曾在晚年回忆自己一生时谈到:"吾十有五而志于学,三十而立,四十而不惑,五十而知天命,六十而耳顺,七十而从心所欲不逾矩。"时至今日,学而不厌的精神仍然是教师重要的修身准则,并作为教师的根本品质。尤其随着知识更新速度的加快,信息化社会的到来,终身学习已经成为教师专业发展的不懈动力,教师要想保持教育威信和从教之乐,更需要具备学而不厌的精神。

2. 诲人不倦

"诲人不倦"是古代教师圣贤形象的另一核心价值。诲人不倦,原意是指教导别人要不知疲倦。孔子一生凭借学而不厌的精神,掌握了大量的知识,拥有诸多智慧,最大的志愿是从政,然而由于种种因素未能得志,不能通过从政来实现自己的抱负和理想,这使其想到了教育——"善歌者使人继其声,善教者使人继其志",孔子希望能够通过教育,通过培养人才来继承和实现自己的政治理想与抱负,因此,他全身心地投入教育之中。孔子创办的儒家私学在鼎盛时期弟子达三千,规模空前,这与其诲人不倦的精神是分不开的。

为了能够让更多的人接受教育,孔子大胆提出"有教无类"的口号,倡导人人可以接受教育。面对众多资质、秉性各异的学生,他主张进行分门设科,因材施教。同时,孔子对待所有的学生一视同仁,不因子贡富有而优待他,也不因为学生闵子骞迟钝、贫困而看不起他,反而给其特别的关心,并时常鼓励他,将他作为孝的代表。孔子常对他的学生说,要看重一个人的道德品行,不要只看贫富。孔门之中,确实达到了师生如父子,同学亲如兄弟,师生同学平等相处,一视同仁的境界。[①]

孔子认为对学生应始终本着"仁者,爱人"的原则勤勉育人。《论语·宪问》中这样记载:"爱之,能勿劳乎?忠焉,能勿诲乎?"原意是:爱护他,能不使他勤劳吗?忠于他,能不去规劝他吗?孔子认为若爱其人,则必勉策其人于勤劳,才是真爱,而忠于其人,则必以正道规诲之,才是忠之大。另外,孔子对待教育自始至终乐而不倦,他曾自谦地感叹说:"学而不厌,诲人不倦,何有于我哉?"从孔子的话中不难看出他对学生的高度责任心和对教育工作的热爱。

3. 安贫乐道

"安贫乐道"也是古代教师圣贤形象的重要表现。"安贫"即指安于贫困;"道"原指儒家

[①] 童富勇.论孔子学而不厌诲人不倦的教师精神[J].集美大学学报,2004,5(04):15-19.

所信奉的道德,后引申为人生的理想、信念、准则,此句常常用来形容人处境虽很贫困,但仍乐于坚守信仰。古人常常将圣贤与"义利观"联系在一起,这一点在儒家学派的思想中体现得尤为明显,儒家学派推崇的是重义轻利,甚至于主张能够舍身而取义。如《文子·上仁》中曾记载:"圣人安贫乐道,不以欲伤生,不以利累己。"《后汉书·韦彪传》中也写道:"安贫乐道,恬于进趣,三辅诸儒莫不慕仰之。"在儒家文化当中,教书育人是神圣的事业,亚圣孟子甚至将其作为一种人生信条,他将"得天下英才而教育之"视为人生三乐之一。因此,在儒家文化中,作为教师自然应将利益置于身外,能够安贫乐道、恪守事教也是教师的必然品格。由此,在儒家文化的影响下,教师"忧道不忧贫"的形象便树立了起来。

总之,教师作为圣贤者的形象,为整个中国传统文化中教师形象的发展奠定了基调,其涵盖的文化内涵也是中国教师文化当中的精髓,中国教师形象的历史演变是在教师作为圣贤者形象基础上的不断发展与丰富。

(二)悲情奉献者的教师形象

在生活中,提及教师人们最常想到的两个隐喻便是"蜡烛"和"春蚕",而且都会联想到唐代诗人李商隐在《无题》中的名句——"春蚕到死丝方尽,蜡炬成灰泪始干"。诗句婉约而凄美,诗人用"春蚕吐丝,到死方休"来表达对爱人的无尽思念,用"蜡炬成灰,蜡泪流尽"来表达对爱人的无穷眷恋,而现如今诗句更多用来形容教师无私奉献的精神。因为"蜡烛"作为隐喻的形象,在使用中常常被赋予牺牲自我、照亮别人的崇高精神,捷克大教育家夸美纽斯曾说过:"蜡烛照亮了别人,毁灭了自己,它的毁灭是光荣的!我愿意做一支两头点燃的蜡烛,照亮更多的人。"生活中,以蜡烛为喻体来歌颂教师的例子更是不胜枚举,如常见的歌颂教师的对联"如红烛发光发热,精心培育国家良材;似春蚕无怨无悔,毕生献给教育事业"。[①] 人们通过"蜡烛""春蚕"比喻教师,来强调教师一心奉献,不求索取的无私奉献精神,因此,"春蚕""蜡烛"也成为表现教师精神的代名词。

将教师比作蜡烛,深受我国传统文化的影响。在我国,传统文化中融合了"儒、道、佛"的思想,这些对人们关于教师角色形象的认识产生了深远的影响。比如,我国传统文化强调"天人合一",强调"修身、齐家、治国、平天下",强调个人服从集体等,这使得人们以渊博的学识、正统的道德观念、完善的行为规范、清贫的物质生活为标准来塑造理想的教师角色形象,将"为人师表"、甘于奉献的道德价值观作为衡量教师道德的标尺。[②]

用"春蚕""蜡烛"等形象来比喻教师也是十分贴切的,受教师的圣人形象影响,要求教师要有淡泊明志、宁静致远、修身明德的行为准则。师道传统具有继承性,教师在人们心目中是高尚的职业,教师对整个人类文化发展起着承前启后的作用。老师传承文明,把自己的知识传授给学生,给学生以知识和力量,让学生接受知识的洗礼,一如在黑暗中前进的光

---

① 徐吉洪.教师是什么:源自教师隐喻的理解[J].中国教师,2006(10):25-26.
② 饶从满,杨秀玉,邓涛.教师专业发展[M].长春:东北师范大学出版社,2005:12.

明,用智慧和品格之光为学生照亮前进的航程,同时不求索取、一心奉献,与蜡烛燃烧自己无所求相似。因此,时至今日,这种关于教师角色形象的理解仍然产生了最广泛的影响,除了"蜡烛""春蚕"等隐喻,人们还用"粉笔""人梯""甘泉""煤炭""铺路石"等来比喻教师,这都是在歌颂教师无私奉献的精神。同时,无私奉献也相应成了人们对教师道德要求的代名词。

然而,"蜡烛"还隐喻了一种牺牲的形象,因为蜡烛让人联想到燃烧、毁灭、消耗殆尽,象征着教师倾尽全部精力和心血,甚至牺牲自己的健康和生命,以毁灭自己的方式来帮助他人。这种隐喻导向强调超越个人主义,要求教师应该具有舍生取义,舍己助人的精神,符合了我国传统道德观中重义轻利的价值要求,然而却忽略了教师自身的生命成长,不免给人带来一种悲情奉献者的形象。

就教师职业本身而言,在其伦理道德范畴内奉献是值得称颂和赞扬的,然而这种奉献如果以倡导消耗自身为代价,以牺牲自我为前提,则是需要引起思考和警惕的。例如学者赵汀阳在《论可能生活:一种关于幸福和公正的理论》一书中就牺牲的价值进行了探讨,他认为:"假如把牺牲性的行为看成是只对别人有意义而对自己毫无意义的行为,这恰恰意味着自己不过是一件工具,而不是一个显示着人的价值的人,如果一个人自身是无价值的人,那么他所做的牺牲也就成为无道德价值的贡献。"[1]从这段文字中,可以看到以消耗自身为代价的这种工具性牺牲,可能是无价值的,也是不足为道的。

> 知识链接1-1
>
> **我是教师**[2]
>
> 作者:朱永新
>
> 教师,不是园丁
> 教师本身应该是一朵花儿
> 教育是师生互相作用的过程
> 教师,不是蜡烛
> 教师不能以化为灰烬做代价
> 以此去照亮的学生
> 教师,不是春蚕
> 教师的固步自封才会作茧自缚
> 心灵的成长来自每个季节
>
> 教师,不是人类灵魂的工程师
> 没有谁的灵魂是机器
> 能用某种工艺任意修理完成
> 教师就是教师
> 与学生是互相依赖的生命
> 教师就是教师
> 每天都在神圣与平凡中穿行
> 我是教师
> 伟人和罪人

---

[1] 赵汀阳.论可能生活:一种关于幸福和公正的理论[M].北京:中国人民大学出版社,2004:23.
[2] 朱永新.致教师[M].武汉:长江文艺出版社,2016:3-4.

> 都可能在我这里形成
> 让人如履薄冰
> 我是教师
> 心底里喜怒哀乐翻滚
> 黑板上天高地远开阔
> 脚板下三尺讲台扎根
> 我是教师
> 这是一份职业
> 更是一个志业
> 我是教师
>
> 这是一份职责
> 更是一种使命
> 我是教师
> 时光缓缓显形
> 终见此生天命
> 我是教师
> 以现在求证未来
> 让生命幸福完整
> 让生命在教室的原野上绽放。

因此,对于人们将"蜡烛""春蚕"等意象作为教师的形象,一些研究者指出了其积极意义,也提出这一隐喻存在的不合理之处:其积极意义在于,"蜡烛""春蚕"代表了教师舍己为人、无私奉献的道德精神,使人们对教师能够产生敬佩之情,有利于提高教师的社会地位,促进"尊师重道"的传统社会风气;而不合理之处在于:这种比喻容易将教师的地位无限拔高,抽象为"圣人"的形象,从而一味地强调奉献,忽视教师的物质生活、经济地位以及生命追求。① 例如,在过去,报纸杂志上常常宣传教师不辞辛劳在三尺讲台上挥汗如雨地传播知识,深夜仍为学生批改作业,带病坚持工作,甚至病倒在工作岗位上的事例,并将这些作为优秀教师的楷模,这种教师形象认知将教师推至道德圣化的制高点,一旦教师未达到这种高标准的道德要求,便会受到来自社会的苛责。其实,教师首先是作为一个人而存在的,其次才是其身上的职业角色。教师作为一个自然人,有权利追求自己的生活发展,在为人师表的同时也应该创造条件发展自己,实现自身生命意义的提升。过分强调教师顺从社会期望和无私奉献,对教师来说既是一种无法实现的期望,也为教师发展带来巨大的压力。在今天,与"蜡烛""春蚕"相比,教师更应该是"长明灯""不枯泉"。

(三) 技术熟练者的教师形象

1. 教师是"人类灵魂的工程师"

将教师比喻为"工程师"的形象与西方工业革命的兴起密切相关。工业革命的兴起要求大量具有简单知识技能的劳动者。相应地,学校要像教育工厂那样实施批量生产人才的教学模式。班级授课制的出现,提高了教师的教学效率,教师像工程师一样按照统一的设计和规划培养人才,学校成为了生产人才的工厂。

"人类的灵魂工程师"说法是怎么来的

---

① 饶从满,杨秀玉,邓涛.教师专业发展[M].长春:东北师范大学出版社,2005:12.

以"人类灵魂的工程师"来比喻教师,有其合理之处,也存在不合理之处。合理之处在于:以"工程师"来比喻教师,由于工程师社会地位之高,在一定程度上肯定了教师的专业地位和社会地位;而"以人类灵魂的工程师"比喻教师,在一定程度上拓展了教师工作的内容,要求教师不仅仅要向学生输送知识和能力,还应对其人格和道德发展施以影响。不合理之处在于:这一比喻夸大了教师在教育活动中的作用,忽视了学生发展和成长中的自主性。教师对学生的人格和道德能够施以一定影响,但是并不能像工程师那样能够完全按照自身意志或一定方案塑造学生的灵魂和精神,学生的发展和成长是受多方面影响的,如家庭教育、社会教育等,教师只是影响学生发展的主要因素之一。而教师如果像工业化模式下的工程师设计和生产产品一样培养人才,就会忽视学生主体需要,与教育的初衷和根本旨趣相背离。从教育功能来看,教育除了促进个体社会化的功能外,还具有促进个体个性化的功能,即教育要促进人的主体意识的形成和主体能力的发展,能够在个体差异的基础上,使其充分发展其内在潜力,形成人的独特性,并开发人的创造性,从而促进个体价值的实现。另外,教师在实际教育中主要作为既定方案的执行者,承担为国家培养人才的重任,实难像工程师一样凭自身意志设计和制造产品,从这个意义上说"人类灵魂工程师"也有其自相矛盾之处。总之,将教师比喻为人类灵魂工程师,反映了工业模式下的一种技术取向,对于教育者来说,不应该将教育作为一门技术,而应该作为能够唤醒、激发人类灵魂,推动个体充分发展的一门艺术。

2. 教师是"园丁"

"教师是辛勤的园丁"是对教师角色形象比较常见的比喻,反映了一种农业社会思维。著名教育家陶行知曾说过:"捧着一颗心来,不带半根草去。"叶圣陶先生也曾指出,教育是农业而不是工业。还有人们常常用"十年树木,百年树人"来形容教育,这背后都反映了"教师是园丁"这一农业教育模式的主张。

> **知识链接 1-2**
>
> **小学生一篇作文引热议　教师"园丁论"引反思**[①]
> **《园丁与导游》**
>
> 幼儿园时,老师说:"老师就像园丁,哺育你们成长。"小学低年级时,考试试卷中出现"老师就像园丁,哺育我们成长"的句子;高年级时,会出现"老师就像(　　),(　　)"这类的题目,深受"园丁"思想教育的我们,大多数都会不假思索地写上:园丁……用园丁来比喻老师,用花草来比喻孩子,每个人都知道。可是,园丁这个词真的适合老师这个职业吗?

---

① 新华网.小学生一篇作文引热议,教师"园丁"论引反思[EB/OL].(2013-09-16)[2019-04-17] https://edu.qq.com/a/20130916/011792.htm.

> 我在百度上搜"园丁"的解释,第二种解释就是"可以比喻老师",单去输入其他词汇,恐怕很少有"可以比喻老师"这种解释。由此可见,中国的"园丁思想"被牢牢锁住。但我始终觉得,人的想法不应该是统一的,正如人们说:一千个人眼里有一千个哈姆雷特。
>
> 某一天,我发现我们脑中比喻老师的词,几乎都被"园丁"占有了,难道,没有其他了?嗯……肯定还有!哈!我想出来了!导游!是个挺合适的词,以后再有这种问题,我就填"导游",可以摆脱"园丁"的束缚啦!
>
> 导游……真的挺合适:老师带我们去参观一个地方,或许,我看见树,你看见鸟,他看见草地,每个人所发现,拍的景色都不一样。老师教我们的内容是一样的,但在某些人看来,这个对自己有帮助。另外一群人呢?感觉那个适合自己,同样的知识,我们每个人都对他们有不一样的理解,这也使得我们每个人都不同。
>
> 反观园丁、花草,就不一样了:这些花草的命运都已经是安排好的了。牡丹不会变成玫瑰,百合不会变成月季。它们在风雨中,也会得到园丁的保护,但它们自己所努力的,也不过是发芽,汲取营养罢了。它们只需要接受,而没有自己的想法。
>
> 所以,我希望老师像导游,带领我们去游览各种美好的风景,而不像园丁,修剪掉我们不听话的枝丫,最终让我们长成了只会听话的植物。

"园丁"原指从事园艺工作的工人。由于人们经常将儿童比喻为花朵、幼苗、小树,因此,教师自然就成为了培育学生的园丁。在这种比喻下,学校好似一个花园,是儿童学习、生活与成长的地方;教师是园丁,为学生的成长准备环境,通过浇水、施肥、培土、修剪枝丫等辅助其成长;学生是种子,有自己发展的胚胎和自然生长的可能性。

将教师比喻成"园丁"的这一说法,一方面反映了自然主义的教育思想。自然主义教育思想的代表人物卢梭就曾说过:"大自然希望儿童在成人以前就要像儿童的样子,如果我们打乱了这个秩序,就会造成一些果实早熟,他们长得既不丰满也不甜美,而且很快就会腐烂。我们将造成一些年纪轻轻的博士和老态龙钟的儿童。"[①]自然主义教育倡导服从自然的法则,强调顺应儿童天性发展的进程,进行促进儿童发展的教育。教师作为园丁,需要掌握学生的生长和发展的规律,教授学生要像培育花朵一样,针对不同时期的需要,进行浇水、施肥和呵护。同时,自然主义的教育是倡导自由的教育,儿童在自身成长和发展中处于主动的地位,并让儿童有充分的自由活动的可能和条件,教育过程中无需成人的灌输、压制和强迫,教师只需要创造环境,防范不良影响,就像园丁一样,为花草树木提供优良的生长环境,为其修剪枝桠。另一方面,将教师比喻成园丁,还体现了进步主义的教育主张,与杜威提出"教育即生长"的教育思想相似,主张儿童是教育活动中的主人,他们可以自由地思考和探索,获取他们认为有用的知识,教师是学生成长的帮助者,其主要角色是帮助儿童进行各种活动,包括环

---

① [法]卢梭.爱弥儿[M].李平沤,译.北京:商务印书馆,1978:7.

境创设、工具准备,在儿童需要的时候给予帮助和引导,并发展其兴趣。与此同时,"园丁论"在一定程度上体现了认知建构主义的观点:认知建构主义提倡在教师指导下,以学习者为中心,认为学生是学习的主体,学习是在学生自身经验的基础上对意义的主动建构。认知建构主义承认学生有自己既定的认知结构,教师的主要角色是学生意义建构的帮助者和促进者,其教学应该基于学生现有的知识水平和认知发展水平,并提供适合儿童的知识结构和内容,就像园丁一样针对不同的花草给予不同的照料。

以"园丁"来比喻教师,有其合理之处,也存在不合理之处。合理之处在于,注重了教育过程中儿童学习的主体地位,倡导教育中应该以儿童为中心,教育者要尊重儿童的个性,并且遵循儿童成长和发展的规律,并以儿童的经验为中心提供合适的教育,而非对知识的灌输。不合理之处在于,在注重儿童在学习中地位的同时,一定程度上弱化了教师的作用,教师不仅仅在于为学生提供适合的环境,防范不良影响,不仅仅是学生成长的帮助者,更应该是学生成长和发展的引导者和领路人。

3. 教师是"教书匠"

从课堂教学的角度来看,教师通常被看作是"教书"的"匠人",甚至很多教师也以此自称。匠,原指工匠,即手艺人。把教师比喻为"教书匠",是由于"教"也是一种技艺或艺术,意味着教师只是在用某种独特的技巧(如教学模式、原则和方法)加工别人提供的材料(教材),并将教材内容传授给学生。教师的发展所追求的是掌握普遍的教学模式、技术和技巧。

"教书匠"的教师形象在我国有存在的土壤。在过去很长的一段时期内,我国中小学的课程被看作由国家教育行政部门和学科专家制定的教学计划、教学大纲、教科书等静态文本,是规范性的教育内容,教师的教学过程就是忠实而有效地传递这些内容。对教师而言,教学内容是由教学大纲规定的,教学参考资料和教学方法是由教研部门提供和介绍的,考试试卷是由教育部门编制的,教师的主要任务是按照教材、教学参考资料、考试试卷和标准答案去教。教师逐渐成为教育行政部门各项要求的执行者,成为教学研究部门推出的各种教学模式的模仿者。久而久之,当一名熟练掌握教学技术的"教书匠",就成为很多中小学教师对自身的定位。[1]

然而,教师就仅仅应该将自己定位为一名"教书匠"吗?诚然,掌握教学方法与技术是教师的必备素质,教师的教育实践离不开方法和技术的保障。但如果教师的实践囿于固定的方法、程序或模式,或者只是把教育的过程视为一种操作活动,那么,这样的教育实践就不会是理想的实践。作为"教书匠"的教师,其关注点在于教学手段如何更"有效",追求知识传递"效率"的最大化,也因此常常忽视学生在学习中的实际需求,忽视甚至放弃那些由自己的体验、感悟、实践和反思而形成的教育智慧在教学中发挥主体作用。这显然,无法适应当今社

---

[1] 胡惠闵,王建军.教师专业发展[M].上海:华东师范大学出版社,2014:22.

会对教师角色的要求。从2001年开始,我国推行的第八次基础教育课程改革就提出在课程实施中,要将教师置于重要地位,教师不再是课程的忠实执行者,而是要成为课程的开发者和研究者,在教学实践中,要充分发挥教师的主动性和创造性。

> **知识链接 1-3**
>
> **教师必须兼备"专家"与"匠人"的双重特性**[①]
>
> 　　教师既是在复杂的知识实践中寻求高度的反思与判断的"专家"(professional),同时也是通过经验积累练就了经验与智慧的践行教育实践的"匠人"(craftsman)。无论具备多少作为专家的教职与教科书的最先进的知识和理论,如果不具备作为教育"匠人"的教学实践"技艺"和实践经验中生产的智慧,那也无法胜任教师的工作。
>
> 　　同样的,无论积累了多少作为"匠人"的教学实践技能或在教学实践中生成的智慧,如果不精通作为"专家"应有的与教职和学科相关的知识和理论,缺乏知性的"反省"与"判断",教师也会受到传统教学实践的束缚而难以解脱,或被狭隘的经验和独善的思考所累,难以进行教学与学校的改革。
>
> 　　教师的工作具有双重属性,既担负公共的责任,又要绽放教学实践的"妙花",即兼备"专家"与"匠人"的双重特质。
>
> 　　1. "匠人"的内涵及养成
>
> 　　"匠人"一词曾经意味着"高超的技艺",现在,"匠人"是指"最高级的技术工作者"。作为"匠人"的教师的性格特质集中表现在"倾听"上。这里所说的"倾听能力",首先是倾听儿童的声音,其次是具备听取教材中所隐含的声音的能力,以及听取教师自身内在的声音的能力。一方面,"倾听"这一被动行为能够触发教师的想象力。另一方面,通过"倾听"这一被动行为,教师能够完完全全接纳儿童,接受教材的课题,接受自己内部的声音。作为"匠人"的教师,倾听儿童的声音、倾听教材的声音、倾听自己的声音,这是提升自身工作最重要的途径。
>
> 　　教师作为"匠人"的资质,最重要的表现是"匠人气质"。具备"匠人气质"的教师,在工作上往往是纤细的、精心的。而"匠人气质"的养成过程需要遵循以下三种规范。其一是注重对每位儿童的尊重;其二是关注教材的可能性与发展性;其三是注重自身的教育哲学。
>
> 　　2. "专家"的内涵及养成
>
> 　　"专家"最初是指接受"神谕"的人,近代以后,开始用以表示具有"公共使命与伦理的责任"、"高度专业的知识与技术"以及"自律性"的工作领域。因此,"专家"是指具有"公共使命"、实践能力和自律责任的职业领域。遗憾的是,即便教师被看作专家,也往往被看作是包含消极意味的"准专家"。因为教师不像医生或者律师那样具有"高度的专业知识与技术。"但是,作为教师实践基础的"科学的技术"与"专业的理论"的模糊与不成熟,并不说明

[①] [日]佐藤学.教师花传书[M].陈静静,译.上海:华东师范大学出版社,2016:33-47.

教师的工作是任何人都可以从事的"简单工作",而是说明教师的工作是复杂的、需要高度智慧的实践。

教师的实践包含"匠人"与"专家"的双重属性。作为"专家"的性质是洞察、思考与判断,这种学习基本上需要实践经验与科学知识的结合、理论与实践的统整。与医生和律师一样,教师的教育与研修也必须将教学实践的案例研究作为核心。

(四)知识传递者的教师形象

常言道:"要给学生一杯水,教师先要有一桶水"。"一杯水"和"一桶水"是知识量上的比喻和对比。教师在占有的知识量上要优于学生,强调教师知识和能力的必要储备。水象征着生命、活力和绵延不断。水是生命的源泉,是万物之本。没有水,人就不能生存。水的隐喻暗示教师对人类精神生命的延续和更新。

"一桶水"和"一杯水"让人自然联想到什么样的水和怎样倒水。教师拥有的水应是不断更新的、流动的源头活水,而倒水的位置、方式和水的总量要考虑到学生所拥有的杯子的大小和材质。也有人认为可以将两者相提并论,由"一桶水"到"一杯水"自然联想到倾倒和灌输,强调了教师的单向活动,受教育者只能是被动地接受。还有人认为,一桶水的容量有限,教师要像自来水,随时拧开,或者帮助学生挖泉水,水流源源不断,寓意要源源不断汲取新的知识源泉。这些似乎有悖"桶论"的初衷,已并非只是量的比较,而扩展到如何获取的方法上了。[1]

在知识信息量激增的当代社会,教师不能抱定已有"一桶水"的想法,就不求进步,也不能只看到"一桶水"多于"一杯水"。现在获取知识的方式增多,学生接受能力强,更容易接受新的事物。在获取知识的方法上可能还优于教师。教师不能抱定自己是知识神圣权威的固有态度,应抱着倾听、交流、虚心接受的态度。教师与学生在知识面前平等讨论,共同构建学习方法和学习策略。这并不是否定教师的权威,而是消除了教师的神圣感。早在唐代,韩愈就在《师说》中阐述:"是故弟子不必不如师,师不必贤于弟子,闻道有先后,术业有专攻,如是而已。"教师不必成为知识的权威,而是要有严谨的教学态度,教给学生获取知识的能力,能为学生答疑解惑。在现代社会,更突出地表现为能够及时获取新的知识和技能,具有虚心的接受态度。

综上所述,用"一桶水"来比喻教师的知识、能力储备,有其合理之处,也有不当之处。合理之处在于,作为教师需要具备一定的知识储备,需要充分的专业知识;而不合理之处也十分明显,首先,它将学习的观念变得十分狭窄,认为学生所学的知识主要来自于学校内、课堂上、书本上和教师拥有的知识,而没有看到学习内涵的丰富性。学习的内容完全可以超越书

---

[1] 徐琳.基于教师隐喻视角的教师形象重构[D].长春:东北师范大学,2011:23.

本、课堂和教师,延伸到更为广阔的生活世界。其次,从师生关系来看,将教师和学生分别看成"倒水者"和"容器",学生在学习中完全处于被动地位,学生没有任何选择权,完全依赖教师知识的灌输。再次,这一说法忽视了学生作为独立学习者和终身学习者的能动性和实际需求,认为学生在学校教育阶段从教师那里所获取的固定知识就终生够用了,实际上,现代社会是需要终身学习的社会,终身教育理念强调教师应该教授学生在未来如何获取知识的方法。因此,现代社会的教师应该从"倒水者"转变为"挖泉人"。

  在这一节中,我们对几种经典的教师形象进行了梳理和分析,从传统的以儒家思想推崇的"学而不厌"、"诲人不倦"、"安贫乐道"的贤者的教师形象,到在我国有着广泛影响的以"蜡烛"、"春蚕"的悲情奉献者的教师形象,再到现代社会孕育的以"工程师"、"园丁"、"教书匠"为代表的技术熟练者的教师形象,以及当代知识信息社会背景下的以"一桶水"与"一杯水"为追求的知识传递者的教师形象,这些教师形象观分别从不同侧面表达了不同时代人们对理想教师形象的价值追寻,然而现如今这些关于教师的隐喻已经不足以代表当今社会对教师的要求,尤其是20世纪60年代以后,教师专业化运动在北美大陆的发起,使得教师形象的研究又重新回归到人们的视野,人们对教师职业的理解发生了变化,这必然带来人们对教师角色形象的重新认识,在教师专业化运动的驱使下,更多的学者指出应该将教师职业视为一种专业性职业,并且这种看法正在被世界各国的理论与实践界广泛认同,教师专业化也成为了许多国家共同的选择,这使得教师作为专业人员的角色形象自然而然地成为了理论与实践界研究和讨论的重点。下面我们将着重探讨在教师专业化运动中,教师职业缘何被看作是一种专业?教师职业的专业性又如何?以及教师专业化的历史进程是怎样的?

"智慧(AI)教育"时代的教师专业发展途径

二、专业形象

  关于教师职业的理解直接影响着对理想教师形象的认知。20世纪60年代兴起,并在20世纪80年代以后获得蓬勃发展的教师专业化运动,成为了世界教师教育发展的趋势与潮流,在这一过程中,人们对教师职业的理解发生了巨大的改变,教学作为一种专业性职业出现在人们的视野中,为了更深刻地理解这一变化,本节将从专业性职业的特征及标准、教师职业的专业属性以及教师专业化的进程三个方面深入理解教学作为一种专业性职业及其特征。

(一)专业性职业的特征及标准

1. 何谓专业

  "专业"(profession)一词最早是从拉丁语(professio)演化而来,原意是:公开地宣言,即公开地表达自己的观点或信仰;一个人公开宣誓参加的生意或者职业,往往与宗教信仰联系在一起。

  《牛津辞典》中对"专业"一词的解释为"与宗教有关,本义有多种,分别是:(1)加入一种宗教律令的宣言、承诺或誓言。(2)任何严肃、正式的宣言、诺言或誓言。(3)对观念、信仰、意图和行为的宣告。

日本学者大前研一在《专业主义》这本书中对"专业"的解释是，专业是一种誓约，一种承诺。① 医生职业最先与"专业"产生联系，被誉为医学之父的古希腊医生希波克拉底的"希波克拉底誓言"，是医学界的道德准则与医务人员的行为指南。

"professional"作为名词指的是那些参加体育运动仅仅是为了得到奖金的人。由于那些被社会认可为专业的职业团体较其他团体能够分配到更多的经济资源、社会声望及政治权力，换言之，能够占据社会分层中的较上层，②因此，对于一些职业来说，努力实现或模仿传统专业所具备的特质便成为他们作为集体社会流动的主要手段。

当然，还有许多对"专业"的解释。正如社会学家莫里斯·科根（Maurice Kogan）所说，"有多少个研究专业这个课题的学者，便有多少个专业的定义"。③ 专业的概念并不是固定不变的，如果要给专业下定义，需要对专业群体的共同性进行宽泛的概括，也就是这些专业群体的共同特征。

2. 专业的相关标准及其本质特征

在对专业进行语义学解释时，社会学者关注的是对专业本质特征的揭示。社会学领域关于专业本质特征的分析架构主要有两种理论模式：即"特质模式"(trait model)和"权力模式"(power model)。④ "特质模式"将专业界定为基于专业知识和职业道德而建立起来的职业群体，它所提供的社会服务具有不可或缺的社会功能。这一模式是在结构功能理论指导下，以医生、律师等社会公认的成熟的专业作为理想的模式，从中归纳出的一系列的专业特质，构建专业特质量表，用来度量职业群体的专业化程度，并判定哪些职业是专业。

一种职业要被认可为专业，至少要具备以下三个方面的基本特征：⑤

（1）具有不可或缺的社会功能

职业伴随着社会的分工出现，任何职业都具有一定的社会功能，即有社会的价值，对社会的发展具有推动的作用。每一种职业的社会功能是不同的，一般来说，专业性职业对社会具有重要作用，其作用的重要性表现在它具有不可或缺的社会功能。换而言之，这种功能是整体社会继续存在和发展所不能缺少的，倘若专业服务不足或水准低落，则会对社会构成严重的伤害。专业的社会功能属性，决定了其从业人员需具备较高的专业道德规范和专业素

---

① [日]大前研一.专业主义[M].裴立杰,译.北京：中信出版社,2006：7.
② 曾荣光.教学专业与教师专业化：一个社会学的阐释[J].香港中文大学教育学报,1984(01)：23-41.
③ 转引自饶从满,杨秀玉,邓涛.教师专业发展[M].长春：东北师范大学出版社,2005：30.
④ 教育部师范教育司.教师专业化的理论与实践(修订版)[M].北京：人民教育出版社,2003：33.
⑤ 教育部师范教育司.教师专业化的理论与实践(修订版)[M].北京：人民教育出版社,2003：35-37.

养,以更好地履行专业职责、承担社会责任,促进专业社会功能的实现。

(2) 具有完善的专业理论和成熟的专业技能

专业理论和专业技能是一种职业能够被认可为专业的理论依据和技能保障。作为一门专业,必须建构起自己相对完整的理论体系,为具体的专业活动提供思想指导,从理论上指明专业发展的方向;确定专业知识的框架,明确专业活动的对象和范围,掌握从事专业工作所需要的专业知识。

专业性职业对专业知识和技能的要求决定了从业人员只有经过长期的专业训练,才能掌握其工作方法和实践能力,胜任专业工作。一些学者指出:首先,由于专业知识包括理论系统和实践原则,所以专业的训练较其他职业需要更长时间的理论学习及在职实习。亦因此,专业的职业社会化也更完整和深入。其次,由于专业知识享有一定学术地位,故多能成为现代大学内的一门独立学科。再次,由于专业知识包括复杂的理论系统及实践原则,加上专业内自备一套特有的词汇、传播方式与操作程序,也因此形成一套封闭系统,即所谓的"圈内的知识",而且"圈内的知识"的形象更能为社会大众所接纳,因为一般人均相信专业知识非他们所能理解、掌握并接受,只有受过专业训练者才有能力,甚至才会获准运用这些知识,否则便可能对整体社会构成伤害。

(3) 高度的专业自主权和权威性的专业组织

高度的专业自主权和权威性的专业组织是专业实践和发展的内在要求。由于专业活动所依赖的专业知识是"圈内的知识",是一套"高深的学术",它只能为专业人员所依赖,并为专业人员所垄断。因此,只有业内人员才有能力对业内的事务做出判断,控制业内的裁决权,如审核职业者的资格与能力,判断职业者的专业水平与品行等。为了独揽业内的裁决权,业内必须形成一个对从业人员具有制裁权利的专业组织。所有公认的专业一般都有一个强大的专业组织,专业组织往往扮演了三重角色:保证专业权限、保证水准、提升专业地位。

(二) 教师职业是专业性职业吗

如前所述,一种职业要被认可为专业,应该至少具备三个方面的基本特征,即具有不可或缺的社会功能,具有完善的专业理论和成熟的专业技能,高度的专业自主权和权威性的专业组织。那么,教师职业是否符合专业的基本特征?教师职业的专业化程度如何?

1. 教师职业的社会功能

教育是一种社会现象,是人类有意识、有目的、有计划、有组织的社会活动。作为一种人类的社会活动,教育几乎与人类社会有着同样长的历史,这一事实说明了教育对人类社会的延续和发展所具有的重大意义和作用。而教育功能得以实现和延续,学校教育发挥了极其重要的作用。教师所从事的教学工作,是学校教育中的重要一环,其社会功能得到很多社会学者的肯定。在教育社会学中,各理论学派均肯定学校教育具有不可或缺的社会功能,例如功能学派就认为学校基本上实现了"社会化"和"人力选拔与调配"的两项功能；冲突学派则认为学校主要是传授社会统治阶级的价值观及意识形态，以实现强固统治阶级的统治地位的功能；而马克思主义学派则认为教育的主要功能就在于延续现存的生产关系。尽管不同理论学派观点各异，但对于学校教育的重要性却是一致的，即在维持现有社会体制上，学校教育不可或缺。[①] 既然教师是作为履行教育教学工作的一种职业，其社会功能得到了广泛的肯定，因此，从教师职业的贡献及其社会功能的不可或缺性来看，它应该被看作是一种专业性职业。

2. 教师职业的专业知识与专业技术

按照专业的标准，专业人员需要一套系统的、完整的、共享的知识系统，并且这套知识系统能够得到普遍的认可，同时这套知识系统能够落实为实践的原则。然而，从教师职业的专业知识来看，在这一点上，仍然存在较多的争论和分歧。

首先，就专业知识的系统性、完整性、共享性而言，教师职业已经在制度上获取了高等教育的地位。以1681年拉萨尔在法国兰斯创办世界第一所教师培训机构为起点，到今天许多国家的教师教育已发展成为大学教育中的重要组成部分。如在英、美等国，教师教育均是大学的一个独立学系或专业学院，而在我国不仅一些高水平的综合大学参与教师培养，教师培养层次也有所提升，如《中共中央国务院关于全面深化新时代教师队伍建设改革的意见》中就提出"为义务教育学校侧重培养素质全面、业务见长的本科层次教师，为高中阶段教育学校侧重培养专业突出、底蕴深厚的研究生层次教师"。尽管教师职业在制度层面上已获得了高等教育的地位，成为高等教育的一个组成部分，然而，教师职业所依赖的学科基础远不如其制度那般稳固并得到认可，人们对此的认识相互冲突，并为此争论不休。

引起人们争论的最广泛的问题便是教师职业所依据的专业知识具有双重的学科基础，即教师任教科目的学科知识和教育的基础知识。人们认为对于从事中小学分科教学的教师而言，他们至少要具备这两类知识。一方面他们需要具备任教科目的学科知识，如生物学、物理学、数学等领域的知识，还有就是教育的基础知识，如教育哲学、教育心理学、教育社会学等方面的知识。然而这样的理论基础的双重性常常会引起争论和混淆，例如在教师教育的重点上就会出现分歧和争论，到底应以教育的基础知识为重点，还是以其任教的科目知识为重点，这样的分歧常常出现在大学的教育学院与文理学院之间，谁到底应该是培养教师的主体。即便抛开专业知识基础的争论，单就教育的基础知识而言，也常常遭到人们的非议和质疑，不少学者指出教育的基础知识根本就不是一门独立、完整的学科，它是援引其他学科对教育或教学活动的研究综合而成，教育的基础知识往往包括心理学、哲学、历史学、社会学等学科。因此，教育缺乏独立、完整的学科作为其知识的基础，这也是教师职业在专业知识问题上的局限。

---

① 曾荣光.教学专业与教师专业化：一个社会学的阐释[J].香港中文大学教育学报,1984(01):23-41.

其次,在专业知识落实为实践原则方面,教师职业在这一点上似乎也不能让人信服。不少学者也指出教育理论与教育实践之间存在着严重的鸿沟。第一,理论与实践之间的鸿沟首先表现在教师培养的内容上。一般教师培养课程均分为理论课与教学方法课,而在理论课所学到的概念及理论与教学方法课所学到的实践原则之间就存在着很大的鸿沟,问题在于极少理论课是关于教学实践的,同时教学方法课则缺乏理论基础。第二,理论与实践的分离表现在教师培养的效果上。不少有关教师专业培训的研究均显示,受过专业培训的教师多持有把教育理论与教学技巧分割开的看法,而且倾向于偏好教学技巧的科目,认为理论性科目不太重要,甚至是浪费时间。第三,教学理论研究者与教学实践者之间缺乏有效沟通与合作,仿佛生活在两个互不相干的世界。实际执行教学工作的教师多数没有从事研究工作,他们的工作只局限在知识的传授而不是知识的发展与创造,教学研究活动却常常局限于大学、教育学院的教师之中。

另外,在教师运用专业知识解决实际问题方面,似乎也并不让人满意。19世纪末20世纪初,人们开始把教学和医学做类比,教育家们以医学为榜样,也开始在教育研究生院里"装配和精心制作"教育科学,并力图使之规范化。有了教育和医学之间的类比,教育家们感到十分乐观。然而事实是,在医生们运用科学知识于医疗实践,从而在人类健康事业上取得重大进展的同时,试图运用科学知识于教学实践的教育家们,却没能使美国学校的教学质量得到改进。[1] 但不管如何,许多有关教育方面的知识,比如关于人的研究的有用的知识,对于教师而言已像解剖学和生理学对于医生那样重要了。教师只有对这些辅助他们完成任务的科学非常熟悉,才有希望使自己的职业在社会上保持某种权威。

更进一步说,尽管教育学科借助其他学科已建立起一套有一定学术水平和学术地位的理论系统,但这套理论系统在落实为可实践的原则——专业技术,并解决教育教学活动的实际问题方面还差强人意,教育理论与教学实践之间存在着严重的鸿沟。[2] 而如何弥合教育理论与教育实践之间的差距,各国研究者不仅开展了深入的研究,还开展了一系列专业实践,如美国倡导通过大学与中小学合作建立专业发展学校(PDS)促进教师专业化,而我国通过推进地方政府、高等学校与中小学建立伙伴关系,开展"三位一体"的协同育人。另外,为了更好地促进教育理论与教学实践的融合,各国在职前教师培养上对教育实习的时间有所延长,例如在我国2018年颁布的《中共中央国务院关于全面深化新时代教师队伍建设改革的意见》中提出要"根据基础教育改革发展需要,以实践为导向优化教师教育课程体系,强化'钢笔字、毛笔字、粉笔字和普通话'等教学基本功和教学技能训练,师范生教育实践不少于半年。"

3. 教师职业的专业自主权和专业组织[3]

和其他专业一样,教学工作者也广泛地建立起了自己的专业组织,一般说来,教育专业

---

[1] 瞿葆奎.教育学文集·教师[M].北京:人民教育出版社,1991:76-77.
[2] 教育部师范教育司.教师专业化的理论与实践(修订版)[M].北京:人民教育出版社,2003:42.
[3] 教育部师范教育司.教师专业化的理论与实践(修订版)[M].北京:人民教育出版社,2003:43-44.

组织有着自己的基本功能和活动范畴,如表1-1所示。

表1-1 教育专业组织的基本功能和活动范畴

基本功能	活动范畴
(1) 维护和发展高度的道德标准; (2) 维护和发展高度的专业标准; (3) 维护和发展高度的教育标准; (4) 维护和发展高度的社会服务标准; (5) 维护和发展高标准的教师工作环境。	(1) 出版; (2) 研究; (3) 教师权利; (4) 公共关系; (5) 立法; (6) 专业发展; (7) 工作环境; (8) 教师福利; ……

虽然教学工作者建立了广泛的专业组织,但与其他专业组织相比,无论是在其所享有的自治权方面,还是在组织的权威性方面都存在着一定的差距。在自治权方面,教学工作专业组织的权力主要包括教师资格的审核、鉴定、注册权,课程、教法、教学水平的评鉴权,专业道德水准的判定权等,而这些权力基本上是由中央政府和各级地方政府的教育管理部门等"外控组织"控制,教学专业组织争取专业自治权的主要策略是争取从国家权力中取得对教师注册及鉴定制度的控制权,但这一努力至今没有进展。例如在英国,教师组织自1891年以来就曾多次向国会提出"教师注册法案",要求由一个以专业人员组成的教师注册议会来执行该注册法案,最终实现控制新加入的教师的质与量并取得专业的自治权,但直至目前,教师注册及鉴定的权力仍由教育及科学部控制。

在权威性方面,教学工作专业组织的权威性受到多方面的挑战,或者说还没有建立起一个有权威性的专业组织。例如在美国,新的医生不会面临加入某一个专业组织的选择,因为除了美国医学协会外,再没有其他与之竞争的专业团体,其他像牙医、律师、建筑师等专业也是如此。而新教师则面临着加入哪一个教学专业组织的选择,因为美国有上千个形形色色的这方面的组织,但还没有一个属于全国性的、公认的、有权威的、有强大凝聚力的"专业性"组织,现有的教学工作的专业组织仍是一个松散的团体,其中的三类成员——教育理论工作者、专任教师、教育行政人员——每一类似乎都有独立的身份、工作原则和价值观念。如教育理论工作者或大学、教育学院教师受大学探究定向文化的支配,与中小学行动定向文化截然不同,而作为科层制管理机构中的教育行政人员则深受官僚文化的影响。因此,三类人员之间存在着潜在的文化冲突。

总之,依据专业的本质特征来看,教师职业距离成熟专业的标准还有一定差距,教师职业还不能被看作是专业性职业,更多的学者将其视为一种"准专业"或"边际专业",是需要不断提升和发展的专业,因此,需要促进教师职业的专业化。

(三) 教师专业化的进程

教师专业化成为一种强劲的思潮是在20世纪60年代以后,它不但推动了许多国家教师教育新制度的建立,而且至今仍在为促进教师教育发展和提高教师的社会地位做贡献。

1966年,国际劳工组织和联合国教科文组织就在《关于教师地位的建议》中提出,要把教育工作视为专门的职业。三十年后,联合国教科文组织在日内瓦召开的第45届国际教育大会通过的第七项建议指出"专业化"是"一种改善教师地位和工作条件的策略"。20世纪90年代以来,许多国家将教师专业发展纳入到政策的视野之中,促进教师专业发展已成为国际教师教育发展的趋势。纵观教师专业化运动的进程,根据其表现特征,可以将其大致分为20世纪80年代以前的教师专业化和20世纪80年代以后的教师专业化。

1. 20世纪80年代以前的教师专业化[①]

20世纪80年代以前的教师专业化主要体现为一种外部的、集体的、以提升教师专业地位为主的特征。因为,20世纪60年代中期以后,随着出生率下降,对教师需求量也逐步降低。与此同时,由于经济原因,教师培养机构成为政府消减公共开支的对象,公众对教育质量的不满也引发了社会对教师教育的批评,这些因素都使得提高教师"质"的要求取代了对"量"的急需,社会各界对教师素质的关注达到了空前的程度。

人们认识到,教师应该成为像医生、律师一样的专业人员,教师队伍应具有等同于医生、律师的专业性与专业地位,只有这样才能保障教师的教学水准,最终提高教育的质量。正是在这样的背景下,寻求教师的专业化逐渐成为一种强劲的思潮,不过在20世纪60年代主要是以提高教师职业地位出现的。

换句话说,人们在促进教师专业化的运动中,首先采取的是追求教师职业的专业地位和权利及集体向上流动的专业化策略。因为从社会学角度理解专业化这一概念,其含义首先是指一个普通的职业群体在一定时期内,逐渐符合专业标准,成为专门职业并获得相应专业地位的过程。

1966年,联合国教科文组织和国际劳工组织提出《关于教师地位的建议》,首次以官方文件形式对教师专业化做出了明确的说明,提出应把教育工作视为专门的职业,这种职业要求教师要经过严格的、持续的学习,获得并保持专门的知识和特别的技术。

美国在20世纪70年代中期提出教师专业化的口号,推动教学成为真正的专业。1976年,美国教师教育大学联合会报告预言,教学能够并将自我实现为专业,同时激励为此做出专业的和有组织的努力。

此外,日本早在1971年就在中央教育审议会通过的《关于今后学校教育的综合扩充与调整的基本措施》中指出,教师职业本来就需要极高的专门性,强调应当确认、加强教师的专业化。

2. 20世纪80年代以来的教师专业化[②]

20世纪80年代以来的教师专业化体现出一种内部的、个体的、以提升教师专业素质为主的特征。换言之,20世纪80年代以来的教师专业化的重心转向了教师专业发展。

---

① 饶从满,杨秀玉,邓涛.教师专业发展[M].长春:东北师范大学出版社,2005:36-37.
② 饶从满,杨秀玉,邓涛.教师专业发展[M].长春:东北师范大学出版社,2005:37-39.

要理解这一转变过程,首先需要区分"教师专业化"与"教师专业发展"这两个概念。从广义的角度说,"教师专业化"与"教师专业发展"这两个概念是相通的,均指加强教师专业化的过程。但从狭义的角度来说,它们之间还有一定的区别:"教师专业化"更多地是从社会学角度加以考虑的,主要强调教师群体的、外在的专业性提升;"教师专业发展"更多地从教育学维度来界定,主要指教师个体的、内在的专业化提高。也正因如此,1980年《世界教育年鉴》以"教师的专业发展"为主题发表了一系列的文章,提出教师专业化的目标有两个:其一是把教师视为社会职业分层中的一个阶层,专业化的目标是争取专业的地位与权利及力求集体向上流动。这种把教学工作放在整体社会结构中的分析是社会学者的研究取向。其二是把教师视为提供教学服务的专业工作者,专业化的目标是发展教师的教育教学的知识和技能,提高教育教学的水平。这种以发展教师的专业能力为目标的取向应是教育工作者所追求的。

这两种从不同的思维角度出发的概念是随着教师专业化历史发展的进程而不断明晰的。最初,人们在推动教师专业化的进程中采用的是群体专业化的策略,而从20世纪80年代以来,人们逐渐将视角转向了教师的个体专业化,即教师的专业发展。

教师专业化重心的转变,究其原因,一方面是由于以往追求教师职业的专业地位和权利及集体向上流动的专业化目标和策略的结果并不令人满意。相反,从20世纪50年代到80年代愈益频繁、愈益声势浩大的争取教师地位与权利的罢工运动(1968—1979年美国教师平均每年举行一百四十次左右的罢工,参加的教师近百万人)却成为一些人诋毁教学专业的把柄。因此,20世纪80年代以前,教师的专业化运动并没有取得实质性的进展。[1] 另一方面,是由于20世纪80年代以来人们对教师专业实践与专业表现的重视。随着世界范围经济竞争和科技竞争的加剧,各国把教育摆到了社会发展的战略位置。例如,美国政府在日本和德国经济腾飞的压力下,重新审视本国的教育状况,提出国家处于危急中,教育改革势在必行。在世界教育改革的浪潮中,人们越来越认识到,教育改革的成败在于教师,只有教师专业水平的不断提高才能造就高质量的教育水平。因此,20世纪80年代后,人们对过去忽视教师专业发展和教学技能提高的做法给予了强烈的批评,教师专业化目标的重心开始转向教师的专业发展。

在美国,为了推进教师专业发展,涌现出了一系列政策咨询报告,如1986年,霍姆斯小组的《明日之教师》以及1986年卡内基教育和经济论坛工作小组的《国家为培养21世纪的教师作准备》,这两份报告都提出要确立教师的专业地位并促进教师的专业发展,进而提高教师的教育质量。要推动教师的专业发展,不仅要求教师具有相应的教学实践能力,同时还需要教师积极参与教学目的与教学内容的设计,促使课堂教学合理化。要在教育实践中提倡反思,提倡研究,由此形成了教师反思运动以及教师成为研究者运动。在教师专业化发展10年以后,人们认为教学是使所有其他专业成为可能的重要专业,是形成今天教育和美国未来的专业。所以,培养并支撑教师知识和技能的终身发展对美国是十分重要的。学校既是学生

---

[1] 教育部师范教育司.教师专业化的理论和实践[M].北京:人民教育出版社,2003:47.

学习的场所,也是教师发展的场所,教师专业发展就是要在学校教育过程中使教师和学生都获得成功。美国教师教育改革也将教师专业发展作为取向,在各个不同层面上深入开展,取得了明显的成效。美国教师专业发展运动对国际社会特别是西方社会的教育产生了很大的影响。重新发现教师、促进教师的专业发展已成为21世纪教师实践创新的主流话语。

知识链接 1-4

美国政府出台系列政策咨询报告以推进教师专业化[①]

1986年,霍姆斯小组《明日之教师》将教学从行业转换到专业作为自己的目标,认为教师的专业教育至少应该包含以下几个方面:

1. 把教学和学校教育作为一个完整的学科研究。
2. 学科教学知识,即把"个人知识"转化为"人际知识"的教学能力。
3. 课堂教学中应有的知识和技能。
4. 教师专业独有的素质、价值观和道德责任感以及对教学实践的指导。

1986年,卡内基教育和经济论坛工作小组关于教师专业的报告《国家为培养21世纪的教师作准备》批评了美国教育改革的滞后阻碍了教师的专业发展,使教师在很大程度上失去社会对其的尊重,呼吁建立一支专业化的教师队伍,提出必须彻底改革美国教育政策:

1. 创立全国教师专业标准委员会,高标准确立教师应该懂得什么,教师应该会做什么。
2. 改革教学机构。
3. 以文理学士作为教育专业训练的前提。
4. 在教育研究院中实施新的教育专业课程。

在我国,"教师专业化"自20世纪80年代开始便受到了广泛的关注。1986年,我国颁布《国家标准职业分类与代码》,正式把教师列入专业技术人员之列。1993年第八届全国人民代表大会常务委员会第四次会议通过了《中华人民共和国教师法》,其中第3条就明确规定"教师是履行教育教学职责的专业人员",这是从法律角度赋予了教师专业人员的地位,这也意味着教师和律师、医生一样,要履行自己的专业职责。

20世纪80年代以后,为了进一步推进中小学教师的专业化,国家对教师教育体系及机构也进行了战略性调整,有计划、有步骤、多渠道地把传统培养中小学教师的三个层级(中等师范学校、高等师范专科学校、师范学院或师范大学)、四种类型(综合大学、师范学校、教育学院、教师进修学校)的师范教育体系纳入高等教育体系,并逐步升级到(专科、本科、研究

[①] 饶从满,杨秀玉,邓涛.教师专业发展[M].长春:东北师范大学出版社,2005:38.

生)的教师教育体系。[①] 具体措施如下：(1)构建一体化的教师教育体系。2001年5月29日中华人民共和国国务院发布了《关于基础教育改革与发展的决定》，在第4条中明确提出要"完善教师教育体系"，并针对以往师范教育中教师职前培养和职后培训分离，导致教育资源浪费、职后培训水平较低的弊端进行改革，建立起使教师一生都能受到连贯、一致教育的一体化教师教育体系，对教师教育各阶段进行全程规划设计，建立各阶段间相互衔接，既有侧重，又有内在联系的教育机构体系。(2)师资培养体系由定向封闭逐渐走向开放。2001年颁布的《关于基础教育改革与发展的决定》中提出："加强师范院校的学科建设，鼓励综合性大学和其他非师范类高等学校举办教育院系或开设获得教师资格所需要的课程。"依据此类政策，中国师资教育已逐渐走向开放，目前中国已有一些综合大学，如清华大学、北京大学、浙江大学、苏州大学等开设了教育学院。而一些师范类大学如北京师范大学、华东师范大学、东北师范大学、南京师范大学已实现了向综合大学的过渡。(3)师资培养机构由低向高升级。1999年中共中央、国务院做出的《关于深化教育改革全面推进素质教育的决定》提出："2010年前后，具备条件的地区力争使小学和初中阶段的专任教师的学历分别提升到专科和本科层次"。2001年颁布的《国务院关于基础教育改革与发展的决定》再一次提出要"推进师范教育结构调整，逐步实现三级师范向二级师范的过渡"。在上海、北京、广州等发达地区，甚至已经实现了三级师范向一级师范过渡的目标。(4)完善资格认定制度。1986年4月公布的《中华人民共和国义务教育法》第13条明确规定："国家建立教师资格考核制度，对合格教师颁发资格证书。"同年9月国家教委便发布了《中小学教师考核合格证书试行办法》。在1986年法规的基础上，1993年的《中华人民共和国教师法》进一步完善了教师资格制度，其中第10条规定"国家实行教师资格制度"，并规定了取得教师资格的条件。根据《教师法》的规定，我国于1995年颁布了《教师资格条例》。与1986年颁布的考核合格证书制度相比，《教师法》在合格学历的规定上有改动，增加了非师范生与师范生同等学历可取得同等教师资格，这一规定为中国教师队伍引进了更多的优秀人才，有利于教师素质的整体提高。在这个意义上，也相应地促进了中国教师专业化的发展。

近年来，国家更加重视教师教育，为了更好地促进教师专业化发展，我国于2011年颁布了《教师教育课程标准(试行)》；2012年出台了《国务院关于加强教师队伍建设的意见》，颁布了幼儿园、中小学教师的专业标准；2013年出台了《中小学教师资格考试暂行办法》和《中小学教师资格定期注册暂行办法》，并从试点推进，现在已逐步开始在全国施行统一的教师资格考试；2014年颁布了《中小学教师信息技术应用能力标准(试行)》和《中小学教师信息技术应用能力培训课程标准(试行)》，并开始实施卓越教师培养计划；2017年颁布《中小学幼儿园教师培训课程指导标准(义务教育语文学科教学)》；2018年发布了《中共中央国务院关于全面深化新时代教师队伍建设改革的意见》和《教师教育振兴行动计划(2018—2022)》等。这

[①] 单中惠.教师专业发展的国际比较[M].北京：教育科学出版社，2010：200.

些文件的出台,足以看出我国在推进教师专业化进程的努力和建设高素质教师队伍的决心。

> **知识链接 1-5**
>
> **全面提高中小学教师质量,建设一支高素质专业化的教师队伍**[1]
>
> 2018年,中共中央、国务院发布了《关于全面深化新时代教师队伍建设改革的意见》(简称《意见》),这是新中国成立以来党中央出台的第一个专门面向教师队伍建设的里程碑式的政策文件。《意见》明确指出"全面提高中小学教师质量,建设一支高素质专业化的教师队伍",具体如下:提高教师培养层次,提升教师培养质量。推进教师培养供给侧结构性改革,为义务教育学校侧重培养素质全面、业务见长的本科层次教师,为高中阶段教育学校侧重培养专业突出、底蕴深厚的研究生层次教师。大力推动研究生层次教师培养,增加教育硕士招生计划,向中西部地区和农村地区倾斜。根据基础教育改革发展需要,以实践为导向优化教师教育课程体系,强化"钢笔字、毛笔字、粉笔字和普通话"等教学基本功和教学技能训练,师范生教育实践不少于半年。加强紧缺薄弱学科教师、特殊教育教师和民族地区双语教师培养。开展中小学教师全员培训,促进教师终身学习和专业发展。转变培训方式,推动信息技术与教师培训的有机融合,实行线上线下相结合的混合式研修。改进培训内容,紧密结合教育教学一线实际,组织高质量培训,使教师静心钻研教学,切实提升教学水平。推行培训自主选学,实行培训学分管理,建立培训学分银行,搭建教师培训与学历教育衔接的"立交桥"。建立健全地方教师发展机构和专业培训者队伍,依托现有资源,结合各地实际,逐步推进县级教师发展机构建设与改革,实现培训、教研、电教、科研部门有机整合。继续实施教师国培计划。鼓励教师海外研修访学。加强中小学校长队伍建设,努力造就一支政治过硬、品德高尚、业务精湛、治校有方的校长队伍。面向全体中小学校长,加大培训力度,提升校长办学治校能力,打造高品质学校。实施校长国培计划,重点开展乡村中小学骨干校长培训和名校长研修。支持教师和校长大胆探索,创新教育思想、教育模式、教育方法,形成教学特色和办学风格,营造教育家脱颖而出的制度环境。

第三节 做专业的小学教师

在第二节中,我们对教学作为一种专业及其特点进行了分析,本节将在其基础上进一步阐释做专业的小学教师的具体内涵。如前所述,尽管教师职业的专业地位已经获得认可,然而从内涵上来看,还不能将其看作是完全的"专业性"职业,因为与传统的专业性职业相比,还存在一定差距。因此,要以一种更为合理的方式去看待教师职业的"专业性"问题:既不要

---

[1] 中共中央国务院关于全面深化新时代教师队伍建设改革的意见[EB/OL]. (2018-01-31)[2019-05-21]http://www.gov.cn/zhengce/2018-01/31/content_5262659.htm.

认为自己已经属于专业人员的范畴,同时也不要放弃对作为专业人员的追求。更进一步说,对于教师职业,专业化并不是现状,而是我们所有人应为之努力的方向。我们应该将专业化作为奋斗的目标,并且时刻为之努力。同时,这也需要我们对理想教师形象进行重新定位,重新理解做专业的小学教师的真正意涵。

一、终身学习者

终身教育理念作为20世纪中叶一股强劲的教育思潮对世界各国的教育产生了深远的影响。这种理念使人们对传统成人学习的认识发生了深刻的变化。教师作为成人学习者应该确立成为终身学习者的目标。

要理解终身学习者的内涵,首先要理解终身学习理念。终身学习理念是对终身教育理念的继承和发展,认为学习应该是通过一个不断的支持过程来发挥人类的潜能,使人们有权利去获得他们终身所需要的全部知识、价值、技能与理解,并在任何任务、情况和环境中有信心、有创造地、愉快地应用它们。终身学习的理念是从人如何不断地适应社会、如何不断地发展的角度去阐释人与社会的关系问题。实现终身学习需要个人与社会之间的良性互动。一方面,个人要有终身学习的观念和能力;另一方面,社会要能够为个人提供进行终身学习所需的各种社会条件。教师作为终身学习理念的身体力行者以及学习者的伙伴,在完备学习者终身学习的个人内部条件和社会外部条件的过程中发挥重要的作用。

在现代社会,终身学习已经是摆在每位教师面前不可忽视的问题。教师要使自己跟得上时代发展的步伐,必须终身都要学习。因为随着信息技术和科学技术的发展,知识正在呈几何倍数增长,并呈现出综合化的趋势,教师既要拥有所教学科的知识及教育学科的知识,也要广泛涉猎相关学科及艺术知识,以更好地满足不同学生的兴趣、爱好,做到教学内容的融会贯通,拓展学生的视野。教师只有通过不断学习,才能不断地更新自己的知识,才能更好地掌握现代化的教学手段,传播先进文化,造就创新型人才。教师学习的内容应非常广泛,包括各类知识、育人方法、教学技能等。教师学习的方式也应更加多样,可以从书本中学、从网络中学、从他人身上学、从教学实践中学等。教师要注意不断地补充更新自己的专业知识,更新观念,拓展知识面,不断提升自己的整体素质,始终跟上社会发展的需要,成为热爱学习、终身学习的楷模。案例1-7说明了终身学习在教师专业成长中的重要作用,案例中的教师在面对教育实践中的问题和难题时,通过向有经验的教师学习,以及在实践中持续地探索和反思,使自己的教育教学水平不断得到提升。

教师作为终身学习者,首先要树立学习型社会的观念,形成热爱学习、积极学习的主观态度。学习型社会是每个社会成员时时、处处都可能进行学习的理想状态。在学习型社会中,不仅知识和能力是人们谋事立身的主要依据,快节奏的变化也使人们始终置身于一个因已有知识会快速老化而需要不断学习的挑战环境之中,不断学习,终身学习,是学习型社会的重要特征。因此,在学习型社会中,教师应形成强烈而自觉的学习意识,并形成好学、乐学的主观态度。其次,要擅于通过制定长、短期目标以激励自身不断学习。因为目标的确定能使人有明确的方向,从而增加人做事的耐性,激发人的灵感,并优化学习资源的配置。再次,掌握获取学习资源的能力。因为现代信息技术在飞速发展,互联网技术、远程教育技术已在广泛应用,教师作为学习者面对的是比过去丰富得多的学习资源。不仅要能够运用各种资源获取信息,还应该能够在众多信息当中有效识别有价值的信息。

案例 1-7　我的专业成长故事——终身学习,伴我成长,伴教前行①

弹指一挥间,我竟然在三尺讲台上耕耘了十四个春秋!回首十四载走过的路程,留在我记忆深处的是"学习、学习、再学习"。

记得我 1999 年刚中师毕业,带着新学、揣着梦想、拥着激情,踏上工作岗位,对自己的四年级语文教学及班主任工作充满信心,对学生满怀爱心,教学和生活都很舒心。当时我天真地认为,凭我在中师三年的勤学苦练和对自己"我一定要成为一名优秀的好教师"的坚定信念的执著追求,我的梦想定会实现!在憧憬与忙碌中,我的生活轨迹定格在办公室—教室—教师宿舍这三点一线,备课、上课、批改学生作业、辅导,成了我生活的全部。辛勤的付出换来了丰硕的收获,我班的学习成绩、纪律卫生、班队活动表现得都很出色,我的脸上总是洋溢着灿烂的笑容。

我以为我的教育生涯会一直这样一帆风顺下去,没想到我对孩子们充分的信任与尊重却成为了个别学生说谎逃学的突破口。当时我班最让我头疼的就是樊 xx 和秦 xx 这两位男生,他们不光成绩差,而且学习态度极不端正,经常不完成学习任务,逃学、上网、偷东西、说谎、打架,屡教不改。依据中师所学教育学、心理学,通过与家长沟通,与学生本人谈话,访谈同学,了解两位学生的方方面面,我决定采用多亲近,多辅导,多表扬(因为他们的父母恨铁不成钢,经常用暴力,可是不见成效)的策略。经过很长一段时间苦口婆心的教育和耐心的辅导,这两位学生的进步却微乎其微。我无语了,也绝望了,更多的是困惑。

在一次闲聊中,一位年长同事笑着对我说:"丫头,你要知道'纸上得来终觉浅,绝知此事要躬行''三年教书教自己',慢慢来,你还年轻,要学习的东西还多着呢!"一语点醒梦中人,对呀,我可以向年长教师和优秀教师学习教育教学经验。于是,课余同事们谈论教育得与失时,我认真倾听,纳为己有经验;碰到棘手的教育问题,虚心请教多位教师,博采众长。晚上,别人看电视、休息时,我伏案备课,批改作业,反思自己的教育言行;周末双休日别人忙着与朋友聚会时,我在《湖南教育》《小学语文教师》《语言文字报》等书海中遨游。渐渐地,我明白了,对学生光有爱是行不通的,必须爱严相济,对教学光有知识是片面的,必须讲究方式方法;对教育光有热情是不够的,必须要有足够的耐心,也要有团结协作的精神。在学习和摸索中,灵活多样的教学方法被我用于课堂教学中,很快,虚心、勤奋、严谨、务实的工作作风在

---

① 田安艳.我的专业成长故事——终身学习,伴我成长,伴教前行[J].教师,2014(06):116-117.

我身上形成。在不断的学习和探索下,我取得了优异的教学成绩,赢得了广大师生的一致好评及社会的广泛赞誉,2000年年终考核被评为"优秀"等级,受县人民政府嘉奖一次。

得到上级的肯定,我很欣慰,同时以更高的热情投入到下一轮愉快的工作、学习当中。在追求高效教学的同时,开始了我对教研教改的不懈追寻、实践之路。每个学期我们学校都会组织听课、评课、上公开课、写论文等教育教研活动,我都积极认真地参与。同事们完美的教学设计、精彩纷呈的教学方式、妙语连珠的教学语言、天衣无缝的教学机制、精辟独到的教学见解无不令我折服,也让我学有所得,并适时地加以应用于自己的教学之中。在漫漫的学习、教学实践、教学反思的无限轮回中,我的教学水平不断提高,教育技术日渐成熟。

在不断的学习与探索中,我大胆尝试,逐渐摸索出了一套适合自己教学的方法。而这些自然离不开自己的勤学、好学和不断学,所以,我要高声地说:"终身学习,伴我成长,伴教前行!"希望大家同我一起成长、终身学习吧!

二、学生学习的引导者和促进者

新课程改革要求教师要由知识的传授者转变为学生学习的引导者和促进者。传统的课堂教学秉持着一种狭义的知识观,认为知识是"人类认识的成果或结晶,包括经验知识和理论知识。经验知识被认为是知识的初级形态。理论知识通常以概念、判断、推理、假说、预见等思维形式和范畴体系体现其自身的存在"。[1] 这种从哲学角度来定义的知识,仅仅关注了显性和陈述性知识。基于这种知识观,人们认为教师是知识的唯一拥有者,学生是知识的接受者,教学就应该以教师为中心、书本为中心、课堂为中心,教师拥有绝对的权威。教学的过程是一种单向的存在,即教师讲、学生听,以知识的传授为主,过分突出和强调学生的接受和掌握,忽视了学生学习过程中的发现和探究,同时也忽视了学生的情感、态度和价值观。正因如此,大部分持此观念的教师,在实践中对学生认识的过程采取极端处理的方式,使学生学习书本知识变成仅仅是直接接受书本知识,学生学习成了纯粹被动地接受、记忆的过程,学生成为了纯粹的知识接受者。

> **拓展阅读与思考**
>
> **深度学习是信息时代教学变革的必然选择**[2]
>
> 今日世界之复杂、变化之迅捷,已远超我们的想象,看似遥不可及的未来,正在变得触手可及。如今,百度Apollo(阿波罗)开放平台可以率领百余辆自动驾驶

---

[1] 冯契.哲学大辞典[M].上海:上海辞书出版社,1992:1010.
[2] 刘月霞,郭华.深度学习:走向核心素养[M].北京:教育科学出版社,2018:12-18.

汽车跑上港珠澳大桥,可穿戴技术会让你的衣服监控你的心率,科幻电影《星际迷航》里的生物打印机现在已被用于制造医用的人体组织,IBM的机器人沃森医生也来到中国为患者提供精准而个性化的诊疗建议,广东省东莞市长安镇诞生了首个无人工厂……灵敏的机器人正在大举侵入全球制造业,人工智能机器代替了人类的许多工作,失业率逐渐增加。

人类已经跨入了第4次工业革命时代,信息爆炸、大裂变式的脑力增长正以全新的、强有力的且令人惊诧的方式,挑战和重塑着我们的社会根基,甚至重组了我们的大脑,改变着我们的生活、工作和学习方式。这不仅会给人类生活带来巨变,更会引发人类生存方式和社会行业结构的转变,从而使得对未来人才素养的需求也随之发生改变。

"知识工人"已成为历史,如今世界需要的是能与机器共舞的"聪明的创造者",这样的创造者将具备机器所不具备的设计、创造和共情等能力。

全球教育体系都正在和将要被技术主宰的全球经济形势改变,对未来人才的素养提出了新要求,也对教育提出了新挑战。如何让孩子未来不会被人工智能所取代,是学校教育当前亟需思考和努力解决的问题。

为回应时代需求,近年来深度学习研究迅速兴盛。其主要原因有两个方面:一方面是数字时代需要人才的素养与以往要求有着极大的不同;另一方面则是技术的发展在教育中的应用和支持,为深度学习的发展、推进提供了可能,有效提高了学生学习和协作的质量广度和深度。例如,学生正在使用像微博、微信这样的社交平台来发现新知识和发表新观念,通过创造知识来学习。

信息技术与互联网真正的教育转换,在于信息技术创造了学习的自由以及贡献于应参与到全球事务的自由,这在十几年前是不可能存在的。为此已积极强调的参与式学习以及理解迁移应用和创造性解决问题的深度学习,成为技术驱动的世界必要的学习技能,也需要有新的教学理论和方法来支撑和践行。

世界各国的研究不约而同地使用"深度学习"来表达对学生学习的新见解。1976年瑞典哥德堡大学教育学院教授马飞龙和罗杰·赛里欧基于对学生学习过程的研究,发表了《学习的本质区别:结果和过程》一文,提出并阐述了深度学习与浅层学习这两个相对的概念。近年来深度学习的研究与实践在世界范围内引起高度重视,尤其是在美国和加拿大等国。著名学者迈克尔·富兰提出的如何在技术富有的社会中实现真实有效的教与学活动的"新教学论",将目标指向通过深度学习促进学生能力态度的改变。

如图1-2所示,富兰认为新教学论有以下几个特征。

(1) 强调新知识的创造,并促进其在真实生活中的应用。

(2) 强调学习过程的重要性,创建共同发现、创造、使用知识的新型师生关系。

(3) 强调技术在教育中的应用,与学生在校内/外的数字化产品使用习惯相适应。

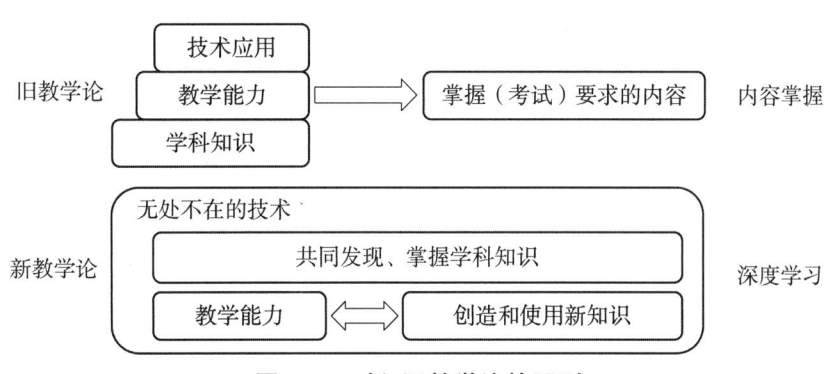

图 1-2 新、旧教学论的区别

富兰的新教学论主要由三个核心要素构成(见图 1-3):一是师生之间的新型学习伙伴关系;二是深度学习任务,这些任务能重构学习过程,由此驱动知识的创造和目的性应用;三是能够加速深度学习进程的数字化工具资源。富兰指出,新教学论的这些构成要素均来自优秀教师的案例与故事,与百年来的教育理论与研究非常相似,如知识建构、真实世界的问题解决、反馈、元认知策略的重要性等。之所以称之为"新",首先是因为目标新,它就是要达成包括在现实世界中创造和使用新知识的深度学习目标。其次是关系新,师生在共同探究、创造和使用知识的学习过程中形成了新型学习伙伴关系。最后,数字技术链接学校内外。这三方面的力量相互联系,共同实现学习的变革。

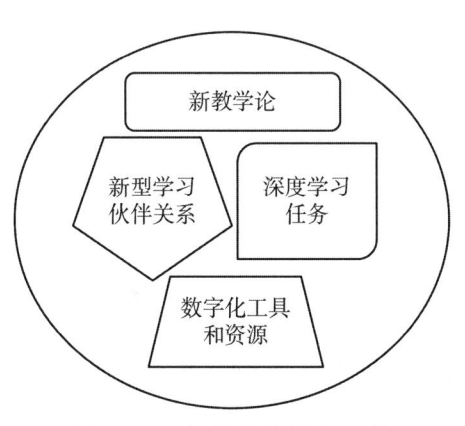

图 1-3 新教学论核心素养

思考与讨论:

1. 面对新技术时代的挑战,教师作为学生学习的引导者和促进者如何帮助

> 学生实现深度学习？
> 2. 富兰提出的"新教学论"对教师角色提出了哪些挑战？在实践中如何实现这种学习的变革？

新课程改革是建立在现代知识观的基础上的一种广义的知识观。强调知识是丰富多彩的，既包括显性知识，也包括隐性知识；既包括陈述性知识，也包括程序性知识和策略性知识。在教学方式上，新课程改革汲取了建构主义的思想，主张教学过程是师生相互交往、共同发展的互动过程，提倡学生的学习应该以研究性学习和探究性学习为主。[①] 因此，新课程改革将教学的重点放在了学生的"学"上，强调教师作为学生学习的引导者和促进者，主要起督促引导的作用。在教学过程中，教师应该让学生主动发现问题、解决问题，主动地去获取知识，并给予学生学习方法上的指导，注意引导学生积极主动地研究学习，从而促进学生知识与技能、情感、态度与价值观的整体发展。案例1-8中的教师就尝试借用学生熟悉的自然现象作为情境导入，来学习数学中的"可能性"这一概念，这种尝试就体现出了教师在课程设计中，将教学的重点放在学生的"学"，通过创设情境，通过从学生已有经验出发帮助其积极主动地去获取和建构知识，这正是学生学习引导者和促进者的体现。

案例1-8　　　　　**借用学生熟悉的自然现象学习数学**[②]

在教学"可能性"一课时，老师先让学生观看一段动画，动画片的内容是：在风和日丽的春天，鸟儿在飞来飞去；突然天阴了下来，鸟儿也飞走了。这一变化使学生产生了强烈的好奇心，这时老师立刻抛出问题："天阴了，接下来可能会发生什么事情呢？"学生就会很自觉地联系到他们已有的生活经验，来帮助自己回答这个问题。如学生认为"可能会下雨"；"可能会打雷、闪电"；"可能会刮风"；"可能会一直阴着天，不再发生变化"；"可能一会儿天又晴了"；"还可能会下雪"……老师接着边说边演示："同学们刚才所说的事情都有可能发生，其中有些现象发生的可能性很大，如下雨。有些事情发生的可能性会很小，如下雪。在我们身边还有哪些事情可能会发生？哪些事情根本不可能发生？哪些事情发生的可能性很大呢？"

通过运用情境导入的方式，老师让学生对"可能性"的含义有了初步的感觉。因为学习"可能性"，关键是要让学生了解事物发生是不确定的，事物发生的可能性有大有小。老师通过让学生联系自然界中的天气变化现象，为其学习"可能性"的概念教学奠定了基础。

[①] 饶从满，杨秀玉，邓涛.教师专业发展[M].长春：东北师范大学出版社，2005：25.
[②] 于永正.运用生活经验解决数学问题[N].中国教师报，2003-10-15.

三、课程的设计者、开发者及课程意义的创生者

新课程改革要求教师不仅是课程的实施者,更应该成为课程的设计者和开发者。教师作为课程的设计者、开发者是教师在课程开发中主体性的直接体现。教师除了要参与课改方案的设计外,教师开发课程还有两个方面的内涵:一是教师对课程的"二次开发"。新课程将预设的课程方案看作是一种蓝图和设想,看作一般意义上的要求,教学过程的真实推进及最终结果,更大程度上是由教师在具体的教学情境中,对教学内容的选择以及与学生的互动来决定的。这就为教师主观能动性的发挥创造了空间:教师在总的要求下,将课程目标具体化,对课程内容进行选择、拓展、补充、增删,对学习方式进行创造性的设计,甚至对预设课程中不合理的方面进行批判,在批判的基础上重建课程,从而更好地促进学生的学习。而由此,教师不再是课程的被动执行者,而成为了课程的主动开发者。教师作为课程开发者的第二层含义是指教师作为课程开发的主体来开发校本课程。新课程倡导民主、开放、科学的课程理念,确立了国家课程、地方课程、校本课程三级课程管理政策,校本课程作为新的课程形式,开发的主体主要是教师,这就内在地要求教师要全面地参与到校本课程的设计、开发与实施中。

教师作为课程意义的创生者,主要是因为教师是联系课程与学生的纽带,教师在生成课程意义,把文本课程转换为适合学生心理特点和知识基础的体验课程上负有重要责任。教师的教学归根结底是为了促进学生的发展,然而,儿童的经验与文本课程所反映的成人经验有着本质的不同。正如杜威所说,儿童生活在双重世界中,即生活世界与学科所表征的世界。儿童的生活世界有其特殊性——儿童的生活是一个整体,而学科所代表的成人经验则是分门别类的知识体系;儿童的世界是兴趣主导的世界,而学科则是一个事实和规律的世界;儿童的世界是一个以自我为中心的狭小世界,而学科囊括了人类在过去无数个世界的历史以及人类所知的辽阔世界。[1] 儿童经验世界与学科知识世界之间的这种差异,就意味着在课程实施中,教师要时刻联系学生的生活经验和学生生活领域的各种有意义的背景,使课程本身对学生的生活具有意义。在具体教学中,要求教师寻找教学内容与学生生活经验的最佳结合点,把教学内容从静态的符号还原为鲜活的学习体验。这样的教学才真正会对学生的知识发展与精神发展产生影响。[2] 教师的主要角色是沟通儿童与课程,在二者之间架起桥梁。案例1-9中,特级教师窦桂梅针对《秋天的怀念》一课,九易其稿,目的就是为了能够通过精心的课堂教学设计,使教学内容能够与学生生活经验更好地结合以更好地达成目标和效果,在这个过程中,体现了教师对课程的设计和开发以及生成的课程意义对学生学习的影响。

---

[1] [美]杜威. 学校与社会·明日之学校[M]. 赵祥麟,任钟印,吴志宏,译. 北京:人民教育出版社,2005:112.
[2] 王艳玲. 新课程改革与教师角色转型[J]. 全球教育展望,2007,36(10):24.

案例 1-9　　　　**设计课堂就是设计人生——特级教师窦桂梅备课经验谈之一**[①]

任何一种有目的的活动,要达到预期目标和理想效果,必须在此之前精心设计。教学也是如此。有时候,教学的一个开头,虽然短短的几句话,或者看似微不足道的一个环节,也是经过教师精心雕琢的;课上的一句话,也是集腋成裘所得。

下面,我就以《秋天的怀念》一课的开头为例,说说自己备课时九易其稿的感受:

第一稿我拿出了史铁生在《我与地坛》中的一段——这是我大量阅读了史铁生的文字精选出来的:"那时的我,作为她的儿子,还太年轻,还来不及为母亲着想,我被命运击昏了头,一心以为自己是世上最不幸的一个,不知道儿子的不幸在母亲那儿总是要加倍的。她有一个长到二十岁上忽然瘫痪了的儿子,可这事无法代替;她想,只要儿子活下去,哪怕自己去死呢也行,可她又确信一个人不能仅仅是活着,儿子得有一条路走向自己的幸福;而这条路呢,没有谁能保证她的儿子终于能找到。"

此设计的目的有三:一是让学生带着和作者一样的自责和内疚走进课文;二是为了体会"好好儿活"而做铺垫;三为引导学生去读《我与地坛》抛下"诱饵"。

细琢磨后,我感觉这样开头明显有先入为主之嫌。

第二次设计时,我引入一位叫游珍的儿童写的一首诗:

"我不喜欢这个日子,

真的,

每逢这个日子,

我的眼泪就不听话,

每逢这个日子,

老师就要我们画妈妈,

……

每逢这个日子,

我就更想念,

睡在荒野中的妈妈。"

这样做,目的是让学生从生活入手,感觉到儿童对妈妈的怀念与中年人对母亲的怀念内容不同但情感相同。教后我仍觉得这样还是有些生硬且不自然。

到第七稿时,开场白已经修改为:

清华附小有一位校友叫史铁生,现在已经54岁了。在他二十多岁的时候母亲就离开了他。

随后引入史铁生在另一篇文章中的一段话:"我坐在小公园安静的树林里,闭上眼睛,

[①] 窦桂梅.设计课堂就是设计人生[EB/OL].(2017-08-23)[2020-03-15]http://www.cn-teacher.com/runwen/kcge/200812/291998.html.

想,上帝为什么早早地召母亲回去呢?很久很久,迷迷糊糊的我听见了回答:她心里太苦了,上帝看她忍受不住,就召她回去了。睁开眼睛,看见风正从树林里穿过。"

课的开头就这样定了。课上得很成功,教师评价很高。我心中明白——其实,我的整个两节课的过程环节设计,也都是像开头这样"精雕细刻"而成的。正如有的老师评价的那样——哪怕一个环节都经得起推敲。

课堂围绕"好好活"展开。先体会母亲的"咱娘俩在一起要好好活";再探究"我俩在一块要好好活"。为了让学生更好地体会"好好"这个字眼——我设计了一条暗线:"苦"。母亲活得辛苦,自己的病让自己痛苦,儿子的病让她"苦上加苦",可母亲告诉儿子的是要"好好活"——接受、承受人生之苦。于是,字里行间体现母亲的"苦口婆心"、"用心良苦"。以致史铁生终于懂得人生"苦"的韵味——人生不是一个"苦"字了得。

有一次在课堂上,当我和孩子读开头《合欢树》中的一段时,忽然"发现"这一句:"母亲活得太苦了"。于是我灵机一动,让学生谈感受,而我则顺势板书"苦",然后下面的暗线就以"苦"展开。

终于,有了第九稿:把开头出现的"苦",加粗、图黑,并注明——(当学生读到此处时,教师板书)。

九次思考、梳理的过程是颇费心思和功夫的,我要付出很多艰辛的劳动。但这些都是一个教师必须经历的。每一次研究教材、设计教学思路,每一次授课后,教师都会有一些新的问题、新的收获,这时就应该用教案的形式记录下来,留待以后进一步地思考、完善,这将是一件非常有益于教师终生教学的事。所有的这一切累加起来——我们不就是在设计自己的人生吗?

四、实践的反思者

反思对于个体的成长具有至关重要的意义。美国关怀伦理学派的创立者诺丁斯(Noddings)曾经说过:"改进教育实践的最好方法,是把教师提升为具有自主能力和深刻反思的人。"学者波斯纳曾经写过一个著名的教师成长的公式:教师发展=经历+反思。意思是说,教师成长过程中会有许多教育生活的经历或遭遇,如果没有"反思"的历程,经历或遭遇只是"经历"而已,但如果进行了"反思",它们则会成为其成长中的"经验",从而使教师获得专业的发展。美国教育现象学者、哥伦比亚大学教师学院的格里涅(Greene)提出教师要多进行反思,它可以帮助教师意识到"习而不察"的内隐教育理念,并做批判性思考。我国台湾学者甄晓兰提出,在课程改革中,提升教师的反思能力,可以帮助教师形成课程主体意识,推动课程的创新实践。从上述学者的观点不难看出,反思对于教师成长的重要意义。[①]

---

① 姜勇.幼儿教师专业发展[M].北京:高等教育出版社,2015:178-179.

"反思性实践者"是由美国学者唐纳德·舍恩(D. Schon)在1983年出版的《反思性实践者——专家如何思考实践过程》中提出的概念。他主张现代的专家在以"反思性实践"中发挥专业性,去替代以往的"科学技术之合理运用"为原理的"技术性实践"。"技术性实践"是以在任何情况下都有效这一科学技术原理为基础的,而"反思性实践"则是调动经验所赋予的默然的心智去考察问题,在同情境进行对话中展开反省性思维,在同顾客合作中,致力于复杂情境中复杂问题的解决。① 舍恩的"反思性实践者"这一概念为认识教师的专业形象提供了新的视角。如果回到教师的专业场景,从理解教师工作的"临床"和现场的特点来把握教师职业的内涵,就会发现,教师的实践具有不确定性、规范模糊、效果滞后等特点,是循序渐进的、琐碎的。教师职业属于在复杂的情境中从事复杂问题解决的文化的、社会的实践领域,不存在对所有教师和所有教室都普遍有效的技术与原理。因此,教师不是由外在的技术与原理武装的"技术熟练者",而只可能是在实践中并通过实践不断建构和提升自身经验的"反思性实践者"。教师的专业能力在于,主体地参与问题情境,同儿童形成活跃的关系,并且基于反思与推敲,选择与判断形成自身的实践性知识。② 教师的实践性知识不仅来源于活动过程中认识、审查与实践经验的反思,同时,教师也基于实践情境对理论、概念与原理重新解读,批判、检视与发展自身的实践性知识。

"反思性实践者"的专业形象确认了教师作为教育实践主体已有的鲜活经验,确认了教师已经形成的经验的价值,肯定了教师具有实践性反思与创造的能力。这也使得教师不再仅仅是知识的被动"消费者"与"传递者"的角色,而成为了实践性知识的主动建构者,同样是教育知识的"生产者"与"创造者"。③ 因此,教师作为反思性实践者需要将自己的教育活动和教育情境作为认知的对象,对教育行为和教育过程进行批判地、有意识地分析和再认知,要能够以开放的姿态看待事物,接纳新的思想,不断地对教育教学进行思考;既是教育教学的实践者,也是教育理论的思考者与建构者;既要关注教育教学的过程,又要关注教育教学的结果,能够将教育教学活动和研究相结合,并能够对自身教育教学活动给予学生的影响进行积极的反思。案例1-10中的教师就对自己教育方式能够给予学生的影响进行了积极的反思,在处理学生问题的过程中,通过不断的反思对于问题学生的教育策略形成了新的理解,同时生成了新的关于学生问题处理的实践性知识。

教师的教育实践是一种"反思性实践",教师需要在复杂多变的教育实践情境中灵活地调整自己的行为,下面案例中教师面对被雪花突然"打断"了的数学课,为了更好地满足学生的需求,并且促进学生更好地学习,将室内课程转移到室外,开展了数学实践体验课,不仅达到了更好的教育教学效果,还通过对实践的反思,对数学实验教学产生了更加深入的认识和理解。

---

① 王艳玲.新课程改革与教师角色转型[J].全球教育展望,2007,36(10):23.
② [日]佐藤学.课程与教师[M].钟启泉,译.北京:教育科学出版社,2003:240.
③ 王艳玲.新课程改革与教师角色转型[J].全球教育展望,2007,36(10):20-25.

雪花中的数学——一次关于"雪"的学科融合[①]

今天上数学课时,突然外面飘起了雪花,教室里传出了一个学生的惊讶声:"哎!下雪了。"同学们的目光顿时都被吸引到了窗外,我正想批评他,转眼却望见坐在下面孩子们好奇、渴求的目光。我知道孩子们是一直期盼着岁末的冬雪,初雪终于来临,他们迫不及待地想去雪地里打个雪仗、堆个雪人。

不忍拒绝他们稚嫩的心,又恰好刚刚学完的《多边形的面积》可以来个实践体验,于是我们把室内的教学转移到了室外,跟孩子们再次一起上了节数学实验课。本着"积累经验,浸润思想,培育情感,体验快乐"的数学实验宗旨,先让孩子们明确要求,玩雪的时候要观察雪花的形状,画一个漂亮的雪花,并求出它的面积,然后带他们来到操场开始上课。孩子们一边扔着雪球、画着脚印,一边用胳膊迎着飘落的雪花、观察着它的形状,嬉笑声漫出了整个校园。

二十分钟后,孩子们满足地回到教室,急忙开始画下刚刚印在脑海里的雪花,并引出类似的组合多边形,孩子们有的找到了圆形的雪粒、有的找到了六角形的雪花、还有的找到了四角形的残雪,画完之后分别尝试着有用分割法、添补法等求出面积,还有的同学甚至已经能求出圆形的面积,让我大吃一惊,不禁感叹孩子们的学习能力。这节课让我再一次体验到了数学实验的魅力。实验教学对培养学生学习数学的兴趣是非常重要的,可以让老师在教学过程中更好地调节和调动学习气氛,使教学目标更快捷地完成。

紧接着,我又想到了孩子们正在学习 3D One[②],这场雪不仅可以用来学习数学,更可以用在创客课程的学习啊,这是一次非常好的学科融合机会,马上联系曹老师把孩子们领到创客教室,设计出自己喜欢的小雪人,因为时间不够了,曹老师答应他们下周把小雪人打印出来,孩子们才依依不舍地离开了创客教室。

有很多人问过我,数学也需要实验吗?数学怎么实验?其实不仅物理、化学需要实验,高数中也一直有建模的存在,越是抽象难以理解的内容,越需要转化成可操作、可触摸的实验来加以理解、加深印象,在教学中恰当地插入数学实验,会使抽象枯燥的学习过程变得富有新奇感。

数学实验教学这一新型教学模式就是以学生的自主探索为特征,其目的是培养学生的自主学习能力,学生通过实际操作,会提高自身动手操作的实践能力。总之,在小学数学教学中,抓住时机,在课堂上积极地开展数学实验活动,就可以大大激发学生的学习兴趣,培养学生的创新精神,发展学生的创新思维,提高数学课堂教学的效率,从而有利于发掘学生的潜能,全面促进学生的主体性发展,提高综合素质。

[①] 雪花中的数学——一次关于"雪"的学科融合[EB/OL].(2017-12-15)[2019-05-22]https://www.meiplan.cn/ze4ea/n.
[②] 3D One 是一种专为中小学教育开发打造的 3D 设计软件。

案例 1-10

在以后的教学过程中不但要积极探索、大胆实践、勇于创新,而且要善于发现学生思维的闪光点,善于捕捉学生思维的"偏差",并且进行恰当的引导,让数学实验教学收获到意想不到的效果。

五、教育实践的研究者

"教师作为研究者"理念的兴起可以追溯至20世纪50年代的"教师行动研究运动",这场运动把行动研究界定为由教师、管理者和其他相关人员运用科学方法开展的旨在改善教育实践的研究。该运动强调了教师在教育研究中扮演的重要角色,也为"教师作为研究者"(teacher as researcher)奠定了基础。20世纪70年代,英国课程专家斯滕豪斯(Stenhouse)明确提出"教师作为研究者"的理念,并通过"人文课程计划"(Humanities Curriculum Project)使教师学会如何完善自身并改善教学实践。随后,出现了大量关于教师教学研究(teacher conducted research)的探索。[①] 受到这种理念的影响,我国的新课程改革提出了"校本教研"、"专家型教师"等理念和相应的措施,以突出教师在课程研究中的地位,并试图通过教师研究来促进学校课程质量、教师专业发展,进而促进学生的学习和发展。

在新课程改革的推动下,"教师作为研究者"的角色形象得到了普遍的认同和重视,以学校为本位的教师研究正如火如荼地开展着。然而,在实践过程中,一些研究者发现,教师研究却走入了误区和困境:校本教研成为教师的负担;学校青睐"大课题""大问题";校外专家主导教师研究;论文发表成为了评价教师的指标。[②] 面对这些误区和困境,学者黄山通过对作为研究者的教师为何研究、研究什么、怎样研究以及如何评价教师研究等方面进行了文献梳理,对"教师作为研究者"进行了重新审视,通过梳理和分析,发现已有研究中主要存在三种观点:教师作为行动研究者;教师作为学生研究者;教师作为正式的研究者。不同观点对教师研究各个维度(为何研究、研究什么、怎样研究、如何评价)的刻画也存在差异。(见表1-2)

表1-2 "教师作为研究者"三种观点的差异

	为何研究	研究什么	怎样研究	如何评价
教师作为行动研究者	教师所面临的日常工作是复杂的、基于情境的,教学过程中出现的意外、插曲是理论难以预测的。	自己课堂实践中出现的问题,自己的教学。	在教学过程中发现问题,收集/分析信息,改变教学行为。	教学行为的改善;学生的学习与发展;发现问题与反思能力的提高。
教师作为学生研究者	学生如何思维和学习是教学的依据,了解学生能够使教学更加有效,教学应以"学习为中心"。	学生在想什么,如何通过教学使学生的想法变得有意义。	通过访谈或学生自我陈述了解学生的想法,向学生学习,与学生一起学习。	学生的学习与发展。

---

① 黄山. 对"教师作为研究者"的再认识:17篇SSCI文献的综述及启示[J]. 教师教育研究,2014,26(06):101-106.
② 黄山. 对"教师作为研究者"的再认识:17篇SSCI文献的综述及启示[J]. 教师教育研究,2014,26(06):101-106.

续表

	为何研究	研究什么	怎样研究	如何评价
教师作为正式研究者	承担像专业研究者一样的责任和义务,发现普遍性的规律,为已建立的知识基础做出贡献。	脱离特定情境的、普遍的、理论的问题。	与大学研究者合作,采用科学研究方法,规范操作流程,定期参加学术会议并报告成果。	以严格的科学研究标准,衡量研究过程;研究成果的发表。

埃利奥特(Elliot)曾言,"教师成为研究者"是将研究提出的方案用于解决实际问题以便改进自己的教学。[1] 因此,教师作为研究者,可以主要从以下两个方面出发来开展自己的教育研究:[2]第一,教师的教育研究应以实践为中心,其根本目的在于改善自身实践。研究注重过程对自身教育实践的诊断,形成反思意识,提升研究能力。第二,教师的教育研究应以学习为中心。教师在这个过程中并不是像以往专业研究人员一样是某种理论的产出者,而是一个不间断的学习者,通过对自己教育、教学行为的直接或间接的观察与反思,不断加深对自己实践的理解,完善自身的教育实践。案例1-11中提出的让研究回到原点,就倡导了教师作为研究者开展的教育研究应围绕教师的教育教学实践,目的是解决教师在教育工作中遇到的实际问题和难题,从而不断提升教师的总结、反思和改进教育教学的能力。

让研究回到原点[3]

案例1-11

课程专家斯腾豪斯提出:"教师要成为研究者",这种理念已经成为一种共识,同时也是教师专业成长的需要。但是,教师在教育教学实践中,常常对研究望而却步,踟蹰不前。其原因就在于对研究的认识模糊。那么,什么是教师研究?经过多年的摸索与思考,我们认为教师研究就是教师解决课堂教学中问题的过程,并在解决问题过程中不断提高自身的课堂反思、总结和改进课堂教学的能力。因此,我们中小学教师所做的研究,既没有我们想象的那么"高大上",也没有那么"神秘"。简单一点来说,研究其实就是解决我们自身在教育工作中遇到的实际问题或者难题的过程。这样的一种简单、接地气的研究理念和研究行为,才是研究的本真。因此,我们必须要让研究回归,让研究回到原点,让研究走进课堂教学和日常教育教学工作。

我们看一则案例:

站起来就说

顾老师任教语文,最近为班上的学生不愿发言而大伤脑筋。(问题1)

经过一番考察,顾老师分析认为这可能是因为课堂时间紧,发言机会少,才会导致一部分学生的积极性被挫伤。(原因分析)

于是,顾老师根据《中国青年报》上一篇文章的启示,尝试让学生"站起来就说"。同

---

[1] 胡惠闵,王建军.教师专业发展[M].上海:华东师范大学出版社,2014:258.
[2] 胡惠闵,王建军.教师专业发展[M].上海:华东师范大学出版社,2014:262.
[3] 胡远明.教师为何要成为研究者?——从两则教育案例谈起[EB/OL].(2016-05-07)[2019-06-01]http://blog.sina.com.cn/s/blog_7a105e8f0102wm5a.html.

时,他对本班学生做了一个征求意见调查,居然有54%的支持率。(办法1)

然而,真正让学生"站起来就说"时,竟没有一人主动站起来。(问题2)

于是,顾老师私下征求部分学生的意见,认为不能光凭"激励",还得"强迫",于是顾老师又公布了一项新的规定:"每周每个学生语文课上主动发言不少于两次;凡少于两次的同学必须当众唱歌,必要时还得'请家长'……逐周累计发言次数,奖励前三名。"(办法2)

这个措施果然有效,课堂气氛也随即"活跃"起来。(初步成效)

然而,顾老师很快又发现:少数同学是前半周看热闹,后半周胡乱找几个问题提提、答答,完全是应付老师。(问题3)

针对这种新情况,顾老师经过反复思考,又采取了"要点提问法""即时提问法",对那些一堂课上一次都没主动发言以及心不在焉的学生突然提问。(办法3)

伴随着这样的"软硬兼施",学生们的强迫感日渐消失,慢慢习惯了"站起来就说"的形式,课堂上学生发言积极性调动起来了。(效果)

上述的案例,就是一项典型的教师研究行为与过程。尽管该案例并不复杂,但是问题的解决过程颇费了一番周折,也是教师与学生"斗智斗勇"的过程。因此,教师研究往往具有一定的反复性、复杂性和艰巨性。问题解决的过程,就是不断实践、不断探索、不断改进的过程。而问题一旦解决了,也就扫除了课堂教学中的一个障碍,那么也就相应地提高了课堂教学效率。教师做研究,一方面,通过探索和研究,把遇到的问题解决,进而提高课堂教学的效率;另一方面,在解决问题的过程中,教师也在不断地提升自己的思考能力、经验总结能力以及课堂教学的改进能力。因此,解决问题不是最终目的,提升教师自身的专业素养才是教师研究的主要目标。教师的专业素养提升是需要持续性地开展研究工作,让研究成为一种状态、一种习惯、一种本能。

六、自身专业发展的设计者和规划者

教师是自我导向、自我驱动的学习者,是专业发展的主体。教师要实现专业发展,就必须对专业发展进行自我管理,学会设计规划自己的发展。教师的专业发展规划是教师专业发展的蓝图,是教师追求自主发展、自我实现的重要环节。要形成合理的专业发展规划,需要教师对专业发展的环境、个人的专业需求和发展水平进行深入全面的分析,并在此基础上进行专业发展的自我设计、自我规划。这种分析思考决定了专业发展规划的制订不只是教师专业发展过程中的一个环节,还对专业发展起一种引导、监控的作用,是一种非常重要、非常有效的专业发展活动。[①] 合理的、合适的专业发展规划能够帮助教师更深入地认识自我,更有助于教师最终实现自我价值和理想。

---

① 王少非.教师专业发展规划:意义、内容、策略[J].中国教育学刊,2006(02):59-62.

做专业的小学教师,也要求教师自身成为专业发展的设计者和规划者。《小学教师专业标准(试行)》提出的小学教师应具备的反思和发展能力中,明确指出教师要能够制定专业发展规划,不断提高自身专业素质。

在本节中,结合时代背景和要求从教师作为终身学习者、学生学习的引导者和促进者、课程的设计者、开发者及课程意义的创生者、实践的反思者、教育实践的研究者、自身专业发展的设计者和规划者等来描绘了专业小学教师的角色形象,然而随着时代的发展,小学教师的专业形象也在不断发生变化,如 AI 人工智能和"互联网+教育"的兴起、国家落实立德树人根本任务的要求、发展学生核心素养要求,以及脑科学、学习科学的研究新进展带来的教学变革等,这些都对新时代的教师角色形象提出了新的要求,"专业小学教师"的内涵也在不断丰富和拓展,需要我们不断地去认识、理解和思考,反思自身角色形象和价值,将其视为目标,并时刻为之努力,这才是做专业小学教师的真正意涵。

希望同学们学习完这节后都愿意经常去思考这样的问题:"什么样才是专业的小学教师?""我想成为一名什么样的小学教师?""作为小学教师在小学生的成长中应该扮演什么样的角色?"因为这些问题关系到未来的工作实践与我们之间的关系,是我们赋予工作的意义,这些也将构成我们专业发展的动力。

思考题

1. 小学教育的重要性主要体现在哪些方面?

2. 小学是人生重要的启蒙阶段,你认为小学阶段应该如何做好启蒙工作?

3. 有一种说法是"树大自然直",你认为小学教育对孩子的成长和成才真的很重要吗?

4. 有人认为,小学教师就是一个简单、普通、平凡而卑微的"孩子王"。对此观点,你怎么看?

5. 关于教师理想形象的论述有很多,诸如"蜡烛论"、"园丁论"、"工程师论"、"一桶水论"、"教书匠"等,请你对这些教师角色隐喻的合理和不当之处进行分析与评价。

6. 在现实社会生活中,我们会看到这样的场景:一些家长,甚至一些与教育根本无关的人,经常对学校教育、教师的工作以及教学评头论足,甚至横加指责,俨然是这一领域的专家。然而,他们对医生、律师等的工作则极少评论。请用本章学过的理论对这一现象进行分析。

7. 你认为中小学教师的教育研究与理论工作者的教育研究有区别吗?如何理解教师作为教学实践的研究者?

第二章
教师是如何发展的

📊 **学习目标**

1. 了解教师专业发展的代表性理论与观点,理解教师发展的多维性与复杂性。

2. 了解教师专业发展各个阶段的需求、素质特征、核心问题与任务,掌握教师发展的阶段性特征。

3. 应用教师专业发展相关理论指导自身专业发展实践,提高自己的专业发展水平。

📖 **核心概念**

1. 教师专业发展:指教师通过接受专业训练和主动学习,不断提升自己专业水平的持续发展过程。

2. 生涯阶段理论:认为教师的专业成熟是一个长期的发展过程,需要经历一系列发展阶段的理论。有关教师发展阶段的研究大都植根于美国学者富勒的研究,从她的教师关注阶段论至今,已经产生了丰富多样的教师发展阶段论。

3. 生命历程理论:主张将个体的生命历程看作是更大的社会力量和社会结构的产物,关注人生经历、时间选择以及构成个人发展路径的阶段或事件的先后顺序,侧重于研究剧烈的社会变迁对个人生活与发展的显著影响的一种理论。

4. 叙事研究:属于人文主义研究范式,指人们通过描述个体生活以及对个体生活故事进行建构和重构,从而获得对个体行为与经验的解释性理解,发现隐匿于个体日常生活中的意义。

5. 生活史研究:是生活历史学家以个体的生活历史经验为材料,通过他们生活故事的讲述与展现,对被研究者的生活故事和意义等建构出一种"解释性的理解",由此来洞察个体生存境遇及其与社会之间的互动,揭示个体日常生活经验意义的方法。

6. 教师生活史:是指在一定的社会、文化和历史情境中,教师对自己在生活与教育中所发生事件和经历的描述和刻画,是教师本人在"教育的生活世界"中的体验和感悟。

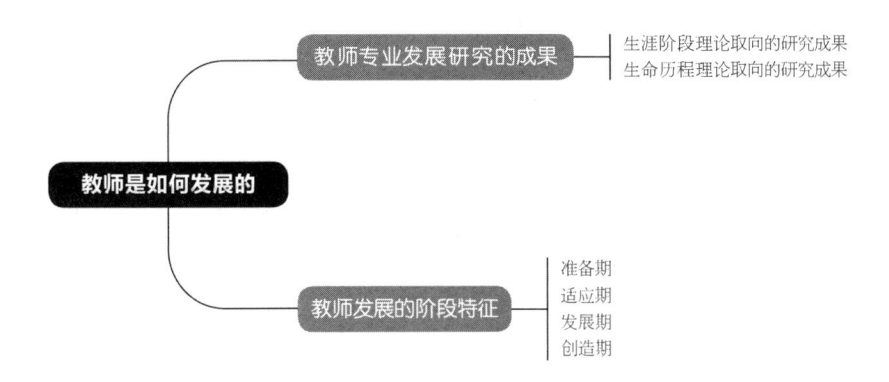

📖 内容脉络

教师是如何发展的
- 教师专业发展研究的成果
  - 生涯阶段理论取向的研究成果
  - 生命历程理论取向的研究成果
- 教师发展的阶段特征
  - 准备期
  - 适应期
  - 发展期
  - 创造期

教师的成长与发展是一个历时态与共时态统一，存在（being a person）与成为（becoming a teacher）一体的动态连续统。连续统中分布着不同的时期与阶段，不同的时期与阶段又有着不同的需求与特点。一名新教师要想成长为一名合格的、优秀的教师甚至是专家型教师，必须经历、体验、跨越这一系列发展阶段。了解教师专业发展相关理论及教师发展的阶段性特征，理解教师是如何发展的，对教师明确自身的专业发展状态，以及自觉自主地实现专业发展具有重要的理论启发意义和实践指导价值。

第一节　教师专业发展研究的理论视野

教师专业发展是一个发展的概念，它既是一种状态，又是一个不断深化的过程。[①] 教师专业发展是指教师通过接受专业训练和自身主动学习，逐步成为一名专家型和学者型教师，不断提升自己专业水平的持续发展过程。[②] 教师专业发展理论是一种以探讨教师在经历职前、入职、在职以及离职的整个职业生涯发展过程中所呈现的阶段性特征与发展规律为主旨的理论。综合教师专业发展研究相关成果，根据研究者们对教师、教师职业及教师专业发展的认识与理解的不同，教师专业发展理论可划分为生涯阶段理论和生命历程理论两大研究范式。两者从不同的维度，基于不同的视角，采用不同的方法，对教师专业发展的全貌进行了全面考察，取得了丰富的研究成果。

一、生涯阶段理论取向

美国著名生涯专家舒伯（D. E. Super）根据自己的"生涯发展型态研究"结果，将人的生涯发展阶段划分为成长、探索、建立、维持与衰退五个阶段。每个阶段都有特定的发展任务

---

① 钟海清，卢辉炬. 教师专业发展的意义探寻[J]. 广西师范学院学报（哲学社会科学版），2003(04)：1-6.
② 张素玲. 教师专业发展的特点与策略[J]. 辽宁教育研究，2003(08)：80-82.

需要完成,而且前一阶段发展任务的达成与否关系到后一阶段的发展。有关教师专业发展阶段的研究,始于20世纪60年代末的美国,后流行于欧美,目前已发展成为一套蔚为壮观的理论体系。系统考察教师发展阶段的研究成果发现,研究者们基于不同的角度,依据不同的理论基础,采取不同的研究方法,划分出不同的教师生涯发展阶段,探讨了教师生涯发展的不同维度与过程。依据他们所使用的研究框架的不同,大致可以归纳出以下七种研究框架:教师关注研究框架、教学专长发展研究框架、职业/生涯周期研究框架、教师自我研究框架、教师心理发展研究框架、教师专业社会化研究框架和综合研究框架。

(一) 教师关注研究框架

1969年,为改进教师教育,美国学者富勒(F. Fuller)编制了《教师关注问卷》,研究教师所关注的事物在其职业发展过程中的更迭。基于自己的研究和对他人相关研究的回顾,富勒提出了教师"关注"的四阶段发展模式。[①]

表 2-1 教师"关注"四阶段发展模式

阶段	关注点	主要内容
第一阶段	任教前关注 (pre-teaching concerns)	以学生的身份体会教师的行为
第二阶段	早期生存关注 (early concerns about survival)	初任教师关注自己能否胜任工作,关注课堂管理与控制以及自己能否为学生和同事接受
第三阶段	教学情景关注 (teaching situations concerns)	关注教学本身、任务完成及教学表现
第四阶段	关注学生 (Concerns about students)	关注学生学习、学生发展和学生情感需要以及教学对学生的影响

概括而言,任教前关注属于职前培养时期,此时师范生还沉浸在学生角色中,因为没有教学经验,所以对教师角色的认识仅处于想象阶段,因此只关注自己。早期生存关注属于刚入职阶段(尤其是刚入职第一年),此阶段,新手教师所关注的是自己的教学、班级管理、领导的评价以及学生和家长的认可等生存问题。教学情景关注阶段除了生存关注之外,教师更多关注的是自己的教学表现,如关注教学所需的知识、能力与技巧以及对学以致用的追求与努力。关注学生阶段指的是在教师学会应付自己的生存需要之后才能对学生的需要做出真正切实的反应。在这个阶段教师开始把学生作为关注的核心,关注他们的学习、心理和情感需要以及如何通过教学更好地影响他们的成绩和表现。

富勒的关注理论通过对准教师所关注的焦点问题的变化轨迹的研究与探讨,揭示了由关注自身到关注教学任务再到关注学生的学习以及自身对学生可能产生的影响的教师专业

---

① 吴金辉.教师专业发展的理论与实践[M].北京:中国传媒大学出版社,2006:24-25.

发展阶段。从此角度而言,关注理论对教师职业培养尤其是职前培养和入职指导具有重要参考价值。然而,仅仅从教师所关注的事物在教师不同发展阶段的更迭这一个侧面来探索教师的发展,不足以对教师生涯发展的全貌进行全面考察。后续的相关研究亦证实了关注理论的局限性,即处于某个发展阶段的教师不只会关注自我或生存等某个特定的主题,而是会同时关注自我、生存、教学任务和学生学习等不同方面。自我、生存、教学情景、学生学习等这些关注点并不是按照线性的顺序一个解决完才出现另一个,而是可能同时出现。

(二) 教学专长发展研究框架

教师的"专业性",从微观的角度来看,在很大程度上表现为某种"专长",教师的专业发展,从某种意义上说,就是教师教学专长的发展过程。教学专长是教师基于个体知识、专业经验、对实践的反思和在反思基础上的创新活动而形成的有效解决教育教学问题的所有个人特征的总和。[①] 新手—专家教师发展理论认为教师发展的五个阶段是:新手阶段、高级新手阶段、胜任阶段、熟练阶段、专家阶段。[②] 教师职业专长发展四阶段论则提出:第一阶段为学徒期或熟悉教学阶段、第二阶段为成长期或个体经验积累阶段、第三阶段为反思和理论认识期、第四阶段为学者期。[③]

教师职业专长观点

概括而言,教学专长研究传承了其他领域专长研究的传统,对专长的理解在很多方面已达成基本共识,尤其是对教师职业专长发展的阶段及各阶段的特点进行的详细论述,对教师教育具有重要的理论与实践价值。比如,对教师的资格认证问题、新手教师的职业培训形式和内容、培训的标准与规范、如何使教师的知识与实践经验更好地整合、如何培养更多的专家型教师等有着重要的指导意义和参考价值。但是,教学专长研究也还存在一些争议,主要表现为对专长的本质、构成因素、获得过程等的不同理解。同时,教学专长研究很多时候把教学情境看得过于简单,只关注教学专长的知识、思维等认知因素与成分,忽视情绪管理、动机、角色认同等非认知因素与成分。

(三) 职业/生涯周期研究框架

职业/生涯周期研究框架以人的生命的自然老化过程与周期来看待教师的职业发展过程与周期,其阶段的划分以生命变化周期为标准。

1. 休伯曼的教师生涯五阶段论

1993年,休伯曼(Huberman)从教师专业能力与表现,以及其对专业问题的探索,将教师的生涯划分为五个阶段。

阶段一:生涯进入期(career entry),第1年到第3年。这是教师生存和探索(survival

---

① 蔡永红.教师的教学专长——研究缘起、争议与整合[J].北京师范大学学报(社会科学版),2014(02):15-23.
② 顾荣芳,等.竹节的力量:关键事件与幼儿教师专业成长研究[M].南京:南京师范大学出版社,2011:18-19.
③ 申继亮,费广洪,李黎.关于中学教师成长阶段的研究[J].天津师范大学学报(基础教育版),2002(03):1-4.

and discovery)的阶段。此阶段教师的特征在于求生存与求适应,他们通常会遭受"现实的冲击"(reality shock),特别是由于缺乏教学经验,而遭遇到复杂并同时产生的教学管理问题。例如,专业的理念和班级每日工作的差距、对待学生亲疏态度的不稳定、不恰当地将一种教材用于不同特质的学生等。通常生存与适应是一体两面,例如,教师开始任教时若缺乏教学责任与精力的投入,只觉得自己是"做事拿钱",则不会知觉到教学的生存问题,当然也就不会有令人兴奋的发现。

阶段二:稳定期(stabilization),第 4 年到第 6 年。当教师取得长期任用后,才会完全投入教学生涯,并完全熟悉教学事务。他们也尝试新的教学方法,以及发展复杂的理解学生的方法。此阶段的教师会伴随一种轻松、愉快与得心应手的安全感,同时会有免于直接受监督的自由。

阶段三:试验与再评估期(experimentation and reassessment),第 7 年到第 18 年。教师生涯可能向两个方向发展。一种情况是由于教师教学能力逐渐强化,对自己充满自信,因此愿意尝试不同的教材教法与教学策略,以增加自己的影响力。在遇到组织的障碍时,能够用实验和积极行动的策略来解决。另一种情况是他们觉察到自己在教学方面的缺失,对自我的专业能力产生怀疑,对教学的例行性工作感到乏味,并逐渐产生去留的危机。由于教师会面临"中年危机",他们将重新评估自己,适应顺利则进入"平淡阶段",不顺利则进入"保守主义"时期。

阶段四:平淡和保守主义期(serenity and conservatism),第 19 年到第 30 年之间。此时教师的生涯也向两个方向发展。一种情况是大多数教师对其生涯改变的描述由"充满活力"转向"机械化",但班级教学态度更轻松和自我悦纳,教师以较高的自信与自我接纳弥补逐渐失去的精力与热忱。另一种情况是由于年龄与学生差距加大,教师在心理上与学生产生较疏远的关系。这是一段保守主义时期,教师会有许多抱怨,批判视导人员、同事和学生。

阶段五:清闲期(disengagement),第 31 年到第 40 年。教师在专业生涯的末期会有逐渐退出并内化的趋势。高龄教师会有撤退的倾向,这可能是因为其抱负的受挫与教师这一职业太早到达"高原期"有关。[①]

根据这一发展理论,休伯曼提出了教师生涯发展模型。(如图 2-1 所示)休伯曼的理论探究了每一阶段的发展主题,并且依照教师对发展主题的认识和理解的不同,区分出不同的发展路线。同时,该理论还揭示了不同教龄的教师只要心理发展水平接近,仍可能达到相同的专业水平。因此,对教师生涯发展的研究更加具体和细致化,其提出的理论与策略亦更具针对性。其构建的教师生涯发展模型已经突破了一维线性的思考方式,认为教师生涯的发展会有不同的发展走向,教师生涯发展变成了一个复杂多变的动态过程,而不再是静止不变的结果。这为后续的研究提供了新的研究视角,也更能解释教师专业发展中的实际情况。

---

① 顾荣芳,等.竹节的力量:关键事件与幼儿教师专业成长研究[M].南京:南京师范大学出版社,2011:21-22.

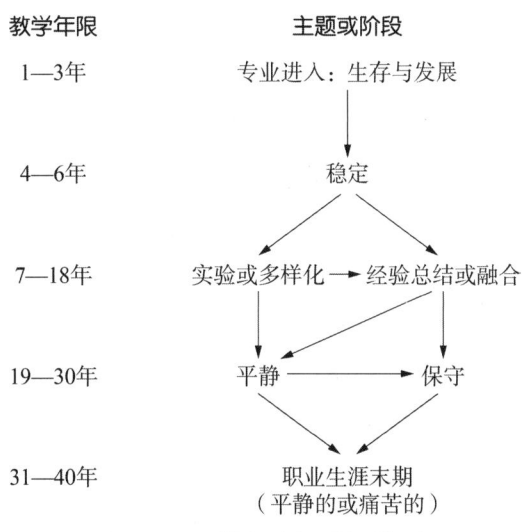

```
教学年限                    主题或阶段
1—3年              专业进入：生存与发展
                          ↓
4—6年                    稳定
                          ↓
7—18年        实验或多样化 → 经验总结或融合
                    ↓              ↓
19—30年           平静    →      保守
                          ↓
31—40年              职业生涯末期
                    （平静的或痛苦的）
```

图 2-1 教师生涯发展模型

2. 费斯勒的教师生涯循环论

费斯勒（R. Fessler）在社会系统理论的基础上，通过广泛的文献资料考察、对教师日常教学的观察以及对160多位教师的访谈，提出了教师生涯发展的循环论，将教师的发展分为八个阶段。

第一阶段：职前教育阶段（preservice stage）。这个阶段的教育是为了特定的教师角色而做准备的，通常是在大学或师范学院进行的师资培养阶段，以及在职教师从事新角色或新工作的再培训。

第二阶段：入职阶段（induction stage）。这是教师任教的前几年，也是教师走向社会、进入学校系统和学习每日例行工作的时期。在此阶段的每一位新任教师，通常都会努力寻求学生、同事、督导人员的认可和接纳，并设法在处理日常问题和事务达中到令人满意的程度，进而获得被肯定的信心。

第三阶段：能力建立阶段（competency building stage）。此阶段是教师能力形成的阶段。在此阶段的教师努力增进和充实相关教育知识，提高教学技巧和能力，设法获得新信息、材料、方法和策略。此时的教师渴望建立一套属于自己的教学体系，接受与吸收新的观念。他们参加研讨会和各种相关会议，以及继续进修与深造。这一阶段成功建构了教学能力的教师，有可能进入到热心和成长阶段；反之，无法建构恰当能力的教师，有可能逐步进入到挫折阶段、稳定或停止的阶段，或提前离岗。

第四阶段：热心和成长阶段（enthusiastic and growing stage）。此阶段，教师已经具有较高水平的教学能力，但是他们仍旧不断追求专业成长。在这一阶段中，教师热爱工作，每天急于到校，希望和学生交流，并不断寻找新的方法来丰富其教学活动，充满热情，对工作的满意度高。

第五阶段：生涯受挫阶段(career frustration stage)。此阶段，教师可能会受到某种因素的影响，或是产生教学上的挫折感，或是工作满意度逐渐下降，开始怀疑自己选择教师这份工作是否正确。教师的职业倦怠经常出现在此阶段。

第六阶段：稳定和停滞阶段(stable and stagnant stage)。这一阶段的教师存在着"做一天和尚撞一天钟"的心态。这些教师只做份内的工作，不会主动追求教学专业上的卓越与成长，不求有功，但求无过。这是教师缺乏进取心、不愿意追求完美和成长的一个阶段。

第七阶段：生涯低落阶段(career wind down stage)。这是教师准备离开教育岗位，打算"交棒"的低潮时期。在此阶段，有些教师感到愉悦自由，回想以前的桃李春风，而今终能功成身退；另外也有一些教师则会以一种苦涩的心情离开教育岗位，或是因被迫离职而感不平，或是因对教育工作的热爱而眷恋。

第八阶段：生涯退出阶段(career exit stage)。此阶段，是教师退出教学岗位之后的时期。退出教学岗位的原因有正式退休、自愿离职、生育暂时离职或为寻找更为满意的职业等。[①]

费斯勒的教师生涯循环论揭示了教师的职业生涯周期不是静止的和固定不变的，也不是按照线性方式发展的，而是动态的和可变的，即在对个人和组织环境因素做出反应后，以动态的方式前进的，凸显了教师职业生涯周期的动态特征。特别是其对教师发展的阶段描述，提供了一个较为完整的纵贯教师生涯全程的理论框架，对教师的职业生涯规划以及各个阶段的专业发展实践具有重要的理论参考价值。同时，她的研究开创了教师生涯发展研究的新视角，不仅打破了一维线性的研究思路，还设计了教师生涯发展各个阶段的激励措施，为教师专业发展研究提供了有益启示。

综上所述，它们都试图完整地看待教师的发展历程，将职前培养与在职发展联系在一起，视之为一个连续的发展过程，并且凸显了教师在不同发展阶段具有的不同的专业发展水平、需求、心态、信念等，为我们进一步深入了解教师专业发展特征提供了可资借鉴的理论模式。

（四）教师自我研究框架

教师自我研究框架强调教师自我在其专业发展过程中的作用，尤其强调教师的自我意识、自我反思、自主发展等在其职业生涯发展过程中的重要性。斯蒂菲(Steffy)的教师生涯五阶段论提出应包括预备生涯阶段、专家生涯阶段、退缩生涯阶段、更新生涯阶段和退出生涯阶段。斯蒂菲的教师生涯阶段模式非常明确地反映出教师生涯发展的特性，他所提出的更新生涯阶段，更是对费斯勒教师生涯发展循环论之不足的弥补与超越，即当教师处于发展的低潮时，

---

① 顾荣芳，等.竹节的力量：关键事件与幼儿教师专业成长研究[M].南京：南京师范大学出版社，2011：16-18.

如果给予教师适时、适当的协助与支持,教师是有可能渡过低潮期而继续追求专业成长的。

叶澜、白益民的教师自我更新论认为教师发展过程可以分为:非关注阶段、虚拟关注阶段、生存关注阶段、任务关注阶段、自我更新关注阶段。该论断的特点是将教师自己的专业发展作为反思的对象,强调教师不仅是专业发展的对象,更是自身专业发展的主人,教师能够自主地在日常专业生活中自学与成长,凸显了教师的自主性、主体性和自觉性。

(五) 教师心理发展研究框架

心理发展阶段论把教师当作一个成年的学习者来看待,其分析是建立在认知理论、概念发展理论、伦理发展理论、道德判断以及自我发展等理论的基础之上。

1992年,利思伍德(Leithwood)把自我发展、道德发展和概念发展方面的阶段加以汇总,综合描述了教师的发展阶段。他把教师的发展分为以下四个阶段。

第一阶段:教师世界观非常简单,他们对任何事物判断均有非黑即白的二分倾向。这一阶段的教师坚持原则,相信权威,不太赞成求异思维,鼓励顺从和机械学习。这些教师的课堂是以教师为主导的。

第二阶段:教师的主要表现为"墨守成规",他们特别易于接受他人的预期,这些教师的课堂有着传统课堂的特征,课堂规则十分明确,无论学生之间有什么差异或有什么特殊情况,学生都必须遵守规则。

第三阶段:教师的主要特征是凭良心尽教师职责,这时教师有了较强的自我意识,能够意识到某些情境下的多种可能性,教师已将规则内化,能够意识到依照具体的情况灵活掌握规则的必要性。这一阶段的教师关注学生的未来和成绩,他们的每一堂课均是经过精心设计的,同时,他们特别注重良好的人际关系。

第四阶段:教师较有主见,尊重课堂等社会情境中的人际关系的相互依赖性,能够灵活、机智地处理课堂中出现的各种问题,能够从多维视角去看问题并采取多种策略进行应变。这时教师自身的认知加工复杂程度较高,对学生相应的要求也高,学生学习的创造性、灵活性更容易得到体现。[①]

心理发展阶段论假设人的发展是心理结构改变的结果,人的内部心理过程随着年龄和发展阶段的不同而有所变化,这一变化过程有一定的顺序和层级。因此,在很大程度上摆脱了教师专业发展水平与教师生理年龄之间的对应关系,开始研究教师的心理发展阶段或水平与教师专业发展之间的关系,较好地解释了教师专业发展中的实际情况,同时,心理学的划分对教师的学习也有很大的促进作用。

(六) 教师专业社会化研究框架

教师专业社会化,是指"个体成为教学专业的成员,并逐步在教学上担当起成熟的角色,

---

① 吴金辉.教师专业发展的理论与实践[M].北京:中国传媒大学出版社,2006:26-27.

通常是获得较高专业地位的变化过程",即在教师职业生涯发展中,个人获得教育专业知识和技能,内化职业规范和价值、伦理,建立和发展自我观念,表现角色行为模式,逐渐胜任教师专业角色的过程。这一过程贯穿教师整个专业生涯的全部,就内容范围而言是"人们选择性地获得他们所属集团或想加入这种集团的流行价值观、观点、兴趣、技巧和知识的过程"。采用这一框架研究教师发展阶段的学者主要有莱西(C. Lacey)和我国台湾地区学者王秋绒等人。

1. 莱西的教师专业化四阶段论

莱西在对实习教师的研究中,把教师专业化过程分为四个阶段。

第一个阶段为"蜜月"阶段。实习教师体会到做教师的乐趣,同时教学实习使得他们从作为学生的繁重学习中解放出来,因而乐于从教。

第二个阶段是"寻找教学资料和教学方法"阶段。在这一阶段,实习教师通过查找有趣的材料和方法来应付课堂中出现的问题。

第三个阶段是"危机"阶段,此时由于课堂出现的问题越来越多,课堂给新教师带来的压力越来越大,当仅靠查询材料难以应付这些课堂问题时,就会出现"危机"。虽然"危机"对每一位实习教师产生的后果不同,但许多教师在这一阶段曾想过要离开教学工作。

第四个阶段是"设法应付过去或失败"阶段,这时有的教师对不得不做出的妥协和改变并不再感到内疚,他们能够坦然地以教师的姿态出现在课堂上,而不能做到这一点的教师可能会脱离教学岗位。[1]

2. 王秋绒的教师专业化三阶段论

我国台湾学者王秋绒将教师的专业化发展过程分为师范生、实习教师和合格教师三个阶段,并把每一个阶段分为三个时期。

第一阶段,师范生的专业社会化,分为三个时期。(1)探索适应期:主要指一年级师范生的专业社会化情况。此时他们正处于观望、探索和适应期。社会化的关键是增进人际关系、适应师范院校的环境。(2)稳定成长期:主要指二、三年级师范生。他们与同学、教师等的社会关系稳定发展,表现出恰当的社会角色。社会化的重点是学习教育专业知识、专门的学科知识和社会知识,提高人际关系和组织能力。(3)成熟发展期:主要指四年级师范生。其重点在于如何将自己已有的教学知能应用于教学实践。

第二个阶段,实习阶段的教师的专业社会化,也分三个时期。(1)蜜月期:此时实习教师体会到做教师的快乐并全身心投入教学工作。(2)危机期:当实习教师实际遇到的问题越来越多,面临的现实压力越来越大时,他们就会产生危机感。(3)动荡期:面对现实与理想教师角色之间的差距,有的教师重新进行自我预期,趋于妥协,有的则准备离开教学岗位。

---

[1] Lorin W. Anderson. International encyclopedia of teaching and teacher education [M]. Oxford: Elsevier Science Ltd, 1995: 616.

第三个阶段,合格教师的专业社会化,也分为三个时期。(1)新生期:这一阶段主要是从教师入职开始到工作的第三年。这一时期的教师,对教学中问题的处理能力有所增加,又有了对教学工作的胜任感和成就感。(2)平淡期:教师工作两到三年之后,基本上适应了教学工作的要求,工作不再富有挑战性,从而逐渐产生平淡的感觉。(3)厌倦期:在工作多年之后,有的教师乐于为教育奉献一生,而有的教师则会对教学产生厌倦感,失去教学动力。①

社会学意义上的个体社会化是指个体在与社会环境相互作用中,发展自我观念与社会角色,掌握所属社会的各种技能、行为规范、价值观念,获得该社会所要求的成员资格,同时也是自我和个性形成和完善的过程,即从一个生物体的自然人转变成为一个社会人的历程。教师社会化研究框架即是从教师作为社会人的角度出发,考察其成为一名专业教师的变化过程,其关注的核心集中在个人的需要、能力、意向与学校机构之间的相互作用。但是,教师社会化研究框架存在注重教师专业社会化的结果而忽视过程以及注重外在规范而忽视教师主体内在需求与内心声音的倾向,实际上,研究教师社会化过程更应该关注教师角色意识的形成、角色规范的培养、角色情感的养成、角色技能的提升以及它们之间的相互作用过程与机制。

(七) 综合研究框架

以上研究框架分别从不同的侧面展示了教师专业发展的过程,但视野和维度比较局限,任何一种研究框架都不能全面展现教师专业发展的整体和全部。为了更加如实地反映教师专业发展是一个整体的、综合的和复杂的过程,并为今后的研究提供更加合理的理论框架,利思伍德等人在分析、归纳已有教师发展阶段理论的基础上,突破了对教师发展单一维度的思维模式,提出应从多维的角度来综合分析教师发展阶段。他们认为教师发展是一个内含专业知能发展、心理发展和职业周期发展"三位一体"的多维度发展过程,三个维度之间既相互独立,又相互依赖。其中,教师心理发展包括四个阶段,专业知能发展包括六个阶段,职业周期发展包括五个阶段,具体如图 2-2 所示。②

尽管不同研究取向的教师发展阶段模式从不同的角度出发,依据不同的理论基础,采取不同的研究方法,划分出了不同的教师生涯发展阶段,但通过比较分析可以发现,它们具有一些共同的特点:第一,把教师职前培养与在职专业发展联系起来,将教师生涯视为是一个完整的、持续的专业发展历程;第二,承认教师发展的阶段性,并承认各阶段教师存在个别差异性这一基本事实,且充分注意到教师在各个发展阶段所具有的专业表现水平、需求、心态、信念和兴趣等;第三,把教师在环境压力下所产生的需求看成是教师发展的动力;第四,把着眼点集中在教师随时间的改变而带来的种种变化上,同时重视教师自我在其专业发展中的

---

① 叶澜,白益民,王丹,陶志琼.教师角色与教师发展新探[M].北京:教育科学出版社,2001:254-255.
② Michael Fullan, Andy Hargreaves. Teacher Development and Educational Change [M]. Routledge Falmer, 1992:87-88.

作用与地位;第五,对教师发展阶段的变化的描述侧重于教师实际上已发生的变化,关注教师叙事和教师生活史在教师成长与发展中的作用与价值;最后,教师发展的目的在于使教师不断地适应变化着的教学环境,不断地增强专业能力,从而胜任其角色,进而达致自我实现的境界。

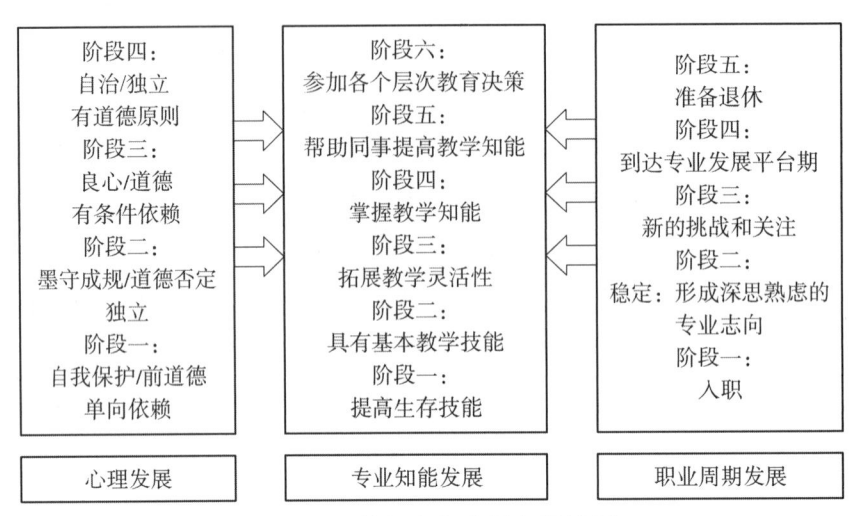

心理发展	专业知能发展	职业周期发展
阶段四:自治/独立 有道德原则 阶段三:良心/道德 有条件依赖 阶段二:墨守成规/道德否定 独立 阶段一:自我保护/前道德 单向依赖	阶段六:参加各个层次教育决策 阶段五:帮助同事提高教学知能 阶段四:掌握教学知能 阶段三:拓展教学灵活性 阶段二:具有基本教学技能 阶段一:提高生存技能	阶段五:准备退休 阶段四:到达专业发展平台期 阶段三:新的挑战和关注 阶段二:稳定:形成深思熟虑的专业志向 阶段一:入职

图 2-2 教师专业发展多维模型

二、生命历程理论取向

生命历程理论是国际上正在兴起的一种跨学科理论,侧重于研究剧烈的社会变迁对个人生活与发展的显著影响,将个体的生命历程看作是更大的社会力量和社会结构的产物。自诞生以来,主要被用于移民问题、犯罪问题、青少年心理问题、老龄化问题等社会学、心理学、人口学领域的研究和运用。近年来,生命历程理论得到了国内众多学者的关注,其研究范围已不仅仅局限于社会学领域,历史学、经济学、心理学、政治学等众多学科也开始引入生命历程理论的研究范式,使其成为一种跨学科的理论与研究范式。

生命历程理论被应用于教育领域是伴随着教育领域研究范式的转换而发生的。20世纪70年代以来,教育领域开始重新思考、深刻反思、审慎批判那种不顾"人的整体事实",不从"整体的人"出发的所谓教育研究的科学性,主张从人的历史和存在分析入手,注重对人的精神、心灵等内在世界加以体验、理解和诠释。在研究方法论上,从传统的实证主义和规定性模式,向现象学和描述—解释性模式转移。由此,教育领域开始了由探究普适性的教育规律转向寻求情境化的教育意义的范式转换。瑞典教育学者胡森(T. Husen)将教育领域的范式转换总结为实证主义与人文主义两种研究范式的冲突与争论。前者模仿自然科学,强调适合用于数学工具来分析的、经验的、量化的观察。研究的任务在于确立因果关系,并做出解释。后者是从人文学科推衍而来,注重整体和定性的信息以及理解的方法,研究任务在于解释现象,理解意义。[①] 在此背景下,生命历程理论、叙事研究、生活史研究被广泛应用于教育领域。从三者的逻辑归属关系分析,生命历程理论是一种分析范式,叙事是一种研究方式,生活史是研究素材。李强等学者认为,生活史研究是生命历程理论的代表。生活史研究又是叙事研究的一种。由此可见,生命历程理论取向的教师发展研究主要表现为教育叙事研究和教师生活史研究。

(一) 叙事研究视域下的教师发展

叙事(narrating)是指人们通过描述个体生活以及对个体生活故事进行建构和重构,从而获得对个体行为与经验的解释性理解,发现隐匿于个体日常生活中的意义。作为一种研究方法,叙事研究被运用于许多学科。叙事研究引入教育领域起源于北美国家,以加拿大和美国学者为主要研究群体。1990 年,加拿大学者康纳利(F. M. Connelly)和克兰迪宁(D. J. Clandinin)在美国权威教育刊物《教育研究者》上发表《经验的故事和叙事研究》,首次在教育研究领域中使用"叙事研究"术语,并对教育叙事研究进行全面评述,由此逐渐形成了基于个体建构的叙事主义教师教育思想。1999 年,康纳利和克兰迪宁出版著作《叙事研究:质的研究中的经验与故事》,在这本书里介绍了个体经历作为探究核心与基础的教育叙事研究,并以杜威(J. Dewey)对经验的论述作为理论基础,构建出教育叙事研究的三度空间:个人与社会;过去、现在和未来;地点。

作为一种质的研究范式,叙事研究为研究者提供了一种新的研究视角和研究思路,它强调教育经验的意义建构,注重从教育实践中提升教育理论,是一种自下而上的研究。它重视教师的内隐知识、研究者与参与者的内心体验、理论与实践的沟通,体现的是一种"从内而外"的研究意识。叙事研究是教师发展研究中最重要的方法,它将教师视为研究者、具体真实的人,突破了传统教师教育中视教师为"容器""抽象的人"的"被动"和"失语"状态。它认为教师应通过叙事主动地进行教育研究,以表达和反应自己的心声,进而实现教师的自我认识、自我表达和自我重构。

同时,叙事研究作为实现教师专业发展的重要途径,有两种基本类型。一种是研究他人的经验,即教师只是叙事者,由教育研究者记述,这种方式主要是教育研究者以教师为观察和访谈的对象,包括以教师的想法或所提供的文本等为解释的对象。这时,研究者独立于故事情境之外,充当的只是一个倾听者和解说者。通过研究他人的经验,可以展现他人的成长经历、过程与规律,以及他人对教育情境、教育过程和教育意义的理解,能够给我们以启发。另一种是教师叙述自己的教学故事,即教师自身同时充当叙事者和记述者,教师自己叙述、分析、阐明自己的故事,此时,研究者与叙事者是同一人,当叙述的内容属于自己的教育实践或解决某些教育问题的过程时,教师的叙事研究就成为教师叙事的行动研究。这种

康纳利和克兰迪宁
的教育叙事研究

[①] 宋时春.教育叙事研究与教师专业发展[J].全球教育展望,2011(11):89-91.

研究的成果主要体现为教学日志、教后记、教育札记、教育随笔与个人传记等。通过回忆、叙述自己的故事,可以再现当时的教育情境,反思自己的教学过程,进而转变自己的观念,重构自己的教学行为,形成自己的教育理论与教育哲学。[①]

(二) 生活史研究视域下的教师发展

生活史研究是指生活历史学家以个体的生活历史经验为材料,通过他们生活故事的讲述与展现,对被研究者的生活故事和意义等建构出一种解释性的理解,由此来洞察个体生存境遇及其与社会之间的互动,揭示个体日常生活经验意义的方法。将生活史研究率先引入教育领域的当推英国学者古德森(Goodson)。从1981年起,古德森陆续出版了多部有影响的生活史研究著作,集中阐述了生活史研究对教师专业发展的价值和意义。

传统的教师发展研究将教师从真实的教育情境中抽离出来而加以概念化、理论化,从而造成了教育理论与生活实践隔离。生活史研究实际上就是把教师发展的学术研究放回到鲜活的现实生活中,使之重新进入实践的土壤,把教师发展交还到它本该存在的地方——教育的生活世界当中,在教育的生活世界中领悟教师发展的力量,使之具有自己独特的理论和实践生命力。生活史视域下的教师发展研究注重教育情境,从教师的"生活世界"出发,从教育的现场出发,从教育实践出发,在自然情境下对教师的"生活世界"以及社会组织的日常运作进行探究,提倡研究者对研究情境的参与,直面事实,与研究对象共情,对他们的生活故事和意义建构做出"解释性理解",对事物的复杂性和过程性进行长期、深入、细致的考察。这种研究直面教育的事实本身,关注教师日常的生活故事,倾听教师来自灵魂深处的声音,使得教师在教学中更加注意自己的教学行为,并对自己的行为进行反思,从而进一步关注对教育意义的追寻,它是能够促进教师专业发展、改变教师存在方式的一种研究。

简言之,生活史研究尊重个人的"生活故事",更多关注教师如何看待他们自己的工作和生活,让教师去讲述,去为他们自己说话,而后再辅以社会历史的整体背景,进而构成一幅完整的画卷。由于关注的是教师在日常生活、课堂教学、研究实践等活动中发生过的和发生着的事件,因而它是真实且具有情境性的,是意义相对完整的故事。因为每个教师都是独立的个体,每个教师所讲述的每一个生活故事也都是唯一的、无法复制的,而每一个故事都是教师亲身经历的事件,是来自教师实践的真实经验,因此会在教师脑海中留下深刻的印象,并在叙述中让读者感受到教师内心深处丰富而细腻的情感世界,引发出读者强烈的共鸣。这些投射着教师情感、态度和价值观的生活故事对于教师专业成长和个体发展起着不可忽视的作用,它是教师对其生命历程的诠释。在实际的教育生活中,这比任何教育理论的说教,更具强大的感召力。[②]

古德森的教师生活与专业生涯研究

---

① 季媛媛. 叙述研究及其对教师专业发展的影响[J]. 软件导刊,2007(04):33-35.
② 刘洁. 从"生活史"的角度看教师教育[J]. 教育理论与实践,2006(03):49-52.

以上从生涯阶段理论和生命历程理论两大研究范式对教师发展研究成果进行了简要述评。生涯阶段理论更多地从组织、群体和整体的视角探讨教师专业发展的一般性、规律性和共性,揭示规律,预示未来。生命历程理论更多地从个体、成长和微观的视角探讨教师专业发展的复杂性、差异性和个性,认为教师发展是多因素综合影响的结果,这些影响因素不仅有时间因素(生命时间、社会时间和历史时间),还有空间因素(地点)和社会因素。教师发展研究应充分关注教师身处的社会和时空以及教师自身的主体性,通过微观叙事和生活史追溯,全面呈现教师的真实生活、生命成长、社会存在和历史存在,倾听教师的声音,透视教师的内心世界,诠释教师生命的价值与意义。

第二节 教师发展的阶段性特征

在第一节中,我们对当前教师发展研究的相关代表性理论与成果进行了系统的分类与综述,让我们对当前教师发展研究现状有了一个基本的认识与评判,更让我们对教师成长与教师发展有了自己的理解与思考。那么,从一名职前教师成长为一名合格的、优秀的教师乃至专家型教师,教师究竟需要经历、体验、跨越哪些发展阶段呢?这是一个见仁见智的问题,不同的研究者有着不同的观点,这正是教师社会化、教师专业发展和教师成长复杂性、差异性和个性的体现。然而,教师社会化、教师专业发展和教师成长同样有着共性的一面,从职前教师到新手教师再到合格教师、优秀教师甚至是专家教师,教师大体要经历职前培养、入职指导、在职培训等重要时期和发展阶段。这在第一节对教师发展研究代表性理论与观点的综述中可以看到。近年来,有人根据已有的研究成果把教师发展阶段划分为如下四个阶段,得到了很多学者的赞同。一是准备阶段。从开始考虑选择教师职业以及接受培训起,教师就进行积极的专业准备和发展,包括教师进入师范院校学习和入职前培训,学习教师专业和接受相关训练。二是新手(初步)发展阶段,指教师进入学校任教后,教师的成长受到多种因素的作用,个人知识和技能开始紧密地与自身生存和发展联系了起来,在生存压力下开始加强专业化发展,但这一阶段更多的是应用在校学习的各种知识和教学技能,以常规方法为主,努力发展能使教学得以顺利进行又能得到专家认同的教学模式。三是成熟阶段,教师在胜任教学的基础上,开始从关注自身转向关注学生发展,开始超出原有知识和教学技能,发展更加实用和自主的教育方法,能灵活自如地应用各种教学技能并组合成新的教学方法,开始走出上一阶段形成的固定教学程式,在教学和专业知识上逐渐提出自己的一些看法,进入成长的成熟阶段,实现由胜任到教学能手的转变。四是专家(创新)阶段,教师在努力钻研业务和开展科研的过程中,结合自身特点和教育发展要求,逐步发展新的教学技能和教育思想,形成独特的教育教学模式,成为专家型教师。[1]

---

[1] 吴金辉.教师专业发展的理论与实践[M].北京:中国传媒大学出版社,2006:27-28.

基于此，在综合已有研究成果以及结合自己对教师发展的理解与思考的基础上，我们将教师社会化、教师专业发展和教师成长划分为准备期、适应期、发展期和创造期四个关键时期和发展阶段，并从理念（观念）系统、知识系统、能力系统和自我系统（伦理道德、心理人格）四个维度对处于不同时期的教师发展需求和素质特征进行分析与阐述。

一、准备期

（一）准备期概述

准备期是指教师从事教育工作以前的阶段，是职前教师接受师范学院、师范大学或综合性大学教育学院等机构的系统培养阶段。教师角色的准备期，是一个对师范生进行定向性培养与教育的过程，其主要任务是为其毕业后从事教师职业打下必要的思想和业务基础。这个阶段主要是专业准备和学习，以获得书本知识为主，初步形成从事教师工作所需要的核心知识和基本能力，如掌握扎实的学科专业知识、精通自己将来所要教的知识、迅速获取和分析知识信息的能力、开拓创新的意识、继续学习的能力、与他人交往和协作的能力等。同时，通过微格教学、案例教学以及见习和实习等形式，熟悉教学情境，初步掌握教学技能。

（二）准备期的发展需求

准备期是师范生接受教育和学习的阶段，由于此时他们尚未成为一名真正的教师，因此，准备期的发展需求更多的是师范生基于学生的视角或是想象的方式来思考未来的职业及其发展的。准备期的发展需求主要表现为师范生尽可能获得从事教学专业和教师职业所需的知识基础、基本能力和教学技能，并形成对教育、教学、教师、学生、自我等的科学认识以及健康的心理、高尚的道德和健全的人格。具体而言，大学一年级是职前教师发展的适应期和探索期。在这一时期，环境、教育教学、学习方式、主要目标、所处的社会地位以及人们对他们的看法等的变化，都对大学生的心理产生巨大影响，进而表现为过渡性、动荡性、适应性等典型的心理特征。因此，这一时期发展的重点需求是如何适应大学的环境和教育教学及学习方式，如何处理好人际关系，如何自我抉择，以及如何通过广泛性的陶冶，为未来校园生活和专业发展做好准备。大学二、三年级是职前教师发展的生长期，也是大学生完成学业的关键阶段，更是开阔视野，完善个人"三观"的重要时期。此时，师范生已经适应了大学环境，处于比较稳定的发展期。同时，由于教师培养的需要，在课程安排上加重了教育课程和学科课程。因此，这一时期发展的重点需求是通过大二和大三两年的学习与发展，为未来从教奠定坚实的知识基础。大学四年级是职前教师专业化的成熟期，经过前三年的学习，他们已经具备了一定的教育理论和学科理论知识。更重要的是，这一时期，他们还要到中小学去进行教育实习，把大学里所学的理论知识应用于实际的教学环境。因此，这一时期发展的重点需求是教材教法研究、模拟教学、教育实习、毕业论文写作等教育教学实践能力的培养与训练。其中，教育实习是教师培养过程中最为重要的实践环节，对未来教师的实际教学理念与行为影响深远。教育实习要求实习生在教师的指导下,通过教育教学实践,把所获得的知识转化为实际的教育和教学能力,进而深化认识,发展能力。它是从学生到教师,从学习到工作的一个初步转化过程。在这个初步转化过程中,师范生还应思考如何将所学知识和技能应用于实际的教学情境,同时协调理想与现实的矛盾与冲突,初步认识、接受现实的教学情境。

(三) 准备期的素质特征

由于师范生主要局限在大学(师资培养培训机构)里学习,深入中小学教育教学实践的机会和时间很少,加之,师范生在三年的学前教育和九年的义务教育过程中已经形成了对教育、教学、教师、学生、知识、自我等的认识与理解,这些因素综合形成了准备期师范生的素质特征。

1. 理念系统

在理念系统上,师范生对教育、教学、教师、学生、自我的认识与理解普遍表现出朴素的浪漫主义和理想化色彩,他们更多从学生的视角和情感的维度来思考教育教学,进而界定教师角色与教师职业。比如,他们关于好教师的标准很大程度上取决于他们从自己经历的老师中获得的情感体验是积极的还是消极的。关心、爱护学生的老师就是好老师,反之,就是不好的老师。再比如,他们认为教学是一件简单的事情,教学就是教师讲、学生听的过程,是教师把自己掌握的知识教给学生的过程,等等。他们的这些认识与理解,一方面充满浪漫主义理想化的色彩,另一方面则有些盲目乐观和不切实际。

2. 知识系统

在知识系统上,准备期的素质特征主要表现为理论知识丰富,实践知识极度欠缺。具体而言,师范生在教育知识、学科内容知识、教学知识(一般教学知识和学科教学知识)、课程知识、学生知识等方面掌握得较为全面,但对各类知识及知识间的相互关系的理解不够深刻,且充满理论化色彩,对各类知识的应用更无经验支撑和实践机会。实践性知识对师范生而言更是遥不可及。这主要有两方面原因。一方面,传统教师教育认为教师培养是先理论后实践、从理论到实践的过程。因此,大学期间的教育和学习主要以理论学习为主,实践环节的设置则极为薄弱。另一方面,社会上流行的"人人都可以成为教师"的观点使人们形成了"只要拥有学科专业知识就可以成为相应学科专业的教师"的普遍认识。以上两方面原因促使教师教育机构和师范生高度重视理论知识的传授与学习。因此,这一时期,师范生就像"储钱罐",教师教育者不断往里填充知识,师范生则不断储备知识。而对为何学习这些知识、知识有何价值和用途、知识间有怎样的联系、如何应用所学的知识等一系列理论与实践问题只是"知其然"而"不知其所以然"。

3. 能力系统

在能力系统上,由于教师培养遵循从理论到实践的逻辑假设,加之实际培养过程中重理论轻实践以及理论与实践脱节的倾向与事实,以至师范生的实践能力和创新精神明显欠缺且较为薄弱。从时间上来看，四年的职前培养有三年半时间是在大学的课堂里度过的，只有一学期(很多学校甚至达不到一学期)是在中小学进行教育见习和教育实习的。更可惜的是，很多时候师范生的教育见习和教育实习往往流于形式，师范生获得教学演练的时间和机会很少，对于其教育教学能力与技能的培养更是无从谈起。从课程设置上来看，师范生培养方案规定的课程中，只有教学设计、微格教学、案例教学等为数极少的几门课程与教育教学能力培养直接相关，其他课程多是教育理论知识、学科专业知识和通识知识。这种"一边倒"的课程设置和课程结构既是重理论轻实践的体现，也助长了师范生培养过程中理论与实践的脱节。从能力的形成机制上来看，任何能力的形成只存在于实践过程之中，正如杜威关于"学会游泳"的论述一样，唯有下水才能学会游泳，而不下水，无论讲述得多么好，都是无济于事。教育教学能力与技能亦是如此，不通过真正的教育教学实践锻炼，无论学习了多少教育教学理论知识，也不会自动转化为教育教学能力和技能。因此，要想改变师范生理论知识扎实、实践能力薄弱的弊端，唯有改革创新教师教育模式，强化实践环节，加强理论与实践的互动融合。

4. 自我系统

师范生通常以自己遇到的好老师作为自己将来想成为的理想型教师的形象，同时，师范生也会以自己遇到的且他们认为不好的老师作为自己的警戒，进而规避以后成为这样的教师。因此，师范生关于教师自我的形成表现为对自己经历的好教师的向往以及对不好教师的规避，尚没有自己的深刻思考，只是出于情感上的回应，尤其是对积极情感体验的强化和对消极情感体验的规避。比如，师范生通常会说，我将来要像某某老师一样关心、爱护我的学生，就像关心、爱护自己的孩子一样；教师最好不要当众批评学生；教师不要打击学生，等等。这些关于教师形象和自我的认识与界定，充分体现了师范生在中小学学习期间的经历和情感体验对其教师自我形象形成的影响与作用。

总体而言，准备期师范生的素质特征主要表现出如下特点：第一，以学习书本知识为主。第二，他们的知识和经验具有一般化和表面化的特点。

(四) 准备期的核心问题与任务

准备期的核心问题主要集中在两方面。其一，知识与能力的不均衡发展问题；其二，中小学期间的学徒经历及其情感体验对职前教师的深刻影响。因此，这就决定了准备期的主要任务。一方面，如何改变职前培养重理论轻实践的弊端，如何平衡理论与实践的关系与比重，以培养师范生成为理论知识丰富、实践能力突出、理论与实践融合互动的理想型教师。另一方面，如何通过职前教育转变中小学期间的学徒经历及其情感体验对师范生的深刻影响，即如何转变师范生在"学徒观察期"形成的一系列"先入之见"。关于知识与能力的不均衡发展问题，教师教育需要转变观念，创新模式，从时间分配、课程结构与设置、实践教学等方面给予平衡，以强化教师培养的实践环节，以及对社会上关于教师的流行观点(如拥有知识就可以当老师)进行分析与批判,进而引导人们形成科学正确的教师观。关于中小学期间的学徒观察及其情感体验对师范生的深刻影响,教师职前培养需要弄清楚职前教师已知的东西,探知这些并据此教之,进而连接新知识与师范生已有知识,以促进有意义学习的发生。因为学徒观察与先入之见是我们建构新知的图式、认知结构、基础与支架,它更是职前教师教育、入职指导和专业发展的"生长点"。职前教师教育及其后续的入职指导乃至专业发展尤为需要关照这个"生长点",连接已知与新知,并据此进行有效干预,以促成其"改造"与"生长"。由此可见,深入探讨学徒观察期形成的先入之见及其对职前教师后续学习与实践的作用与影响以及如何给予恰当的支持以促使先入之见的转化便成为准备期的另一主要任务。

二、适应期

(一)适应期概述

适应期是指教师走上工作岗位,由没有实践体验到初步适应教育教学工作,具备最基本、最起码的教育教学能力和其他素质的阶段。其周期大体上为1—3年。这一时期的主要活动,是开始从事各种教育教学工作,如熟悉学校的工作环境和工作常规、熟悉教材、熟悉学生、备课、上课、带班当班主任等等。由于初为人师,环境全新,课堂实际与师范教育所学理论反差较大,对新教师来说,此时最重要的是如何通过教育实践,尽快完成理论与实际的初步结合,初步形成自己的教学实践技能和技巧,使自己适应课堂教学工作的基本需要。

(二)适应期的发展需求

适应期的发展需求集中表现为教师要实现两个转变:一是由师范生向教师的角色转变,二是教学知识向教学能力的转变。一方面,适应期的教师由于刚走出校门不久,他们对于教师这一崇高的职业充满热情和梦想,心怀大学时期接受的教育理论和理念,迫切地希望在教学工作中一展身手,他们认为没有教不好的学生,并希望通过自己的努力,将所学教育理论运用于教育实践,进而改变学生乃至改变社会。由此可见,适应期的教师对教育观念、教师自我、学生和教学的认识与理解依旧保持着适应期的理想化色彩和一些不切实际的盲目乐观。这主要是由于他们刚刚步入教学工作,还没有经历实践的磨练和洗礼,对教育教学的复杂性认识比较肤浅和片面。因此,适应期的教师在观念系统和自我系统上的发展需求主要是如何进一步改变他们充满理想化色彩和不切实际且盲目乐观的教育观念与教师自我,逐步形成符合实际的教育观、教学观、教师观和学生观。另一方面,适应期的教师对专业知识和专业能力保持着旺盛的发展需求。这是因为处于适应期的教师的关注重点在于求得生存,因此,他们急于摆脱教学困境,急于提高自己的教学水平,急于获得同行和学生的认可。正是这种迫切的生存之需促使他们关注一切他们自认为对他们有用的知识和能力,特别是他们倾向于注重实践指导的专业知识和能力,如学科教学知识、具体的教学环节设计和案例分析能力、根据学生情况确定教育教学目标的能力、根据教学目标选择教材教法的能力、课堂管理能力,等等。这些知识和能力正是帮助他们实现教学知识向教学能力转变的关键所在。

下面的两则案例充分佐证了适应期教师的发展需求。其中,案例2-1说明了适应期教师需要转变充满理想化色彩和不切实际且盲目乐观的教育观念和教师自我系统的发展需求;案例2-2说明了适应期教师需要关注教学能力、技巧和技术的发展需求。

案例 2-1　　　　　　　　　　　幸福的烦恼[①]

初为人师,理想与现实总会有一些落差。濮阳市姚俊松老师2000年走出师专校门。虽然初登讲台,但上学时读到的苏霍姆林斯基的著作给了他很大的影响。他坚定地认为,教育就是要给予孩子平等的爱和尊重,和学生一起经历成长。第一年,姚俊松就带6个班的物理课。他的课堂教学像"玩"一样,常常带学生做一些有趣的实验,很少给学生布置大量的作业。姚老师不会以分数的高低来看待学生。课余和学生的交往,也像个大哥哥般亲切,丝毫没有老师的威严,因此很受学生的喜爱。一年时间很快就过去了,期末考试在与平行班和平行学校的对比中,姚俊松"输"得一塌糊涂。校长找他谈完话后,给了一张《试聘通知书》,这就意味着第二年的他被降为试用期,如果仍不理想,就要面临解聘。校长也给了他忠告:"你非常有潜质,也很受学生喜爱,但教师不是孩子王,只有爱而没有智慧的教育是无力的。"

姚老师的这段经历相信很多老师并不陌生。那个充满激情和理想的青年,似乎就是昨天的自己。然而,这种朴素而高远的教育理想,初为人师的新教师大多都有,而且需要经历时间的洗礼和实践的打磨,方能拉近理想与现实的距离。

案例 2-2　　　　　　　　　　疯狂学习的库老师[②]

襄城县库亚鸽老师在从教几年之后,为了吸引更多学生热爱自己的课堂,她想尽办法提高自己的教学技能。那时候,正逢教育界倡导学习魏书生,学校把学习材料下发到每个教师手中,要求每位教师读后写学习心得。在这一过程中,库老师学会了民主管理学生,学会了坚持把小事做好,学会了教学生自学教材……后来,库老师又从《特级教师风采录》中认识了于漪,把她视为新的榜样。有段时间,库老师几乎天天研究于漪老师的教学实录,课本的批注密密麻麻,每一节课怎么上、每一个问题怎么问都写在书的空白处。2003年,库老师开始上网,学习电脑制作,在网上阅读Flash教程、PPT教程、绘声绘影教程、网页制作教程等,电脑技术大大提高。信息技术与学科整合成了她深入钻研的方向。"那时,我觉得教学技能是高于一切的,有了完美的教学技能,自然就能游刃有余地驾驭课堂,教学成绩自

---

① 孟庆焕,李盈慧.新课程与中小学校本研修[M].大连:辽宁师范大学出版社,2015:28-32.
② 孟庆焕,李盈慧.新课程与中小学校本研修[M].大连:辽宁师范大学出版社,2015:28-32.

然就会提高。"

库老师的经历是处于适应和成长阶段的教师普遍存在的职业心理和发展状态。在此阶段,教师会对自己的教学能力与技巧提出比较高的要求,以尽快胜任课堂教学,所以他们会较多关注课堂教学所需的知识、能力与技巧,以达到学以致用的效果。

(三) 适应期的素质特征

适应期介于准备期和发展期之间,是由职前教师经历新手教师进而走向合格教师和骨干教师的过渡期和关键期。因此,适应期的素质特征既延续了准备期的特点,又预示着发展期的发展方向。

1. 理念系统

与处在准备期的教师类似,适应期教师由于刚刚走出大学校门不久,他们对于教师这一职业充满热情和梦想,期待通过教书育人奉献社会。可以看出,处在适应期的教师对教育、教学、教师、学生及所秉持的教学观念与理念相似于准备期的教师,保持着较为理想化的完美主义色彩和不切实际的盲目乐观。同时,这一时期他们对于教育教学的理解更多的是从理论的规定性中寻求机械的应用,即把教育教学当作科学的和既定的规范,实际的教育教学便是按照书本和理论阐述的那样去"复制"。

2. 知识系统

与处在准备期的教师相比,适应期教师由于具备了一定的教育教学经验,因此,他们对于知识的认知与理解突破了理论知识的局限,开始关注实践性知识的存在与发展,具体表现为他们拥有了应用、实践所学理论知识的讲台,因此,他们对各类知识的理解更加深刻,对各类知识联系的梳理更加清晰。同时,由于理想与现实的差距以及理论与实践的鸿沟,导致他们对大学里所学的理论知识逐渐产生怀疑和轻视,进而更加信奉更具实践指导价值的个人知识和实践性知识,并在实际教育教学实践中学习、借鉴、摸索、总结此类知识。比如,他们更关注如何将大学所学理论应用于中小学教育教学实践的知识;如何将学科知识转化为学生可以接受、理解的知识;如何激发学生兴趣和动机的知识,等等。

3. 能力系统

在观念系统、知识系统、能力系统和自我系统中,专业能力依旧是适应期教师最为薄弱的一环。适应期的教师虽然拥有了一定的教育教学经验,并形成了一定的教育教学能力,如教学组织能力、所教学科教材的处理能力、班级管理能力等,而且也意识到了专业能力之于教学和教师职业的重要性,但是由于这一时期他们专业能力的建构处于起步阶段,尚不能根据学生的需求和教学情境的变化做出灵活应对,无论是教学设计能力、教学实施能力、课堂控制能力,还是课后反思能力、沟通与合作能力、研究能力等都弱于处在发展期的教师,更不能达到各种能力的灵活运用与收放自如。这一时期,他们的教育教学能力和技能的形成更多的是从模仿老教师(包括自己曾经的老师)、自己的试误以及应用"复制"理论的过程中逐步发展和提高的。

4. 自我系统

适应期的教师关于教师自我的理解尚未摆脱准备期以及学徒观察期的影响,他们依旧从别人(领导、同事、学生等)的评价以及自己经历的好老师的形象中建构自己的教师自我。虽然他们有时觉得这样做不妥,也想建构起属于自己的独特自我,但是他们往往会不自觉地去模仿某位好老师的做法。这一时期,迫于生存的需求,自我不是他们关注的主题,专业能力成为他们关注的重点。

概括而言,适应期教师的素质特征有以下特点:第一,在知识上,开始形成实际的、具体的、直接的知识和经验。第二,在能力上,教育教学的实践能力开始初步形成,也是这一阶段素质上的一个明显变化。第三,在素质上,水平还处于较低的层次,且不够全面和平衡。

(四) 适应期的核心问题与任务

相关新手教师(beginning teacher)发展及其入职指导(induction)的研究和实践指出,第一年教学或前三年教学在教师学会教学(learning to teach)、教师留任(teacher retention)以及教师成长和专业发展中具有关键性和重要性。对于新手教师而言,第一年教学或前三年教学是他们真正意义上的教学的起点与开始,因为他们被期望并被赋予与有经验教师一样的完全责任(fully responsibility)。然而,由于诸多主客观因素的限制(理论与实践的鸿沟,理想与现实的落差,外部强有力支持的缺乏,封闭与孤立的教师文化,完全责任的赋予与期望,资源的匮乏,先入之见的根深蒂固等),初任教师多数会遭遇"现实震撼"和"过渡期冲击",经历困难、问题、困惑、怀疑、失望等消极的情感体验,以致有人选择退出。有研究发现初任教师最常遇到的问题与困难有 24 个,其中,最常被提及的问题和困难有 8 个:课堂纪律、激发学生学习动机、处理个别差异、评价学生作业、与家长的关系、组织班级活动、教学材料和设备欠缺、处理个别学生问题。[①] 这些问题、困难和挑战使得新手教师在学会教学和早期专业发展过程中经历消极的情感体验,进而动摇其最初的教师认同和自我,导致其最终选择离开教师行业。相关教师流失的研究和报告也指出,在有的国家 50% 以上的新手教师在其 1—5 年的教学过程中选择离开教师行业,而入职初期遭遇的挑战、问题和困难以及经历的困惑、无助、失望等消极体验是其选择最终离开的主要原因之一。因此,深入探讨新手教师在其入职初期教学实践中遭遇的挑战、问题和困难,并给予其充分的、强有力的和持续的帮助与支持,以帮助他们顺利完成由学生到教师、由理论到实践的转换与结合,即如何将他们在大学里所学的理论知识有效地运用于中小学教育教学实践,以帮助适应期的教师渡过难关,消解"现实震撼"和"过渡期冲击",进而继续教师职业,不仅至关重要,更是适应期的核心问题与任务。

---

① Simon Veenman Perceived Problems of Beginning Teacher[J]. Review of Educational Research,1984,54(02):143-178.

三、发展期

(一)发展期概述

发展期是教师在初步适应教育教学工作后,继续在教育教学实践中锻炼自己的教育教学能力和素质,使之达到熟练程度的时期。这一时期教师的教学工作日趋熟练,素质发展日趋全面,教育教学工作的重心也由起初的"关注生存"转向"关注情境和学生"。教师度过这一阶段的时间差别较大,成长速度较快的需要3—7年,也就是工作以后的4—10年。有些教师从教的大部分时间都在这个阶段中度过。

教师进入这一阶段,一般是35岁以后。在这一阶段,教师已基本上适应了教育教学的需要,能驾驭班级和课堂,其业务水平、自信心、外部的评价都达到较高水平。但是,在这一时期,相当多的教师在教育教学能力发展上开始缓慢下来,一部分教师甚至出现了停滞,进而被定型为"教书匠",他们由于个人抱负、意志品质、教育观念、知识结构以及外部条件的制约终究未能冲出高原期阶段。而对有些教师来说,通过个人持续不断的努力,以及外部积极因素的作用,就会突破"高原现象",其教育教学能力会获得新的发展,进而迈向创造期。

(二)发展期的发展需求

发展期的教师对专业知识的发展需求最为强烈,主要表现在他们对某些更高端知识、相关的其他学科知识以及一些新的知识和理论极为重视,如心理学、教育学、课改前沿知识等。这主要源于他们在经历长期教育教学实践的磨练和洗礼之后,认识到了教育教学的复杂性,更意识到了理论与实践的真实关系,即失去理论指导的实践是盲目的;未经实践检验的理论是空洞的。因此,他们认识到理论指导实践、实践生成理论以及二者融合互动、相生相长的真正内涵。而我们对中小学教师的相关访谈也印证了这一点。几乎所有接受访谈的发展期教师都无一例外地谈到了教育学理论、心理学理论、课程理论等理论知识的重要性,并举例说明了这些理论知识在自己教育教学实践中的实际应用,更表达了在时间和精力允许的情况下,他们渴望回到大学学习这些理论知识。由此可见,准备期和适应期的教师拥有更多的理论知识,但囿于实践的局限,致使他们对理论知识缺乏深刻理解而无法运用,以至于他们对理论知识产生怀疑和轻视,进而转向对实践知识的渴求。发展期的教师源于长期教育教学实践的磨练,以及对理论与实践关系理解的升华,促使他们寻求教育实践背后蕴含的教育理论,以及追求理论对实践的指导与诠释,进而又促使他们转向对理论知识的重视。这种尴尬的现实正是长期以来教师教育领域理论与实践脱节、重理论轻实践的真实写照。

在专业能力上,处在发展期的教师的发展需求主要表现为他们对论文撰写能力、自我学习(发展)能力、研究能力和反思能力的重视。由于教育教学经验的积累与丰富,以及教育教学能力的提高与进步,教师对教育教学基本能力和技能的掌握已经超越准备期和适应期的模仿与试误,达至游刃有余和胸有成竹的境地,并初步形成了自己独特的教学风格。因此,他们不满足于"教书匠"的角色定位,并开始尝试将教育教学与哲学、社会学、心理学等多学科结合,进行多维度的思考,特别是对"教师即研究者""教师即学习者""教师即反思者"等新理念的思考与回应,并在教育教学实践过程中,针对自身遇到的真实问题开展相应的行动研究。

在理念系统上,处在发展期的教师的发展需求表现为他们对教育、教学、教师、学生和学习的认识与理解摆脱了理想化和不切实际的倾向,变得更为实际和实用,即由对信奉理论的崇拜转向对使用理论的推崇。

在自我系统上,发展期教师的发展需求主要表现为"教书匠"和"教育家型教师"两种发展需求。那些未能成功走出教师专业发展"高原期"的教师,就会甘愿并满足于做一名合格的"教书匠"直至退休,而那些成功走出"高原期"的教师,则会进一步思考怎样由"教书匠"成为"教育家"的问题,他们不仅关注"教书育人",更加注重"研究反思",进而将二者有机结合,实现教书育人的目的,成为"教育家型教师"。当然,这只是这一时期教师的初步意识与懵懂思考,真正付诸实践并取得成功的多发生在创造期的教师身上。

(三) 发展期的素质特征

发展期的教师已经完全适应了教育教学生活,教学经验丰富,也完全掌握了教学的主动权,各方面专业素质都发展成熟,此时他们往往成为学校领导、同事、家长和学生都认可的骨干教师。

1. 理念系统

随着教学经验的积累和丰富,发展期教师的专业教学信念逐步确立,逐渐认识到教师职业的价值和意义。这时他们的观念系统发生了较大和较为彻底的转变,发展期教师对教育、教学、教师、学生、学习等的认识与理解已经从理论化层面回归到实践层面,彻底摆脱了理想化色彩和不切实际的盲目乐观,成为务实的教育工作者,即由之前的"仰望星空"到当前的"脚踏实地"。这一时期,他们更多时候信奉自己的一套使用理论,而非自己之前信奉的抑或是在大学里和书本中学到的那套理论。也就是说,这一时期他们对教育、教学、教师、学生、学习等初步形成了自己的观点和判断,而且这些基于他们自己长期教育教学实践的观点与判断通常效果明显,而且屡试不爽,这就更加强化了他们对自己使用理论的推崇,同时,他们对新观念、新理念亦保持着开放的态度。

2. 知识系统

发展期的教师在知识系统方面的最大特征在于他们能使得理论知识与实践知识并驾齐驱、融合互动。一方面,他们不仅拥有丰富的理论知识,而且在长期的教育教学实践中建构起了属于自己的一套实践性知识。另一方面,他们不仅仅停留于获得理论知识,而是更加注重对理论知识的理解和使用,即用理论知识去解释教育教学现象与行为。同时,他们还热衷于从自身的教育教学实践中总结、提炼规律性的知识,进而支配他们的教育教学行为。

3. 能力系统

能力系统的最大特征在于他们对教育教学基本能力和技能的掌握与运用基本达到了自动化的程度，并初步形成了自己的教学风格。这一时期，他们的教学方法和技能愈加灵活；他们能够依据教学目标、学生的需求和教学情境的变化，灵活、合理地选择教学方法；他们有了较强的课堂认知能力及对课堂的调控能力，能够有效地控制课堂的秩序，对课堂上出现的意外事件也能够迅速消除与及时纠正；他们初步形成了自己的教学风格，具有创新意识和自主精神。此外，学习者、研究者、交流者和合作者的教师专业角色逐渐形成，他们的自我学习能力、研究能力、论文撰写能力、反思能力等得以明显增强。

4. 自我系统

两极分化是发展期教师自我系统的最大特征。如前文所述，这一时期，对于那些成功走出教师专业发展"高原期"的教师来说，他们则会实现由发展期向创造期的跨越，从教师自身来说则是从对"教书匠"的满足转向对"教育家型教师"的追求。然而，对于那些由于学校及社会给予的希望与压力，以及长年累月固定的教学程式、一成不变的教育教学情境、年龄的增长、性格的变化、家庭生活的稳定等个人因素影响，未能成功跨越教师专业发展"高原期"的教师来说，他们则会满足于现状而停滞不前，丧失工作动机和激情，产生职业倦怠感、挫折感甚至无力感，使整个工作陷入一种僵持状态，更有甚者会对教育教学工作有畏惧感，排斥新观念、新方法，习惯运用自己老一套的方法对待一届又一届的新学生，最终导致教学效果的不理想。案例2-3是对发展期教师未能走出专业发展"高原期"的充分说明。

"高原期"的困惑[①] 案例2-3

我已从教十八年，算是一名资深教师了。由于感觉自己肩负责任的重大，工作一直非常投入，很受学生、家长的喜爱。我带过的班多次被评为市、区级'优秀班集体'。我个人主讲过无数次公开课，三十出头就破格晋升为高级教师，获得过的荣誉称号不计其数，还曾被提名为人大代表。当我从前的梦想一个个变为现实后，我没有想象中的喜悦，反倒感觉无所适从，觉得自己的发展已到顶了，自己从前看重和追求的东西不过如此，再也看不到前途和希望，再也找不回从前的工作热情了。我对待学生也远没有过去那么有耐心，最近几年工作没有任何进展，我感到前所未有的迷茫和沮丧……

看得出来，案例中的老师是一个敬业爱生的好教师，在一般人看来，她名利双收，样样俱全，令人羡慕。她取得的成绩真真切切，然而她的苦恼也是实实在在的，所谓"知我者谓我心忧，不知我者谓何求？"该老师真正的问题在于她遭遇了职业发展的"高原期"。"高原现象"是教师专业发展过程中的一种带有规律性的现象。处在"高原期"的教师，他们的专业发展

[①] 孟庆焕，李盈慧.新课程与中小学校本研修[M].大连：辽宁师范大学出版社，2015：28-32.

停滞不前,找不到前进的动力,好像很难再上一个新的台阶。对于每个教师而言,无论在哪个阶段都可能会出现前进的暂时性停止。不同的是,由于教师的知识结构、能力类型与水平、个人的努力程度以及所处的具体环境存在着差异,在其专业发展中产生"高原现象"的时间会有先有后,持续的时间有长有短,也有的教师从产生职业高原开始,就一直停滞不前,不再发展。一般而言,处于职业"高原期"的教师都已经步入中年,经过多年的工作实践,其业务水平、教学效果都比较好,从职业发展上来看进入了比较从容的时期。随着业务水平和外部评价的不断提高,其紧迫感和动机水平逐渐下降。这时教师在教学业绩上提高不明显,出现心理学上的"平台状态"或"高原现象",许多教师满足于自己已有的经验和技能,就此裹足不前。对于那些渴望事业发展或提升的教师而言,"停滞"是一个让人特别沮丧的词汇,当人们认识到自己的事业攀登已经到达终点时,人的心理将遭受残酷的打击。

总而言之,发展期教师的素质特征具有以下特点:第一,在素质的水平上,向着熟练化、深广化发展,专业化水平提高。第二,在素质的内容上,向全面化和整体化方向发展。第三,在素质上的倾向性,由注重教的方面向注重学的方面转变。

(四)发展期的核心问题与任务

从我们对发展期的发展需求及其素质特征的分析可知,这一时期的核心问题与任务主要表现为两方面。首先是理论与实践的融合互动与相生相长。由于长期的教育教学实践的磨练与洗礼,教师对理论知识、实践性知识以及理论与实践关系的理解更加深刻、科学和真实。一方面,他们用理论去解释实践、指导实践。另一方面,他们在实践中检验理论、生成知识、建构知识。因此,如何帮助教师深刻领会理论与实践关系并付诸教育教学行动之中便是这一时期教师发展的核心问题与主要任务。其次是教师自我的更新与超越。这一时期由于主客观诸多因素的影响,容易导致一些教师深陷专业发展的"高原期"而无法自拔,而这会对教师的专业认同和教师自我造成极为严重的负面影响,因此,如何引导、帮助教师跨越专业发展"高原期",实现专业认同和教师自我的更新与超越亦是这一时期教师发展的核心问题与主要任务。

四、创造期

(一)创造期概述

创造期是教师开始由固定的、常规的自动化工作,进入探索和创新时期,是教师真正形成自己的独到见解和教学风格的时期。这一时期,教师的创新意识强烈,科研能力明显提高,理论水平大幅度提升,专家型或教育家型教师是其奋斗目标。通过对特级教师的调查表明,从走上工作岗位到对教育问题有比较系统的见解,进而取得较多的研究成果和实践成果,需要16—25年的时间。由此可见,教师要成长为专家型教师、学者型教师或教育家型教师需要经历长时间的积累。

（二）创造期的发展需求

总体而言，创造期的发展需求基于并高于发展期的发展需求，二者之间既一脉相承，又有突破与超越。具体发展需求主要有两点：一是创新、创造的发展需求；二是学习、研究与反思的发展需求。一方面，随着教育教学经验的丰富、知识的累积、能力的提高以及专业认同与教师自我的建立，创造期的教师已经不再满足于"教书匠"的现状，转而追求对教育理论与教育实践的创新和创造。他们不仅可以通过自我学习、行动研究以及反思批判来创新教育理论，还能以自己创造出的新理论来引领学校改进，创新教育实践。另一方面，由于这一时期教师对教育教学的掌握已经超越了模仿、试误和程序化的应用阶段，达至自动化、艺术化的挥洒自如。因此，他们有足够的时间和精力去不断学习、深入研究、持续反思和深刻批判，在学习、研究、反思和批判中创新创造新理论、新知识、新方法和新的自我。

（三）创造期的素质特征

在创造期，教师的知识、能力结构经历重大改造，认知、情感、人格等全面升华，真正形成了他们自己教育教学的独特风格和特色，甚至对教育教学理论的某些方面有所发现、有所感悟、有所创造，进而成为专家型教师、学者型教师和教育家型教师。教师在教育管理部门的支持、鼓励下参加在职继续教育，或经过自我心理调适，开始思考和检讨已有的教育理念和方法，开始走出上一阶段形成的固定教学程式，能灵活自如地应用各种教学技能并组合成新的教学方式，发展更加实用和自主的教育方法。他们不仅具有专门学科知识及教育教学技能，还拥有深厚的教育教学理论素养；不仅可以从学生的言语信息中发现问题，还可以从学生的肢体动作及表情等信息中发现问题所在；不仅了解学生的知晓情况，还可以依据已有的教学经验，准确预测到课堂教学情况和学生的表现；对教学的评价与反思不仅能够以学生为中心，还能关注教学的有效性；不仅掌握了从事教育科学研究的方法和能力，还善于通过自我学习和反思批判来实现自主发展。

1. 理念系统

在理念系统上，创造期的教师经过多年的学习及教学实践，同时在不断研究和自我反思的基础上，原有的教育教学理念不断被新的教育教学理念所代替，且不断被升华，逐渐建立起新的教育观、教学观、课程观、教师观、学生观等。他们重新认识教育目标，研究当代教育发展趋势及教育改革，深入学习新课程的理念、教学方法和师生关系等，并将这些先进的教学理念逐渐上升为教育信念和个人教育哲学。

2. 知识系统

在知识系统上，创造期的教师所拥有的知识已不再局限于学科知识与学科核心知识等，而是有着多层复合的知识结构，并把这些知识内化为自己的知识与信念，运用于自己的教学实践当中，使其教学体现出娴熟与睿智。

3. 能力系统

在能力系统上，创造期教师的专业能力已达到较高水准。他们有着超强的对教材的处理能力，灵活娴熟的教学方法，自主自觉的教学反思能力，独到自如的课堂控制能力和成熟实用的沟通与交往能力。他们一般不拘泥于教材和教学参考书，而是在了解学生及教材的基础上设计出体现自我教学风格的教案。他们在教学中可以使教材上的知识"活"起来，根据学生的实际情况与教学内容，选择恰当的教学方法，且特别善于运用多媒体设备来辅助教学，提高教学效果。他们对课堂中的突发事件能够灵活应对，把握恰当，时时、事事、处处都体现出机智和智慧。他们还会及时对教育教学中出现的问题进行思考与反思，并归纳上升为理性认识，从而实现更大的超越。同时，他们比发展期教师更乐于自我学习和从事教育科学研究，在不断的学习和研究中，钻研教育理论，创新教育理论和教育实践，并把学习和研究所得的经验与成果进行总结、应用与推广，进而成为教师共同体的带头人和领导者。

4. 自我系统

在自我系统上，创造期的教师彻底摆脱了"教书匠"的定位与形象，正在成为或已经成为"专家型教师""学者型教师"和"教育家型教师"。他们有着深厚的职业道德修养，对教师职业有着正确的认知与判断，能够认识到教师这一职业对社会和个体发展的重要性；能够正确对待与学生之间的关系，从而更多地关注学生的全面发展，担当好学生指导者、服务者和人生导师的角色；能够在教育与社会、个人之间建立起有机联系，并能从批判的角度，对教育和社会问题进行哲学、教育学、心理学、社会学等多学科、多维度的理性分析。案例2-4和案例2-5呈现的即是这一时期教师发展的需求与特征。

案例2-4　　　　　　　　　　**追求教育创新的范老师**[①]

武陟县的范通战老师在"活动式训练课型"研究的基础上，提出了"归真教育"，并积极引导学校教师大胆实践，将"活动"理念贯彻到学校的管理、德育、教研等多个方面，通过活动把僵化的教育激活，使变异的教育回归本真追求。他说："教育教学不可能只依靠一种思想、模式或方法，教师应该'广采博取，含英咀华'，大量吸收先进的教育教学思想，对它们进行哲学化思考，挖掘其核心，结合自己的教育教学实践，形成自己的教育思想，或创造一种适合自己的、自己擅长的教育教学方法。"有了这种心态和工作状态，成长，不会有终点。

案例2-5　　　　　　　　　　**"作家式"的库老师**[②]

库亚鸽老师在2008年通过网络加入了新教育教师专业发展项目，开始了真正的专业阅

[①] 孟庆焕,李盈慧.新课程与中小学校本研修[M].大连:辽宁师范大学出版社,2015:28-32.
[②] 孟庆焕,李盈慧.新课程与中小学校本研修[M].大连:辽宁师范大学出版社,2015:28-32.

读。几乎每天晚上,库老师的灯都亮到深夜。灯光下,她每年专业阅读不少于100万字,密密麻麻的读书笔记写了一本又一本;她坚持写教学反思、教育随笔、教育案例,每年专业写作不低于10万字……当一位老师开始追寻教育文化的本源,检视各种教育理念的起源、发展、意义以及与教学的关系时,他便对教育教学有了自己的判断,也获得了专业自由。于是,库亚鸽老师开始开发校本课程,构筑理想课堂,她自主设计了《小小的天有大大的梦想》《为中华之崛起而读书》《热爱生命——汪国真诗歌之旅》《我和春天有个约会》《道路前面还是道路》等晨诵课程。库老师把这些课程资源推荐给全县参与新教育实验的教师,让它们开花结果,被许昌市语文教研员叶世慧称赞为"非常珍贵的教学资源"。

由此可见,创造期教师的素质特征表现出如下特点:第一,在素质上,发展创新性素质。第二,在活动上,具有探索性。第三,在成果上,注意理论总结,建构自己的教育思想和教育哲学。

(四)创造期的核心问题与任务

由创造期的发展需求和素质特征可见,这一时期的核心问题与主要任务,一方面是从实践到理论的升华,另一方面是对教师角色、教师自我的突破与超越。这一时期,教育教学的神秘面纱已经揭开,教师对教育教学的理解与掌控可以说已经达到炉火纯青的程度,登峰造极的境界以及艺术化和诗意的展现。因此,这一时期,他们更多的是追求自我个性化教学风格的建立、实践性知识与理论的建构、教育机智和教育智慧的生成以及个人教育哲学的建造。在此基础上,他们还关注教育与社会、教育与个人的联系,思考、反思、批判教育问题和社会问题,注重对社会问题和人的问题的教育学解释,以及对教育问题、教学问题、学生问题和教师问题的哲学、社会学、政治学、心理学等多学科、多维度的解释。他们不仅思考教师作为教师的自我,更加关注教师作为人的自我和社会的自我,强调教师的个性与人性、价值与存在以及教师的社会性和批判性。

本章我们先是对教师发展研究的成果进行了系统综述,在此基础上,对教师发展的阶段性特征进行了分析与阐述。综合教师发展研究相关成果以及对教师发展阶段性特征的揭示,我们可以得出以下共识性观点:(1)教师发展并非是一维线性的静态结果,而是多维动态的发展过程。(2)教师专业发展并非只是知识与技能的学习与获得,还有实践知识、智慧和机智的生成,自我维度的反思和批判,以及对社会保持反省与批判。(3)教师发展是一个充满复杂性、多维性、系统性和整体性的概念,更是一个融合了时空、情境、身份、角色、认知、情感等心理的和社会的过程,还是一个历时态与共时态共存、存在(being a person)与成为(becoming a teacher)一体的动态连续统。连续统中分布着不同的时期与阶段,不同的时期与阶段具有不同的内容与特征。(4)教师发展表面上是教师角色与身份的转换,以及时空与情境的变换,实质上则是教师认知、情感、心理的变化发展,以及理论与实践、已知与未知(新知)之间相互关系的动态平衡与螺旋上升。

> **思考题**
>
> 1. 比较分析生涯阶段理论取向的教师发展研究与生命历程理论取向的教师发展研究的差异。
> 2. 分析教师发展不同阶段的特征及其影响因素。
> 3. 根据教师发展相关研究成果与理论,说说你自己当前正处于哪个发展阶段,并谈谈你现阶段的表现及对教师发展内涵与本质的理解。
> 4. 应用教师专业发展相关理论设计自己的职业发展规划。

扫一扫二维码
获取思考题 答案要点

扫一扫二维码
获取同步练习题
及参考答案

第三章
教师要发展什么

📊 **学习目标**

1. 了解合格教师专业素质体系的构成,知晓合格教师所应秉持的基本理念。
2. 重点理解并掌握合格教师的专业理念与师德、专业知识、专业技能等具体素质的内涵与外延。
3. 了解优秀教师的专业素质规定,明晰卓越教师的素质框架与具体要求。
4. 树立向一线优秀教师学习的意识,体验一线优秀教师的实践智慧。

📖 **关键概念**

1. 教师素质:教师为完成教育教学任务所应具备的心理和行为品质的基本条件。
2. 教师专业标准:国家教育机构依据一定的教育目的和教师培养目标制定的规范教师培养和教师教育教学工作的基本准则。
3. 专业理念:专业人员对自身专业的性质、标准、价值等的理解、判断、期待与认同,指引着专业人员的思考方式和行为举止。
4. 师德:即教师的职业道德,是教师在长期的教育教学实践中形成的比较稳定的道德观念、行为规范和道德品质的综合,是教师的思想觉悟、道德品质和精神面貌的集中体现,也可以称之为教师的专业伦理规范。
5. 专业知识:教师为了履行教育教学职责所必须具备的知识。
6. 专业能力:教师运用所学知识进行课堂教学与反思的能力。
7. 学科教学知识:教师在面对特定的主题时,针对学生的不同兴趣和能力,将自己所掌握的学科知识转化成学生易于理解的形式,并进行教学的知识。
8. 合格教师:就是达到入职门槛、符合入职基本要求、具备基本专业素质的教师。
9. 优秀教师:是相较于"合格教师"而言的,是具有较强的教育实践能力、创新意识、科研能力和行为反思能力,有自己独特教学特色和教学风格的教师,是教师发展的高级阶段。

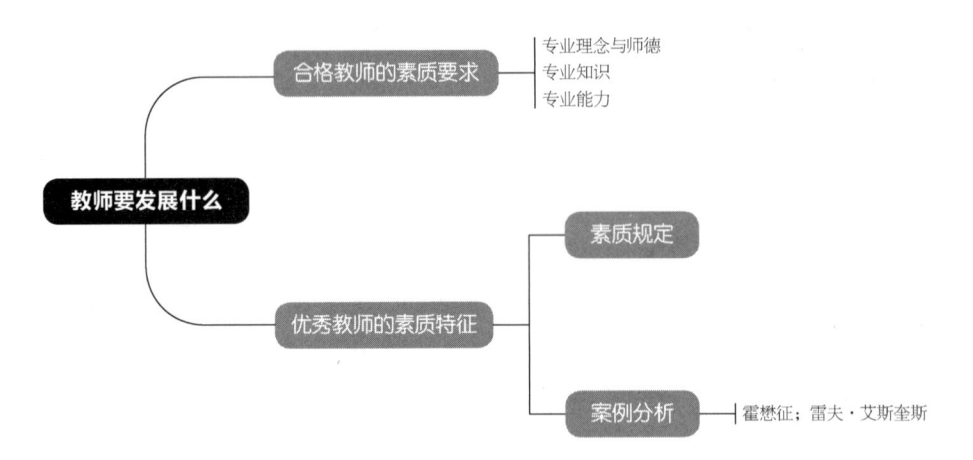

📖 内容脉络

```
                              ┌─ 专业理念与师德
          ┌─ 合格教师的素质要求 ─┼─ 专业知识
          │                    └─ 专业能力
教师要发展什么 ┤
          │                    ┌─ 素质规定
          └─ 优秀教师的素质特征 ┤
                              └─ 案例分析 ── 霍懋征；雷夫·艾斯奎斯
```

教师要发展什么？这实质上是对教师素质的探讨。《教育大辞典》中指出，教师素质是"教师为完成教育教学任务所应具备的心理和行为品质的基本条件"。[①] 实际上，关于教师素质的探讨古已有之，"为人师表"、"以身作则"、"循循善诱"、"诲人不倦"、"躬行实践"等均体现了对教师的素质要求。20 世纪 80 年代以来，为了满足教师专业化发展的需要，各国开启了教师素质的标准化探讨，使得教师素质研究更加系统化、科学化。在此过程中，依据教师所处的不同专业发展阶段，出台了合格教师、资深教师、优秀教师专业标准，规定了不同阶段教师应有的专业素质。其中，合格教师专业标准明晰了教师入职的最低素质要求，优秀教师专业标准则为教师走向卓越指明了方向。本章将基于对各国典型性和代表性的合格教师和优秀教师专业标准的解析澄清教师素质的理论规范，基于对一线卓越小学教师切身体验的分析呈现教师素质的实践特征。

第一节　合格教师的素质要求

"合格"指符合标准、符合要求，与"及格"意思相近。所谓"合格教师"，就是达到入职门槛、符合入职基本要求、具备基本专业素质的教师。为促进小学教师专业发展，建设高素质小学教师队伍，教育部于 2012 年 2 月下发了《小学教师专业标准（试行）》（以下简称《标准》），首次从国家政策层面系统规定了合格小学教师的专业素质体系。

小学教师专业标准（试行）

《标准》的主体部分由"基本理念"和"基本内容"构成。其中，"基本理念"包括师德为先、学生为本、能力为重和终身学习，"基本内容"则包括专业理念与师德、专业知识、专业能力等

[①] 顾明远.教育大辞典（卷 2）[Z].上海：上海教育科学出版社，1990：16.

三个维度。基本理念和基本内容的关系可以组成一个三维立体结构示意图(如图 3-1 所示),处于体系最顶端的"基本理念"集中体现了现代教师所应持有的核心价值观,统领并贯穿于教师专业素质的各个维度及形成与发展的始终。本节将以《标准》为蓝本阐释合格教师的专业素质的构成及其内涵与外延。

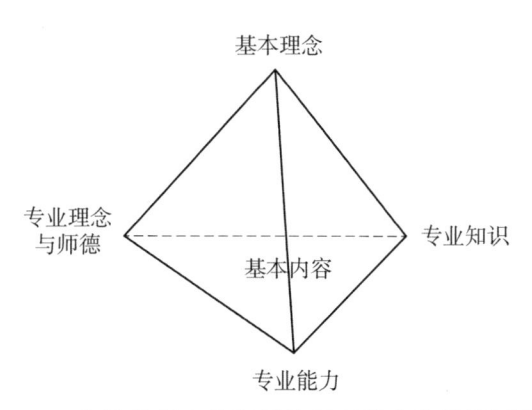

图 3-1 小学教师专业素质体系三维立体结构示意图

一、专业理念与师德

"专业理念"指专业人员对自身专业的性质、标准、价值等的理解、判断、期待与认同,指引着专业人员的思考方式和行为举止。"师德",即教师的职业道德,是教师在长期的教育教学实践中形成的比较稳定的道德观念、行为规范和道德品质的综合,是教师的思想觉悟、道德品质和精神面貌的集中体现,也可以称之为教师的专业伦理规范。"专业理念与师德"既超越了"专业理念"所属的"认识论"范畴,延伸至情感、意志和行为;也超出了一般意义上的"师德"范畴,要求教师形成坚定的专业认同和信念。专业理念与师德关涉教师关注和境界的高度,最终将影响教师成长的高度,教师要体验教师职业的幸福和快乐,感受自我生命的意义和价值。(见案例 3-1)

案例 3-1

三个泥瓦匠的故事[①]

有三个泥瓦匠在建造一座教堂,一个行者路过这个工地,就问一个泥瓦匠:"师傅,您在干什么?"他回答说:"你看不见吗?我在砌墙,因为砌墙我才能拿到工资,才能养家糊口,解决我的生活。"

而第二个泥瓦匠回答说:"我在建造一座教堂,我们都是上帝的信徒,我要为我的家人,我的亲戚朋友,我们这一带的父老乡亲,建造一个心灵的寄托所。"

[①] 饶从满.《小学教师专业标准》背景下的教师发展[EB/OL]. (2017-03-26)[2019-05-16] http://m.book118.com/html/2018/0227/154979470.shtm.

第三个泥瓦匠回答说:"我在实现我的梦想,要建造世界上最美丽的教堂。"

数年后,那三个泥瓦匠都谋着不同的职业,过着不同的生活,第一个泥瓦匠依然还是泥瓦匠,而第二个泥瓦匠成了一个牧师,第三个泥瓦匠则成了世界闻名的建筑师。

"专业理念与师德"包括丰富的内涵,依据教师在教育教学工作中需要处理好的几个关系可将其划分为以下四个领域。(见表3-1)

表3-1 "专业理念与师德"各领域及其定位

维度	领域	定位
专业理念与师德	职业理解与认识	职业观:教师如何对待职业
	对小学生的态度与行为	学生观:教师如何对待学生
	教育教学的态度与行为	教学观:教师如何对待教育教学
	个人修养与行为	自育观:教师如何看待自身

(一) 职业理解与认识

教师的"职业理解与认识"是教师形成其他专业理念和专业素质以及开展专业实践的认识基础。《标准》主要从"依法执教"、"爱岗敬业"、"为人师表"和"团结协作"等不同层面对教师的"职业理解和认识"作出了规定。

1. 依法执教

所谓"依法执教",就是要求教师在教育教学活动中,严格遵循相关的教育法律法规,使自己的教育教学活动符合法律法规的要求。具体而言,包括两层含义:一是教师的教育教学行为要在法律法规所允许的范围内进行。当前,部分小学教师依旧沿袭了传统的教育方式和教育手段,在从教过程中,自觉或不自觉地侵犯了小学生的合法权益。如:教师随意批评、责备学生;教师采用各种方式体罚学生;教师私拆、私扣学生的信件;教师动不动将学生赶出教室;教师劝退"差生"等。二是教师要善于利用法律手段来维护自身的合法权益。教师要了解自身权利,如教育教学权、科研学术权、民主管理权、报酬待遇权、受聘权、人身权、进修培训权等,以便在权利遭到侵害时,用法律武器维护自身权益,即使面对阻力和压力,教师也应该坚持捍卫自身权利。

2. 爱岗敬业

所谓"爱岗敬业"是指教师热爱学校教育事业,认同教师职业是一种专业性职业,并且按照一个专业人员的高标准严格要求自己,不断提升自己。具体而言,包括两点:一是小学教师要将教育看作一项事业,而不仅仅是单纯的谋生职业。事业与职业不同,事业是需要付出人的一生的精力来追求的,当一个人把自己所从事的职业提升到事业的时候,就会有一种不竭的动力,即使前进的道路上遇到许多困难,也会无所畏惧、努力克服,并且始终坚守着自己的阵地。把教育当作一项事业,默默地耕耘,实践在其中,思考在其中,就会乐在其中,这是一种精神愉悦,只有沉浸于此,才能品出滋味。二是教师要认同其职业的专业性,并不断提升自己以满足专业性要求。1966年,联合国教科文组织和国际劳工组织在《关于教师地位的建议》中提出,教师工作应被视为一种专业性职业,认为它是一种要求教师具备经过严格训练而持续不断地研究才能获得并维持专业知识和专业技能的职业。《标准》中提出,要"认同小学教师的专业性和独特性,注重自身专业发展"。

3. 为人师表

所谓"为人师表"是指教师用自己的言行做出榜样,成为学生学习和效法的楷模和表率,即做到"学为人师,行为世范"。著名教育家叶圣陶曾说过:"教育工作者的全部工作就是为人师表。"车尔尼雪夫斯基也曾言:"要把学生造就成一种什么人,自己就应当是什么人"。由此可见,"为人师表"在教师教育教学中的重要作用。学生,尤其是小学生,他们还处于长身体、长知识的阶段,求知欲强,对什么是真善美,什么是假恶丑尚处在探索、明辨的阶段之中,他们对周围的一切具有极强的好奇心、模仿性,可塑性强。学生把教师作为自己的楷模,教师的言行品质对学生起着潜移默化或者说直接的示范作用。作为教师一方面要言传,更重要的是身教。"桃李不言,下自成蹊"、"其身正,不令而行;其身不正,虽令不从"、"善为师者,既美其道,又慎其行",讲的都是作为教师以身作则,为人师表,率先垂范的重要性。

4. 团结协作

所谓"团结协作",指的是教师要具有团队协作精神,并在该精神的指引下加强交流与沟通。分工协作是社会进步的表现。现代教育是一个分工协作的系统工程,要求每所学校、每个教师群体内部必须建立一种团结协作、互相帮助的新型道德关系,这样才能优势互补、形成强大的教育合力,共同完成好教书育人的任务。因此,当代小学教师要强化团结协作意识,提高团结协作能力。根据合作对象的不同,"团结协作"可以划分为三种类型:一是教师间合作;二是与家长合作;三是与社区合作。

(二) 对学生的态度与行为

"对学生的态度与行为"是对教师践行职业道德规范以及开展专业实践有重要影响的认知和态度,《标准》从以下三点对其进行了阐述。

1. 关心爱护学生

所谓"关心爱护学生"是指教师要从高度的工作责任心和社会责任感出发,重视小学生身心健康,将保护小学生生命安全放在首位。关心爱护学生是教师职业道德的核心,是教师开展专业活动的基础和前提,是衡量一名教师称职与否的重要标志。

"关爱学生"之第一要务便是确保小学生的生命安全。在众多安全举措中,加强安全教育被视为最持续有效的途径。小学是最适宜进行安全教育的时期,因为儿童最易接受安全指导并转化为行动,便于养成良好的安全习惯,如果错过了这个关键时期,将会在孩子今后的人生中留下极大的隐患。在确保生命安全的基础上,教师还要重视小学生的身心健康,特别关注弱势儿童,如进城务工人员子女、单亲家庭的孩子、农村留守儿童、残疾儿童、问题儿童等,确保每位小学生健康快乐成长。

2. 尊重信任学生

所谓"尊重"是指尊重学生的独立人格,平等对待每一位小学生;所谓"信任"是指相信每位小学生都有取得成功的潜质,尊重个体差异。尊重信任学生是关心爱护学生的深化与落实。

"尊重小学生独立人格,平等对待每一位小学生"反映了对人性多样性的欣赏。马克思主义认为:在人的社会特性中,人的个性(独立人格)是其核心内容,只有充分表现个性,才能更好地体现共性;个性愈多样,共性才愈丰富。只有充分体现一个人的独立人格,才能体现出其自身的存在,社会才能显示其巨大的创造性。每个人都有自己独特的个性和不可替代性,人的一切合理的独特性都应得到他人和社会的尊重。教师不能因为小学生是未成年人,忽视其人格和权利,而应平等对待每一位小学生。

"信任小学生,尊重个体差异"是指相信每一位学生都能成才并因材施教。近些年,全国不同地区中小学出现了"绿领巾""红校服""三色作业本"等教育事件,这是对"因材施教"的误读。"尊重个体差异"绝不能误解为"分层",尤其是以成绩为标准的粗暴分层。真正的"因材施教"是根据每位学生的兴趣、能力制定个性化的培养方案,保护其兴趣和求知欲的教育。

3. 为小学生拥有快乐的学校生活创造条件

学校生活是教师和学生共同拥有的,以小学生为着眼点提出快乐学校生活的问题意味着要依据素质教育的要求和新课程改革的精神深入、有效地转变教学观、学生观、师生观,以及学校管理思维等。外在环境的改善固然重要,但是在教师与学生交往的微观世界里,教师对教育和对学生的理解与行动将会更直接地决定小学生是否能够拥有一个快乐的学校生活。只有小学教师做到了"关心爱护小学生"和"尊重信任小学生","小学生拥有快乐的学校生活"才能成为可能。小学教师要时刻铭记爱心、信任才是"最有效的教学方法"。(见案例3-2)

案例3-2

四块糖果的故事[①]
——爱心、信任等于"最有效的教学方法"

陶行知先生任育才学校校长时,一天,他在校园里看到学生王友用泥巴砸自己班上的男同学,就立即制止了他,并让他放学后到校长室去。放学后,王友早早地来到校长室门口准

[①] 饶从满.《小学教师专业标准》背景下的教师发展[EB/OL].(2017-03-26)[2019-04-17] http://m.book118.com/html/2018/0227/154979470.shtm.

备挨训。这时,陶行知走过来了。他一看到王友,就掏出一块糖果递给他,说:"这是奖给你的,因为你按时来了,而我却迟到了。"王友惊愕地接过糖果,目不转睛地看着陶行知。这时,陶行知又掏出一颗糖果递给王友,说:"这块糖果也是奖给你的,因为当我不让你再打人的时候,你立即就住手了,这说明你很尊重我,我应该奖励你。"

王友更惊愕了,不知道校长到底想干什么。这时,陶行知又掏出一块糖果放到王友的手里说:"我已经调查过了,你用泥块砸那些男生,是因为他们不守游戏规则,欺负女生。你砸他们证明你很正直善良,并且有跟坏人作斗争的勇气,应该奖励。"王友听了非常感动,他失声叫了起来:"校长,你打我吧,我砸的不是坏人,而是自己的同学呀!"陶行知满意地笑了,又掏出一块糖果递给王友,说:"你能正确地认识错误,这块糖果值得奖励给你。现在我已经没有糖果了,你也可以回去了。"

(三)教育教学的态度与行为

"教育教学的态度与行为"是从教师与教育教学关系的角度对教师专业理念与师德的解释。《标准》中主要阐述了以下四点:(1)"育人为本,德育为先",强调教育教学要促进小学生的"全面发展";(2)"尊重规律,因材施教",强调教育教学要促进小学生的"个性发展";(3)"培养兴趣,激发探究",强调教育教学要促进小学生的"兴趣发展";(4)"学会学习,养成习惯",强调教育教学要促进小学生的自主发展。

1. 育人为本,德育为先

《标准》中第10条基本要求指出,小学教师要"树立育人为本、德育为先的理念,将小学生的知识学习、能力发展与品德养成相结合,重视小学生全面发展"。该要求不仅指出教师在教育教学中应秉持"育人为本,德育为先"的理念,而且还进一步澄清了教师应有的教育教学目标和行为,回答了育什么样的人,如何育人的问题。小学教师要致力于培育全面发展的人,为了达到这一目标,小学教师在教育教学中要将小学生的知识学习、能力发展与品德培养有机结合,并且要特别关注教育教学的德育性,发挥其德育功能。《清华附小的德育细节》一书通过一个个德育细节,讲述了一个个唤醒的故事:教师凭借对理想教育的渴望和痴情,凭借对每一个孩子的信任,去理解、欣赏每一颗幼小的心灵,唤醒他们心中沉睡的美好自我,鼓励他们将最美好的自己尽情地舒展开来。

2. 尊重规律,因材施教

《标准》中第11条基本要求指出,小学教师要"尊重教育规律和小学生身心发展规律,为每一个小学生提供适合的教育"。也就是说,小学教师在教育教学中要"尊重规律,因材施教"。小学教师的教育教学不应是盲目随意的,而应建立在对小学生发展规律和教育教学规律的深刻理解和把握基础上,进而为学生提供最适合的教育,促进小学生的个性发展。

3. 培养兴趣,激发探究

《标准》中第12条基本要求指出,小学教师要"引导小学生体验学习乐趣,保护小学生的求知欲和好奇心,培养小学生的广泛兴趣、动手能力和探究精神"。该要求强调小学教师在教育教学中要注重"培养兴趣,激发探究"。小学教师可从以下三方面着手:一是引导学生体验学习乐趣,强调从无到有,师傅领进门;二是保护小学生的求知欲和好奇心,强调不做减法;三是培养广泛兴趣,强调做加法。

4. 学会学习,养成习惯

教育家叶圣陶先生曾言:"什么是教育,简单一句话,就是要养成习惯。"好习惯养成了一辈子受用;坏习惯养成了,一辈子吃亏,想改也不容易了。《标准》第13条基本要求指出,小学教师要"引导小学生学会学习,养成良好学习习惯",强调小学教师在教育教学中要致力于促使小学生"学会学习、养成习惯"。所谓良好的学习习惯就是逐步引导学生形成积极思考、敢于提问、认真倾听、乐于表达自己的见解等优良的学习品质。小学生良好学习习惯包含丰富的内容(见知识链接3-1),需要教师知之用之。

知识链接3-1

优秀小学生应该养成的50个学习习惯[1]

(1) 学习是自己的事——养成独立学习的习惯

(2) 学习时就要集中精神——养成专注的习惯

(3) 好的计划是成功的一半——养成制订学习计划的习惯

(4) 你的学习计划能执行下去吗——养成按时完成计划的习惯

(5) 主动学习,不用父母督促——养成自主学习的习惯

(6) 读书是一种享受——养成爱阅读的好习惯

(7) 不明白的一定要问——养成善于提问的习惯

(8) 兴趣是最好的老师——养成对学习充满兴趣的习惯

(9) 抛开学习等于痛苦的观念——养成快乐学习的习惯

(10) 做事有条理,省心又省力——养成有条理、快节奏的习惯

(11) 寻找事半功倍的途径——养成高效率学习的习惯

(12) 用眼睛去发现美——养成善于观察的习惯

(13) 时间是一点一点挤出来的——养成珍惜时间的习惯

(14) 掌握记忆的小窍门——养成擅长记的好习惯

(15) 预习,不是简单地读书——养成课前预习的好习惯

(16) 抓紧课堂40分钟——养成高效率上课的习惯

(17) 改掉粗心大意的毛病——养成细致认真的习惯

---

[1] 张亚新.优秀小学生应该养成的50个学习习惯[M].北京:新世界出版社,2009:1-3.

(18) 越讨厌的科目,越要重视——养成学科均衡发展的习惯

(19) 别对老师存有偏见——养成尊师爱教的习惯

(20) 让大脑动起来——养成勤于思考的习惯

(21) 当天的学习任务当天完成——养成今日事今日毕的习惯

(22) 记录成长故事——养成写日记的好习惯

(23) 写一手漂亮的汉字——养成正确书写的习惯

(24) 一丝一缕当思来之不易——养成爱惜学习用品的习惯

(25) 书山有路勤为径——养成勤奋学习的习惯

(26) 会学习也要会休息——养成科学用脑的习惯

(27) 温故而知新——养成每天复习的习惯

(28) 把考试当作平常的事情——养成正确对待考试的习惯

(29) 知识只有在应用时才有力量——养成学以致用的习惯

(30) 让网络成为学习的好帮手——养成正确上网的习惯

(31) 跟近视说"NO"——养成正确的用眼习惯

(32) 利用符号和缩写做好笔记——养成做课堂笔记的习惯

(33) 不在同一个地方跌倒——养成制订错题本的习惯

(34) 勤于思考,举一反三——养成灵活学习的习惯

(35) 认真对待每一次作业——养成认真做作业的习惯

(36) 独木难成林——养成学习中与人合作的习惯

(37) 在合适的时间做合适的事——养成在最佳用脑时间学习的习惯

(38) 工具书是不说话的老师——养成使用工具书的习惯

(39) 勤动笔,读书不只是看一看——养成读书做摘要的习惯

(40) 安排好你的闲暇时间——养成高效安排时间的习惯

(41) 多看多听多收集——养成多种途径积累知识的习惯

(42) 独立思考,大胆创新——养成积极创造的习惯

(43) 做事情有始有终——养成有恒心的习惯

(44) 学习要严格要求自己——养成自律的习惯

(45) 学习不能只有三分钟热度——养成耐心学习的习惯

(46) 不畏难,勇敢向上——养成学习上不怕挫折的习惯

(47) 尺有所短,寸有所长——养成虚心向别人学习的习惯

(48) 寻找合适自己的学习类型——养成独特有效的学习习惯

(49) 心态对了,一切都对了——养成积极的学习心态的习惯

(50) 我是最棒的——养成自信的学习习惯

(四) 个人修养与行为

"个人修养与行为"是指教师处理与自身关系的一些基本规范与要求。教师是以心育心的职业,教师的言谈举止、待人接物、工作和生活方式,甚至服饰仪表等,都会对学生产生潜移默化的影响。教师的个人修养与行为本身就是一种重要的教育资源和手段。《标准》关于教师"个人修养与行为"所提出的基本要求体现了对教师"内外兼修""为人师表"的殷切期盼。

1. 优良品质

《标准》第15条基本要求指出,教师要"富有爱心、责任心、耐心和细心",强调小学教师要拥有良好品质。"爱心"是善良之心、同情心、怜悯心、给予之心,是人之为人的根本。一个人缺乏爱心,难以成人,更不能成为一名小学教师。因为,爱是教育的灵魂,没有爱就没有教育。责任心是爱心的重要组成部分。一个有责任心的人,具有对事情敢于负责,勇于主动负责的态度,小学教师的高度责任感是小学生身心健康成长的重要保障。耐心和细心则是爱心和责任心的重要体现。耐心体现了一种静待花开的平和,对于小学生而言,无论是良好习惯的培养,还是坏习惯的改正,都需要一个漫长的过程,教师需要付出极大的耐心。细心体现了教师严谨治学的工作态度,强调教师关注学生学习与成长的细节,进而从细处着手,对学生进行润物细无声式的、潜移默化的教育。

2. 健康心态

教师乐观向上、热情开朗的性格具有强烈的感染性,让教室充满正能量,潜移默化地影响着小学生的生命状态。亲和力则有利于建立良好的师生关系,提高教育教学质量,"亲其师方能信其道"。但是,由于小学教师职业的特点,决定了他们又是心理问题高发人群。因此,教师要重视并密切关注自身的心理状态,掌握自我调节的策略,保持心态平和。

3. 勤奋进取

陶行知说:"人出生是开学,死了是毕业。"时代在进步,知识在更新,以往的知识和教学方法,在昨天你可能还是个好教师,在今天你也许只能马马虎虎,而明天则可能会被淘汰。因此,小学教师要不断提高,不断去发现、探索,做终身学习的践行者和示范者。

4. 文明得体

教师总是作为一个综合的整体的人亮相在学生面前的,教师的仪表风度、语言和行为举止直接体现在教育教学之中,作用于学生的心灵,影响着教育教学的效果。因此,教师在穿着打扮上要符合身份,要得体,也可适当增加一些时尚元素,这是对自己的尊重,也是对学生的尊重。与此同时,教师的外表美会给学生带来内心的愉悦感,也是对他们的一种美育。同时,教师的言语要规范、文明、高雅,成为小学生的学习榜样。

2018年,为了进一步加强师德师风建设,教育部研究制定了《新时代中小学教师职业行为的十项准则》(见知识链接3-2),明确了新时代教师职业规范,针对主要问题、突出问题划定基本底线,是对广大教师的警示提醒和严管厚爱,是深化师德师风建设,造就政治素质过硬、业务能力精湛、育人水平高超的高素质教师队伍的关键之举。

> 知识链接 3-2

新时代中小学教师职业行为十项准则[①]

教师是人类灵魂的工程师,是人类文明的传承者。长期以来,广大教师贯彻党的教育方针,教书育人,呕心沥血,默默奉献,为国家发展和民族振兴做出了重大贡献。新时代对广大教师落实立德树人根本任务提出新的更高要求,为进一步增强教师的责任感、使命感、荣誉感,规范教师职业行为,明确师德底线,引导广大教师努力成为有理想信念、有道德情操、有扎实学识、有仁爱之心的好老师,着力培养德智体美劳全面发展的社会主义建设者和接班人,特制订以下准则:

一、坚定政治方向。坚持以习近平新时代中国特色社会主义思想为指导,拥护中国共产党的领导,贯彻党的教育方针;不得在教育教学活动中及其他场合有损党中央权威、违背党的路线方针政策的言行。

二、自觉爱国守法。忠于祖国,忠于人民,恪守宪法原则,遵守法律法规,依法履行教师职责;不得损害国家利益、社会公共利益,或违背社会公序良俗。

三、传播优秀文化。带头践行社会主义核心价值观、弘扬真善美,传递正能量;不得通过课堂、论坛、讲座、信息网络及其他渠道发表、转发错误观点,或编造散布虚假信息、不良信息。

四、潜心教书育人。落实立德树人根本任务,遵循教育规律和学生成长规律,因材施教,教学相长;不得违反教学纪律,敷衍教学,或擅自从事影响教育教学本职工作的兼职兼薪行为。

五、关心爱护学生。严慈相济诲人不倦,真心关爱学生,严格要求学生,做学生良师益友;不得歧视、侮辱学生,严禁虐待、伤害学生。

六、加强安全防范。增强安全意识,加强安全教育,保护学生安全,防范事故风险;不得在教育教学活动中遇突发事件、面临危险时,不顾学生安危,擅离职守,自行逃离。

七、坚持言行雅正。为人师表,以身作则,举止文明,作风正派,自重自爱;不得与学生发生任何不正当关系,严禁任何形式的猥亵、性骚扰行为。

八、秉持公平诚信。坚持原则,处事公道,光明磊落,为人正直;不得在招生、考试、推优、报送及绩效考核、岗位聘用、职称评聘、评优评奖等工作中徇私舞弊、弄虚作假。

九、坚守廉洁自律。严于律己,清廉从教;不得索要、收受学生及家长财务或参加由学生及家长付费的宴请、旅游、娱乐休闲等活动,不得向学生推销图书报刊、辅导材料、社会保险或利用家长资源谋取私利。

十、规范从教行为。勤勉敬业,乐于奉献,自觉抵制不良风气;不得组织、参与有偿补课,或为校外培训机构或他人介绍生源、提供相关信息。

[①] 中华人民共和国教育部.教育部关于印发《新时代高校教师职业行为十项准则》《新时代中小学教师职业行为十项准则》《新时代幼儿园教师职业行为十项准则》的通知[EB/OL].(2018-12-2)[2019-04-15] http://www.gov.cn/gongbao/content/2019/content_5366485.htm.

二、专业知识

"专业知识"是指教师为了履行教育教学职责所必须具备的知识。《标准》认为小学教师应具备以下四个方面的专业知识。

(一) 小学生发展知识

要求教师了解和掌握小学生发展的知识目的在于保护小学生的身心健康、保障小学生的合法权益和促进他们的健康成长。具体而言,包括以下四个方面。

1. 小学生生存、发展和保护的相关知识

《标准》第 20 条基本要求指出,教师要"了解关于小学生生存、发展和保护的有关法律法规及政策规定",强调教师要加强政策和法律层面的学习,以便系统了解小学生生存、发展和保护的相关知识。《儿童权利公约》《中华人民共和国教育法》《中华人民共和国教师法》《中华人民共和国未成年人保护法》《中华人民共和国残疾人权益保障法》《学生伤害事故处理办法》等法律法规中均有相应的规定。

2. 小学生身心发展特点及教育策略

(1) 一般特点与规律

小学生身心发展具有共性,以心理发展为例加以说明。此阶段小学生心理发展呈现以下共同特点:一是发展迅速,尤其是智力和思维能力;二是发展的协调性,这是对比初中生心理发展的"动荡性"而言的;三是发展的开放性,此时成人与儿童容易沟通,师生之间、亲子之间的关系融洽;四是发展具有可塑性,这一阶段是培养学生良好心理品质与行为习惯的好时机。

(2) 特殊儿童身心发展特点

所谓"特殊儿童"是指身心正常发展的普通儿童之外的各类有特殊需要的儿童,包括智力障碍儿童、视力残疾儿童、听力残疾儿童、肢体残疾和病弱儿童、学习困难儿童、情绪和行为障碍儿童、言语障碍儿童,还包括超常儿童、有行为问题的儿童等。各类特殊儿童具有自身的身心发展特点,下面以智力超常儿童为例进行说明。所谓智力超常儿童是指智商在 140 以上的儿童,他们的智力远远地超过一般同龄儿童的水平。在感知觉方面,他们观察敏锐、全面、细微而准确;在注意方面,他们注意力集中、稳定、善于分配;在记忆方面,他们记忆力强,且记忆准确、迅速、保持时间长;在思维方面,他们思维敏捷、条理清楚,分析概括能力强,有独立性和创造性。

(3) 学习特点

学习是小学生的主导活动,其学习过程可以分为四个阶段并各自具有相应特点:一是在感知过程中,小学生实现了由被动感知向主动感知的转变,感知手段具有模示性和图示性。二是在理解过程中,小学生实现了由直接理解向间接理解、由形象性理解向抽象性理解、由被动接受向主动理解的转变。三是在巩固过程中,小学生学习具有反复性和技能性,小学生知识的掌握需要有技巧地重复练习。四是在运用过程,小学生实现了由简单运用向复杂运用、由单向运用向多向运用、由被动运用向主动运用的转变。[①]

（4）幼小衔接和小初衔接阶段小学生的心理特点

"幼小衔接"指幼儿园与小学教育的衔接。幼小衔接期儿童的年龄在5—7岁之间,皮亚杰将儿童心理划分为四个阶段,幼小衔接期儿童处于前运算阶段的后期和具体运算阶段的前期,他们在认知、学习、社会性等方面有着与其他时期不同的特点。"小初衔接"是指小学和初中这两个学段之间的前后互相连接和过渡。从小学到初中这一时期,学生的个性品质正处于一个重要的转型时期,表现为自主性、独立性增强,但自控性差;热情高、求知欲强,但缺乏韧性;荣誉感与自尊心强,心理承受能力差。

3. 青春期和性健康教育

青春期是童年向成年过渡的时期,是生理发育和心理发展急剧变化的时期,也是人生观和世界观逐步形成的时期。我国青少年的青春期年龄,一般是在10—20岁这一年龄段,小学高年级学生已经进入青春期,为此小学教师应了解青春期教育的相关知识,正确开展青春期教育,帮助小学生顺利度过青春期。青春期教育实质上就是青春发育这一特殊时期的符合青春期特点的性健康教育,性健康教育是青春期教育的核心。小学教师应该具有小学生性发育的知识和对性健康教育的正确认识。性健康教育不只是传授性生理知识、性心理知识和性卫生知识,而且要对学生进行有关性别认同、尊重、交往、性道德和性文明的教育,以及进行性价值观念、性道德意识、性法律规范的教育。使学生获得性科学知识,摆脱性无知,使身心健康发展的同时,按照社会的道德规范做人。

4. 安全防护与教育

小学生具有好奇心强、思维敏捷、活泼好动,但是生理心理不成熟、生活经验少、社会阅历浅、缺乏安全意识等,这使得他们在不经意间发生危险事故时很难做到自我保护。小学教师在教育活动中负有保障小学生人身安全的义务,一方面有责任防止因不当教育活动而造成对小学生的伤害,另一方面要通过安全教育增强儿童的安全意识,掌握安全知识,提高儿童的自我保护能力。具体而言,教师可以从以下角度出发思考并实施积极的安全教育和心理健康教育：从教育内容的角度看,既要关注学生的身体健康教育,也要关注学生的心理健康教育,这是学生安全教育的两个方面,对于学生的健康成长同等重要。从教育目标的角度看,既要关注学生应该掌握的安全知识的情况,也要关注学生应该掌握且能够应用的安全技能的情况,还要关注学生安全意识的提升与增强。从实施安全教育的角度看,教师首先要深刻理解身体健康和心理健康对于学生成长的意义,其次是在常规教学工作中,采取有效措施随时随地渗透安全教育内容。从教师的岗位职责的角度看,教师既要采取有效措施教育学

---

① 王海英.小学生身心发展规律与特点[EB/OL].(2013-11-23)[2018-04-05]https://rc.mbd.baidu.com/x56qaj8.

生,也要在遇到突发事件的时候勇于且有能力救助学生。

> **知识链接3-3**
>
> 英国十大儿童宣言[①]
>
> 平安成长比成功更重要
> 背心裤衩覆盖的地方不许别人摸
> 生命第一,财产第二
> 小秘密要告诉妈妈
> 不喝陌生人的饮料,不吃陌生人的糖果
> 不与陌生人说话
> 遇到危险可以打破玻璃,破坏家具
> 不保守坏人的秘密
> 坏人可以骗

(二) 学科知识

"学科知识"指的是教师应该掌握的有关任教学科的知识,在此强调教师要理解所教学科的知识体系、基本思想与方法,同时了解所教学科与其他学科以及与社会实践的联系。

1. 多学科知识

小学教育具有基础性、综合性、普及性的特点,这就要求小学教师要为学生的全面发展打好基础。为学生发展奠定精神的底子,打好生活的基础,打好终身学习的基础。小学教师作为儿童的启蒙老师,不仅要启蒙孩子的智慧,更重要的是成为孩子们的人生导师,教书更要育人。以学科知识的教育为本,就有可能导致以知识教育为中心,而忽略孩子的道德、情操、交往能力的引导和教育。有人说教师能够爱学生就是最美的师德,陪伴学生就是最好的教育技巧,守望学生就是最应遵守的教育规律。小学生们需要了解他们、陪伴他们成长的良师益友。教师掌握多学科的知识,能够守着学生,发现学生的优点和特长,了解他们的性格和禀赋,更加便于教师因材施教。

2. 任教学科知识体系

任教学科知识即狭义的学科知识,不仅包括学科基础知识,即与学科有关的事实、概念、原理、理论等,还包括学科专业主体知识,如规律性知识、学科思想方法、学科思维特点和研究方法、学科专业前沿知识等。任教学科知识是教师从事教学的基础与前提,是教师教育教学的本体性知识。在教学活动中,一切努力都要围绕本体性知识的有效传授展开。教学的最终绩效大都是用学生掌握的学科知识的质量来衡量的。研究表明,在一定限度内,教学的

[①] 王大伟.英国儿童的十大宣言[J].小学教学研究,2011(06):17.

有效性与教师所掌握的本体性知识呈递增关系。

3. 了解学科与社会实践的联系

将所教学科与社会实践联系起来，会让知识焕发应有的生命力。这一方面有利于小学教师理解、把握该学科的实践价值；另一方面有利于教师回到小学生生活之中，贴近小学生的生活经验，在小学生的认知起点上教学；有助于创设贴近小学生的教学情境，更好地调动小学生的学习积极性与主动性；有助于充分利用课程资源，引导小学生建立知识与生活之间的关系。

（三）教育教学知识

教师不仅要知道"教什么"，而且更应懂得"怎样教"，怎样才能"教得好"。要达到上述要求，教师就必须掌握有关教育教学的知识。这里的"教育教学知识"主要包括两个方面，即一般教育知识和学科教学知识。

1. 一般教育知识

所谓"一般教育知识"，指的是教师在从事教育教学过程中应该掌握的教育学知识与心理学知识，旨在使教师掌握教育教学的基本规律，了解学生发展过程中的生理和心理特点，并能够运用科学方法有效地对学生进行教育和管理。《标准》认为，小学教师需要特别掌握以下教育知识：(1)小学教育教学基本理论，小学教育与教学因其基础性、养成性、启蒙性等特点，使得它不同于幼儿和中学的教育教学，强调小学教师应掌握小学教育教学的基本理论；(2)小学生品行养成的特点与规律；(3)不同年龄阶段小学生的认知规律；(4)教育心理学的基本原理与方法。

2. 学科教学知识

所谓"学科教学知识"（Pedagogical Content Knowledge，简称PCK），是指教师在面对特定的主题时，针对学生的不同兴趣和能力，将自己所掌握的学科知识转化成学生易于理解的形式，并进行教学的知识，是教育知识和学科知识融合的产物。（见知识链接3-4）学科教学知识是由美国学者舒尔曼提出的一个概念。在舒尔曼看来，学科教学知识是区分学科教师与学科专家的一种知识体系。《标准》也吸收借鉴了舒尔曼的学科教学知识概念，将学科教学知识作为小学教师专业知识的一个重要组成部分。从《标准》来看，小学教师的学科教学知识主要包括两方面：一是依据国家课程标准进行课程开发的知识；二是根据小学生学习具体学科内容时的特点开展有针对性教学的知识。

知识链接3-4

学科教学知识

1986年，舒尔曼提出学科教学知识，指出教师应知道教这些内容时最有效的呈现方式，如最有用的类比、举例、图示、解释、演示等。总而言之，把学科内容以易于他人理解的方式组织呈现出来。PCK还包括知道什么能使学生容易学习某一内容，什么会使学生遇到困难,也就是要了解不同年龄和背景的学生如何理解特定内容以及他们原有的知识经验。

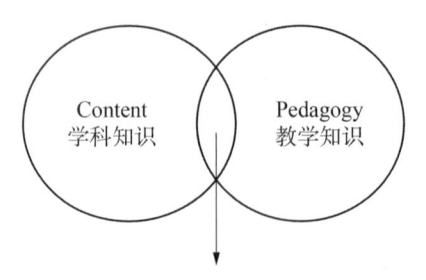

图 3-2 学科教学知识(Pedagogical Content Knowledge,简称 PCK)

PCK 不是学科知识本身,也不是教学知识本身,而是教学化了的学科知识,或学科知识的教学化;PCK 不是学科知识与教学知识的重合、累加、拼接、叠加……而是二者的融合、整合、综合、结合……

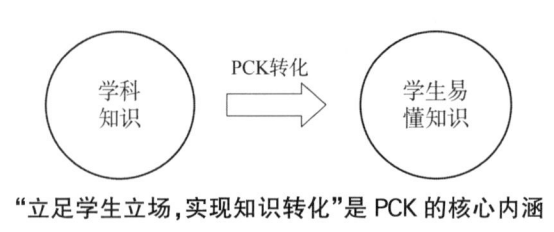

"立足学生立场,实现知识转化"是 PCK 的核心内涵

(四) 通识性知识

哈格里夫斯和富兰曾言,教师发展"牵涉的不仅仅是改变教师的行为,它还涉及改变教师这个人","只聚焦于行为技能而不考虑其立足的基础及对态度和信念的影响,是误入歧途"。《标准》强调教师要具有广博的通识知识。

1. 自然科学和人文社会科学知识

掌握广博的自然科学和人文社会科学知识,有助于小学教师以更加开阔的视野、高屋建瓴地审视人、自然和社会,也能促使教师在教育教学工作中左右逢源,得心应手。

2. 艺术知识

正如日本著名作家黑柳彻子所言:"世界上最可怕的事情,莫过于有眼睛却发现不了美,有耳朵却不会欣赏音乐,有心灵却无法理解什么是真,不会感动,不会充满激情。"[①]没有艺术素养的人是不完整的人,艺术素养的缺失会限制人生境界的提升,不利于健全和完善人格的

---

① [日]黑柳彻子.窗边的小豆豆[M].赵玉皎,译.海口:南海出版社,2003:104.

塑造以及个人与社会价值观的培养。教师的艺术素养不仅有助于改变教师自身生活品质，对小学生的全面发展也会产生直接或间接的影响，艺术学习应该是小学教师一生的需求和审美追求。

3. 信息技术知识

随着新课程改革的不断推进，多媒体手段的运用走进了我们的日常教学。多媒体技术在教育教学中的广泛应用，是信息技术发展的必然，也是 21 世纪教育发展的一种潮流。运用新颖、先进的多媒体信息技术，可以在知识的抽象性和学生思维的形象性之间架起一座桥梁，优化课堂结构，改革陈旧的教育教学方式方法，使知识能多层次、多角度、直观形象地展示在学生面前，极大地提高学习效率。

4. 有关中国教育国情的知识

要求了解中国教育的基本情况，是希望小学教师具有高站位、宽视野，努力确保自身的教育教学与国家的教育方针政策相一致，以现代教育理念引领自身的教育教学实践，确保自身的教育教学不脱离当下中国的教育实际。

三、专业能力

教师究竟需要具备哪些能力主要是由教师的专业实践活动所决定的，而专业实践活动的复杂性决定了教师能力结构必然是一个由众多单向能力构成的和谐统一体。在《标准》中，"专业能力"属于"基本内容"的第三个维度，它涵盖了"教育教学设计""组织与实施""激励与评价""沟通与合作""反思与发展"等五大领域。

（一）教育教学设计能力

1. 合理制定小学生个体与集体的教育教学计划

这一要求强调教育教学设计要兼顾个体和集体，个别化教学与班级授课相结合。个别化教学的实质是尊重学生个体差异，走向个性化是当代教育教学内涵式发展的应有之义。在美国，20 世纪 70 年代个别化教学实验研究盛行，各种个别化教学模式层出不穷。其中，丽塔·邓恩(Rita Dunn)对学生学习风格的研究以及按学生学习风格设计的教学颇具代表性。邓恩总结出影响学生学习风格的 4 类 18 种因素，然后对学生进行个别诊断，让学生自己确定属于哪种类型，最后设计多种教学情境来适应学生的学习风格。[①] 我国台湾学者黄家杰等提出教师的区分性教学（个别化教学）行为主要包括十大要素：适度调整课程内容、提供具有复杂度的教学内容、善用后设认知策略、教学历程具有弹性、善用问题解决策略、善用批判思考策略、善用研究策略、进行多元评量、教导学生如何评量、营造自在与互动的学习环境。[②] 先

[①] 黄志成，程晋宽.美国个别化教学新模式——邓恩对学生学习风格的研究及其教学设计[J].外国教育资料，1993(03)：1-10.

[②] 黄家杰，陈美芳等.教师区分性教学行为观察量表（学生版）之编制[J].特殊教育研究学刊，1999,35(01)：63-82.

前研究都为小学教师实施个别化教学提供了思路与方向。

集体教育教学设计是班级授课制的产物,整体施教有利于提高教育教学效率,发挥集体教育的作用。苏联著名教育家马卡连柯曾结合自身经历谈了这样一段话:"我自己从十七岁就当教师,我曾长时间地想过:最好先把一个学生管理好、教育好,然后教育第二个、第三个、第十个,当所有的学生都教育好了的时候,那就会有一个良好的集体了。可是,后来我得到一个结论:要采取这样的方式——使每个学生都不得不参加共同的活动。这样一来,我们教育了集体,团结了集体,加强了集体,以后,集体自身就能成为很大的教育力量了。"①

2. 合理利用教学资源,科学编写教学方案

教育教学资源可以理解为影响教育教学活动的人、设备、材料、环境等硬件和软件资源。② 对这些因素的合理开发利用,可以促进有效教学,提高教学效果。这里的关键是"合理"二字,具体而言,包括两个方面:一是资源的利用以促进学生发展为指向。下面以多媒体资源为例加以说明。随着信息技术的快速发展,多媒体教学手段进入课堂教学中已成为必然。多媒体教学以其形象、直观、生动的特点,极大地激发了学生的学习兴趣,课堂教学效率得到极大提高。但说到底,课堂是学生的,教师所要充分利用的不是多媒体教学资源而是由多媒体教学资源所调动的学生资源,这才是课堂教学中最大的资源。学生资源是教育的基础性资源,其他资源必须与此相结合才能发挥最大的效益。因此只有调动学生的兴趣、情感、价值认同、思维等才能让多媒体本身所拥有的资源转化为学生课堂上有利的学习资源,达到提高教学效率,提升教学质量的目的。因此,在开发利用教学资源过程中,不能单纯地追求多样性,为了使用而使用,更不能为了哗众取宠,唯一的目的是为了教学,为了学生的能力发展。二是教学资源的创造性开发与有效整合。教育教学资源丰富多样,《标准》中指出,课程资源包括教科书、教学挂图、工具书、其他图书、报刊、电影、电视、广播、网络、报告会、演讲会、辩论会、研讨会、戏剧表演、图书馆、博物馆、纪念馆、展览馆、布告栏、报廊、各种标牌广告等。自然风光、文物古迹、风俗民情、国内外和地方的重要事件,以及日常生活话题等也都可以成为课程资源。这些资源都是潜在的、可供选择的,教师要善于取舍,选择最符合课堂教学的、最能激起学生思维碰撞的资源加以整合利用,才能使课程资源最大限度地服务于课堂、服务于学生。某种意义上讲,教师是最重要的课程资源。

教学资源的合理利用与有效整合为教学方案的科学编制奠定了基础。教学方案是教学设计的文本表现形式,通常称为"教案",它是教学设计者教学理念的外化。教师实施授课的效果如何,很大程度上取决于教学方案设计的质量。为减少教师备课的工作量,提高教学工作效率,教学方案的设计内容应简单明了,准确到位,真正起到授课依据的作用。教学方案

---

① 杨计明. 集体荣誉感培育初探[J]. 现代教育论丛,1997(02):61-62.
② [美]R.M.加涅等.教学设计原理[M].皮连生,等,译.上海:华东师范大学出版社,1999:32.

是教学实施的方案设计,教无定法决定了教学方案设计的多样性,教师在设计教学方案时要彰显创造性、凸显个性化。

3. 合理设计丰富多彩的班队活动

"班队活动"指班级活动和少先队活动。班级活动是班集体建设的重要载体,班集体的建设必须通过各种班级活动来实现,学生在参与日常活动的过程中产生了集体荣誉感和自豪感,增强了班级凝聚力。少先队活动是少先队组织赖以生存和发展的生命源泉,是少先队的灵魂。少先队活动丰富多彩,吸引着少年儿童的兴趣,激发着他们向上的精神,培养了他们乐观的性格和高尚的道德情操。因此,小学教师需要具备科学合理设计班队活动的能力,以确保活动应有功能的充分发挥。

> **案例 3-3**
>
> **清华附小班队活动之《当小学生遇见苏轼》**[①]
>
> 2017年适逢苏轼先生诞辰980周年,清华附小开展了一系列致敬苏轼的活动。我们用课前演讲了解苏轼生平,在晨读时间吟诵苏轼的诗词,暮省时间进行游戏飞花令,临摹苏轼的书法和画作,跟着康震老师一起品读苏轼,各学科苏轼整合课。老师还推荐我们观看了纪录片《苏东坡》。
>
> 随着对苏轼的了解越来越多,我们也产生了很多问题。利用假期时间,我们进行了以苏轼为主题的小课题研究。同学们自愿组成小组,确定研究课题,进行小组讨论、分工。大家通过微信群进行热烈讨论,对于贡献智慧的同学,组长还给发红包!各小组同学将老师们也加入群中,展开了师生讨论。一遇到疑难问题就随时和老师沟通请教,老师成为了同学们的贴身军师。思维在碰撞中产生了更多火花。老师们都把课题研究群置顶,方便随时关注。本次班级共完成课题研究报告23份,研究主题各有不同:《大数据帮你进一步认识苏轼》《今人对苏轼的评价和苏轼的影响力》《行走的苏轼》《唯美景与美食不可辜负》《苏轼的朋友圈》《苏轼的心情曲线》《苏轼的旅游品牌价值》《苏轼 vs 李白》等。清华附小的成志少年人人有课题,个个会研究。我们坚信,只要上路,总会遇到隆重的庆典。

(二) 组织与实施能力

组织与实施是教育教学活动的关键环节,教师的组织与实施能力直接影响着教学工作能否正常有序地运行、教学计划能否有效地实施和课堂教学质量的高低。《标准》中指出,小学教师组织与实施能力主要包括以下方面。

1. 基本教学技能

所谓基本教学技能是指通用于所有教师的基本功,是教师从事教育教学工作必须具

[①] 当小学生遇见苏轼,一个孩子的教育成本要多少?[EB/OL]. (2017-10-10)[2019-05-16] http://baijiahao.baidu.com/s?id=1580884018931951299&wfr=spider&for=pc.

备的最基本的职业技能,如《标准》第46条所规定的那样,主要指:较好使用口头语言、肢体语言与书面语言,使用普通话教学,规范书写钢笔字、粉笔字、毛笔字。在口语表达方面,能熟练掌握汉语拼音,用普通话进行教学,普通话一般应达到国家语言文字工作委员会规定的《普通话水平测试》二级以上水平;在公众场合即席讲话,能正确清楚地表达自己的思想,做到观点鲜明、内容具体、用词准确、条理清楚、节奏适宜。在写字方面,能正确运用粉笔、钢笔、毛笔,按照汉字的笔画、笔顺和结构,书写规范的正楷字,并具有一定的速度。

2. 教学环境设计能力

设计是人类特有的行为特征之一,人们从事任何有意义的活动都要进行一定的设计。同样,教学环境的建设也离不开教学环境的设计。所谓教学环境设计,就是指为了创造和改善教学条件,对教学环境进行的整体或局部的规划、组织、协调和安排。教学环境设计涉及的范围很广,既包括学校物质环境设计,也包括校园心理环境设计;既涉及校址选择、校舍建筑和校园规划等一系列宏观的设计工作,也涉及课桌椅的配套和教室内灯光的安置等一些微观的设计工作。

狭义的教学环境设计主要指班级教学环境设计,包括班级物理环境设计、班级心理环境设计、课堂座位编排方式设计和教学设施设计。物理环境包括室内光线、温度、空气、声音、颜色等因素。心理环境通常指一种氛围,即班风,除了形成正确的集体目标、集体舆论与规范、集体凝聚力及和谐的人际关系外,应注重动态的班级心理环境设计,主要方法有把握课堂的即时情境、注重与学生的情感交流、调整活动内容与策略等。课堂座位编排与设计是指充分利用不同座位模式的特点适应教学目标和教学情境的变化,满足不同课程和不同教学活动的需要。教学设施设计是指在教学中通过精确合理的方法、手段选择,达到提高教学速度、节省教学时间、降低教学难度等目的。例如,视听教学手段可以通过化快为慢、化动为静、化小为大等特殊技能呈现一般教学手段无法呈现的事物和现象。另外,设计良好的教学手段在教学中的应用,还可以对学生的学习方式、学习兴趣及学习质量产生积极的影响,从比较简单的教学标本、挂图乃至较为复杂的计算机辅助教学系统。特别是对于目前流行的多媒体教学,如何进行人机配合、如何挖掘计算机的潜力等都需要教师进行合理设计。

3. 激发兴趣与动机的能力

托尔斯泰说过:"成功的教学所需要的不是强制,而是激发学生的兴趣。"能使学生在愉悦的气氛中学习,唤起学生强烈的求知欲望是教学成功的关键。教师可以综合运用以下策略:

(1)巧设情境,激发兴趣。"兴趣是最好的老师",学生只有对学习的内容感兴趣,才会产生强烈的求知欲望,自动地调动全部感官,积极主动地参与教与学的全过程。为此,教师在教学中要善于创设教学情境。根据学生的生活经验,创设学生感到亲切的情境。

(2)通过操作,培养小组合作意识。"动"是儿童的天性,教学过程中,只有自己亲自动手做一做,才会知道得更多,掌握得更牢。我们要抓住这一特点,引导学生主动操作。如分一分、数一数、画一画、摆一摆、拼一拼等,使一些抽象的数学概念形象化、具体化。使学生在操作中理解新知的来源与发展,体验到参与之乐、思维之趣、成功之愉。

(3) 设计趣味性和开放性的练习。练习是巩固所学知识,形成技能、技巧的必要途径,是教学的一个重要环节。要使学生保持愉快的心情、振奋的精神,教师就要从儿童的现实生活和童真世界出发,设计适于儿童心理特点的吸引学生的灵活多样的练习形式。

(4) 设计适合学生特点的游戏活动。游戏是低年级学生学习的一种重要方式。在教学中设计如开火车、找朋友、夺红旗等形式多样的游戏活动,不仅可以激发学生学习的兴趣,而且有助于学生更好地理解和运用知识,让学生在一种轻松快乐的氛围中解决问题,不仅获得了知识,更为重要的是获得了学习的快乐。

(5) 在实践中让学生体验学习与日常生活的联系。注意应用意识和实践能力的培养,是当前课程改革的重点之一。积极主动的活动是儿童获取知识、发展能力的重要途径。

4. 有效教学能力

"有效教学"是指在教师指导下创建学习共同体,使学生学会自主合作探究学习,在单位时间内提高学习绩效,全面实现课程目标,有效促进学生全面发展和教师专业成长的学习过程。1998年,美国教育多样性和高质量研究中心(the Center for Research on Education, Diversity & Excellence)曾发布了有效教育的五大原则:(1)教学是师生一种合作性的和生成性的活动;(2)教学的过程是一个通过对话使学生积极参与的过程;(3)教学使学生在校的学习与他们的生活产生联系;(4)教学引导学生进行综合思维(complex thinking);(5)教学以课程为媒介使学生语言和读写水平得到提高。同时,中心还提出了有效教学对教师的十项能力要求,包括教材、学生的学习、多样化的学习者、教学策略、学习环境、交流、教学计划、评价、反思与专业发展、合作、道德规范和人际关系等方面,具体如表3-2所示。

表3-2 有效教学对教师的十项能力要求[①]

项目领域	具 体 要 求
教材	①理解核心概念、主要假设、突出争论、探究的步骤、对于学科知识而言重要的获知方法;②理解学生对于一个知识领域的概念框架连同误解是如何影响他们的学习的;③把本学科的知识和其他学科领域以及日常的生活联系起来;④理解学科知识并不是一个固定不变的整体,而是复杂的和动态发展的;⑤对于学科概念运用多种表现方式和解释方法来捕捉核心思想,并注意与学生先前的理解联系起来;⑥在教学科概念时运用各种观点、理论、获知的方法以及探究的方法;⑦评价教学资源和课程材料在呈现具体的观点和概念时的全面性、准确性以及有用性;⑧使学生依据探究的方法生成知识和检验假设;⑨开发和使用能够鼓励学生从不同角度理解、分析、解释以及运用观点的课程;⑩设计跨学科的学习体验,让学生整合多个学科领域的知识、技能以及探究的方法。

---

① 胡庆芳.美国有效教学原则及能力要求的教学论意义探寻[J].上海教育科研,2006(05):28-31.

续 表

项目领域	具 体 要 求
学生的学习	①理解学生是如何内化知识、获得技能和发展思维技巧的,以及懂得如何使用能够促进学生学习的教学策略;②理解学生的生理、社会交往、情感、道德和认知等方面的发展都对学习产生影响,并且知道在做教学决定时如何考虑这些因素;③理解学习者各方面发展的进程,以及他们在生理、社会交往、情感、道德和认知等方面个体变化的幅度;能够确定学习的准备度(readiness);也理解一个方面的发展会影响其他方面的表现成就;④把学生的长处作为成长的基础,把学生的错误作为产生学习的机会;⑤着眼于今后的发展来设计适合的教学以满足学生当前认知、社会交往、情感、道德以及生理等方面的需求;⑥把新知识和学生的原有经验联系起来,并鼓励学生承担起形成学习任务的责任;⑦在计划教学活动时把学生的思考和经验当作可以利用资源,其方式可以包括鼓励讨论、倾听并对小组的交流作出回应;引发学生口头的、书面或其他形式的思维表达形式。
不同的学习者	①理解并确定学生学习和表现方法的不同,包括不同的学习风格、表现方式,以及多元智能;知道如何把学生的长处作为继续学习的基础来设计教学的活动;②知道学习中的例外情形,包括学习障碍、知觉困难、天赋、才能;③理解确定和处理歧视、偏见的方法;④理解学生的学习受个体的经验、才能、先前的知识以及语言、文化、家庭和社区价值观的影响;⑤理解文化和社团的差异性;懂得如何把学生经验、文化以及社区资源融入到教学之中;⑥理解所有学生都能够并且应当在尽可能高的水准上学习,并坚持帮助他们取得成功;⑦懂得社团和文化的准则;⑧确定和设计符合学生发展阶段、学习风格、长处以及需要的教学;⑨把多元化的观点带到学科材料的讨论之中,包括学生个人的、家庭的与社团的价值观,以及文化的准则;⑩建立起尊重学习者个体差异的学习共同体。
教学策略	①理解学科标准并知道如何实施;②理解与各种各样学习相联系的认知过程,以及如何激发这些过程;③理解各种教学策略的使用原则和技巧,及其长处与局限;④通过动用各种人力、物力和技术资源来促进学习;⑤使用多种教学策略培养学生批评性思考、独立解决问题以及表现的能力;⑥监控和随时调节教学,表现出灵活性和互惠性,使教学对学生的反应、观点以及需要做出及时的反应;⑦运用各种清楚、准确的表达和呈现的方式来说明概念,并且有必要时会采用多种解释的方式来帮助学生的理解以及罗列出多种观点以激发学生的批评性思考;⑧运用教育技术扩大学生关于技术的知识,对不同水平的学生以大小不同的步子施教,引发高层次的学习。
学习环境	①学习心理学、社会学和人类学等基础科学,发展组织和支持个人与小组学习的策略;②知道如何创造有利于促进所有学生的自尊以及积极的人际关系的学习环境;③知道如何帮助学生在复杂的社会情境中富有生成性地学习以及相互合作;④理解有效课堂管理的原则,并运用一系列策略促进课堂上积极的、有目的的学习;⑤通过使学习内容与学生的个人兴趣相联系、给学生学习的选择权,以及引导学生质疑等方法激发学生学习的动机,使学生置身于个体和小组学习的活动之中;⑥组织、分配和管理时间、空间、活动和注意力等资源,使所有学生参与到富有生成性的学习任务之中;⑦对于学生的互动、学业讨论以及个人与小组的学习责任提出明确的和富有挑战性的期望,创造出一种开放的、相互尊重的、支持的、探究的和学习的课堂气氛。
交流	①理解交流的理论、语言发展以及语言在学习中的作用;②理解文化和性别如何影响课堂上的交流;③理解语言和非语言交流在课堂上的重要性;④知道有效的语言的、非语言的以及媒体的交流技巧;⑤恰当运用倾听的技巧;⑥知道以不同的方式针对不同的目的来提问和激发讨论,包括探究学生的理解、帮助学生表达他们的思想和思考的步骤、促进他们有意义的风险探究、激发他们聚合性和反思性的思考等等;⑦运用各种媒体交流技术来扩大学习的机会,包括视听辅助设备和电脑,以及教育技术。
教学计划	①理解学习理论、学科材料、课程开发、学生发展,以及知道在教学计划中如何运用这些知识来达成课程目标;②在课程与学生经验之间建立起联系;③教学计划充分适切个人学习的风格和表现模式;④教学计划关注学生原有的知识并积极拓展与深化;⑤教学计划根据学生的需求和表现分短期和长期来考虑实施。

续表

项目领域	具 体 要 求
评价	①理解学科标准和升级与毕业要求;②理解不同类型评价的特征、用途、长处以及局限,包括传统的标准化考试和基于表现的测验;③理解测量理论和与评价相关的问题,如效度、信度、偏差以及赋值等;④运用评价确定学生的长处、促进学生的发展,并使学生得到尽可能多的学习机会;⑤运用各种正式的和非正式的评价技巧,包括观察、学生学习档案袋、教师制作的试卷和设计的项目、学生的自我评价、同伴评价以及标准化考试等;⑥运用有关学生经验、学习行为、需要及进步等方面的评价信息丰富对学生的了解并修正教学的策略;⑦运用课堂观察、提问和学生作业等方面的信息评价班级活动在个人和全班两个角度产生的实际效果;⑧建立并不断更新有关学生功课及表现等多方面的记录,并作为评价学生进步的可信依据。
反思与专业发展	①理解教育在历史和哲学方面的基础;②理解教师行为对学生的学习和成长的影响;③知道有关教学和可资利用于专业发展的资源方面研究的成果;④理解反思和自我评价在继续学习中的作用;⑤理解批评性思维和自我调节的学习的价值;⑥理解专业发展的责任以及参与并支持自我和同伴合理的专业实践;⑦把课堂观察、学生信息以及研究用于评价教和学结果的资源以及反思和改进实践的基础。
合作、道德规范和人际关系	①把学校理解为一个更大共同体中的一个组织,并理解教师工作其间的这个系统的各个方面;②理解学校之外的环境对学生生活和学习可能产生的影响,包括家庭环境、社区环境以及健康和经济状况;③理解学生学习的权利和教师对教育平等的责任,包括学生的残疾、隐私、分数等;④理解满足一个完整意义上的人的需要;⑤理解使用和误用烟草、酒精、毒品以及其他化学品对学生生活和学习的影响;⑥与特别合作一起改进学生的学习环境;⑦利用校外的资源促进学生的学习。

5. 教育教学应变能力

教育教学应变能力是指教师在教育教学中,灵活妥善地处理突发事件,根据事件进展随时调整教育教学方案,完满完成教育教学的能力。它不是一种单一的教育教学能力,而是教师教育观念、常识、教学经验及多种素质的综合体现。教师遇到教学偶发事件时,要做到冷静观察、准确判断、迅速决策、果断处理。具体而言,教师可以采取以下措施及方法:借题发挥、临时停顿、将错就错、暂时悬挂、暂时回避、巧搬救兵等。一名教师要掌握应变能力,提高教学水平,需要在实践中不断积累经验,积累多种"案例"和"处方"。[①]

6. 班级管理能力

班级管理是一个动态的过程,它是教师根据一定的目的要求,采用一定的手段措施,带领全班学生,对班级中的各种资源进行计划、组织、协调、控制,以实现教育目标的组织活动过程。班级管理是班主任工作计划的重中之重。作为一个有效的管理者,班主任不仅要充分理解班级管理的功能和目的,而且要全面掌握班级管理的内容、模式、方法等。只有这样,班主任才能够取得学生的信任,班级管理工作才能取得实效。需要特别指出的是构建良好的师生关系,既是班级管理的首要目标和任务,更是管理好班级的体现和基础保证。良好的师生关系应该是教师和学生在人格上是平等的、在互动活动中师生是心理相融,心灵相纳

---

① 李惠敏.教师教学的应变能力[EB/OL].(2018-12-31)[2019-05-16] https://www.xzbu.com/3/view-7281411.htm.

的,最终形成师生真诚的情感关系。与此同时,教师还要致力于帮助小学生建立良好的同伴关系。这是因为良好的同伴关系对于小学生健康成长具有独特的价值意义,能够促进学生社会技能的提升和认知发展,对于孩子的性格、品格、行为、习惯等都有很大的影响。

7. 不良行为诊断与矫正能力

学生不良行为是指学生经常违反道德标准或犯有比较严重的道德过错,有的甚至处在犯罪的边缘或已有轻微的犯罪行为(或称准犯罪)。这种现象虽然只是发生在极少数学生身上,但是矫正不良品行直接关系到他们的成长,而且对全体学生的道德教育也有重大影响。小学阶段正是学生身心发展的基础时期,良好的养成教育,对学生的健康成长与发展至关重要。因此,要求小学教师能够"鉴别小学生行为和思想动向,用科学的方法防止和有效矫正不良行为"。

8. 现代教育技术应用能力

《标准》第45条基本要求指出,小学教师要"将现代教育技术手段渗透运用到教学中。"小学教育仅仅依靠一支粉笔、一块黑板的传统教育方式已经远远不能满足培养现代社会高素质人才的需要。2014年5月,教育部研究制定的《中小学教师信息技术应用能力标准(试行)》对教师在教育教学和专业发展中应用信息技术提出了基本要求和发展性要求。其中,应用信息技术优化课堂教学的能力为基本要求,主要包括教师利用信息技术进行讲解、启发、示范、指导、评价等教学活动应具备的能力;应用信息技术转变学习方式的能力为发展性要求,主要针对教师在学生具备网络学习环境或相应设备的条件下,利用信息技术支持学生开展自主、合作、探究等学习活动所应具有的能力。《中小学教师信息技术应用能力标准(试行)》的基本内容包括技术素养、计划与准备、组织与管理、评估与诊断、学习与发展五大维度,各维度下又包括若干子维度。表3-3以技术素养为例,进行了呈现。

表3-3 《中小学教师信息技术应用能力标准(试行)》基本内容之技术素养

维度	Ⅰ.应用信息技术优化课堂教学	Ⅱ.应用信息技术转变学习方式
技术素养	1. 理解信息技术对课堂教学的作用,具有主动运用信息技术优化课堂教学的意愿。	1. 了解信息时代对人才培养的新要求,具有主动探索和运用信息技术变革学生学习方式的意识。
	2. 了解多媒体教学环境的类型与功能,熟练操作常用设备。	2. 掌握互联网、移动设备及其他新技术的常用操作,了解其对教育教学的支持作用。
	3. 了解与教学相关的通用软件及学科软件的功能及特点,并能熟练应用。	3. 探索使用支持学生自主、合作、探究学习的网络教学平台等技术资源。
	4. 通过多种途径获取数字教育资源,掌握加工、制作和管理数字教育资源的工具与方法。	4. 利用技术手段整合多方资源,实现学校、家庭、社会相连接,拓展学生的学习空间。
	5. 具备信息道德与信息安全意识,能够以身示范。	5. 帮助学生树立信息道德与信息安全意识,培养学生良好行为习惯。

（三）激励与评价能力

激励与评价能力是教师在教育教学过程中运用各种手段了解学生的学习状况,以判断教师是否完成预定的教育教学目标,学生是否达到预定的学习目标,从而不断改进教育教学工作的能力,是教师专业能力中不可或缺的重要组成部分。从《标准》的基本要求来看,小学教师主要应具有三方面的评价能力:一是评价学生的能力;二是引导学生进行自我评价的能力;三是自我教学评价(或反思)的能力。其中,发展性评价的思想和"以学生为本"的基本理念贯穿始终。

1. 评价学生的能力

新课程标准指出,教师在教学中要加强对学生的科学评价。教师对学生的评价,即教师对学生的认知、能力、品德、志趣等方面所做的一种主观价值判断。教师恰当的评价,对学生能起到激励作用;教师不当的评价则会使学生丧失自信(见知识链接3-5)。《标准》第47条和第48条基本要求指出,教师要"对小学生日常表现进行观察与判断,发现和赏识每一个小学生的点滴进步",要"灵活使用多元评价方式,给予小学生恰当的评价和指导",强调了教师评价中要重视多元评价和过程评价。

> **知识链接3-5**
>
> **无法从考试中知道的**[①]
>
> **——一封充满爱心与鼓励的信**
>
> 英国广播公司刊登了两位小学老师共同写的一封信,他们在向六年级学生发放成绩单时候,附上了这封充满爱心与鼓励的信。
>
> 亲爱的×××同学:
>
> 请查收此次考试结果,我们为你感到骄傲,因为你已兑现自己的承诺,在考试中展现了最好的自己。
>
> 但是,请你明白,我们知道这些考试不能衡量出每个人的独特之处,那些出题和判分的人并不了解你们——他们和老师不同,也肯定无法与你的家人相提并论。
>
> 他们无法从考试中知道,你们中的许多人掌握两门语言。
>
> 他们无法从考试中知道,你精通一种乐器,能歌善舞,有绘画天赋。
>
> 他们无法从考试中知道,你受同学欢迎,你的笑脸可以带给朋友一整天的好心情。
>
> 他们无法从考试中知道,你擅长写诗谱曲,热爱运动,喜欢思考未来,能在放学后照顾弟弟妹妹。
>
> 他们无法从考试中知道,你曾经到过许多风景优美的地方,能讲出美妙的故事,享受和家人及朋友在一起的时光。
>
> 他们无法从考试中知道,你值得信赖,又热情、体贴,每天都在尽全力做最好的自己。

[①] 成尚荣.关于"无法从考试中知道的"[N].中国教育报,2015-3-18.

> 虽然考试成绩能反映一些事情,但这并不代表一切。所以,请快乐地看待自己的分数,并为此感到自豪。要明白,有许多方式可以证明你是个出色的人,分数并不是唯一的途径。

2. 引导学生自我评价的能力

所谓自我评价,就是由学习者负起考核自己的责任,自己选择特定的学习目标,确定评分标准,并实际执行评价。学生自评是教育教学评价多元化的体现,是发展性评价的重要手段。小学生虽然已经具备一定的自我评价能力,但他们很难做到客观、公正、科学、合理地系统评价,这就需要教师发挥组织、示范、引导作用,营造民主平等的气氛,适时点拨,及时总结反馈,以便达到更好的自评效果。下面结合一位小学数学教师的教学案例,谈谈教师在引导学生自评中应具备的能力。

案例3-4

自检自控,培养学生的自我评价意识[①]

——"分数的基本性质"导入

师:请同学们用分数表示图中的阴影部分。(教师提供给学生三个大小相同的圆形)。

(片刻后)生:这三个分数分别是二分之一、三分之一、六分之四。

师:从图上看,你能比较这三个分数的大小吗?

生:三分之二等于六分之四,大于二分之一。

师:为什么有的时候分数的分子、分母变化了,分数的大小就变了,但有时分数的分子和分母变化了,而分数的大小却没有变化呢?

(教师的课前预设是引起学生的悬念,引入新课教学。然而,教师的话音刚落,一位学生随即高高地举起了手)

生:我知道,这是运用了分数的基本性质。

师:(稍停片刻)这个同学真了不起,连分数的基本性质都知道了,能说说你知道哪些相关知识吗?

(学生介绍,但并不全面)

师:能告诉大家,这个知识你是怎么学会的吗?

(学生介绍)

师:同学们,听了他的介绍,你们有什么想法呢?

[①] 杜建伍.培养小学生数学自我评价能力的探索[EB/OL].(2018-03-21)[2019-05-21] https://www.docin.com/touch/detail.do? id=1751133663.

教师反思：原以为学生对所提出的问题是未知的,想激起学生的悬念,但学生的一句"我知道",打破了我的预设。然而,我并没有对学生提前的获知加以简单地肯定或否定评价,也没有一笔带过,而是引导学生进行自评：你知道哪些相关的知识？你是怎么学会的？让学生对自己所学的知识进行反思,自我评价哪些知识点已经掌握了,哪些还有欠缺,学习方法如何。结果发现这位同学虽然对分数的基本性质已经较好理解,但对如何学会、如何形成的却印象不深。于是教师的一句利于学生自评的导语,"你真不简单,知道了这个知识,那你想更进一步了解这个知识是怎么形成的吗？"既让这位同学有了满意的期待,又让新知顺利展开生成。

自评互评,培养学生的自我评价能力[①]
——"圆的周长"教学片断

案例 3-5

　　师：同学们,根据圆周的特点,你们认为圆的周长能用什么工具和办法进行测量？请大家四人小组合作,找一找测量的方法。

　　(于是孩子们纷纷以小组为单位,议论着、比划着,才一会儿小手便举了起来)

　　师：在刚才的小组活动中,你们有什么发现,有什么启发,又有什么问题呢？请大家畅所欲言！

　　生1：老师,我想圆的周长是不是也可以像三角形、长方形那样直接进行测量？

　　生2：刚才在小组活动中我们已经提出意见了,圆周是曲线,不可以直接测量。不过我想,既然是曲线,那它肯定很容易滚动,所以是不是可以在直尺上滚动测量呢？

　　师：那你能上来给大家做个示范吗？

　　(学生示范,并提醒同学们应该注意的地方)

　　生3：我们组还发现可以用绕绳子的方法来测量。(学生边示范边讲解)

　　生4：我们组刚才共发明了两种测量圆周长的方法,而且还发现这两种测量方法单靠一个人的力量很难完成,我们组都是几个人合作一起来完成的。

　　生1(反驳)：刚才××(指生2)对我的方法有意见,现在我也对另外的方法产生了疑问,试想有些建筑物中大型的圆形屋顶的周长能用滚动和绕绳的方法来测量吗？

　　教师反思：上述片段中,学生们不仅评价小组、评价他人,而且被评价的学生也在不断反思自己的学习行为,从而自然地产生了新问题,得出了新想法,譬如说当学生提出直接进行测量遭到异议后,这个同学不仅在暗暗反思自己的直接测量法,同时也在对他人的绕绳法和滚动法进行着评价,从而提出了更科学的问题：试想有些建筑物中大型的圆形屋顶还能用滚

[①] 杜建伍.培养小学生数学自我评价能力的探索[EB/OL].(2018-05-06)[2019-05-16] https://www.docin.com/touch/detail.do? id=1751133663.

动和绕绳的方法来测量吗？这些来自学生的创造性想法都是源于学生对他人已有评价进行反思的结果。在学习中，如果能够把他人的评价与自我反思、自我评价相结合，则能更好地提高自己分析问题的水平，因为他人的评价只有通过自己的反思，才能转化为自己的智慧。

由此可见，无论在课堂教学环节还是各种评价活动中，教师都应更多地关注以学生为主体的评价方式，形成以学生主导的评价习惯，积极培养学生的自我评价和反思的能力，使学生认识到自我评价和同伴评价对于学习能力发展的意义，并学会评价的方法，成为评价中积极的参与者、合作者和评价的受益者。

3. 自我教学评价能力

教师的自我评价能力是教师专业发展的重要内容，小学教师要树立正确的自我评价观。史蒂芬·柯维对自我评价的论述或许对教师来说是有所启示的："你不可能一夜之间成为一个行动正确的人，这是持续一辈子的自我更新过程。过去错误的行为态度是'不到破损不堪，绝不轻言修补'。现在正确的行动态度则是'如果没有任何破损，那是你检查不够周全的缘故'。"[1]作为教师要与时俱进、反求诸己，通过不断地自我反思，改进教育教学实践。

（四）沟通与合作能力

教师工作是一项与人打交道的工作，拥有与学生、同事、家长、社区等建立良好沟通与合作的能力是开展教育教学的基本保障。

1. 与学生沟通交流的能力

6—12岁的儿童，在语言、思想和社会性认知发展方面都具有鲜明的阶段性特征，这就决定小学教师与小学生的人际沟通具有特殊性，即成人—儿童模式。在这种模式下，小学教师需要了解和认识小学儿童发展的特征，进而有意识地调整自身的角色行为，确保师生的有效交流。《标准》第53条和54条基本要求指出，教师要"使用符合小学生特点的语言进行教育教学工作"，要"善于倾听，和蔼可亲"。这实质上是对小学教师作为人际交往过程中的"信息发出者"和"信息接收者"的双重素质要求。

2. 与同事合作交流的能力

同事间合作是现代教育新型道德关系的重要内容，教师间彼此沟通与合作具有"心理支持、思维创新、合作示范、集体智慧、减负增效、鞭策激励、变革动力"等重要作用。与同事合作要秉持"谦虚为怀，自知之明""严以律己，以诚待人""相互帮助，通力合作"等原则。本书第五章将系统阐释同事合作的三大策略，即以文本分析为中心的教师合作策略、以问题解决为中心的教师合作策略、以课堂优化为中心的教师合作策略。

3. 与学生家长、社区沟通交流的能力

家长与教师都是学生的教育者，共同影响着学生的成长。家长在教育学生问题上与教

---

[1] 王俭.教师专业化发展与教师自我评价[J].教师教育研究，2002,14(02)：26-31.

师有着平等的关系。教师与家长的沟通是一种艺术,也是一种超越知识的智慧。它需要教师根据不同的家长,结合实际,采取灵活多样的方法,使双方在沟通过程中达成共识,互相配合,共同做好学生的教育工作。同时,伟大的人民教育家陶行知曾提出"社会即学校",强调社区教育在学生成长中的重要作用。小学教师,尤其是班主任,应加强与社区教育的紧密联系,充分发挥社区作用,全面培养学生。

(五)反思与发展能力

教师的专业能力提升是一个终身不断的持续过程。特别是在终身学习社会中,教师只有具有自我发展能力才能不断提升自己的专业水平,从而适应教育教学工作的需要。因此,《标准》将"反思与发展能力"作为教师专业能力的重要组成部分,要求教师具有反思能力、研究能力和个人专业发展规划能力。

1. 反思能力

杜威认为,反思就是"驻足观望、停下来思考"。在这个意义上理解反思就是"深思""思考"。美国心理学家波斯纳提出了一个教师成长的公式,认为"成长=经验+反思"。可以说,反思是教师自身专业发展的基础和前提。叶澜教授也说:"一个教师写一辈子教案不一定能成为名师,如果一个教师写三年教学反思,就有可能成为名师。"反思能力作为实现教师自我发展的重要形式,将在第四章中进行具体阐释。

2. 研究能力

教育研究能力是指运用一定的理论和方法,研究、解决教育问题的能力。苏联著名教育家加里宁说:"教师在任何时候都不能忘记自己不单单是一个传授知识的教师,而应该是一个研究者、一个教育家。"具体而言,提高小学教师的科研能力具有以下重要意义:首先,教师成为研究者是课程改革的迫切需要。伴随着新课程改革的推进,每一所学校,每一名教师都面临着一些新问题、困惑和矛盾。教师应当学会用研究的态度对待各种问题,而不再是简单的执行者,要用研究的成果促进教学。其次,教师的科研能力是提高教育教学质量的重要保证。实践证明,一个教师能不能以科学研究的态度来从事教育教学工作,是教学实践结果优劣的关键。具备一定科研能力的教师往往能够使教育教学活动更加具有创造性,能更快地接受新的教育理论,对其进行批判性地吸收,最终将其应用于自身的教育活动中。最后,教师的科研能力是教师职业生涯获得成功的有效途径。21世纪的教师不再是教书匠,而是积极的反思性实践者,是教育教学的研究者。只有在反思和研究中不断成长,才能最终达到教师职业生涯的巅峰。

3. 生涯发展规划能力

教师职业生涯是指教师个人从事教育工作由始至终的完整过程。教师职业生涯规划是指教师个人在漫长的从业历程中,自我认知、自我定位、自我设计、自我发展、自我实现的总体构想和预期。教师职业生涯发展规划,既是社会发展对教师职业岗位的要求,又是教师终身学习和自我发展的需要。教师职业生涯规划的相关理论与实践将在第七章进行系统论述。

第二节　优秀教师的素质特征

什么是优秀？通俗的理解是"出色、特别好"，但这种评价过于模糊、操作性差。其实，"优秀"是一个相对的概念，在与新入职教师的比较研究中发现，优秀教师通常是指具有系统的专业知识、较强的教育实践能力、创新意识、科研能力和行为反思能力，有自己独特的教学特色和教学风格的教师。

一、优秀教师的素质规定

在世界教师专业标准体系中，针对优秀教师开展研究的成果比较多，但是具体到小学阶段就比较少了。在此，我们选取在该领域探索中走在世界前列且具有代表性的美国作为对象国，重点分析该国教师专业标准中对优秀教师的素质规定。

经过百余年的发展，美国目前拥有世界上最先进、最成熟的教师专业标准体系。该体系涵盖职前、入职和职后三个专业发展阶段，就像是教师的"职业阶梯"贯穿于每一个教师的职业生涯。其中，全美专业教学标准委员会（National Board for Professional Teaching Standards，简称NBPTS）制定的卓越教师评价标准影响力最大，是研究优秀教师专业素质的代表性文献。以下具体阐释，作为NBPTS卓越教师专业标准体系基础的"五项核心建议"。

NBPTS体系简介

NBPTS的显著特点之一便是"由教师创设，为教师而创设"（Created by Teachers, for Teachers）。2016年更新的"五项核心建议"便纳入了通过NBPTS标准认证的优秀教师的建议，具体如下。

（一）致力于学生发展和学生学习

优秀教师的实践建立在所有学生都具备学习能力并且能够满足高期待的信念基础之上。具体包括以下指标：（1）认识到学生的个别差异并采取相应措施；（2）理解学生是如何学习和发展的；（3）平等对待学生；（4）教师的使命不停留于学生认知能力的发展。

上述四个具体指标阐明了优秀教师认同并理解教育对象的差异性，他们不是简单肤浅地运用一种思维或一种模式开展教学，而是在充分考虑教育对象多样性、教学过程复杂性的基础上，在尊重和理解学生成长的自主性和选择性的前提下，公正客观地对待来自不同文化、不同种族、不同家庭的学生。与此同时，优秀教师也不仅仅将关注点停留在学生的学习层面上，他们还重视除认知能力以外的其他各领域的全面和谐、自由健康发展。这些指标主要反映了优秀教师意识形态领域中的教学思想、观念态度、人格境界等，正是这些内在与抽象的精神气象和教育品质奠定了优秀教师教育教学的精神底色。

（二）了解所教学科内容以及将这些内容教授给学生的方法

优秀教师致力于让学生全面了解我们所生活的世界，包括社会、文化、道德和物质等方方面面，将所教学科视为通向各领域的载体和基础。具体包括以下指标：(1)理解学科知识是如何创造、如何组织、如何同其他学科知识相互联系的；(2)掌握如何将学科知识传递给学生的专门知识；(3)创设多种获知路径。

上述三个指标从专业知识、专业方法和专业途径三个角度阐明了优秀教师的专业素养。指标(1)澄清了优秀教师的学科知识储备量与质的理解，指出优秀教师一定要通晓所教学科的产生发展历程、系统架构及其在整个文化体系中的位置等。指标(2)和(3)考察了优秀教师教学方法的有效性和教学策略的丰富性。优秀教师不仅具备将自己知晓的学科知识和技能富有成效地传输给学生的巧妙方法，而且还知晓引导学生向何处去追求觅得更多知识的卓识策略。

（三）负有管理和监督学生学习的责任

优秀教师对所有学生都抱有高期望。他们认为自己是学生学习的促进者，帮助儿童和青年充分发挥他们的潜力。为了实现这一目标，他们致力于为学生创造充满活力、富有成效的学习空间，根据需要调整和改善组织结构，同时建立监测和管理传统和非传统学习环境的有效方法。具体包括以下指标：(1)利用多种方法达至教育目标；(2)支持不同场景、不同群体中的学生学习；(3)教师重视学生参与；(4)定期评价学生的进步；(5)鼓励学生参与学习过程。

第三项建议主要考察监测了优秀教师在实践层面的教学职责。指标(1)和(2)明确要求教师要积极思考、发现适合不同学生的学习程序，要尊重和保护集体学习环境中那些与众不同、独具个性的学习方式，在确保学习目标完成的前提下，允许学生各显其能、各持其略。这不仅体现了优秀教师宽容、宽松、宽厚的教育品格，而且彰显了教师灵活、有效、智慧的教学艺术。指标(3)和(5)强调了优秀教师对学生参与的重视。优秀教师懂得如何吸引学生的注意力并让他们沉浸在学习过程之中。一方面优秀教师会努力让学习变得有趣；另一方面他们也会告知学生学习可能是一项困难的工作，学习中经常会出现令人沮丧的时刻，然而，正是这些时刻产生了真正的教育的喜悦和成就的满足。同时，优秀教师深刻认同让学生承担自身学习责任的重要性，在教育目标的制定、实施、改进中，学生是不可或缺的参与主体。指标(4)集中阐释了优秀教师教育教学评价的能力。优秀教师不仅知道如何选用适宜的评价工具去评价学生个体和整个班级的进步，而且还能够将评价结果及时反馈给家长和学生本人，发挥评价及时有效、正面引导的作用。

（四）系统反思自身实践并从经验中学习

与大多数专业性职业一样，教学需要从业者保持开放的心态，渴望并致力于追求持续成长，教师有义务成为其技艺的终身学生。优秀教师寻求扩大其知识库，深化其知识和技能，做出更加明智的专业判断。具体包括以下指标:(1)教师做出考验其专业判断的艰难选择;(2)教师利用反馈和研究改进其实践,并对学生学习产生积极影响。

第四项建议反映了优秀教师致力于成为"反思性实践者"的专业品质。其中,指标(1)指出优秀教师将自身实践作为检验对象,检视自身观念与行为,查摆自身缺点和不足,进而做出修改更正,甚至否定的自我反思过程。这一过程要求教师具有敢于自我剖析、自我批判,甚至自我否定的勇气和胆识,是教师专业性的体现,也是专业性职业不断自我革新的重要内发动力。如果说指标(1)体现了教师内省反思品质的话,那么指标(2)则强调教师借助外部力量与活动来提升自己的专业品质。一方面优秀教师要求同事、管理者和其他教育工作者观察并对其教学实践提出建议和意见;另一方面优秀教师也关注最新研究进展,并在适当的时候,将其纳入教育教学实践。同时,优秀教师还具有推进专业持续发展的热情和献身精神,是终身学习和成就的典范。

(五) 教师是学习共同体的成员

优秀教师超越教室,让更广泛的学习社区参与进来。他们与地方、州、国家和全球团体建立联系,以利用广泛的专业知识和专门技能。具体包括以下指标:(1)教师同其他专业人员合作改进学校教育效果;(2)教师与家庭合作;(3)教师与社区合作。

第五项建议指出优秀教师作为学习共同体成员,他们善于利用一切社会力量与资源来改善提升自身的学习与教学质量,同时他们也积极分享和贡献自身知识和技能,为专业发展和学校改进贡献力量。标准(1)强调专业内部的交流互动,指出优秀教师具有参与学校内部、地方学区、州和国家层面教育改进的意识、愿望和能力,在此过程中贡献专业智慧。标准(2)和(3)强调了与专业外部人士的沟通与合作。优秀教师定期与家庭进行沟通,形成稳定持续的教育合力。优秀教师还重视培养学生对当地社区的认识,将其作为强大的学习资源。①

五项核心建议环环相扣,螺旋上升,致力于促进学生发展。在贯彻实施中,第一条建议"致力于学生发展和学生学习";强调教师要了解学生是谁? 当前的发展水平如何? 发展需求是什么? 以何种顺序满足这种需求? 从何处着手? 在此基础上,设定适合当时、当地学生需求的高期待的、有价值的目标。第二条建议"了解所教学科内容以及将这些内容教授给学生的方法",强调根据教学目标实施教学。第三条建议"负有管理和监督学生学习的责任",强调在教学实施过程中依据目标评价学生的学习和教师的教学。第四条建议"系统反思自身实践并从经验中学习",强调教师思考和检视学生学习、教学设计的有效性、特别的关注点和问题等。第五条建议"教师是学习共同体的成员",强调根据反思结果,重新设定有价值的新目标,通过开展广泛合作开始新一周期的探索。

NBPTS优秀教师
素质特征分析

---

① 兰天.美国小学优秀教师专业标准及其启示[J].基础教育参考,2010(05):26-29,38.

拓展阅读 3-1

"五项核心建议"是对优秀教学的总体倡导，小学优秀教师专业标准亦是基于此开发的。由于小学生及小学教育的特点，小学优秀教师专业标准包括单科教师专业标准和全科教师专业标准。小学全科教师专业标准是一项通识教师标准，它要求教师了解该阶段所有领域的课程（包含语言艺术、数学、科学、历史和社会学、艺术与健康），反映了美国对小学优秀教师的总要求。全科教师专业标准包括9个具体领域，各领域下又包括若干项具体要求。

（1）关于学生的知识

优秀教师理解儿童是如何发展的，知晓学生个别差异性以及学生作为学习者的相关知识，并且能够将这些知识整合起来促进学生学习。具体包括如下方面：一是儿童发展的知识。优秀教师不仅了解小学生在社会发展、身体发展、情感和智力发展等方面的共性，还理解各班级和每一名学生的个体差异性。优秀教师基于对儿童发展的理解来满足学生的特定需求，促进教学改进。他们重视学生间的相互学习，为学生提供互动和小组讨论的机会。二是学生作为独特个体的知识。优秀教师致力于与每一名学生的有意义的交往互动，通过多种策略和路径了解学生。他们理解语言、文化、社会经济地位、家庭结构、种族、性别等诸多因素影响着学生学习及其与学生交往的本质，并将这些差异视为教学的财富加以利用。他们能够找到学生们的共同兴趣点开展教学，并努力应对教学过程中的差异与冲突，将其视为应对个别差异性和培养师生、生生间相互尊重的建设性路径和良好契机。此外，优秀教师还能敏锐地发现由于贫穷、家庭暴力、健康问题、社会弊病等引发的个别学生问题，并努力寻求解决问题的办法，帮助学生体验成功。三是学生作为学习者的知识。优秀教师对所有学生持有高期待，坚信面对挑战将使所有学生受益；他们了解学生学习方式的差异，为学生提供符合其特征的学习机会和表现平台。

（2）尊重多样性

优秀教师尊重并且理解多样性的复杂本质。他们为所有学生提供获得知识、技能和理解的机会，促使学生成为全球公民中的重要参与者。具体如下：一是欣赏多样性。优秀教师认识到尊重所有学生的必要性，他们教授并为倡导所有人具有平等权利做出示范。他们持续学习，积极应对多样性，通过与学生、家庭、同事、社区成员等的交流了解学生的独特性。优秀教师理解多样性为教与学提供了有意义的背景。他们激励学生认识歧视、偏见和陈规旧俗，帮助学生理解和运用自由、公正和平等等民主原则。同时，优秀教师还认识到不同文化、背景和能力的学生一起致力于实现共同目标,有助于丰富学习环境。教师为学生提供不同于其自身的文化,并引导学生理解差异,为不同群体和文化的学生互动做好了准备,包容性的环境和氛围也培养了学生认识、了解和欣赏多样性的能力。二是应对多样性。优秀教师通过为学生提供了解不同道德和文化共同体的机会,帮助学生面对自身的偏见以及陈规旧俗,培养全球意识;他们具有有效的交流能力,能够保持对多样化学习环境中各成员特点的敏感性;他们确定、示范和教授学生与不同群体交流的能力,以减少偏见、恐惧、交流和歧视;他们理解必修课程和教学内容的局限性,认为多样性观点有助于深化学科知识,丰富全球理解;他们积极寻求促进学生有意义学习的路径,开展差异教学和评价;他们确保班级的陈列和诸如海报等可视化资源和其他教学材料等反映学生的多样性,拓宽学生认识;他们运用地方社区或通过网络技术运用全球社区资源,增进学生对多样化的理解。

(3) 构建学习环境

优秀教师构建和保持安全的、相互尊重的学习共同体,以培育和营造促进学生参与的关系和氛围。具体如下:一是构建共同体。优秀教师致力于构建保护学生尊严和体验情感幸福的学习共同体。他们努力在学生间建立起良好的合作关系,鼓励学生参与到合作学习活动之中,促使学生在充满关爱、包容性和支持性的环境中冒险,增进交流技能,促使学生共同解决问题,肯定每一名学生的贡献。同时,他们也非常重视家庭参与,致力于构建具有文化回应性的学习环境。教师确保家庭感到受欢迎、被重视和尊重,在交流过程中了解家庭对孩子的期待,充分交流信息,共同设定目标以及达到目标的路径。二是课堂的组织与管理。精心设计和管理课堂是构建学习共同体的基础。优秀教师在学期之初便让学生参与到教学程序与目标的规划与设计之中,并在全年的落实中不断检视其是否适应学生与课堂的要求,并做出调试;他们还通过庆祝学生的成功以及不当行为的改变,展示他们对学生的尊重和关心;他们知晓培养学生观念的重要性,诸如学习具有挑战性但也乐趣无穷等;他们善于规划教室空间,对课堂进行全方位设计以最大限度地服务教学;他们帮助学生全面参与班级生活,通过完善物理空间设计满足所有学生包括特殊儿童的需求。

(4) 学科与课程知识

优秀教师实践并不断拓展其学科和课程知识,以确定小学生在学科内部和跨学科领域学习和体验的重点。首先,优秀教师深刻理解学科知识,并且具有不断拓展学科知识和更新教学法的意愿。他们认为对教学实践发展至关重要的是牢固掌握英语、数学、科学、社会、艺术和健康等诸多学科领域中的重要概念、方法和探究方式。全科教师虽然没有单科教师那样对学科领域面面俱到的深刻见解,但是他们具有与学生和同事合作，不断拓展其知识领域的兴趣和热情。他们致力于将学科内部和不同学科之间的相关主题、概念和理解之间建立联系，并以实践导向促进学生掌握学科知识。其次，优秀教师热衷于促进学生参与。他们努力满足并超越课程标准和目标，运用多种评价方式监控学生进步；他们运用创造性和想象力探索有趣的学习路径，促进学生深入探究知识；他们运用探究性的问题本位的方法和适宜的技术工具帮助学生建构意义、运用批判性思维；他们让学生参与教育目标的制定，并且选择与学生兴趣、文化身份、社会背景等相关的教学材料来培养学生的好奇心；他们利用教学过程中出现的新契机，探究符合班级学生兴趣的问题与主题。再次，优秀教师善于慎思，知晓富有技巧的教学决策有助于其利用课堂自发机会对学生学习和参与产生积极影响。他们思考如何管理、应对和避免对教与学产生负面影响的情况，如何利用有助于加深学生理解的环境。总之，优秀教师通过运用大量的策略和技术，设计结构化和富有弹性的教学以满足教学目标的要求。

除了上述总体性论述外，标准中还分学科具体阐释了优秀教师的学科和课程知识，包括英语、数学、科学、社会、艺术和健康六个学科领域，下面以英语为例呈现。语言的掌握对于学生其他学科的学习以及探究式学习、批判性思维和问题解决等能力的发展至关重要。优秀教师知晓促进学生阅读、写作、听说、评论和多模态报告（multimodal representation）能力发展的有效策略，具体表现如下：①优秀教师将学生的文化和语言经验作为提升学生交流技能的资源。②优秀教师通过平衡读写项目（balanced literacy programs）[①]促进学生清晰掌握所学知识、发展分析能力、强化好奇心、促进独立探索。③优秀教师通过听、说、读、写相互促动，发展学生的交流能力。④优秀教师指导学生将写作作为与他人交流和自我表达的一种手段。⑤优秀教师通过诸如报告、演讲、辩论、讨论以及数字化媒体的运用等手段，促进有意义的交流，为学生提供作为个体、小组成员和领导者来表达自我的机会。⑥优秀教师是广泛的阅读者，他们掌握大量的儿童和青少年文学作品，并引导学生解释作品，帮助他们理解作者是如何运用不同的形式和文本结构来组织和表达思想的。⑦优秀教师擅长运用多种评价方式和机会来观察学生在阅读、写作、听说、评论和多模态报告等方面的进步。⑧优秀教师将学生的语言技能和策略融入到其他学科课程领域之中。

---

① "平衡读写"是指通过朗读、分享阅读、指导阅读、独立阅读、单词学习和写作这六个教学组成部分实现英语语言教学从教师指导学习向学生自主学习转变。

(5) 教学决策

优秀教师是有效的教学决策者。他们运用评价、计划、实施和反思等过程来引导教与学。具体如下：一是促进学生参与。优秀教师致力于了解本校和本社区学生的学习需要，并且探索如何使教学满足这些需要。他们鼓励学生参与学科知识的意义构建，并形成理解；他们擅长运用回应性教学（responsive instruction）满足课堂中学生的多样性需求；他们通过提供学生成功所需要的安置和支持系统，使得学习更具交互性、挑战性和趣味性；他们为学生提供面对和解决具有挑战性的学习任务的机会；他们基于对学生社会需求、身体需求、情感需求和智力需求的评价进行教学决策。二是计划和实施教学。优秀教师计划和实施教学满足所有学生的需要，包括特殊需要学生或英语语言学习者。他们善于选择教学资源；他们在与同事合作规划、设计和实施教学的过程中乐于分享其才智和资源；他们基于学生的需要、兴趣及课程目标选择有价值的主题。他们从大量的教学策略中进行选择以规划教学，满足多样性的课堂教学需要。他们规划和组织鼓励探究的教学任务，要求学生解释他们的想法。三是运用评价改进教学。正式和非正式评价所产生的数据资料和相关信息是教学决策不可或缺的组成部分。优秀教师运用从诊断性评价、形成性评价和终结性评价中获得的信息，监控学生学习、引导教学计划和实施教学。他们运用评价分析学生的准备情况、评价学生表现、解释学生的理解程度、确定学生的进步、完善专业实践。同时，每一种评价提供了关于学生的不同类型的信息，优秀教师能够将评价类型与被评价的知识和技能以及评价目的匹配起来。此外，优秀教师还基于学生和课堂的教学需要分析评价数据资料；他们认识到在日常教学中形成性评价的重要作用，细致地监控学生进步并根据需要修订教学；他们重视教学过程中的评价；他们知晓、理解并且欣赏运用形成性评价和终结性评价的优点和局限；他们还协助开发并实施个性化教学和第504款计划[1]，与其他教职员合作满足学生的特殊需求。四是反思教学决策。一方面优秀教师十分重视反思的价值，认识到对教学实践进行深入细致的研究有利于优化教学决策。另一方面优秀教师还善于分析和评价精心选择的事件和规划的活动是如何满足预期目标的。

(6) 合作和外联（partnership and outreach）

优秀教师与家庭和更大的社区建立和保持伙伴关系以改进教学并支持学生学习。具体如下：一是与家庭合作。优秀教师作为积极倡导者激发并提升家庭对学校的兴趣，支持家庭参与学校活动。通过促使家庭持续了解孩子的进步，有

---

[1] 美国特殊教育立法《93—112号公法：1973年康复法》第504款中规定，任何残疾儿童都应免费接受适宜的教育。

目的地与家庭构建有助于支持、激发和促进学生学习的合作关系。在此过程中,他们理解获得关于学生校外生活的理解对计划和实施校内教学和课程至关重要;他们懂得有效的沟通是创建父母与教师间积极合作关系所不可或缺的;他们能够充分利用各种机会来收集和共享关于学生的信息;他们还认识到父母拥有提高学生学习质量的专业知识和洞察力。二是与社区合作。优秀教师理解与地方社区和更大的社区合作的重要性,通过为学生呈现不同的观点和体验来丰富课程和课堂学习。他们认识到为学生提供为社区做贡献的有意义的学习机会的价值。在此过程中,优秀教师非常重视发展学生认识和满足社区需求的能力。他们与学生一起通过运用合作、冲突解决以及有效的讨论等策略解决社区问题。优秀教师还懂得当学生有机会回馈社区的时候,学生们便获得了对其所习得知识与技能的新认识。此外,优秀教师还认识到学生及其家庭是他们所居住的更大社区的一部分,他们将这些社区视为学校和课堂的延伸,积极招募父母、社区成员、服务机构、大学和商业机构等参与到学校和课堂项目中来,以利用相应的文化、经济和物质资产。

(7) 专业化、领导力和倡议(advocacy)

优秀教师是倡导教学专业性和支持学生学习的领导者。他们拥有积极向上的态度、良好的职业道德以及变革、学习和成长的意愿;他们是批判性和创造性的思考者,坚持理论应用于实践的原则;他们承担持续改进自身实践和教学专业的责任。具体如下:一是彰显专业责任感。首先,优秀教师通常是其专业和社区的领导者,并将自身视为有意义变革的积极力量。他们与来自学院、大学和其他机构的教育者合作,积极参与其中,欢迎来自广大社区的评论。为了促进专业的进步,这些教师可能发起项目,开展行动研究,讲授高校课程,指导实习生等,同时他们还致力于同侪合作、参加各级各类教育委员会等。其次,优秀教师善于积极主动地以创造性的方式解决问题。当无法获得开发和维系项目所需要的资源时,他们会寻求替代性路径。他们理解冲突和争辩是教学和机构改进不可或缺的部分,他们无所畏惧地积极致力于此过程之中,始终将学生需要置于首位,彰显出高度的专业性。他们精于以多种方式促进变革,力图冲破传统束缚,达到可能的最佳效果。再次,优秀教师是反思性实践者,他们正直,力争卓越。他们了解自身的实践,并且拥有展示其专业知能的技术和能力,将自身视为更大学习社区的成员;他们积极参与到专业文化之中,致力于学校、同事和专业以及自身的持续成长与发展。二是支持专业性教学。优秀教师充分认识到教育的重要性,不断改进学生在课堂、学校以及更大社区可获得的教学资源与机会。通过阅读期刊、与同行网络合作、成为专业组织成员等,教师能够及时了解影响专业教学的政策,及时将其用于改进教学。优秀教师能够清晰地提出问题,并且能够采取行动,将想法变为现实。例如,他们可能组织论坛,让学生、家长、社区成员、教师和行政人员共同讨论,并探索创造性的方式和话语来解决当前中小学或社区中的教育问题。他们认识自身作为儿童、学习、课程和专业支持者的重要角色。他们知晓何时采取行动,他们的声音能够推动实践的改进和政策的完善,有益于教师、学生和社会。他们鼓励探究、革新和合作,积极影响学校中的专业标准。

(8) 回应变革

优秀教师了解社会和教育变革,并且能够周密地、积极地分析和回应变革。他们通过使其教学实践满足学科和课程、技术变革、学校环境、教育政策、学生和社区的变革需要,来回应变革。具体如下:一是学科和课程变革。优秀教师理解学科和课程是不断发展的,他们将变革纳入到教学计划之中并恰切施教。他们能够及时调整教学策略以满足学生的当前需要,他们持续学习最新理论、实践及研究结果,并将其运用到教学实践之中以便改进教学。优秀教师不断探索原本仅仅掌握有限知识的新领域。此外,他们还指出随着学科和课程的变革,评价策略也应随之而变。他们创设和整合全新的评价方式,以便在评价和学科内容之间建立起有效可信的联系。二是技术变革。优秀教师认识到数字化信息的可获得性不断提高,全球化社会的稳定推进加快了信息和知识传播和接收的速度。教师运用网络教学环境作为提高其专业发展的资源。他们努力提高自身的信息技术能力,以便适应学生、专业和周围世界对技术运用的需求。同时,优秀教师还为学生示范如何批判性地和有效地运用技术,因为学生与技术的互动影响着他们如何处理信息以及如何与他人交流。教师可能让学生参与到多样化的人际交流之中,以便他们能够像面对面交流一样进行虚拟空间的交流。优秀教师还通过讨论在线共享和交换信息所衍生的后果,强调责任问题以及技术素养的重要性,倡导技术资源运用中安全且符合道德的路径。此外,优秀教师通过分享他们关于新技术的知识为学生和同事做出示范。他们认识到交互黑板、学生回应系统等的运用能够促进学生参与并改进教学。同样,他们理解诸如声音识别软件和声音扩大系统等技术能够辅助个性化教学,促使学生学习最优化。三是学校环境变革。一方面优秀教师适应学校环境中的全方位变革,包括程序、资助水平、课程、教学和评价工具、数据收集、学生数量和物理环境等。他们做出调整以适应学校人事、组织和政策的变革,保持课堂教学的持续性。另一方面,优秀教师也认识到推进全纳教育所面临的挑战。在全纳课堂中,他们必须承担满足所有学生多样化需求的责任。优秀教师认识到他们可能不具备所有必需的策略和解决方案。他们不仅运用自己已有的知识体系和技能来激励所有学生,并解决课堂中面临的问题,而且他们还能够与同事合作以便获取多样化的资源,通过集体研讨,获得可能的解决措施。四是教育政策变革。首先,优秀教师及时关注围绕学科和专业所展开的政策讨论。他们形成了对这些问题的明智看法,阐明自身的立场,时刻将学生和专业的利益置于首位。当新政策发布时,教师们积极倡导支持教育卓越的政策,同时他们也批判性地思考这些政策对课堂教学的影响。其次,优秀教师运用多种信息渠道获取当前与地方、国家和联邦教育政策和法律相关的前沿问题。他们寻求路径表达自己的观点,并且帮助推进有意义的变革。教师可以参加专业组织,参与专注教育的社会合作组织。他们也可能积极参与到中小学、学区、州或国家的教育委员会。这些活动能够给教师赋权,并且激发他们致力于批判性思考,并成为促进其专业和学生学习政策的领导。五是学生和社区变革。优秀教师认识到学生生活的方方面面都有可能发生变化,校外的各种关系和事件会影响到学生社会性、身体、情感和智力的健康发展,进而影响到他们的学习能力。优秀教师还意识到学生的兴趣和活动随着时间的推移而变化,他们恰当地将当代文化纳入课程计划,以调动学生参与的积极性。在课堂中,优秀教师对学生兴趣、行为和偏好的微妙变化保持敏感。他们理解这些变化可能反映一种重要的发展突破或者一个需要辅助行动的重要问题。如果学生行为突然发生改变,教师会通过与学生谈话进行调查或者从其他学生那里寻求额外信息。此外,学生代表了不断多样化的文化和家庭结构,优秀教师在与学生家庭互动时,会基于家庭特点选择交流方式和路径。了解学生及其家庭能够促使教师做出明智的判断。

(9) 反思性实践

优秀教师对其教学实践进行持续反思,以便改进教学质量,提高学习效率。具体如下:一是优秀教师致力于持续的反思过程。他们了解反思在本质上是循环的,反思是一个周密的且具有目的性和持续性的过程,这一过程有助于自身以细致的、分析性的方式全方位思考实践,并以此来改进教与学。同时,优秀教师还认识到反思是批判性思维、问题解决和决策能力不可或缺的一部分。他们通过独立反思或者与利益相关者共同反思来强化自身的学科知识和教学法知识。二是优秀教师思考偏见、价值观和个人经验对教师教学和学生学习的影响。他们懂得教师和学生的行为和互动关系受到复杂因素的影响,包括年龄、性别、性取向、身体特征、人种、种族、文化、主要语言、出生、社会经济地位、家庭结构、宗教、能力、成就和特殊性等。基于此认识,他们努力确保所有学生具有平等的学习机会,重点满足学生的特殊需求。三是对于优秀教师而言,每一种学习情境和学生群体都为反思提供了机会。教师保持弹性和灵活性,具有根据反思结果改变其实践或方法的意愿。当他们评论学生的作品或者与学生谈话时,他们都会自我反思,从而获得关于课堂气氛、师生互动等方面的新认识和改进方向。一旦教师确定了明确的目标,他们会运用大量的策略和技术来改进教学。通过思考总结以往经验或者尝试新观点,精心规划下一步。他们知道有许多路径可以改进学生的学习以及自身的教学实践。四是优秀教师在评价其课堂教学法时,会考虑诸多方面。他们基于学生的回应、课堂任务的完成情况、情感和思想的表达、与学习的相关性等分析自身实践。教师确定学生掌握了哪些内容,哪些还需要进一步学习。教师独立反思或者与同事、学生、家庭共同分析学生的表现。通过运用谈话法,帮助学生确定表现类型,明确其优点和不足,从而应对学习挑战、修正和调整目标。五是优秀教师因其反思而持续成长。他们挑战假设、提高判断能力、确定他们当前做得好的方面、拓展教学法、深化知识学习、增强反思的有效性。小学教师全身心地投入到学生及其自身的持续成长与发展之中。他们设定有助于满足学生需求和助力学校改进的专业目标。他们借助最新理论、前沿实践和高质量的研究结果等路径来改进教育教学。他们探索自身具有有限知识和经验的话题,以及非传统的材料、方法和教学策略。他们还开展行动研究,与同事和教育研究者合作,运用多种策略批判性地检验自身的教学实践。优秀教师持续致力于反思和专业发展为其提供自我更新的机会。他们通过反思获得的观点有助于其为学生、父母和同事阐释他们做了什么以及为什么这样做,也有助于提升和增长教师课堂决策的艺术与知识。六是优秀教师以改进学生发展和促进自身作为专业人员成长的方式来分析和评价其经验。他们拥护和践行终身学习,积极回应专业需求。最终,教师的好奇心、热情和学习激情也必将传达给并深深地影响学生。优秀教师是最佳的思想道德标杆,他们为自身作为教师负责,明确知晓作为专业人员自己已知什么,未来还需要学习什么。

小学教师标准中的素质特征:美国与越南的比较分析

二、优秀教师素质的案例分析

对优秀教师素质特征的规范性解读,使我们把握了优秀教师的素质结构框架。如果规范是树干和树冠,那么对一线优秀教师实践案例的解读,则是对框架的丰富与充实。通过案例解析,能够使教师专业素质这棵大树枝繁叶茂,也可以让我们对优秀教师的解析更具生命力,更加鲜活、直观。正所谓,"问渠哪得清如许,为有源头活水来"。

作为"源头活水"的实践性知识,其重要性自不必多言。但是,在当前实习、见习等直接实践体验有限的情况下,或许通过阅读观看优秀一线教师的专著、视频等获得间接经验,实现与卓越教师的对话,是一条通途。那么,我们如何获得一份优秀教师名单呢?其实,这份名单可以通过一个快捷途径获得,即关注世界各国的优秀教师评选结果。如美国设立的国家年度教师评选,英国设立的教师奖,澳大利亚建立的教师国家成就奖,新加坡开设的教师总统奖,我国设立的全国模范教师、全国教育系统先进工作者、特级教师、教书育人楷模等荣誉称号。同时,我们还可以关注不同时代的名师,如我国的孔子、荀子、蔡元培、陶行知等,日本的小林宗作及其巴学园、美国的尼尔及其夏山学校、苏联的苏霍姆林斯基等。此外,我们也可以通过经典影视作品探寻优秀教师专业品质,如《放牛班的春天》(法国)、《24只眼睛》(日本)、《一个都不能少》(中国)、《乡村女教师》(苏联)、《美丽的大脚》(中国)等。

(一)"国宝老师"霍懋征

霍懋征(1921—2010),我国当代著名教育家,全国首批特级教师,是"爱的教育"的倡导者和实践者,是我国高学历人才从事小学教育的先行者。她被周恩来总理称赞为"国宝老师",温家宝总理称她是"把爱心献给教育的人"。下面我们将共同领略霍老师为我们展现和诠释的优秀教师专业素质。

没有爱就没有教育

> **知识链接 3-6**
>
> **霍懋征教育箴言赏析**
>
> ◇ 我喜欢小孩子,更重要的是小学教育是启蒙教育,是一个人一生中最重要的教育。基础打好了才能盖起高楼大厦。我愿意做打基础的工作。
>
> ◇ 我们的教育不可能使每个学生都成为专家学者、部长司长,可我们应该把学生都培养成对社会有用的好工人、好农民、好公民。
>
> ◇ 60年,我没有对学生发过一次火,没有惩罚过一个学生,没有向家长告过状,没有让一个学生掉队。
>
> ◇ 教育孩子要像春雨润物,别像夏天的暴风雨,不但滋养不了"根",还有可能冲毁"小苗"。
>
> ◇ 我不赞成对孩子使用"乖"这一词。"乖"是大人对孩子听话、不烦大人的肯定,孩子的天性不是乖,而是淘,是动。迎合大人而扼杀孩子的天性,这样的教育是不足取的。
>
> ◇ 做一名好老师,就是要勤学、勤想、勤做、勤总结、勤分析、勤改进,勤能补拙。

1. 终身从教、矢志不渝的坚定信念[①]

在北京师范大学读书时,霍懋征是品学兼优的高才生,1943年毕业后她放弃了留北京师范大学任教的机会,毅然到北师大第二附属小学(现北京第二实验小学)任教,终身从事小学教育事业,曾经担任过数学教师、语文教师、班主任、副校长。其间,面对多个上级部门和单

---

① 中华人民共和国教育部.教育部关于教育系统向霍懋征同志学习的通知[EB/OL].(2010-02-21)[2019-05-19] http://old.moe.gov.cn/publicfiles/business/htmlfiles/moe/s4528/201005/xxgk_88264.html.

位的调动要求,她都婉言谢绝,从没有离开过她的学生和教室。文革期间,她被打成"反动学术权威",受到不公正对待。恢复工作后,她不易其志,坚定地回到了小学校园,继续从事着她心爱的小学教育事业。1998年退休后,霍懋征老师仍心系教育。为传授教学经验、传递最新的教改信息,她不顾年迈,先后到新疆、甘肃等多个省份讲学、上示范课,把多年积累的教育教学宝贵经验毫无保留地奉献给人民。

> **知识链接 3-7**
>
> **坚守一个信仰**[①]
>
> 　　教育家的成长应该是一个自主成长的过程,一个人能否成长为教育家,取决于自身因素。古今中外的所有教育家,无不具有为教育事业奉献一生的崇高信仰。这种信仰不同于一般的信念、理想,信念是可以动摇的,理想也是可以改变的,唯有信仰不可动摇、不会改变。有了这种信仰,品德自然崇高,教育就是他终身从事的事业,就会爱满天下,就会如饥似渴地去学习、去研究,就会不为物欲所惑,不因时间而变,就会自觉地克服一切困难,能够甘于清贫,也能够耐得住寂寞。
>
> 　　因为苏霍姆林斯基有这样的信仰,所以他"把心灵献给儿童",拒绝升官发财的机会,终身坚守帕夫雷什中学,终成闻名世界的一代教育大家。因为陶行知先生有这样的信仰——"捧着一颗心来,不带半根草去",他师从杜威,学成归来后,谢绝高校的优厚待遇,面向社会大众自己办学——育才学校、晓庄师范,为筹措办学资金,他卖掉了车子、房子,甚至是母亲的棺材,潜心实践自己的教育信仰,也终成一代教育宗师,被誉为"人民教育家"。

2. 以爱执教、文道统一的教育思想[②]

"没有爱就没有教育",是霍懋征老师的教育思想的精髓,是她教育的动力和源泉,是她追求的目标和境界,也是她一生的座右铭。霍懋征老师热爱学生,尊重学生,关心学生,对所有学生一视同仁,有教无类,从无偏向和歧视,坚持把真诚的爱给予每个学生。她坚信"没有教育不好的学生",用"激励、赏识、参与、期待"的教育艺术,成功教育好了每个学生。她信奉教师的爱不仅直接影响着眼前的教育教学质量,而且必然会影响着国家和民族的未来。在长期从事语文教学中,她始终强调语文教学的首要任务是从思想品格和道德情操方面育人,坚持把语文教学与思想教育、审美教育统一起来,教书育人,寓德于教。

[①] 史承灼.追寻教育家成长之路[N].中国教师报,2015-03-11(012).
[②] 中华人民共和国教育部.教育部关于教育系统向霍懋征同志学习的通知[EB/OL].(2010-02-21)[2019-05-19] http://old.moe.gov.cn/publicfiles/business/htmlfiles/moe/s4528/201005/xxgk_88264.html.

左手和右手的故事

案例 3-6

霍懋征老师教小学四年级的时候,班级转来一个女孩。每次上课提问,女孩都举手,但每次提问却都答不上。霍老师在课下找这个学生谈话,问这个女孩是怎么回事。女孩回答说自己不会所以答不上。霍老师说:"不会是不能举手的,会才能举手。"女孩说:"老师,我不举手同学们该说我学习不好,该看不起我了。"霍老师很震动,就对这个女孩说:"老师知道了。我们这样你看好不好,你会的时候举右手;不会的时候就举左手,老师好知道什么时候提问你。"就这样一个简单的左手和右手的师生约定,使这个学生很快在学习上追了上来。

> **知识链接 3-8**
>
> ### 淘气包的教育艺术[1]
>
> 在以"淘气包的教育艺术"为题的专访中,霍老师以其丰富的经验、深刻的体验作答,其间处处渗透着爱与尊重的核心理念、展现着融科学与艺术为一体的教育智慧。以下是问题清单:
>
> ①霍老师,听说您从教几十年,从不歧视、放弃任何一个差生,还把谁都不要的淘气包接到您的班,您怎么会对淘气包这么感兴趣?
>
> ②您怎么那么自信?您的底气来自哪里?
>
> ③像小永那样的捣蛋鬼,您是怎样使他转化的呢?
>
> ④学习成绩差的孩子表面上看是什么都无所谓,其实,他们也是很在乎老师、同学的评价的。怎么才能既不伤孩子的心,又能对他们实施教育呢?
>
> ⑤学过教育的人,都懂一些教育法则,可同一个孩子,为什么有的老师教不好,有的老师就教得好?挽救差生的秘诀在哪里呢?
>
> ⑥难道挽救一个刀枪不入的孩子就这么简单、容易?
>
> ⑦在教育娇生惯养、蛮横无理的孩子的过程中,您就没有遇到过阻力、没有退缩的时候吗?
>
> ⑧从这个事例看来,似乎表扬对淘气的孩子具有一种奇特的功效,请问您是怎么把握好表扬的尺度的?
>
> ⑨对于淘气包不批评是不可能的。在批评孩子时,有什么法则、尺度需要我们把握吗?
>
> ⑩对于精力旺盛、聪明过人的孩子,不让他动,不让他"淘"是不可能的。怎么才能变消极因素为积极因素,使他的聪明劲儿都用到正道上呢?
>
> ⑪淘气包也非等闲之辈,对于那些自视清高、目空一切的淘气包,老师没有相应高超的技术与艺术是奈何不得的,请问您是怎么"收编"这些高智商的孩子的?

---

[1] 萧于.淘气包的教育艺术[J].少年儿童研究,2007(12):28-32.

3. 孜孜不倦、勇于进取的创新精神[①]

霍懋征老师是一位自觉而勇敢的教育改革实验者,是新中国历次教育改革的带头人和成功经验的创造者,是20世纪50年代就蜚声全国教育战线,具有影响力的教育家之一。她曾积极参加汉语拼音的试教、拼音教学经验和五年一贯制改革等教改经验的推广工作,一直指导并参与小学语文教材的编写工作。她教艺精湛,具有非凡的教育智慧,探索出在减轻学生负担的前提下提高教育质量的途径。20世纪50年代她就形成了自己独特的教学法,在不断总结经验的基础上,进一步提出了"数量要多、质量要高、速度要快、负担要轻"的十六字教改方针,把着眼点放在提高课堂质量、开发学生智力、激发学生学习兴趣、培养学生学习能力上。改革开放以来,她深入实施素质教育,积极在小学语文教学中进行创新教育,开发学生的创新意识和创造潜能,努力为培养全面发展的具有良好素质的创新型人才打好基础。

案例 3-7

聪明教师教"聪明"

霍懋征老师在教小学生学习"聪明"一词时,非常富有教学智慧,可谓教学艺术的经典之作。在课堂上,她先是这样问:"你们愿意做聪明的孩子吗?愿意的,请举手!"霎时间,每个学生都争先恐后地举起了手。接着,她告诉学生:"每个人都有四件宝,如果学会了运用这四件宝,人就会聪明起来。这四件宝是什么呢?我暂时不讲,先让你们猜几则有关人体器官的谜语。"上边毛,下边毛,中间一颗黑葡萄(眼睛);东一片,西一片,隔座山头不见面(耳朵);红门楼,白门坎,里边坐着个嘻嘻孩儿(嘴巴);小白孩住高楼,看不见,摸不着,他要一出来可不得了(脑子)。每当学生猜中一则谜语,她就要学生讲讲这个人体器官的作用。随后,霍老师又说,在上课时,要仔细看,但不要东张西望;要认真说,但不要随意说话。总之,要多听、多看、多想、多说。在猜谜语之后,霍老师就剖析字形说:"'聪'字,左边是耳朵的'耳';右上方是两点,代表两只眼睛;右边中间是'口'字,就是嘴;右下方是个'心',代表脑。这四件宝合在一起,正好是个'聪'字。'聪'字后面之所以加个'明'字,是因为这四件宝要天天用,月月用,天长日久,你们就会聪明起来。"

霍懋征一生秉承并践行"没有爱就没有教育"的教育思想,其终身从教、矢志不渝的坚定信念,以爱执教、文道统一的教育思想,孜孜不倦、勇于进取的创新精神,让我们深刻感受到了优秀教师集崇高师德、育人智慧及教学艺术于一体的无限魅力。

霍懋征《望庐山瀑布》教学实录及评析

(二) 美国"总统国家艺术奖"获得者:雷夫·艾斯奎斯

雷夫·艾斯奎斯(Rafe Esquith),美国洛杉矶市霍巴特(Hobart Boulevard)小学教师。他的

[①] 中华人民共和国教育部.教育部关于教育系统向霍懋征同志学习的通知[EB/OL].(2010-02-21)[2019-05-21] http://old.moe.gov.cn/publiciles/business/htmlfiles/moe/s4528/201005/xxgk_88264.html.

学生多来自贫困家庭和移民家庭,在美国标准考试(SAT)中的成绩却一直位居前5%—10%,不少学生长大后就读于哈佛大学、斯坦福大学等名校,并取得了不凡的成就。20多年来,雷夫获得了美国"总统国家艺术奖""全美最佳教师奖",被誉为"美国最有趣、最有影响力的教师"。

《成功无捷径——第56号教师的奇迹》《第56号教室的奇迹——让孩子变成爱学习的天使》《第56号教室的奇迹2——点燃孩子的热情》《第56号教室的奇迹3——说给老师的真心话》等书中有详细记述。其中,《第56号教室的奇迹——让孩子变成爱学习的天使》最受关注(见表3-4),曾在美国、日本和韩国的教育类畅销书中排名第一,入选中国教育报"2012年度教师喜爱的100本书。"

表3-4 《第56号教室的奇迹——让孩子变成爱学习的天使》目录

自序:教室里的火		
第一部分　家最温暖	第二部分　方法	第三部分　疯狂之举
第一章　给我一些真相 第二章　寻找第六阶段	第三章　培养终身阅读的孩子 第四章　写作 第五章　加加看 第六章　我们不会被骗第二次 第七章　世界真美好 第八章　火箭人 第九章　艺术爱好者 第十章　教练,让我参加 第十一章　经济学的天空	第十二章　独立思考 第十三章　电影英雄 第十四章　行万里路 第十五章　不过是摇滚音乐而已 　　　　　(但是我喜欢) 第十六章　知道吗?今天是圣诞节 第十七章　意志力

作者在自序中讲道:曾被现实多次无情击倒,"'教室里的火'真正照亮其走出黑暗的路",使其形成坚定职业信念的是一本名为《杀死一只知更鸟》的名著。这本书讲的是一个白人律师,也是两个孩子的父亲,他接了一个案子,替一个被指控强奸罪的黑人辩护。这个黑人是无辜的,但是很不幸,那个城市里面有种族歧视观念。在审判开庭前,白人律师的小孩问他一个问题:"我们能赢吗?"他爸爸说:"不能"。他分明知道一定会输,但还是把这个案子接下来,只因为他要做正确的事。这个环节让雷夫的人生有了很大转折。这种如知更鸟一般的专业精神,是雷夫披荆斩棘、执着前行的信念支撑。

基于切身体验,他精准地诊断了导致学生抵触学校、教师职业倦怠局面出现的重要原因,即"害怕"与"恐惧"。问题明朗之后,他便开始创造性地寻找解决问题的方法,提出了"打造无恐惧教室"的理念体系,包括"以信任取代恐惧""做孩子可靠的肩膀""纪律合乎逻辑""你就是榜样"等,并探索了实践的方法与路径。这样以信任为基础、毫无恐惧的教室,是孩子们学习的绝佳场所。但是雷夫认为这不是最终结果,它只是一个好的开始。于是他开始尝试各种方式,希望营造出良好班风,引导学生为"对的理由"循规蹈矩,实现从"他律"到"自律"的转变。雷夫最终从劳伦斯·科尔伯格的"道德发展六阶段"中得到了启迪,将此创造性地运用到培养学生人格品质的教育教学实践之中。

雷夫的道德发展六阶段

第一阶段：我不想惹麻烦

第二阶段：我想要奖赏

第三阶段：我想取悦某人

第四阶段：我要遵守规则

第五阶段：我能体贴别人

第六阶段：我有自己的行为准则并奉行不悖

雷夫的"道德发展六阶段"理论站位很高，其着眼于学生全人生的发展，是对人性的终极关怀。在具体实践中，作者用"安静，老师来了！"——"奖赏症候群"——"你们是为了我才刷牙的吗？"——"谢谢你"——"仁慈是有感染力的"——"独自和解"等通俗易懂的语言，引导学生自我剖析，从而揭示自身行为背后的动机，不断将学生人格品质导向更高层次。雷夫不仅有源于"仁爱"的高明战略，而且有源于"智慧"的精深战术。如今，"道德发展六阶段"已成为凝聚全班的粘着剂，也正是这种奠基性的班风孕育了第56号教室的奇迹。

美国的小学课程主要有英语、科学、数学、社会、艺术人文、体育、健康和安全教育、外语、学习工具等，小学实行包班制。所谓包班制就是一名教师包揽一个班级所有科目的教学，教师全天与固定的一个班级的学生在一起，便于了解学生的问题、需要、兴趣和特长，然后根据实际情况，灵活地调整课表，提供整体性学习计划。2014年8月，教育部印发《关于实施卓越教师培养计划的意见》中提出在未来小学卓越教师领域将"重点探索小学全科教师培养模式，培养一批热爱小学教育事业、知识广博、能力全面，能够胜任小学多学科教育教学需要的卓越小学教师。"由此可见，全科型教师是未来我国卓越小学教师培养的重要方向。

包班制是美国小学最流行的形式，由于小学低年级学生人数较少，课程内容难度较低，所以包班制多用于低年级学生。高年级在包班制的基础上结合了科任制，通常是两名教师负责一个班级的所有核心课程（英语、数学、科学、社会学）的教学，而专门的课程则由学校的专业教师负责，这样的教师通常有自己专门的教室，而且教室的布置充分体现了学科的特点，各种设备和材料十分丰富。虽然雷夫所教班级为五年级，但从《第56号教室的奇迹》这本书第二部分——"方法"可以看出，雷夫是作为全科型教师对学生实行包班制教学的。"方法"部分包括九个章节：第三章"培养终身阅读的孩子"和第四章"写作"属于英语学科；第五章"加加看"属于数学学科；第六章"我们不会被骗第二次"谈到了对标准化测试的观点与看法；第七章"世界真美好"主要属于社会学科；第八章"火箭人"主要属于科学学科；第九章"艺术爱好者"主要是艺术学科；第十章"教练，让我参加"主要是体育学科；第十一章"经济学的天空"则是班本课程。虽然各学科不同，但各科教学中却贯穿了雷夫老师以下专业品质。

（1）对学科价值的深刻理解

在英语学科中，雷夫抓住"阅读"和"写作"两大根基，并主张向学生介绍影响深远、富有挑战性的文学作品,而不拘泥于教材。他认为阅读的首要目标是"乐趣"、"热情"和"引人入胜",强调"我阅读,是因为我喜欢这么做",而不是为了参加测验。此外,他指出"阅读不是一门科目,它是生活的基石,是所有和世界接轨的人们乐此不疲的一项活动",并坚信"热爱阅读的孩子将拥有更美好的人生。"在数学学科中,他强调在标准化测验中获得好成绩不是数学的终极目标,我们应该让孩子了解数字的威力,明白数学和生活息息相关,而且趣味无穷。同时指出,数学的准确性使得恐惧感在数学课蔓延的速度往往比其他学科来得快。在自然科学学科中,雷夫接受并践行了以下观点:"孩子们上自然课的时候应该放下课本,拿起实验器材。他们必须观察、实验、记录、分析。最重要的是,他们必须失败,并从失败中学习。"在艺术学科中,雷夫指出"接触艺术教育的孩子学到的,远远超过他们所学的艺术本身","在一个所有事物早已被标准化的世界里,艺术让孩子们保有独特的自我"。

(2) 独到的教学方法

在把握学科本质、高屋建瓴地审视学科价值并提出高要求的基础上,雷夫还探索了有效的教育教学方法。首先,他力图以有趣、有效的方式传授学科知识(如表 3-5 所示)。其次,充分发挥学科教学的教育功能。这一理念体现在各学科之中,如通过历史教学中的"小组积分"游戏、自然教学中的"小组实验"等培养学生的"团队合作"、"倾听技巧"以及"协商让步"。值得特别赞誉的是,雷夫在学科教学中的用心安排,有时他会刻意提供不足量的工具,为学生提供互助共享的机会。例如,在美术教学中,雷夫"故意不提供足量的刷子,强迫选择相同背景颜色的学生共用刷子。在几分钟之内,我已经看到两三个孩子开始帮另一个孩子为板子上色,接受帮助的人在自己的板子上完色之后,就回过头帮助别人上色。学生很快就明白团队合作可以创造友谊,也能共创作业成绩。"

表 3-5 雷夫创设的各学科教学法

章节名称	学科领域	教 学 法
培养终身阅读的孩子	阅读	1. 另一种焦点(阅读目标);2. 大人的指导;3. 善用图书馆;4. 精心挑选文学作品;5. 不会阅读的学生;6. 阅读评估;7. 把阅读和世界联结起来;8. 笑声和泪水(评价标准)
写作	写作	1. 步骤一 写作之始——语法;2. 步骤二 每周作文;3. 步骤三 每月读书心得;4. 步骤四 平装书作者:少年创作计划
加加看	数学	1. buzz;2. 玛西·库克(Mercy Cook)
世界真美好	历史	1. 遨游世界;2. 学习的延伸;3. 给家长的好主意;4. 历史作业
火箭人	自然	1. 敬请触摸;2. 捐款;3. 我没有时间上自然课;4. 失败是好事;5. 实验室小白鼠
艺术爱好者	艺术	1. 注意:让他们演奏;2. 五项不容错过的美术作业
教练,让我参加	体育	1. 体育的正道;2. 棒球:史上最神圣的运动;3. 独立练习;4. 记录数据;5. 终极记录:世界大赛之夜;6. 去看比赛:教学的大好良机

(3) 科学的教育教学评价能力

雷夫的教育教学评价思想和方法贯穿于各学科教学之中。例如,对学生阅读能力的评价,他从来不单单看标准化测试的成绩,更多地是看学生在阅读过程所收获的"笑声和泪水"。同时,"不能被骗第二次"一章中雷夫专门谈到了他对标准化测试的态度与看法。他认为"标准化测试旨在帮助孩子们成功,却在实际上加速了他们的失败",指出"席卷全国各校的这股测试狂热,对于开发儿童学习和个人潜能是有害的"。虽然如此,雷夫并没有陷入抱怨叹息失落的漩涡,而是积极谋求与无法改变的考试制度达成妥协。他批判了标准化测试压力下的集体舞弊行为,探索了一套行之有效的学习方法和应试技巧,促使学生在为自己而学的前提下出色地应对考试。同时,他还谈到要理性看待考试结果,并最终指出人格品行才是教育的本质。

(4) 卓越的课程开发能力

课程开发是指通过需求分析确定课程目标,再根据这一目标选择某一学科(或多个学科)的教学内容和相关教学活动进行计划、组织、实施、评价、修订,以最终达到课程目标的整个工作过程。雷夫卓越的课程开发能力不仅体现在上述学科教学之中,而且还体现在"经济学的天空"这一特色班本课程开发之中。这门课程的开发,源于雷夫想"教孩子终其一生都派得上用场的技能"的初衷,而"整理事物""安排事情的技巧"等便是孩子急需掌握的重要技能。据此,雷夫创造性地开发了"经济学的天空"课程,通过"所有权""节省每一分钱""延迟享乐"等主题活动达到培养受用终身的能力的目标。正如雷夫所言:"请容我标新立异。要帮助孩子出人头地,就要拿能让他们终身受用的课程来挑战他们。"

正是这份非凡的教育热情,促使雷夫近乎疯狂地探索育人之法,并不断克服困难、创造条件,带领学生在更广泛的天地中汲取人生智慧。"学生们着迷般每天提前2小时到校,放学后数小时内仍不愿离去;他们听摇滚乐,看经典电影,甚至表演莎士比亚的戏剧!"这种局面的形成,与教师的教育热情和无私奉献密不可分。如雷夫所述:"我用大量的时间和学生相处,就连寒暑假也几乎天天陪着他们学习。我们周六要上课,有时周一到周五放学后也在教室留到晚餐时间。"

雷夫直面现实,但不怨天尤人;他胸怀理想,但不故作崇高。他是脚踏实地的理想主义者,是胸怀理想的现实主义者。他不但有信念,而且有方法,不但有战略眼光,而且有技术。这种鲜活的教育叙事案例积累与研究在我国还处于起步阶段,我们希望未来也能读到你写作的教育叙事!

通过上述对中外优秀教师与初任教师专业素质的比较分析,我们认为,优秀教师通常具有如下显著特质:一是高认同,高效能。他们深刻理解小学教师职业的价值与意义,具有终身从教的崇高理想和坚定信念;他们深信教育能够克服社会、家庭以及学生本身素质对学生的消极影响,有效促进学生发展,同时对自己影响学生行为和学习结果的能力深信不疑。二是高站位,宽视野。优秀教师对教育教学的理解更深刻、透彻、全面,他们透析教育本质,以所有学生的发展为出发点和归宿点。在实践中,他们紧紧围绕这一核心理念进行不断挑战极致的探索,正是这种"敢为天下先"的开创精神,使得优秀教师在历经长途跋涉的艰难后实现了跨越成长与发展,他们已经不再是站在山脚下的仰望者,他们不断攀爬、领略别样风景,创造出一个又一个的成长巅峰,在高站位与宽视野的良性循环中出类拔萃。三是高执行力,强韧性。优秀教师不仅是思想的巨人,也是行动的高手,他们具有强烈的实践意识和高超的实践能力,在实践中不断摸索、完善、优化、创新。实践意味着攻坚克难,面临身心考验的优秀教师们通常会把困难当作成长契机,并以积极乐观的态度和坚强的毅力去迎接挑战。四是善反思,重革新。优秀教师高度赞同"经验+反思"的成长模式,在长期的持续践行中,他们积淀了丰富的经验,摸索出独特的个人实践智慧。此间,反思与批判如影随形,批判与变革相依相随,优秀教师在不断的废旧立新中站在教育教学改革最前沿,贡献专业智慧,引领专业发展。

> **思考题**
>
> 1. 对照《小学教师专业标准(试行)》中的素质规定,反思自身的优点和不足。
> 2. 结合"全科型教师"和"卓越教师培养"的政策导向,谈谈终身学习的重要性。
> 3. 学科教学知识(PCK)是什么?请结合具体学科举例说明。
> 4. 谈谈你对优秀教师教学反思能力的理解与认识。
> 5. 《蚂蚁与蝈蝈》"手记"中老师还缺少哪些新理念?请结合案例具体分析。
>
> **《蚂蚁和蝈蝈》手记**
>
> 这是一节语文课。在老师的引导下,孩子们投入地读,积极地想,体会蚂蚁的勤劳、蝈蝈的懒惰。在教学的最后一个环节,孩子们一部分扮成小蚂蚁,一部分扮成蝈蝈。根据老师的朗读,表演冬天里的蚂蚁和蝈蝈有什么不同。老师的课文朗读完了,孩子们仍然意犹未尽,有几个表演蝈蝈的小朋友,竟然躺在地上不肯起来。课后,老师回到办公室,一名同学走到她跟前说:"老师,这个戏还没演完呢!""演完了,你是一个出色的小演员!"老师刮了刮他的鼻子。"没有,我最后演蝈蝈晕倒在地上,是希望小蚂蚁来帮助我。可是你却叫我爬起来。"他涨红了脸。下午,孩子的妈妈告诉老师,他回家后很难过,因为他演的小蝈蝈又冷又饿,都晕倒了,也没人来帮助他。
>
> 家长、学生的话引起了老师的反思:孩子躺在地上久久不起,是盼望老师给他们一个表现的机会,呵护心中的一份美好情感,这是多有创造性的思维火花!可是老师却视而不见,这说明老师心里还少了一些东西——一种新的教育理念……

第四章
教师的自我发展

学习目标

1. 理解教师自我发展的内涵，明晰教师自我发展的重要性，具备自我发展与自我完善的意识。

2. 知晓教师自我反思的内涵，了解其意义，重点掌握自我反思的主要策略。

3. 深入理解教师自我导向性学习的内涵与意义，知悉自我导向性学习的主要策略。

关键概念

1. 教师自我发展：教师具有较强的自我专业发展意识和动力，自觉承担专业发展的主要责任，激励自我更新，通过反思、自我导向学习等策略实现自我的成长。

2. 教师反思：教师对教育教学的信念或实践行为背后的根据或理由，以及可能导致的后果进行积极、持续、谨慎地审视与考量的过程。

3. 教师自我导向学习：教师具有积极、主动的学习意愿，能针对自己的学习，设定实际可行的目标，认清可以运用的资源，选用适当的学习策略，并能对自己的学习结果进行评价的过程。

内容脉络

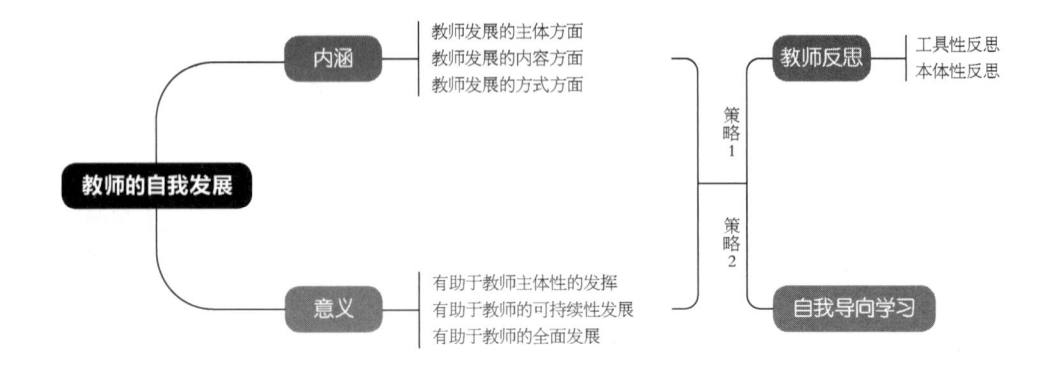

教师的自我发展
- 内涵
  - 教师发展的主体方面
  - 教师发展的内容方面
  - 教师发展的方式方面
- 意义
  - 有助于教师主体性的发挥
  - 有助于教师的可持续性发展
  - 有助于教师的全面发展
- 策略1：教师反思
  - 工具性反思
  - 本体性反思
- 策略2：自我导向学习

教育实践存在于教师的心灵与行动之中,当教师自己放弃获取这份实践之宝,它将会立即消失于那一瞬间,因此,这份宝藏一定要由教师自己找出来。① 自上而下、从外部维度着力的教师专业发展,在一定程度上忽视了教师专业发展中教师主体性的发挥,造成了教师发展的动力不足。教师自我发展(self/self-directed development)是针对忽视教师自我的被动专业发展提出的,它强调的是教师在专业发展中的重要角色与价值,将教师视为一个个独特的个体,有自己的生命经验,自我认同和对教育、教学的认知、情感。教师要能够对自己以及身处的实践世界有更多觉知,能够了悟自己在专业发展中的主体角色,善于将自己作为首要资源,否则实质性的改变将很难出现。本章围绕教师自我发展这个主题,探讨教师自我发展的内涵、意义以及教师自我发展的主要策略。

第一节　教师自我发展概述

一、教师自我发展的概念

什么是教师自我发展？这需要从什么是教师专业发展这个根本问题的回答开始。然而,关于教师专业发展概念的界定却呈现出"繁荣下的混沌景象"②。针对这种状况,伊文斯(Evans,L)将教师专业发展界定为"教师的专业性(professionality)和/或教师的专业地位(professionalism)被认为可能得以提升的过程"③。她进一步解释:"第一,教师发展是过程(process)而非结果(product),而且这个过程也许是持续的,也许是已经发生和完成了;第二,教师发展是一个主体性、客体性或主客体兼具的过程。教师发展既可以被看作是教师的内化过程,也可以被看作是外部机构面向教师实施的过程;第三,教师发展可能会促进教师专业地位的提升,也可能会改进教师的知识、能力和实践。"

如同人们给教育活动进行定义存在"个体角度"与"社会角度"之间的紧张关系一样,从伊文斯对教师专业发展的定义中,我们也可以发现,对教师专业发展的理解存在一对紧张关系,即"由管理者或者研究者等教师以外的人来确定的,教师被看作发展对象(be developed)的'缺陷'模式(deficit model)"和"教师作为'主体'(subject)的,针对其自身教学实践进行'持续性探究'的各种专业发展活动的'成长'模式(growth model)"之间的紧张关系。这对紧张关系很大程度上是围绕教师是发展的主体还是客体展开的。教师自我发展是指教师作为主体,运用自我反思、自我导向性学习等策略,围绕自身和教育实践活动进行持续性探究,以实现自我更新与成长的过程。对此内涵的理解应着重把握以下几个方面。

---

① Pinnegar, Hamilton. Self-study of practice as a genre of qualitative research: theory, methodology, and practice [M]. New York: Springer, 2009: 21.
② 饶从满.教师发展研究的国际动向管窥[EB/OL].(2019-03-03)[2019-05-21] https://www.docin.com/p-1249421312.html.
③ Linda Evans. What is teacher development? [J]. Oxford Review of Education, 2002, 28(01): 123-137.

(一) 教师发展的主体方面

1. 教师"自我"与教师"自主"

翻阅有关教师自我发展的相关研究可以发现,"自我发展"与"自主发展"存在混用的现象,二者之间既有联系也有区别。总体而言,教师的自我发展更加强调教师的自主发展意识和能力,关注教师专业发展的个体维度;教师自主发展则侧重于教师发展的权利,关注教师专业发展的组织维度。[①]

自我发展的意识是教师实现自我发展的内在驱动力和基本前提,是教师对自我在教学体系及专业发展中的状态、价值和功能的认识与判断。只有当教师具备了自我发展的主观愿望和内在需求,才会对自己的发展形成高度的责任感,并能以积极主动的态度投入到工作与学习中去。教师需要在自己的教育教学实践活动中形成正确的认识,调整角色,更新专业知识技能,提高素养。树立了以上的意识,教师便能够更加认同教育教学的重要意义,持之以恒地投入时间和精力对新生事物加以研究和思考,自我剖析与调控,不断成长。

自我发展的能力是教师发展的核心。总体而言,教师为实现自我发展,应该具备自主学习的能力、自我反思的能力和行动研究的能力。此部分内容我们在后面将会详细涉及。

自主发展则更侧重于发展的自主权利。自主权利是外界赋予教师调控教学及相关事务的权利,是教师充分发挥自主能力从而有效实施教学的外在支持条件。教师在教育改革与发展中的参与度是教育改革成败的关键,必须赋予教师在发展过程中充分的自主权和决策责任。

2. 教师"自我"与教师"角色"

"角色"可以让人们认识到教师在教育领域、社会舆论、专家学者、国家需求、行政体制等种种复杂角色关系中所形成的特定角色,而这就意味着教师角色在很多时候只是来自于社会与结构的运作与论述。波普克威兹(Popkewitz)认为,就历史角度来看,教师角色本身这个概念就是一种管制和规约,因为在其中嵌入了许多大家普遍接受的观点和看法,这些普遍流行的想法,先是渗入到行政体制的分类之中,进而形成我们对个人认同的种种分类方式。所以,教师角色具有政治性意义,它和整个社会的意识形态、文化、意义等种种论述有关,影响着人们看待世界、说话、行动的方式,是权力运作的结果。

"自我"则经常被用来指称超越"角色"的更大含义,可以包括自我认同、主体性、能动性、主体。所以,"教师自我发展"是一种可以超越教师角色的可能性,可以为教师发展提供更加广阔的空间。在这里,"自我"与一般心理学中的"自我"是不同的。在心理学中,"自我"的概念总是来自特定的心理学派,具有特定的意义,较少与整个社会对个人的影响相联系。

(二) 教师发展的内容方面

1. 个体实践性知识的形成

教师自我发展被认为是自给自足的专业人员,不仅具有主动学习的愿望和动力,而且有

[①] 陈颖.教师自主的内涵透视[J].教育学术月刊,2011(09):69-71.

自己独特的知识类型,即实践性知识。[1] 教师自我发展就是教师主动的、自我发起和自我导向的,而非是外部强加的。许多教师发展不主动,并不是因为他们不想发展,而是因为各种外部因素的制约。如果得到一定条件和制度的支持,教师能够成为具有主动发展的专业工作者。

在教师自我发展的概念下,衡量教师的质量标准不应该是预定的,而应该根据教师工作的生态环境和时代要求的变化而变化。教师自我发展会受到所处生态环境的影响,不同的教师个体会决定什么是值得学习的以及应该如何学习,即教师知道自己的发展方向、内容以及如何发展。

2. 本体性意识的觉醒

教师需要意识的觉醒(consciousness-awaken),对自己以及身处的实践世界有更多的觉知,能够质疑、挑战"习以为常"的做法、现象、限制和权力结构。根据保罗·弗莱雷(Paul Freire)的观点,教师的"意识觉醒"是教师建立主体性、发展自主性的关键。

教师自我发展主要涉及"我是谁"、"我在学生成长中起到什么样的作用"、"我如何扩展自我"等一系列的关于本体性的问题,是教师发挥自主性,运用自主策略,在元认知的调控下获得发展的过程。它表现为教师充分发挥主观能动性和激发责任感,积极开发自身潜能,建构性地确定职业发展目标,选择职业发展内容、途径和策略,通过自我监控、评价和反思等方式,自觉主动地调节和引导自己的教育教学方面的动机、认知和行为方式,从而获得发展。[2]

教师在自我意识的基础上,产生积极进取之心,为完善人格、丰富知识、提高技能、采取多种途径,对自己进行自觉的思想转化和积极的行为控制。教师自我发展的主要特征是全面性、深入性、自觉性、自控性、自授性、终身性和灵活性。教师自我发展通过同他人、同自我、同文本的对话来实现,是一种社会的、伦理的、文化的实践,具有内在的发展机制。

自我发展是"在无外力干扰的情况下,个体充分发挥主观能动性,判定自己的发展需要,制定发展目标,为发展确定人力和物质资源,选择恰切的发展策略,评价发展结果的过程"[3]。恰切地对"自我发展"进行理解,需要特别注意两个方面:首先,自我发展既是一个过程,也是方式;其次,某些个性特征既是自我发展所必需的,也是此过程的结果。[4] 这是从连续统的角度对自我发展进行了描述,即一端是他人指向的发展(other-directed development),另一端是自我指向的发展。如前所述,我们可以将他人指向的发展理解为"实证—理性"的"教师角色"的教师发展,遵循外部设定的发展目标、计划和评价方式所进行的发展活动。而处于此连续统另一端的自我发展,则是教师依据自己的发展需要所进行的活动。我们也可以理解

---

[1] 陈向明. 实践性知识:教师专业发展的知识基础[J]. 北京大学教育评论,2003(01):104-112.
[2] 申继亮,姚计海. 心理学视野中的教师专业化发展[J]. 北京师范大学学报(社会科学版),2004(01):33-39.
[3] Knowles, M. S. Self-directed learning: a guide for learners and teachers [M]. New York: Association Press, 1975: 18.
[4] Murray, Fisher, et al. Development of a self-directed learning readiness scale for nursing education [J]. Nurse Education Today, 2001(12): 516-525.

为教师发展受到多大程度的控制以及教师在发展过程中的自由度有多高。

教师自我发展涉及自我发展的意愿。自我发展的意愿可以被界定为"个体为了获得发展所持有的态度、能力和品性"[①]。此界定包含几个前提假设：首先，作为成人的教师能够自我指向，只是程度不同而已；其次，自我指向的能力是可以培养的。最后，自我指向的发展能力可以从一个情境向另一个情境迁移。[②]

最后一个假设必须引起足够的重视。假设一个人在给定的情境中拥有高水平的能动性，那么，在一个崭新的、不熟悉的情境中也拥有相同水平的能动性是不明智的。这并不是说，一些技能与品性不会在不同的情境中进行转化。然而，对于一个人而言，在某个特定的情境中能够自我导向，是必须要以获取一定程度的关于此情境的知识量作为基础的。例如，一位在数学学科具有较高自我发展导向的教师，在英语学科方面不见得拥有较高的自我发展导向。所以，我们在评价教师的自我发展导向时，需要充分考虑特定情境。

自我发展的意愿是个性化的，而且在连续体中的不同时间点程度也有不同。有学者依据在此连续统中能动性的强弱差异，建构了自我发展阶段模型。[③] 研究发现，具有较低自我发展导向能动性的教师，在工作与生活过程中表现出了较高程度的焦虑，而具有较高自我发展导向能动性的教师，同样在工作与生活中表现出较高程度的焦虑。[④]

（三）教师发展的方式方面

教师自我发展的一个重要方面就是能够制定适合自己发展的目标、计划，选择自己需要的学习内容，有能力将制定的目标和计划付诸实施。教师自我会根据自己的发展动机、发展要求、具备的发展条件来选择适合自己的发展方式。选择恰切的自我发展方式，需要教师自我把握影响自我发展的内外部因素和可供选择的专业发展路径有哪些。

教师的社会形象和角色规范、教师的社会地位和经济待遇、教师的家庭经济状况是外因。教师的社会角色要求教师具备较高的职业道德、人格境界、学术素养和专业水平。社会地位的变迁和经济待遇的变化会影响教师对职业的选择及其对工作的态度，最后作用于其对专业的追求。[⑤] 影响教师发展的内部因素有个人经历与经验、知识结构与能力水平、人格特质、个人悟性与主观能动性等。这些因素是影响教师发展的根据。教师发展是内外部因素综合作用的结果。清晰认清这些因素，有机整合这些因素，教师才能精准选择适合自己发

---

① Wiley, K. Effects of a self-directed learning project and preference for structure on self-directed learning readiness [J]. Nursing Research, 1983, 32(03): 181-185.

② Candy, P. C. Self-direction for lifelong learning: a comprehensive guide to theory and practice [M]. Jossey-Bass Publishers, San Francisco, CA, 1991: 58.

③ Grow. G. Teaching learners to be self-directed [J]. Adult Education Quarterly, 1991, 41(03): 125-149.

④ Wiley, K. Effects of a self-directed learning project and preference for structure on self-directed learning readiness [J]. Nursing Research, 1983, 32(03): 181-185.

⑤ 卢真金.教师专业发展的阶段、模式、策略再探[EB/OL].(2017-08-22)[2019-05-21] http://old.pep.com.cn/rjqk/kcjcjf/200712/201101/t20110106_1008732.htm.

展的路径。

在教师自我发展具体路径选择方面,从教师入职开始,就需要走一条理论与实践相结合的道路。在教师发展的不同阶段,根据内外部因素,侧重点会有不同,但要始终不渝地保持教师情感与教学知识、技能的和谐发展。

二、教师自我发展的意义

20世纪80年代前后,包括中国在内的世界各国在各个方面都或隐或显地出现了与以往不同的特征,人们把这个具有分水岭性质的时代称之为转型期。[①] 教师专业发展活动经历了从关注教师整体素质提高到关注教师个体发展的过程。在这个转型期,教师的个性化需求越来越受到重视。同时,在追求教师队伍整体专业化的过程中,出现了许多背离教师发展初衷的地方,主要表现为教师发展存在着严重的内动力不足、发展行为取决于功利主义的价值逻辑以及发展水平停留在技术化层面等诸多问题。教师自我发展的提出,对教师的可持续发展、全面发展具有重要意义,具体而言有以下几个方面。

(一)有助于教师主体性的发挥

教师专业发展近年来受到理论与实践工作者的广泛关注。然而,在教师专业发展的实际过程中,存在着过度强调外部驱动而贬抑或遮蔽教师自我发展意愿的现象。

通过对有关"教师改变"(teacher change)的研究文献的分析梳理发现,近年来教师专业发展大多是一种由上而下、以外来政策与计划的方式来推行的,研究者将这类促使教师专业发展的策略取向称为"实证—理性"取向。[②] 在这种取向中,教师被视为研究成果的接收者和消费者,教师专业发展的过程是线性的,动力来自于教室外部的行为、想法或教学计划。[③] 近几年兴起的"规范—再教育"(normative-reeducativ)就是改变策略假设教师的改变来自对信念与实践工作的深层次反思(现象学、诠释学观点)。因为改变的过程包括理解一个人的信念与知识,然后才决定是否需要改变。这两种取向的不同,最主要是在改变方向上的不同。

有学者从后结构历史批判的观点出发认为,"实证—理性"和"规范—再教育"之间存在一个很重要的核心问题,就是有关"教师主体性"的问题。此问题不仅是教师专业发展的核心,更是当前教育的核心。我们可以用"我们如何看待教师"和"教师如何看待自己"这两个问题来比喻这两种不同的取向。前一个问题是用外来的角度思考教师的主体性,后一个问题是从教师自身思考其主体性。如果教师主体性是由外来的政策、教育官员、学术社群所界定的,那么教师就会沦为一种"角色"的立场,其对角色产生过度的认同,就会沦为执行由上而下交办任务的工具,也将失去教育原有的核心精神。如果教师的主体性能由自身来思考,

---

[①] 陆有铨.转型期西方教育理论与实践丛书[M].济南:山东教育出版社,2011:1.
[②] Richardson, V., Placier, P. Teacher change [A]. In V. Richardson(Ed), Handbook of research on teaching (4th ed) [C]. Washington, D. C: American Educational Research Association, 2001: 905-944.
[③] 黄腾.从角色到自我—教师改变的历史困境与可能[J].教育研究集刊,2005(04):89-116.

那么就能摆脱"教师角色"的认同并回过头来反思原有"教师角色"的问题,开展更多革新的可能。[①]

需要厘清的是,对这两种教师专业发展取向的区分,并非是要否定各种来自外部的教师专业发展的推动力量。相反,教师专业发展的核心绝对不应该是来自外部的力量的是与非,因为各种力量在不同的情境与时间点皆有其可能存在的价值。教师专业发展的核心应该是来自教师自我的觉察与智慧,觉察自己所处的时空条件与脉络,并作出适当的判断。因此,当我们关注的是"教师怎么看待自己"时,不代表教师完全否定了各种外来的力量,反而是包含了这所有的论述,并且超越了这些有限的论述。

(二) 有助于教师的可持续发展

工业革命以后,人们面对社会、经济与知识技术的快速改变,需要不断地学习加以应对,因此,教师的发展要具有可持续性。课程改革以来,教育方式已经实现了从关注教到关注学的实践转变,教师专业发展方式也有了很大的创新,教育方式持续创新必然内含着教师自身专业发展的要求。"教育的价值"就在于帮助个体以一切可能的方式去实现自己,使自己成为发展和变化的主体,成为实现自己潜能的主人。个性化的教师发展,教师自我发展是专业发展的应然向度。[②]

教师个体是具有自我意识、自我追求的人,是社会化主体与客体的结合体。随着个体理论的兴起,如波兰尼(Polany)的"个人知识"理论、康纳利(Connelly)的"个人实践知识"学说、格列福斯和坦恩(Griffith & Tann)的"个人理论"以及高德逊(Goodson)的"个人自传"假设等理论的出现,教师个体在其专业生活及成长过程中的"个人知识"以及"个人理论"开始引起人们的重视,人们开始研究教师个体的"主体性"和"特殊的专业认知"之于教师发展的关系。[③] 近年来,研究者着眼于教师个体的关怀视角,进一步地提出了"教师个体的生存方式"、"教师个体的教育学"、"教师个人教育观念"等观点。[④] 新近,国际上关于"反思型教师"、"研究型教师"等理念的倡导,实质上也反映了学界对教师个体专业成长和发展意义的认识。

教师自我发展要回答成为一名怎样的教师,选择一种怎样的生活方式的根本问题。对这样根本性问题的回答,与教师的可持续发展密切相关。教师专业发展不单单指规约教师职业行为的外在的行为规范,更重要的是内化于心的作为教师灵魂的信念。教师的信念直接关系教育实践能否拥有足够的动力,关系人类能否从教育中获得足够促使自身不断完善的内在利益。因此,教师如何看待教师这一职业的性质、如何从事自己的职业、如何看待自身的发展以及发展什么和如何发展等,至关重要。这主要取决于教师发展的价值逻辑,它是教师对做什么、怎样做和为什么做的价值判断、选择和取舍的思维和行为的立场。稳定的价

---

① 黄腾.从角色到自我—教师改变的历史困境与可能[J].教育研究集刊,2005,51(04):89-116.
② 石青群.中学教师个性化专业发展研究:生涯的视角[D].上海:华东师范大学,2016:56.
③ 钱旭升,靳玉乐.教师个体专业发展与教师群体专业发展[J].教育科学,2007,23(04):29-33.
④ 吴惠青.论教师个体的生存方式[J].教育研究,2003(06):42-45.

值逻辑对教师的思维和行为具有一定的、潜在的强制性,它左右着教师的情感认同、工作态度、努力方向、工作方式和人际关系等。

(三) 有助于教师的全面发展

教师发展的技术化倾向根源于对技术理性的认识旨趣,它在教师发展中的支配地位由来已久。这种教师发展的观点和实践主要是创造和培养了"技术饥渴"的教师,其实践具有如下特征:一是对情境做一般化处理而不是依照现实情境进行改进或改革;二是理论(或理论家)和实践(或实践者)之间存在着一种等级制关系;三是议程由行政机构人员而非由教学专业人员来推动。因此,这种发展实践在教师身上发生的是浅表的、暂时的变化,主要是量的和程度的变化,而非质的、结构的和性质的变化。

教师获得真正的发展来源于教师的自身认同与自身完整。[①] 教师发展是一个生命整体的发展,教师需要过一种完整的生活,展现其整全的生命状态。专业发展是其中一个重要组成部分。教师发展不仅仅是关于教师所教学科的知识和从事的技能的训练,更为重要的是教师的品质和对于教育的深刻体悟,教师自我发展强调的正是教师内在资源的丰富和提升,是结构和性质上的转变,是从一种生命状态上升为另一种生命状态的过程和结果,这是教师发展的质量标准,也是解决教师发展的技术化倾向问题的根本所在,而前提是要使教师自我发展符合发展的机制,践行符合于教师自我发展的路径。

第二节 教师自我发展的主要策略

教师自我发展策略的选择,需考虑到所选择的策略要有助于激发和强化教师自我发展的意愿,有助于提升教师自我发展的动力,有助于教师的可持续发展。教师自我发展,首先要自我观察与自我分析,察觉到改进的必要性,进而从真实的体验出发,针对自己工作中的具体问题,进行自主学习,以获得成长。在本节中将着重介绍教师自我发展的自我反思与自主学习策略。

一、教师的自我反思性实践

(一) 教师自我反思的内涵与意义

1. 教师自我反思的内涵

关于教师发展的策略,在 20 世纪 80 年代以来的教师发展文献中,出现最频繁的莫过于以"反思"为典型、强调自主探究的发展方式了。[②] 将反思概念引入教师教育领域并加以系统

---

① [美]帕克·帕尔默.教学勇气[M].吴国珍,译.上海:华东师范大学出版社,2014:14.
② 饶从满.教师发展研究的国际动向管窥[EB/OL].(2019-03-03)[2019-05-21]https://www.docin.com/p-1249421312.html.

阐发,是从杜威(John Dewey)开始的。[1] 杜威将反思定义为"主动积极、锲而不舍及缜密考量任何信念或任何形式的知识,作为支持信念及其所达致结论的依据"[2]。在杜威研究的基础上,经过泽科纳(Zeichner, Kenneth M.)、肖恩(Donald A. Schön)、麦基罗(Jack Mezirow)、布鲁克菲尔德(Stephen Brookfield)、科瑟根(Fred Korthagen)等学者的努力,使反思的深刻内涵逐步明晰。关于自我反思的内涵,我们可以从以下方面理解:(1)反思是以获取知识、获取关于事实或真理、信念的缜密的思考过程。(2)反思是对以自我为对象,对所持有的信念进行检视和修正,推断各种假设的含义,并将推理结果与其他理论和已知事实相对照[3]。(3)反省思考来自于各个想法,而每个想法也互相印证,它们并非同时发生,每一个阶段都是从某件事物到另一件事物的跨越,技术上而言,这是一个思考期。每个期间都会留下自己的一部分,在下一个思考期中使用。这样的流动则变成了思路、连锁思想或思绪。简言之,自我反思是自我审视、自我澄清、建构个人实践理论的缜密思维过程。

关于自我反思的内容,有两个维度:工具性反思与本体性反思[4]。工具性反思,是指教师以教育教学体验为依托,就如何更好地获取有关教育教学的知识技能为内容的批判思考过程。工具性反思更多体现的是"基于目的对手段合理性的思考,是对效率的追求"[5]。本体性反思是教师以成长经历为依托,对作为一名教师选择怎样的生活方式,自己未来能够成为谁所进行的批判思考。

工具性反思能力与本体性反思能力在反思的体验基础以及反思的时机等几个方面均存在差异。在反思体验基础方面,本体性反思更强调基于教师成长经历和生命体验的反思,这里的成长经历不仅是教师自己亲身经历的体验,他人的经验也可以作为反思的基础。在反思的时机方面,教师本体性反思是贯穿于教师成长过程始终的,而非一时一地所进行的反思。

2. 教师自我反思的意义

对于教师自我发展而言,教师自我反思的意义主要表现在两个方面。其一,自我反思有助于教师的可持续发展。教师具备反思的意识和能力,就会持续不断地对自己乃至同事的实践进行反思。为了反思,教师就会主动地通过各种渠道获取信息,充分利用各种资源,这就在客观上决定了具有反思意识和能力的教师是终身学习者与研究者[6]。

其二,教师自我反思有助于教师自我澄清。教师有关教育教学的成长经历大体上包括基础教育阶段受教育的经历、师范教育经历和入职后的工作经历。在这些经历中,教师会形

---

[1] 饶从满,杨秀玉,邓涛.教师专业发展[M].长春:东北师范大学出版社,2005:120.
[2] [美]约翰·杜威.我们如何思考[M].章玮,译.台北:商周出版社,2017:46.
[3] Inge C. M. Van Seggelen-Damen. Reflection: a Socratic approach [J]. Theory & Psychology, 2017,27(06):793-814.
[4] 回俊松,饶从满.职前教师本体性反思能力培养的必要性与可能性[J].教师教育研究,2014,26(04):23-28.
[5] Lipka, P. R. & Brinthaupt, M. T. Balancing the personal and professional development of teachers [A]. In Lipka, P. R. & Brinthaupt, M. T. The role of self in teacher development [C]. New York: State University of New York, 1999:1.
[6] 饶从满.可持续发展力:教师职前培养的重要目标[N].中国社会科学报,2011-06-30(23).

成自己关于教育教学的信念。这些信念对教师的成长和发展会产生很大影响,而且这些信念有待检验甚至改变。自我反思能够帮助教师澄清自我,明确发展的实现,厘清发展的路径等。

(二) 教师自我反思的策略

1. 教师工具性反思的策略

在教师工具性反思策略与本体性反思策略部分,我们主要呈现的是反思的策略,主要涉及两种反思的前提、基础以及过程。至于反思日志、反思对话、情境再现等许多具体的反思方法,并不是本书论述的范围。

(1) 教师工具性反思的前提

工具性反思是教师自我发展的重要途径之一。教师专业成长是一种知识技能与具体教学情境互动之下的结果,是一个包括教学实践和学习的持续式、螺旋上升的过程,这个过程之中涉及教师对教学经验的反思;通过此种反思,使教师有意识地感知自己教学行为背后的理据、矛盾等现象,省思个人的教学行为,培养教学敏锐度与判断力,提升解决实际教学问题的能力,进而强化自我的专业能力,促进成长。

(2) 教师工具性反思的基础

反思在本质上是情境化的、慎思的、赋予意义的,理论、知识和实践整合的过程。教师工具性反思的基础就是教师日常的教育教学实践体验。反思是对实践体验中假设的质疑。如杜威所言,反思始于困惑、犹豫和惊奇。反思是对实践体验的性质和目的的质疑;反思是对实践体验中多元价值的思考。有研究者认为,反思是聚焦于实际问题,不断询问"应该是什么"的问题;反思是在教育教学实践中寻求多元视角和行动方案;考虑已经采取和即将采取方案的可能或现实的后果;是一个螺旋的而非线性的过程;是切合特殊背景需求的。

教师在教育教学实践中大致会出现两种情况:一是教学中面临着的困惑和问题。当教师不能顺利地开展工作、完成教学任务的时候,教师需要思考工作的情境是什么,问题在哪里,这个时候便会产生反思的需要。二是教学中产生了意外的效果,这个时候,用心的教师会去认真地思考到底发生了什么事情,是什么原因导致了这个事情的发生,以后如何做才能达到或避免同样的效果。

(3) 教师工具性反思的过程

综合已有研究的成果,教师工具性反思的基本过程是:识别问题——描述情境——诠释与分析——在情境中检验。换而言之,首先要识别使教师感到教学中困惑或惊奇的现象;其次,教师详细地描述教学情境及其问题;在此基础上,诠释现象中的意义及其中所蕴含的理论;最后把概念化的理论在实践中进行检验。教师工具性反思的具体过程如下:

①对教育教学实践的观察,发现问题。有研究者提出,教师在教育教学实践中的"不舒服"(discomfort)包括:认知的不舒服,涉及学科知识方面的丰富程度、理解程度等;信念驱动

的不舒服,涉及对学科的观念、学生观、教学观等;教学的不舒服,涉及教学策略、课堂管理和学习评价等;情感的不舒服,涉及教师角色的改变,外部压力等。教师在教育教学过程中发现问题,是与教师个人的关怀密切联系在一起的。如果教师没有全身心地投入到教育实践活动之中,就不会有问题的发现与产生。

②对问题情境进行细致的描述。有了困惑只是说有了探究的方向,并不等于需要解决的问题已经清晰。问题不可能脱离特定的情境而存在,问题与问题出现的情境是不可割裂的。只有在对问题情境进行细致描述的基础上,才能更加明确问题出在哪里,以及如何更好地界定它。

③从多个角度进行诠释。从多个角度对问题进行诠释,表现的是对解决问题的各种可能性的全面把握,在不同的理论视角中择优而从。

④在实践中检验。积极地在实践中检验对问题的理解,是反思的重要阶段,经过对问题情境的梳理诠释与分析,教师对自己的理解有了更加深入的把握,形成了新的见解、不同的理解,就需要把这些再次概念化的行动付诸实践。

2. 教师本体性反思的策略

基于成长经历的本体性反思促进教师自我发展的过程有两个方面:一是反思的意识和能力,也就是教师多角度思考问题并进行判断的意识和能力,这是教师自我发展的前提;二是教师用来进行本体性反思的体验基础。

(1) 教师本体性反思的前提

教师多角度思考问题并进行判断的意识和能力,就是对指导自己日常行为活动的参考框架(frame of reference)进行转化,换一种视角看待自己所处的世界。参考框架是教师在成长经历中形成的关于教育教学的理解与看法,会对其专业成长产生重要的影响,而且参考框架是基于教师"个体真理"形成的,还有待于进一步的检验。相似地,教师需要"重新经历其对过往体验进行思考的完整过程,将其带离直接浸润的世界,然后再将更具批判性的他们带回这个世界"。这就是海德格尔所说的"促使人类从第一次遇到事物的区域转移开"。这就意味着教师要不断创设空间与机会,以不同的视角面对熟悉的事物,探寻事物成为其他样子的可能性。换言之,通过从其他的视角对"理所当然"的想法进行思考,可以形成新的与外部世界进行互动的方式。也就是说,在创设两难情境的过程中要引导教师审视自己的存在方式,尤其是作为一名教师的存在方式,"引导教师回归自我,对如何成为今日之我进行考察",帮助教师澄清自我、转化自我。教师进行本体性反思,不仅在于使其获取关于教育教学的知识与技能,还在于"在学习的过程中学会创造,充分发挥主观能动性,通过自己的努力改造外部世界,形塑崭新的自我,使自己成为一个全面的人"。这就意味着具有创造崭新的世界,并以恰当的方式探索新的存在方式的能力。显然,这样的目标并不能仅靠工具性反思,获取相关的知识技能来完成,更需要进行本体性反思,将知识、行动以及存在方式进行融合才能够达成。同时,还应该注意到,成为一名教师是一个动态的、随着时间不断变化的,是随着实践的发展而发展的,是与特定的时空背景、特定的实践形式相关的。因此,这种持续的变化过程就需要具有一种开放的胸怀,关注于特定时期、社会对教师角色的要求。

(2) 教师本体性反思的基础

教师进行本体性反思的物质基础,在于教师所拥有的成长经历。"成长经历就是那些真实发生的事情。成长经历包括印象、情感、态度、愿望、思想……,成长经历作为对生活的记叙,受到文化等社会情境的影响"。成长经历既包括教师在师范教育阶段和在职阶段亲身所经历的部分,也包括可供分享的他人所陈述的成长经历,这即为成长经历(life history)与个人经历(personal history)的区别。与工具性反思仅关注真实的教育教学体验不同,本体性反思的体验基础为教师的成长经历。

教师的成长经历可以被分为几个部分:作为学生的体验(prior experience)、师范教育阶段的体验以及在职体验。教师对基于已有体验所形成的关于教育教学的思想进行反思的思维活动可以理解为对行动的反思(reflection-on-action)[1];对基于教师教育职前培养阶段的学习体验所形成的关于教育教学的思想进行反思的思维活动可以理解为在行动中反思(reflection-in-action)。二者都是以教师未来能够更好地进行教育教学实践活动为导向的,即为了行动的反思(reflection-for-action)。

教师进入教师培养阶段之前的已有体验。这部分体验主要包括社会文化体验、与家庭中重要他人(significant others)的交往体验以及作为学生的学徒期观察(apprenticeship of observation)体验。教师在这一阶段的已有体验首先具有主观性的特点。"成长经历体现的是个体主观的现实、假设与信念。其强调将个体置于日常生活中对其体验的意义进行解释"。[2] 教师的体验具有情境性的特点。对教师已有体验的反思,是将教师的生活置于一个广阔的时空中进行思考,"既考察教师生活的亲身体验,也在其生活所处的更加宽广的社会与经济情境中进行考察"。教师的已有体验还具有价值判断的功能。教师基于已有的体验会形成一系列的关于教育教学的信念,这些信念会起到"筛子"的作用,影响其以后的学习与生活。因此,对教师已有体验的关注是教师本体性反思的重要的物质基础,是本体性反思的逻辑起点。

教师进入教师培养阶段的体验。这部分的体验主要包括教师教育课程体验、校外兼职等。有研究表明,教师教育中的价值负载课程(value-laden course)的内容与紧张的活动所提供的体验,可以成为教师反思的催化剂,为其参考框架的转化提供机会。研究发现,关于教学实践过程中的两难情境的教学内容可以鼓励教师对自我以及专业价值进行反思,在相互的冲突中获得发展。此外,文本教材中的内容可以成为反思的催化剂,这样的反思结果不仅可以使教师更深刻地理解文本教材的内容,还可以更深刻地了解自己的观点。这些活动通

---

[1] [美]唐纳德·A.舍恩.反映的实践者[M].夏林清,译.北京:教育科学出版社,2007:50.
[2] Beynon, J. Institutional change and career histories in a comprehensive school [A]. In Goodson, I. F. Teachers' lives and careers [C]. London: The Falmer Press, 1985: 169.

过刺激教师的两难困境,鼓励教师进行反思,促进转化学习,使其更加直接、全面地体验学习,使其对意义进行建构。例如,为了唤起非洲裔美国职前教师对公民权利的意识,赫伯(Herber)设计了一系列的体验活动,以此来理解与促进他们的转化过程。活动之一即是在孟菲斯(Memphis)城参观国家人权博物馆。她发现,博物馆之行可以作为转化过程的催化剂。更重要的是,她发现:"成人学习者能够直面一个困难的、痛苦的社会问题,他们能意识到对种族的感知扭曲,他们能够通过体验、结合传统假设存在的情境进行反思,形成一种更具包容性的视角"。①

此外,还需要特别指出的是,传统对人的行为的原因定位于过去事件的影响,当然不能否认过去经历对人的行为的重要作用,然而这仅是一个方面,未来的目标对人的当前的行为也具有重要的影响作用②,人们也可以基于未来的目标,对当前的行为进行反思,换言之,成长经历不仅只有过去的事情一个维度,还包括未来的维度。基于未来目标对当前的批判性思考是反思的一个重要维度,是创造力的体现。想象是与创造力联系在一起的,可以帮助职前教师超越习惯思维,不受传统习惯的束缚。利用教师的想象力培养教师的本体性反思能力是有待于探索的广阔领地。艾甘(Egan)认为,教育者在培养学生想象力方面做得不够,甚至是忽略了对学生想象力的培养。在促进教师进行反思的过程中,可以为教师创设一个叙事的情境,因为在叙事结构中回忆比从逻辑结构清单(logically-organized lists)中回忆要好。

(3) 教师本体性反思的过程

教师本体性反思活动不是随意而为之的,是系统化、结构化的过程。虽然提出一个框架以帮助教师进行本体性反思,存在着使教师思维被框架扭曲的危险,但是只要教师理解这里所提到的反思过程只是提供一个探索自我的抓手,而非强制要求,就不会被框架所束缚。

关于反思的模型,已有许多的研究成果,归纳起来主要有两类:循环模型与结构模型。③ 循环模型是将反思过程解构为不同的阶段进行探讨的,如科尔伯的体验学习圈、吉布斯的反思圈等。结构模型是通过设定一系列的问题帮助反思实践者进行反思,如诺尔斯等学者对反思性探究(reflective inquiry)的研究。

在已有研究的基础上,我们认为,教师基于成长经历的反思过程包括教师经历成长、对成长经历进行回观、澄清在成长经历中所形成的视角(指向自我、专业自我)、对视角进行完善或转化、返回到体验活动中对视角进行检验五个步骤或阶段。具体如下:(1)教师的成长经历。教师的反思过程是以体验为基础的。教师要意识到自己的成长经历是学习教学的重要资源,要给予足够的重视。我们认为,基于成长体验的反思是教师必要的反思活动,结构

---

① Herber, S. Perspective transformation of preservice teachers [D]. Tennessee: University of Memphis, 1998: 127.
② Thompson, N. et al. Reflective practice: an existentialist perspective [J]. Reflective Practice, 2011, 12(01): 15-26.
③ 回俊松,饶从满.基于成长经历的反思:职前教师反思的重要形式[J]. 东北师大学报(哲学社会科学版),2012(06): 176-180.

化的反思过程可以起到激活反思思维的作用。结构化的反思过程可以帮助教师结合成长经历中的时空情境、社会、政治、经济条件对业已形成的、作为教师的自我进行批判性思考,进而对已经形成的视角进行澄清、强化或转化,以更好地适应当前或未来行动的需要。(2)教师对自己的成长经历进行回观。职前教师形成的自我以及作为教师的自我主要是在日常生活中对教师职业和学校环境的观察体会,从教师教育课程中的见习、实习获得的体验以及在工作经历中所建构的。有些体验是在教师做学生时形成的,"学生对教师教学活动的观察就如同观众看戏剧一样,只是看到了舞台上的表演,而没有看到幕后的活动",这有可能导致对教师、教师职业产生不全面甚至是错误的理解。结构化反思过程的作用就在于唤起教师不断地对自己关于教学的视角进行检视反思的意识,促进教师的可持续发展能力,即持续的以内部指向性学习为基础的专业发展能力的形成。结构化的反思过程需要教师在回观自己成长经历、澄清自己行为方式的前提假设时,直面回答几个具体的问题。回答这几个问题的重要性在于,将已有的关于教育教学的视角与其生成的情境联系起来进行反思,而非孤立地仅对教育教学活动进行理性的分析。基于成长经历的反思不只是将注意力集中在教师学习教育教学知识技能的微观层面,更关注主体对自我成长的回望,以及与广阔的社会情境相联系。基于成长经历的反思不仅要在教师行为层面反思,更要反思职前教师的思维形成过程。换言之,设计这些问题的目的在于全面地考察教师的教学实践活动。教师只有清晰地回答了这些问题,我们才可以认为职前教师进行了全面的反思。关于自我的问题具体如下:作为教师,我是谁?我是如何成为今天的我的?理想的教师形象是怎样的?在成为一名教师的过程中,有哪些重要的影响因素?我是如何塑造我的世界观的,其又是如何影响作为专业的自我和我的实践的?我是如何看待教师教育与专业发展的(我的观点是如何发展变化的)?关于教学情境的问题:我对学校、课堂的基本理解是什么?这些视角是如何形成的?我的专业发展计划是怎样的?在我的成长经历中,有哪些因素、人物或者事件形成并塑造了我对教育教学的理解(形成了怎样的专业自我)等。

二、自我导向学习

在对自我进行反思的基础上,教师立足于自己的教育教学实践生活,学习和研究自我,建立属于自我的教学知识,同时不断建构和深化对教育教学的理解,向理想中的自我发展。

(一)自我导向学习的内涵

自我导向性学习(self-directed learning)是指成人高度有意识的学习计划。成人学习的诱因主要是由内在的动机引发,而不是经由外在报偿所引起的。

自我导向学习的类别

(二) 自我导向学习的意义

1. 自我导向学习有利于唤起自我的觉醒

从哲学立场来看,教育是培养人格的一种文化活动,其目的是在引导并唤醒个人、培养其主动追求理想价值的意志,以发展个人的身心潜能,促进其适应社会,进而有批判社会、提升社会的能力。[①] 自我导向性学习能够使教师依据自己的发展现状和发展需要,自主制定学习的目标、内容、方式和方法,并自行对学习的过程进行监控。这种以教师自我为主的学习活动,能够充分尊重教师的主体性,包括教师的自我意志,自我感受和行为习惯,进而激发和维持教师自我发展的积极性和主动性。[②]

2. 自我导向性学习适应教师个性化发展需求

教师群体是由具有不同个性特征、认知风格和志向抱负的个体构成的。每位教师的成长经历不同,包括所受教育、知识结构、家庭环境等,这使得教师之间必然存在着差异。每位教师在职业生涯中所处的阶段也不同,工作环境不同,所关注的问题也不同,这也会导致教师之间的不同;教师还是不断变动与发展着的个体,会随着自身和外部环境的变化而发展变化。这就要求教师发展一定要有与之相适应的教师发展活动,只有适应教师个体实际情况的教师发展活动才能称为精准的。自我导向学习是由教师自己发起、实施和监控的学习活动,这样的学习过程在目标、内容、方法和进度等方面都能恰切地满足与适应教师个体的需要和特点,更具个性化和针对性。[③]

3. 自我导向学习有助于教师建构属于自己的实践智慧

有关教师知识的研究表明,教育的理论知识和学科专业知识都不可能直接对教师个人的教学质量起到决定性的作用。只有将这些知识转化为教师的个人实践知识,或个人的实践智慧,才能够对教师教学实践产生重大的影响。教师个人实践智慧是教师教育教学实践的基础,在教师日常工作中发挥着不可替代的作用。同时,教师个人的实践智慧很难通过旁观或者传授的方式习得。因为教师个人的实践智慧具有缄默性、内隐性的特点,其形成是一个日积月累的过程,需要教师自主建构。自我导向性学习正是破解这一难题的有效方法,教师可以依据自身的特点,寻找到自己与目标教师所具有的实践智慧之间的生长点,通过自己设定的学习内容,选择适用于自己的学习方法,建构属于自己的实践智慧,使自己获得成长。

(三) 自我导向性学习的过程

教师依据自己的需求,自行启动学习计划,然后执行并对学习过程进行监控,评估自己的学习体会,这是自我导向学习的自然过程。

---

① 陈茂祥.自我导向学习理论及其在成人教育上的启示[J].朝阳科技大学学报,2001(06):65-89.
② 李广平等.自我导向性学习与教师专业发展[J].外国教育研究,2005(32):42-46.
③ 张秀雄.自我导向学习与成人教育[J].国立台湾师大公民训育学报,1993(03):125-142.

> **拓展阅读 4-1**

塔富对加拿大多伦多市 66 位进行学习计划的人所做的研究发现：70%的计划都是学习者自行设计的，他们采用了以下 13 个步骤，显示出他们对于选择什么来学、学习地点及方式所做的重要决策。这十三个步骤是：(1)决定学习的详细知识与技巧；(2)决定学习的活动、方法、资源或设备；(3)决定在哪儿学；(4)决定学习截止日期或期终目标；(5)决定何时开始学习；(6)决定学习计划的执行步调；(7)估算目前的知识或技能水平及其进步情形；(8)侦测阻碍学习的因素或发现目前较缺乏效率的程序；(9)获取想要的资源、设备及场所；(10)准备学习使用的房舍及设备；(11)贮存或获得必要之人力与非人力资源的经费；(12)找出学习时间；(13)增强学习计划的学习动机。① 通过这 13 个步骤，塔富建立了在自然情境中追求自我导向学习的基本模式。

诺尔斯描述了自我导向学习的 6 个步骤：(1)气氛营造；(2)诊断学习需求；(3)形成学习目标；(4)确认学习所需之人力及数据；(5)选择并执行适当的学习策略；(6)评估学习结果。② 诺尔斯的自我导向学习模式，提供了完成每一个学习步骤时，教师及学习者所该做的工作。

贾维斯(Jarvis)认为，学习是转换经验为知识、技巧和态度的复杂过程。此复杂过程中有 9 个要素，即差距、决定学习、参与型态、设定目的和目标、内容、方法、思考/语言、评估及行动/结果，具体如下。(1)差距(disjuncture)。学习者对于自我的描述与经验及实际的需求有所差距，因而产生需要；因此，差距可视为一种需求。差距的产生，也可能是由于对预期经验或未来所需知能的洞悉而产生。贾维斯认为差距事实上并非自我导向学习的真正过程和结果，而是引发学习需要与需求的动机。(2)决定学习(decision to learn)。贾维斯认为人们有学习的需求和需要，因此，安排学习资源，以促使人们能进行自动学习；而决定学习的诱因可以由自己引发，也可以由他人引发。(3)参与型态(type of participation)。一位学习者参与学习的型态有两种可能，一是学习者决定参与学习课程；二是独立学习。贾维斯强调内在心理过程，自我导向学习者将采取独立的学习方式。(4)设定目的和目标(setting aims and objectives)。目标的设定可以由教师决定、师生共同商议或由学习者自我决定。(5)内容(content)。自我导向学习者能自行选择内容，偶尔也会透过商议的过程，与教师共同商议课程内容。(6)方法(method)。自

---

① Tough, A. M. The adult's learning projects: a fresh approach to theory and practice in adult learning [J]. Adult Development, 1974: 222.
② Knowles, M. S. Self-directed learning: a guide for leaders and teachers [M]. New York: Cambridge. Association Press, 1975: 72.

> 我导向学习采取独立学习的形式,因此,常发展出契约学习或各种学习方案,以帮助学习。(7)思考/语言(thought/language)。自我导向学习者通常独自、个别思考,而不同的思考方式所使用的语言也不相同。(8)评估(assessment)。自我导向学习者由自己来进行评估,透过评估可以知道学习的效果,而达成目标的情形也可作为学习情形的回馈。(9)行动/结果(action/outcome)。学习的结果可能是获得新的东西,也可能是肯定旧有的经验。贾维斯建构的自我导向学习模式,有助于了解、应用自我导向学习的方法,另外,也可比较并了解他人导向的学习。

教师在进行自我导向学习过程中需要注意以下两个方面:

一是激发自我导向学习的主动性和积极性。自我导向学习是发生在个体层面的学习活动。教师个体需要具有投入学习的意向和自我导向学习的能力。因此,激发自主发展的意识至关重要。教师要意识到,自己能够成为自身发展的主人。教师自觉自愿去改变,学习才可能得到来自生命发展需要的内在、持续和强大的动力。[①] 具有自我发展的意识和意愿,教师才可能对自己过往的教育教学实践活动进行审视反思,才能对未来的发展方向和目标进行规划并付诸实施。

二是提高自我导向学习的能力。教师具备自我导向学习的原动力,接下来就要具备实现自己学习目标的能力。在自我导向学习中,教师的问题意识、方法意识是至关重要的。教师要能够独立地发现问题,对自己的教育教学活动具有敏感性,在做中不断地进行思考发现问题。同时,教师还要能够综合各方面的信息,找到对解决问题最为有效的途径。教师还要具备在没有外在制度的约束和监督下,按照预定的计划和目标对学习过程进行监控的能力,只有具备自我监控的能力才能够不断地调整自己的学习活动,实现自己的学习目标。

> **思考题**
>
> 1. 教师自我发展对教师专业发展的意义何在?
> 2. 结合自己的实际,谈谈新课改背景下教师应采取哪些方式获得发展?
> 3. 自我导向性学习与教师自我反思的联系与区别在哪里?
> 4. 材料分析题:
> 　　从小的时候起,"教师"对我而言就是一个神圣的职业,令我向往。终于,我成

[①] 陈晓新.论自我导向学习与教师专业发展[J].中小学教师培训,2011(01):11-13.

为了一名小学教师,真是兴奋至极。但对于未来,我一无所知。只有真正成为了一名教师,才对"教师"这个职业有了切身感受,体会到了一名教师所经历的酸甜苦辣。正是在这样的体验中,我学会了成长。在一天天平凡的工作中,我积累了很多经验,重新认识了教师职业,也知道自己应该做一名怎样的教师。

从以上文字中,可以发现,这位教师的反思体验有哪些?反思的内容有哪些?你还能想到哪些可用来反思的体验?

第五章
基于合作的教师发展

学习目标

1. 了解教师合作的概念与特征。
2. 理解教师合作的理论基础。
3. 掌握教师专业共同体的概念与特征。
4. 熟悉集体备课、教学观摩、课例研究、主题聚焦式研讨和合作行动研究的运行程序。
5. 了解促进教师合作的各种举措。

关键概念

1. 教师合作：教师们为了改善学校教育实践，以自愿、平等的方式，就共同感兴趣的问题，共同探讨解决的办法，从而形成的一种批判性的互动关系。

2. 教师专业共同体：由持有相似的价值准则（如诚实、尊重、信任、勇气、同情）和教育信念的教师以自愿为前提组成的团体，在此团体中，所有成员互相关心、彼此依赖，共同分享与教育相关的资源、经验、技能与知识，合作解决所面临的困惑与挑战，从而推动教师个体与团体的共同发展。

内容脉络

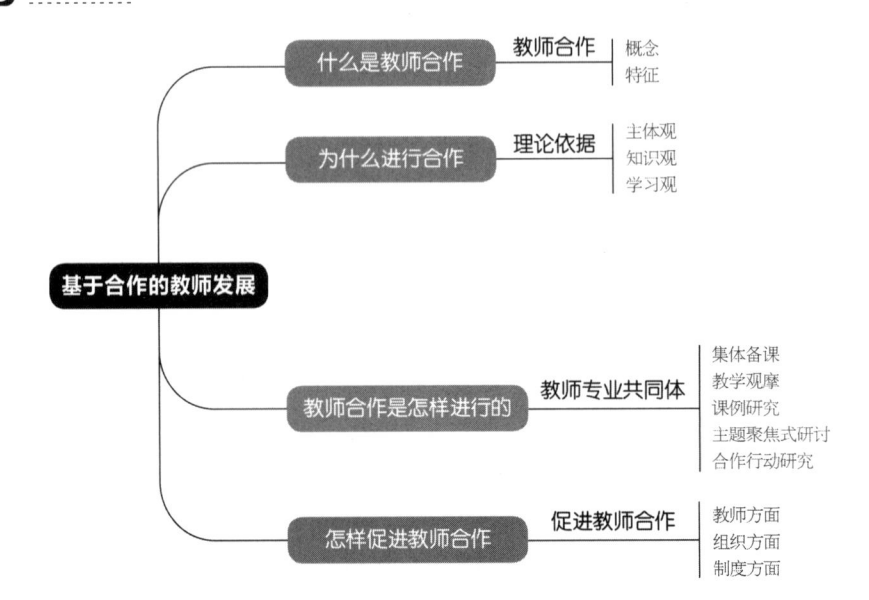

基于合作的教师发展
- 什么是教师合作 — 教师合作：概念、特征
- 为什么进行合作 — 理论依据：主体观、知识观、学习观
- 教师合作是怎样进行的 — 教师专业共同体：集体备课、教学观摩、课例研究、主题聚焦式研讨、合作行动研究
- 怎样促进教师合作 — 促进教师合作：教师方面、组织方面、制度方面

根据《辞海》的解释，合作是"社会互动的一种方式，指个人或群体之间为达到某一确定目标，彼此通过协调作用而形成的联合行动。参与者必须具有共同的目标、相近的认识、协调的活动、一定的信用才能使合作达到预期效果。"[①]近些年来，教师专业发展领域的一个重要转向就是认识到"单打独斗"、"自给自足"式的教师专业发展所具有的局限性，不断探寻和试验各种以教师专业共同体为组织基础、以教师合作为核心特征的教师专业发展形式。

第一节　教师合作概述

探讨教师合作，可从探讨"什么是教师合作"以及"教师合作具有哪些特征"这样的初始问题开始。

一、教师合作的概念

所谓教师合作，就是教师们为了改善学校教育实践，以自愿、平等的方式，就共同感兴趣的问题，共同探讨解决的办法，从而形成的一种批判性的互动关系。对于这一概念的理解，应注意以下五个方面：

第一，教师合作指向的是教师发展以及学校教育的改善，从人际互动的角度看，教师合作主要是一种专业互动，单纯的社会—情感互动不能称其为合作。

第二，教师合作未必会自发产生，但是教师合作必须是教师自愿参加的，否则合作的关系难以维系长久。

第三，教师合作是建立在平等的基础上的，所谓平等是指参与合作的教师在资源共享、共同决策、共同负责等方面拥有平等的权利和义务；参与合作的教师在整个合作活动中，无论贡献大小，都应被平等地看待。

第四，教师合作带有"相互批判"的意蕴，合作中的教师同事关系是一种"诤友"关系，而不是一种表面的礼貌和亲密关系。

第五，强调教师合作，是要摒弃个人主义专业发展模式，绝非是要抹杀教师专业的独立性，更非抹杀教师个性化的专业行动。[②]

二、教师合作的特征

教师合作的六项特征是[③]：

第一，合作是自愿的。谁也无法强制教师进行合作，除非教师们选择进行合作；当教师

---

① 辞海编辑委员会.《辞海》(上册)[M].上海：上海辞书出版社，1999：912.
② 饶从满，张贵新.教师合作：教师发展的一个重要路径[J].教师教育研究，2007(01)：12-16.
③ Marilyn Friend, Lynne Cook. Interaction: Collaboration Skills for School Professional [M]. Boston: Pearson, 2010: 8-13.

不愿合作而被逼迫参与一个合作项目时,他们的质疑和抱怨会远远多于实际的行动。当然,这并不是说只要合作项目是由行政指令发起的,教师就一定会排斥,如果这些合作项目符合教师当下的需求和关切,教师还是会积极地参与其中的。

第二,合作要求参与者的平等地位。平等意味着在互动过程中,每个人的贡献都被平等地看待,每个人在决策上都有平等的权利。如果一个或几个教师被认为拥有更大的决策权或者更有价值的知识,教师合作就不能发生。

第三,合作是建立在共同的目标之上的。每个参与合作的教师都有自己的目标,但是,要想建立一个人人尽力的团体,就必须对这些分散的目标进行筛选整合,确定出至少一个共同目标。即使合作只能实现教师的一个重要目标,他也会全力参与其中。

第四,如果教师要与同事合作,就必须共同承担起积极参与合作活动并解决活动中出现的问题的责任。当然,共同承担不等于平均承担,教师在合作活动以及问题解决过程中做什么,是根据方便完成任务来分工的,每个人负责一部分工作,但工作量不一定完全相等。

第五,参与合作的教师共享资源。分享资源有时是教师合作的基本动机,参与合作活动的每一位教师,都要贡献对于实现共同目标具有价值的资源。教师贡献何种类型的专业资源,取决于他们在合作中扮演的角色以及所从事的特定活动。一个人可能会为了完成重要的任务而花费时间,时间就是一种很关键的贡献;专业技术知识可能是另一个人所能贡献的资源;和那些能够给教师合作活动提供帮助的人员或机构接触,则可能是第三个人所能做的贡献。总之,如果教师不能贡献特定的资源,他们可能会被视为对于完成合作目标无关紧要的人,在确立平等地位(parity)方面也会遭遇困难。

第六,参与合作的教师互相信任。新入校的教师都有一种体会,即使自己很积极地与其他教师互动,但合作的效果依然有限。只有经过一个阶段,教师们已经建立起信任关系时,他们才能在合作中感到安全。而合作又进一步增进了彼此的信任,随着信任感的不断增强,教师们会结成一种"诤友"关系,此时,意见上的分歧以及批判性的观点都不能削弱教师的合作。但也要注意的是,在信任关系刚刚建立起来时,它还是比较脆弱的,不适当的沟通方式、不能为合作活动做出贡献等等,都有可能损害信任关系,重新修复这一关系也需要较长时间。

三、教师合作的理论依据

正如一棵大树,无论其枝叶如何繁茂都离不开根本的支撑一样,教师合作也离不开一些深层理念的支撑。我们认为,教师合作发生在人与人之间,教师合作的主要目的是专业知识的分享与建构,教师合作也是一个教师学习的过程,因此,围绕"主体""知识"和"学习"来认识教师合作,尤其是看到三者在当下所经历的观念转向,有助于我们生成对教师合作的深度理解。

（一）主体观的转向与教师合作

传统的主体理论认为，相对于主体而言，他人是作为客体而存在的，因而自我与他者是一种主客关系，是目的和工具的关系。因为这种主客二分的逻辑，具有自主性和能动性的主体却将周围的其他主体视为"客体"，由此带来哈贝马斯所说的"交往的异化"，即主体间封闭和控制关系的广泛存在。最早挑战这种理论的是德国哲学家胡塞尔（Edmund Husserl），他提出交互主体性（主体间性）的概念，认为处于交往关系中的人均是平等的主体，没有客体，主体间交往是一个从"自我"走向"他我"，从单数的"我"走向复数的"我们"的过程。此后，交互主体性理论被许多思想家继承和发展。例如，马丁·布伯（Martin Buber）就提出人与人之间是平等的"我—你"的相遇关系，而不是"我—它"的支配关系。生存是主体间的"共在"，是平等的、开放的、主体间的交往和对话。在交往和对话的过程中，每一个主体都敞开自己的"视界"，同时进入他人的"视界"，最终实现双方的"视界融合"，这一过程亦即主体和主体彼此分享经验，共同建立意义和理解的过程。

根据主体间性理论，教师之间必须摆脱封闭与控制的关系，走向平等的、开放的、主体之间的合作和对话关系。每位教师都走出原子化的"自我"，不再将其他教师视为"客体"，与其他教师结成平等的"我—你"关系，并通过对话实现经验和观念的共享。教师之间一旦形成交互主体性的关系，就能对合作的各方产生帮扶效应、启发效应和关怀效应。帮扶效应意味着专业发展水平高的教师能给专业发展水平低的教师提供指导，协助其解决面临的问题，缩小双方之间在专业发展水平上的差距。启发效应意味着教师之间的交往与对话触发了教师的反思，促使教师重新审视那些习以为常的观念和做法，走出自己熟悉的"舒适地带"（comfort zone），提升自己的专业水平。关怀效应意味着教师合作能够创设出一种积极的心理氛围，教师之间互相信任，彼此关心，共同追求专业成长。

（二）知识观的转向与教师合作

传统的知识观认为，知识是客观存在的实体，可以通过教导直接传递给学习者，亦即知识是外在的、等待学习者发现和获取的真理。而社会建构主义的知识观则颠覆了这种观点，认为知识是个人与他人通过互动与磋商而建构的共识，它镶嵌于一定的社会历史文化中，"社会性是知识的本质属性"。分布认知理论则将知识分为个人知识和散布于环境中的分布知识两部分，知识并非是"静如脑中的家具"，而是活生生地存在于各种人际活动当中，个人通过与他人建立彼此支持的伙伴关系，不断将分布于环境中的知识整合入自己的知识体系，并建构起知识的意义。

新的知识观强调知识的社会性、分布性特征，这也为教师合作提供了支持。教育工作的复杂性、不确定性，意味着没有哪位教师能够掌握全部的专业知识，也就是说，都存在着"不可避免的无知"。另一方面，教师的专业知识又存在着明显的差异性和互补性，即使是教授同一年级、同一学科的教师在教学整体设计、教学内容处理、教学方法选择等方面的差异也是十分明显的。独立个体的局限性以及个体之间的互补性要求教师之间进行合作,在交往和对话过程中互相汲取对方的专业知识以扩展自身的专业知识。教师集体内部存在很多具有出色能力的熟练教师,在很多场合下,这都被作为教师个人的技艺来看待和评价。但是,通过各自交换这种个人性、实践性知识,可以在教师集体内部建立起实践知识储藏,进而通过谋求其共有,使得磨炼相互的能力成为可能。近些年来,有关教师专业知识的研究已经发现,教师基于个人实践经验而建构出的"自珍而实用"的个人实践知识是一种隐性知识,对于那些拥有大量隐性知识的资深教师来说,如果不能与其他教师进行合作与分享,就会出现一种"封闭悲剧":资深教师在付出许多代价之后积累起来的丰富知识随着他的退休而失去价值,而资浅教师则不得不从一个较低的起点开始独立摸索,由于彼此的封闭,一部分教师承受着专业知能不足的痛苦,而另一部分教师则把自己的专业知能"效益最小化"。合作与分享,才是走出这种"封闭悲剧"的必由之路。[①]

> **知识链接 5-1**
>
> **同事是教师专业知识的重要来源**[②]
>
> 美国学者霍利(Holly)在研究中发现,当受访的英、美两国教师被问及自己的教学观念主要来自哪里时,回答"其他教师"的分别占到 68% 和 63%;我国学者赵昌木通过调查也发现,80% 以上的教师认为自己的教学思想和方法得益于同事间的交流。

(三) 学习观的转向与教师合作

学习科学研究认为存在着两种基本的学习隐喻,即获得(acquisition)和参与(participation)的隐喻。根据学习是获得的隐喻,学习是一种以个人为中心的活动,抽象的概念和技能是通过一定的心理机制进行编码和储存而被主体所内化和理解的;而根据学习是参与的隐喻,知识和技能的学习是通过参与共同体的实践,通过人际互动和情境浸染而进行的。就学习理论的发展趋势来看,后一种学习隐喻越来越受到关注。近几十年来,有关认知、学习与社会文化的情境脉络密不可分的观点得到广泛的支持。

学习观的发展和演进,尤其是对学习的社会建构属性的认识,促使人们重新思考教师学习问题,传统的教师学习观发生了两个基本转向(如图 5-1 所示):一个转向是更加重视教师的主体性,强调教师必须在自身既有的知识和经验的基础上主动地建构专业知识;另一个转向是打破孤立的个人化学习,努力使教师通过与专业伙伴进行合作、对话来发展自身的专业性。教师的专业学习首先是一种发生于"教师之间"的社会活动,然后才是一种发生于"教

---

① 周成海.教师知识分享意愿低落的成因与应对[J].教育发展研究,2006(10A):31-35.
② 赵昌木.教师成长研究[D].兰州:西北师范大学,2004:137.

师之内"的心理活动。学习观的转向要求教师通过合作来学习,专业伙伴成为教师的学习资源,对话成为教师学习的重要形式,团体动力对教师学习起到激发和维持的作用。

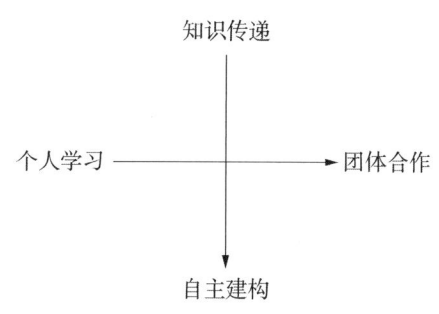

```
                    知识传递
                       ↑
                       |
        个人学习 ——————+——————→ 团体合作
                       |
                       ↓
                    自主建构
```

图 5-1　教师学习观的演进趋势

第二节　教师专业共同体中的教师合作

教师合作的形式是多种多样的,而各种形式的教师合作都依托教师专业共同体这一组织载体。

一、教师专业共同体

教师合作多发生于教师专业共同体之中,教师专业共同体有别于一般的教师组织,在教师专业共同体中开展的各种教师合作具有多种不同的形式。

(一) 教师专业共同体的概念

在阐述"教师专业共同体"这一概念之前,有必要对"共同体"这一概念做出说明。"共同体是个体的集合体,这些个体基于自己的意愿而紧密联合起来,共享一些观念与理想。这种联合会使一群个体的'我'(I)转型为集体的'我们'(We)。在成为一个'我们'之后,每一个成员都是紧密编织的有意义的关系网的元素之一,这一个'我们'通常处于一个共同的地方,维持一段时间,并分享共同的意义、情感与传统。"[1]

随着共同体的概念被引入到教师专业发展领域。教师专业共同体是指由持有相似的价值准则(如诚实、尊重、信任、勇气、同情)和教育信念的教师以自愿为前提组成的团体,在此团体中所有成员互相关心、彼此依赖,共同分享与教育相关的资源、经验、技能与知识,合作解决所面临的困惑与挑战,从而推动教师个体与团体的共同发展。教师专业共同体的类型各种各样,饶见维将其划分为三种类型。[2]

---

[1] Sergiovanni, T. J. Building community in schools [M]. San Francisco, CA: Jossey-bass Publishers, 1994: xvi.
[2] 饶见维.教师专业发展—理论与实务[M].台北:五南图书,1996:317.

1. 读书会式成长团体

教师约好每周在固定的时间聚会,聚会时彼此轮流作读书报告,分享读书心得,并进行讨论。这种聚会可以持续一段时间,直到一本书读完再读另一本书,也可以各自选择喜欢的书于课余时间阅读,并事先安排好轮流报告的时间,每周由一位教师报告,然后再进行讨论。

2. 问题导向式成长团体

约定好在每周固定时间聚会,在聚会中教师们轮流提出自己目前所遭遇到或以前曾经遭遇到的问题,然后其他教师询问此问题的相关资料,以深入了解状况,集思广益地讨论,并提出解决之道。

3. 主题中心式成长团体

约好于每周的时间内聚会,聚会时针对某个主题来讨论(例如:班级经营与教室管理、某学科的教学方法与内容)。教师们可以针对一个主题持续讨论一段时间再继续下一个主题,或者就同一主题一直持续下去,但是探讨的层面愈来愈宽广、愈来愈深入。

(二) 教师专业共同体的特征

第一,教师专业共同体至少由两位教师组成,共同体成员地位平等,持有共同的目标、较为一致的信念以及能够相容的价值观。尊重、信任、包容、对话、珍视差异和分歧的价值、批判性反思等价值规范尤为教师专业共同体所看重。

知识链接 5-2

一个教师专业共同体所宣示的核心价值[①]

我们重视给学生提供优质的学习环境;我们尊重我们的学生并互相尊重;我们追求卓越,满足学生的需求;我们努力提高与我们互动的同事、学生、家长的工作关系的质量;我们通过专业发展活动不断提高我们作为教育者的技能;我们重视正直地和公正地对待同事、学生及共同体成员。

第二,教师专业共同体以任务来维系。每位教师都承担一定责任,完成在分工基础上的任务,并支持其他教师的行动,实现相互间知识、经验、技术等资源的共享和增值。

第三,教师实践的去个人化(de-privatization),即教师们最大程度地公开他们的教育实践,访问彼此的课堂,对自身的优点和不足以及专业发展上的需求都能做到开诚布公。

第四,教师专业共同体的运行,离不开惯例与规则。作为由共同体成员共同制定并且必须遵守的法则,确定了合作可能发生的时间、地点、组织形式和程序等,其主要作用是维持和

---

① Susan A. Wheelan. Faculty Groups: From Frustration to Collaboration [M]. Thousand Oaks, California: Corwin Press, 2005: 82-83.

约束一定的行为。缺少了规则,各个共同体成员都按照自身的意志行事,将会导致互动的混乱和解体。

一个教师合作小组的规则体系[①]   例 5-1

1. 鼓励、支持所有成员积极参与;
2. 在进行交流时要怀有善意;
3. 不得严厉谴责其他教师的观点;
4. 接受错误,重视错误的价值,把错误当成是可以从中学习的机会;
5. 耐心倾听,不打断别人的谈话;
6. 围绕主题进行交流,避免跑题;
7. 积极提问,最好能提出有挑战性的问题;
8. 不要让手机响铃、插科打诨、不该此时完成的课外工作(如批改作业等)分散自己的注意力;
9. 注意说话的时间。

第五,教师们在共同体内进行频密的互动和对话,分享各自的经验和见解,并将反思从个人层面扩展到公共层面。很多时候,这些对话、分享和反思是围绕着共同面对的文本、问题或实践展开的。

一个教师专业共同体的实例: 教师读书会[②]   案例 5-2

一个健全的教师读书会至少包括成员、材料和规则三个基本要素。

教师读书会的成员均属自愿参与,几个志同道合的教师可针对共同感兴趣的议题组成读书会。在教师读书会中存在三种最基本的角色分工:分享人、导读人和主持人。所有参与读书会的人员都要扮演分享人的角色。导读人可以由成员轮流担任,主要负责介绍材料,激发与会者的讨论,适时进行总结和反馈等。主持人主要担负两项职能:一是统筹读书会的运作,确保议定的读书方案顺利推进,这是组织职能;二是为成员的聚会创设一个良好的交往氛围,这是社会情感职能。

读书会一定要有阅读的材料,以作为阅读讨论的媒介。在这里,阅读材料不仅包括书刊、文章,也包括影视作品等非文字材料。不管是印刷材料还是视频材料,其基本用途是作为小组讨论的"催化剂"。一方面,这些"催化剂"可以激发讨论,为读书会的所有参与者提供一个问题框架,确保讨论按照一定的逻辑顺序进行下去,并为参与者带来集体共享的经验;

[①] Vivian Troen, Katherine C. Boles. The Power of Teacher Rounds: A Guide for Facilitators, Principals & Department Chairs [M]. Thousand Oaks: CORWIN, 2014: 35.
[②] 周成海. 美国中小学的教师读书会: 构成要素与运作过程[J]. 外国中小学教育, 2013(07): 32-36.

另一方面,这些"催化剂"也可用于引导出与会者的看法和价值观。

为确保教师读书会活动中对话和讨论的顺利进行,以下规则是很有价值的:读书会成员应在讨论会议前做好充分准备,认真阅读规定的材料,并提出自己的心得、看法,与他人分享;每个成员都有平等地表达自己观点的机会;认真聆听他人发言,不打断别人的发言;不得垄断发言,每个人的发言不能过于冗长;发言必须聚焦于主题,不能离题太远;讨论时避免对他人的言论进行激烈地否定或表现出鄙视与不屑;专心注视发言者,不做其他不相干的事,避免发言者产生被忽视的感受;读书会成员轻松自在地分享经验,不得强迫他人接受自己的观点等。

二、教师合作的主要形式

在教师专业共同体中,教师合作的形式是多种多样的,伊斯顿(Easton, L. B.)列举了以下几种教师合作形式[1]:批判性朋友小组(critical friends groups)、师徒制(mentoring)、同侪教练(peer coaching)、行动研究(action research)、案例讨论(case discussions)、课程设计(curriculum design)、课例研究(lesson study)、读书会(study group)、教学档案(portfolios for educators)等。

贝利(Kathleen M. Bailey)根据"个体的—合作的"和"观摩的—行动的"两个维度对各种教师专业发展形式进行了分类。在贝利的分析框架中,合作的教师专业发展包括同伴观察、教学辅导、案例研究、合作教学等形式。不过,贝利强调,"个体的"教师专业发展形式也可以向"合作的"教师专业发展形式转化。例如,教学日志这样一个非常个人化的专业化发展形式也可以通过合作的方式来实施。比如我们可以让同事阅读和评论我们自己的教学日志,甚至教学日志的写作也可以合作完成。像行动研究、档案袋、反思性教学等均可以合作的方式进行。[2]

王帅提出,从具体形式来看,教师合作主要包括四种类型:(1)圆桌型。教师彼此对等,自我管理,相互扶持,"抱团取暖"谋求更好的专业发展。(2)研究型。教师之间基于共同研究志趣或课题项目自觉谋求合作,通过集体开展专题研讨等改变教师自给自足的专业研究行为。(3)指导型。由校内外专家或学科带头人主导,主要学习、贯彻来自各方(包括他们自身)的先进理论或经验。(4)表现型。在专业成果展示、公开课、教学竞赛、各类汇报会等方面谋求合作,彼此观摩、总结,同课异构、取长补短,在相互建议、相互切磋中共同发展。[3]

借鉴学者的分析,并结合中国教育的实际,本节着重对以下五种教师合作形式进行阐释。

---

[1] Easton, L. B. Select the Strategy that Works. Tools for School [J]. National Staff Development Council, 2004(8/9): 2-7.
[2] [美]Kathleen M. Bailey 等. 追求专业化发展——以自己为资源[M]. 北京:北京师范大学出版社,2007:276-277.
[3] 王帅. 教师专业发展:标准、内容与向度[M]. 北京:科学出版社,2018:153.

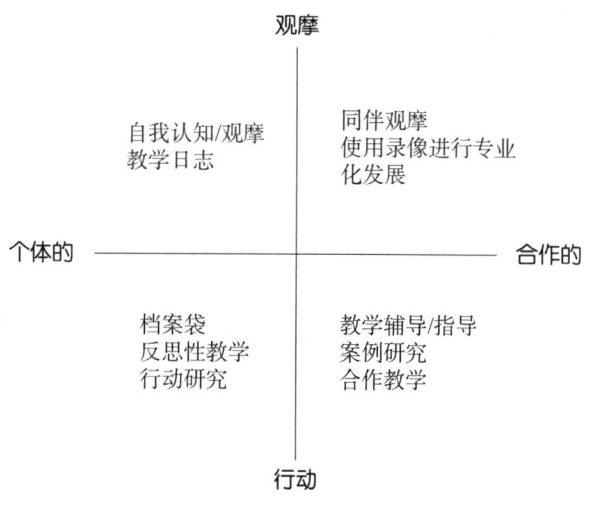

图 5-2　各种教师专业发展形式

（一）集体备课

1. 基本概念

备课是教师为了上好课，在课前所进行的各种准备活动，包括钻研课程标准、教科书和相关的参考资料；了解学生学习的实际情况；分析教学内容；研究教学方法；完成教案等。

备课可分为个人备课和集体备课。个人备课是由教师个人独立发起的，其优势在于可以提高教师备课的效率，彰显教师的教学个性和独创性。但是，由于缺乏他人意见的参与，教师个人备课很可能陷入"陈陈相因""自以为是"的窠臼。

集体备课是指以教研组或备课组为单位来开展备课活动。集体备课的价值不仅仅是减轻教师的备课负担，更重要的是它为教师提供了专业交流和学习的机会。集体备课能将教师的个体创造性置于群体之中，通过集思广益、扬长避短实现教学资源、教学经验和教学智慧的共享。

2. 基本步骤

集体备课有多种做法，一种典型的做法包含以下步骤：

（1）分配主题。备课组长每学期初按教材专题（或单元、章节）分配到个人，确定每一专题的主要备课者（也称主备教师）。

（2）准备活动。主备教师在活动之前要钻研教材，搜集相关信息，设计教案，打印成文，在集中讨论前两天把教案发给组内每位教师；准备好主讲内容，交给备课组长。辅备教师在活动前要熟悉教材，考虑相应的教学设计，认真阅读主备教师的教案，提出自己的观点，在教案的四分之一空白处做适当的调整，为组内集中交流做好充分准备。

（3）分组活动。分组活动包括三个环节：第一环节由主备教师阐述主讲内容；第二环节是全体教师针对主备教案和主讲内容，发挥教学想象力，各抒己见，进行讨论交流；第三环节为组内教师根据本班实际情况,参考组内教师有参考价值的意见,在教案的空白处修改补充,形成个性化、特色化的教案。

(4) 教后活动。教后活动包括两项内容:一是每位教师对自己的课堂教学进行反思;二是教案的再设计,即对教案进行进一步优化。

要使集体备课真正产生改善教师教学、促进教师发展的效果,需注意一些事项,如:集体备课要以个人钻研为基础,没有每位教师对于教学设计的深思熟虑,集体备课就不会取得好的效果;教师群体的参与意识、创造精神是集体备课健康运行的前提,所以要充分调动教师个体在集体中的参与量、投入量、接受量;集体备课的中心是教学研究,备课组长及主备教师要担负起组织职责,切忌将集体备课变成轮流备课;避免"一言堂",尤其是不能使集体备课成为主备教师的独角戏;可充分地利用网络资源来辅助备课,但要避免将集体备课搞成网络资源汇编;上课后对教案的重新整理十分重要,不可忽略这个步骤;等等。

> [拓展阅读] 集体备课在实践中出现的一些问题
>
> 1. 集体备课重"教"轻"研"。在现实中,许多学校由于对集体备课的误解,认为集体备课的内容就是设计教案,集体备课的作用就是简单地交流经验和交换意见,导致集体备课的教学研究的性质未能很好地得以体现。
>
> 2. 集体备课重"教"轻"学"。由于教师总是从自己出发来备课,往往只有对教材和教法的准备,忽视对学生学习情况的准确把握,加之教师个人的力量很难做到对学生的学习有较好研究,所以,对学生学习的判断只能是经验化的。
>
> 3. 集体备课中教师教学风格与教学个性的丧失。在一些学校,教师集体备课就是一起写教案,上课用一样的教案,同时又对教案的执行给予严格的监督管理,从而使教师的教学丧失自己的风格和个性。
>
> 4. 集体备课中教师"坐而不合"。集体备课成了集体分工合写教案,教师没有共同参与和讨论,缺少智慧的碰撞和共享,自然就失去了其意义。[①]

(二) 教学观摩

1. 概念界定

"相观而善之谓摩","观摩"的意思即为彼此相互观察,相互学习,取长补短,共同进步。教学观摩是指授课教师愿意开放课堂供其他教师进行观察,并通过观课后的座谈,所有参与教师一同分享所学、反思教学,从而实现教师共同成长。观察学习、知识分享、反思、开放性及探索性等词汇能较好地体现教学观摩的成效与特征。

---

① 李瑾瑜,赵文钊."集体备课":内涵、问题与变革策略[J].西北师大学报(社会科学版),2011,48(06):73-79.

教学观摩可视为公开课的一种类型。公开课即"对他人公开的课",强调的是教学的开放性。公开课的目的多样,有的公开课将听课教师与上课教师之间的关系看成是"评价"与"被评价"、"考核"与"被考核"的不平等关系,而不是平等的合作者的关系,这样的公开课与教学观摩是截然不同的。教学观摩的主要目的是促进教师发展,它为教师专业合作提供了有效的机会和平台。地位平等的多位教师,依托教学观摩共同体,围绕共同关心的问题,开展自我反思和专业对话,探究具体的课程、教学、学习、管理上的问题,以改进课堂教学、提升教学智慧,促使该合作体的每一位成员都得到应有的发展。这是一个教学主张相互碰撞、教学理念相互交融、教学实践相互切磋的过程。

> **知识链接 5-3**
>
> **公开课的三种类型**[①]
>
> ◆ 示范型公开课——引领发展
>
> 示范型公开课是指专家型教师或优秀教师专门为新手教师或教学能力相对较弱的教师进行教学示范的一种教学交流活动。示范型公开课可以发挥示范作用,引领教师践行新的教学理念和尝试新的教学方法。
>
> ◆ 研讨型公开课——诊断问题和推广经验
>
> 研讨型公开课是指针对某一个或某一类教师课堂教学中存在的问题、某一个或某一类教师课堂教学中体现的新思想和新方法进行问题诊断和经验总结的一种教学研究活动。研讨型公开课可以发挥诊断问题的作用,剖析教师课堂教学中存在的问题,引导教师在解决问题中提升专业素养。
>
> ◆ 竞赛型公开课——激发活力
>
> 竞赛型公开课是指教师代表个人或团体面对学生、教师和专家评委进行讲课的一种教学比赛活动。竞赛型公开课可以激发教师的教学热情,调动教师的教学积极性。

2. 基本步骤

教学观摩包括备课、说课、听课和评课四个基本步骤。

(1) 备课

教学观摩始于备课。在此阶段,教师可以独立地完成备课工作,也可采用集体备课的方式来完成教学设计。在备课阶段,执教教师要完成了解学情、分析教材、搜集和筛选教学资源、选择教法、准备课件、完成教案等工作。

[①] 安富海.公开课问题再审视[J].中国教育学刊,2013(05):52-55.

(2) 说课

教学观摩的重心是课堂观察,课堂观察主要包括课前会议、课中观察和课后会议三个步骤,这三个步骤与教学观摩的说课、听课和评课环节基本重合。说课是课前会议的主要内容,主要围绕下列五个方面的问题展开:

一是说明本课的内容主题。执教教师应向观察者介绍本课的主题和内容,并说明本课内容所对应的课程标准的规定与说明,最后对教材进行分析说明。要说清楚本课内容的地位,与前后内容的关联,教材知识的呈现方式,教材的二次开发与处理,使用哪些课程资源等。

二是介绍本班学生的情况,包括学生的思维特征、学习习惯和课堂氛围等。

三是说明本课的教学目标、重点和难点。学习目标最好能表述成表现标准;指出本课的重点、难点的同时应具体说出解决的策略。

四是本课的大致结构。主要介绍本课的教学设计,让观察者对教学环节和流程有大致的了解。

说课的好处是在听课前增加了一次分享观念的机会。说课的另一价值就是帮助观摩者快速掌握本次教学的教学目标、教材内容、学生经验、教学活动、观察的焦点等。

说课还包括执教教师与观摩者的简短互动,执教教师可能要做一些扼要的解释,目的是让观摩者对本课有更深入的理解。双方还可通过商议,确定重点观察的内容。

(3) 听课

听课的重心是进行课堂观察,为下一阶段的评课做好准备。纷繁复杂的课堂教学活动犹如一个多面体,进行课堂观察,既要有宏观视角,也要有微观视角。

宏观视角意味着对课堂教学进行整体观察。为了协助教师进行整体的课堂观察,一些学者设计了结构化的课堂观察框架,其中比较有影响的是崔允漷教授为改变"传统的听、评课存在听课无合作、评课无依据、听评课无研究的症状"而开发的 LICC 框架。该框架将课堂教学分为"学生学习、教师教学、课程性质和课堂文化"四个要素,再将这四个要素细分为 20 个视角、68 个观察点,旨在克服传统听、评课的随意、零散、肤浅等问题,确保听、评课的专业性。[①]

课堂观察还要有微观视角,即每一位教师要设置自己感兴趣的课堂观察点,"过滤"掉一些不必要的课堂现象,实现"定点"观察。因为只有把视野缩小,才能看得真切、看得透彻,才能实现听课的有效聚焦,避免听课目标的游离。精准的听课是避免评课泛化、增强评课针对性、确保评课品质的前提,也是评授双方深度交流的基本保证。

教学观摩的核心特征是合作,将课堂观察任务分解之后分配给不同的教师,也是合作的要求。每个人的课堂观察点不同,看到的课堂现象也不同,这就能避免评课时的"同质化"现象,从而保证每个人在评课时都有话说,每个人说的话都不同,每个人都能评得深刻。例如,

---

① 崔允漷.论课堂观察 LICC 范式:一种专业的听评课[J].教育研究,2012(05):79-83.

在一节课上,有的教师关注多媒体的运用策略,有的教师关注学生的学习状态,有的教师关注授课者的意义传达,有的教师关注课堂的互动类型和互动成效。有的教师观察的视角更小,如只观察教师的提问方式,或只观察学生的课堂参与度,或只观察教师的目光和表情。可以说,课堂的观察点是多维而多重的。

在确定观察内容之后,还要选择合适的记录方式来进行课堂观察记录。总的来说,课堂观察记录方式可分为定性的记录方式和定量的记录方式两种。

定量的记录方式是预先对课堂中的要素进行解构、分类,然后对在特定时间段内出现的类目中的行为进行记录。等级量表就是定量的记录方式的一种。等级量表指事先根据观察目的编制合理的量表,在课堂观察中,观察者依据对象的行为表现在量表上评以相应的等级。

案例 5-3

观察教学过程清晰度的七级测量表[①]

1. 清晰地展示出学生在教学结束时应当掌握的技能及达到的理解水平。								教学内容不切实际且缺乏条理。
2. 向学生明确学习新内容所需要的前提性或基础性知识。								没有涉及背景性的知识而直接切入到新内容的教学。
3. 在上课之初即检查学生是否掌握了新内容所必需的前提性知识,必要的时候回过头来进行复习掌握。								没有检查学生为掌握新内容而必须具备的前提性知识的掌握情况,直接进入新内容的教学。
4. 教学结束时进行回顾复习或概括总结。								教学结束时没有对课程内容的主要观察进行强调或进行回顾。
5. 在教学过程中给予学生适时而清晰的指导,整个教学进程都伴随着检查学生的理解情况。								对学生的指导唐突,过早地进行反馈。
6. 了解学生的理解水平,根据学生的最近发展区进行教学。								不了解教学是否适应或超出了学生的水平。
7. 运用实例、图表或说明等方式进行教学和指导学生练习。								只是进行口头教学。

最左栏和最右栏分别为绝对对立的两极,它们都指向同一目标"教学过程清晰度"。如果观察的情形完全符合左栏的描述,则在中间的 7 分栏的最左栏标注 7;如果观察的情形完全符合右栏的描述,则在 7 分栏的最右栏标注 1。最后把所得的值相加求平均数,超过 3.5 即属于正向的结论,越接近 7 越说明教学过程清晰度高。

定性的记录方式是以非数字的形式呈现观察的内容,包括:(1)描述体系,即在一定分类框架下对观察目标进行的除数字之外的各种形式的描述,是一种准结构的定性观察的记录方法。(2)叙述体系,即没有预先设置的分类,对观察到的事件和行为做详细真实的文字记录,也可进行现场的主观评价。(3)图式记录,即用位置、环境图等形式直接呈现相关信息。

---

① [美]鲍里奇.教师观察力的培养——通向高效率教学之路[M].么加利,张新立,译.北京:中国轻工业出版社,2006:105.

(4)技术记录,即使用录音带、录像带等电子媒介对所需研究的行为事件做现场的永久性记录。

案例 5-4　　　　　　定性的记录方式：师生问答交流记录表[①]

提问编号	教师提问		学生回答					教师的追问			
	聚合性问题	发散性问题	认可	部分认可	不认可	没有反应	没有追问	引出更多信息	进一步说明	转向新话题（暗示、线索）	让其他学生回答
1											
2											
3											
4											
5											
6											
7											
8											
9											
10											
11											
12											
总计	聚合性问题										
	发散性问题										

定量的记录方式和定性的记录方式可以相互补充使用。所获得的数据、信息应尽可能地反映真实的教学环境和课堂活动。

(4) 评课

评课是教学观摩的关键环节,"听而不评、评而不深"将使教学观摩的收效大打折扣。在评课时,以下几点是特别需要注意的：

第一,评课的目的不是评价和诊断,而是合作解决问题,改善课堂教学。在评课中,没有

---

① [美]Gary D. Borich.教师观察力的培养——通向高效率教学之路[M].么加利,张新立,译.北京：中国轻工业出版社,2006：300.

"一锤定音"的权威人物,也要摆脱"病理性诊断"的价值取向,评课要做的就是使上课、听课的教师都能发现并解决问题,反省自己的观念,生成新的理解。

> **知识链接 5-4**
>
> 以"困难"和"有趣"为中心的评课[①]
>
> 对构建"同僚性"来说,重要的是互相尊重每位教师的教育观,尊重教学方式的多样性。至今为止,教学研究都是以教学中的发问技术、指导方法的好坏作为讨论对象,意见强硬的人往往占上风,从而无视每个人教学的个性和多样性。在广见小学,教学公开是根据教师的烦恼、意愿或教师自己设定的课题来讨论教学的,不是评价教学的好与坏,而是根据教室中的事件,以"困难"和"有趣"为中心来讨论和研修。通过这种方式,一直对教学公开持消极态度的教师加入进来,建立所有教师的教学公开,互相研讨的"同僚性"成为可能。

第二,当前评课最突出的问题是评课者在评课时过于感性、笼统,无证据、无研究、无量化分析,或者仅仅就教学做漫谈式的、即席发挥式的评论,这样的评课很难给参与教学观摩的教师提供有价值的意见。评课者要养成"用证据说话""用数据说话"的习惯,做到言之有物、言之有据、言之有理。用证据说话就是在课堂观察时要获取扎实的事证和例证,并从证据出发生成意见,避免空评、盲评和杂评。用数据说话就是围绕"课堂观察点"进行精准统计和数字化分析,在此基础上生成意见。

基于证据和数据的评课[②] 案例 5-5

在一次评课活动中,一位评课者基于对教师提问和学生回答的精准观察和量化统计,将问答分为教师点名回答、学生主动回答、学生主动提问和学生插话四类。他统计发现,在课堂上教师共提出 12 个问题,均为教师点名回答,无学生主动回答,无学生主动提问,也无学生插话,并且教师指名回答的学生都是学优生(经询问和调查),于是他提出如下建议:一是应全面关注学生,以便全面把握学情,不能只以学优生的正确回答来判断教学的效果;二是应活化师生互动的机制,建议通过增加生生互动和教师追问的提问方式以深化对问题的理解,培育自由交流的课堂文化;三是对提问要精心设计,要提出更多有质量的带有生成性的问题,避免简单的"是非式"提问,并且对学生的回答要有"静待花开"的耐心。这种基于数字的点评定会引发授课者心灵的共鸣,最终转变为双方的教学行为。

第三,评课标准不能僵化。一些评课者头脑中充斥着"目标明确、重点突出、内容正确、

---

① [日]佐藤学.教师的挑战——宁静的课堂革命[M].钟启泉,陈静静,译.上海:华东师范大学出版社,2012:131.
② 崔志钰.评课:基于理念互通的对等交流[J].教育理论与实践,2016,36(08):60-62.

方法恰当、表达清晰、组织严密、气氛热烈"的评价标准,于是,评课的过程就成为检验执教者与所谓的标准的契合程度的过程。课堂情境是复杂且多变的,僵化的评课标准必然会阻碍教师对课堂教学的丰富的、深度的分析,教学观摩就失去了意义。

第四,在评课过程中,评课者应以"诤友"的角色出现,必须毫不保留地表达自己的想法和建议,形成富有建设性的"参考系"供大家"解剖",对于教学观摩来说,"争鸣"比"共鸣"更重要。评课者还应做一个倾听者、理解者、理性表达者,尊重且包容不同的教学理念,这样评课过程就不是一种理念"覆盖"另一种理念,而是多种教学理念的相互交织、交融。在评课过程中,评课者与授课者拥有平等的话语权,评课的目的在于探讨和优化评授双方的课堂教学,而不仅仅局限于授课者的课堂教学。

案例 5-6

以 QQ 群辅助教学观摩[①]

依托网络建立名师工作室 QQ 群,要求全室成员做到每天登陆和浏览一次,了解活动安排,掌握工作动态。比如,每一次公开课,上课教师先把教学预案发至网上,供全体成员阅读、修改,待完善后,就把该教学预案下载到自己的文件夹中,在参加活动时带上,便于教师有针对性和专业性地参加活动。活动结束后,又用 QQ 对课堂进行点评,畅谈心得和感悟。利用这种形式评课没有空间的限制,可以实现跨校合作。如果部分教师不在线上,其他教师也可以给他留言,等他有时间及时查看信息。并且还解决了教师可能会因为害羞或自尊的原因不愿讲出自己的意见而造成的尴尬局面。

(三) 课例研究

1. 概念界定

课例,顾名思义,就是课的实例,是围绕一节课所开展的一系列教学活动的总称,它呈现着完整、真实的课堂教学过程。课例研究就是对课例的研究,它是一种以教师为中心、基于教师课堂实践的合作性的专业学习活动,教师在研究小组里共同设计、观察和讨论特定的课例,并可能重复这一过程,以此发展教师的洞见,改善教师的课堂实践。与多数常规教研中的"就课论课"有别,课例研究强调从教师教学实践中的问题出发,通过教师群体的研究活动解决教学难题,改进教学实践。所以"课"在课例研究中仅仅是问题解决的载体,而非传统公开课致力于打磨成教学范本的课。[②]

2. 基本步骤

课例研究在日本的研究比较深入。课例研究主要按照下述的步骤来进行。

[①] 何灿华. 名师工作室里的教师合作[J]. 上海教育科研,2013(12):58.
[②] 安桂清. 以学为中心的课例研究[J]. 教师教育研究,2013(02):72-77.

(1) 发现和界定问题

明确研究的主题是课例研究的起点。实践表明,围绕某个主题所开展的课例研究不仅有利于提高其成效和品质,且共同的研究目标和研究志愿更有利于课例研究小组结成研究共同体。

课例研究的主题是通过教师反思发现的,因此,课例研究主题的选取必须唤起教师的反思精神和问题意识。比如,在一堂语文课上,教师按照惯常的方式问学生:"读了课题,你有什么疑问?"学生们的问题一个接一个,但这些问题显然通过阅读课文就可以回答。正在此时,一个学生发出了不同的声音,他认为同学们是明知故问,因为他们所提出的问题在早自习课上预习课文时都已经知道了。这个问题对教师触动很大,他对这种常用的教学方法产生了怀疑,是否不应该再用了呢?经过反思,他认识到方法没有问题,关键是如何引导学生提出有价值的问题。于是他以"如何在语文课上让学生提出有价值的问题"作为研究主题,开始了极富意义的课例研究。

课例研究的主题还应该是具体可行的。"提高课堂教学的有效性""开发语文教学资源"等极其泛化的研究主题因无法聚焦问题,必然导致对研究内容的解读浮于表面,因无法引导研究者深入探究,必然对改进实践收效甚微。课例研究主题的选取必须紧密结合课堂教学的实际,从小处、细处、实处捕捉问题,选取具有较强的可操作性、具备研究条件的主题小题大做。例如一位英语教师有感于课堂教学语言的重要性,试图以"课堂教学语言分析"作为研究主题,但经过与研究小组的讨论,他意识到这一主题涉及的范围太大。通过观看和反思自己的课堂教学录像,他感到自己对学生的评价语言非常单调、乏味,经常使用的就是"good"、"very good"、"excellent"等单词。为改善这一状况他把自己的研究进一步聚焦于"英语课堂中教师的评价话语问题"。可以想象,因为问题的聚焦,研究的可行性、所能达到的深度和实际价值将会大大增加。[①]

(2) 集体设计教案

带着具体的目标,教师集体备课,分享自己的想法,包括对过去经验的反思、对运用教学指导书的看法、对教材内容的处理意见等,最终群策群力,形成一份凝聚着集体智慧的详细教案。初步设计出来的教案可以拿给其他教师或是专家进行评议,在获得意见和反馈之后,对其进行修改完善。

(3) 试验教学及课堂观察

团队中的某位教师按照教案在他教的班上进行授课,团队其他成员作为观察者进入课堂,这些观察者是手捧着教案来听这节课的,他们要做的有两点:第一,全面观察课堂,既看教师如何执行教案,更看学生的反应和表现。第二,认真思考,思考课堂的"亮点"与"缺点",思考教师如何才能做得更好。

---

① 安桂清.课例研究[M].上海:华东师范大学出版社,2018:111-112.

案例 5-7

课堂观察记录表[①]

教学者		观察者	
教学主题		观察时间	

观察记录

时间	教师活动	学生反应	评论

(4) 第一次试验教学的评价与反思

在完成试验教学的当日,小组教师留在学校共同评价与反思教学的优缺点。担任教学的教师先发表自己的体会,反思本课有效和有待改进的地方。其他教师也毫无保留地交流各自在课堂上观察到的问题,同时提出教学可以如何改进的建议。在讨论时,常戴"三顶帽子"(黄、黑、绿),能够帮助参与者从不同角度理解和发现课堂。

"黄帽子"是肯定,它代表着乐观主义的判断,主要思考的问题是:这样教学的好处是什么? 合理性在哪里? 积极因素是什么?"黄帽子"给人阳光灿烂的感觉,能帮助教师获得教学信心,积淀教学勇气。

"黑帽子"代表质疑和否定,思考的问题是:这样教可能出现的问题是什么? 风险有哪些? 有什么问题是被我们忽略的?"黑帽子"使教师审慎地对待教学,仔细地权衡教学。

"绿帽子"是新的发现和选择,着重关注:除了现有方案,还有没有其他更好的选择? 我们能不能以其他方式来做这件事? 有没有另外的解释?"绿帽子"是对新思路的探询和发现,具有创造性。

"三顶帽子"的思维使教师对课堂教学保持开放和审视的态度,它强调在认清"正"(黄帽子)和"反"(黑帽子)的种种可能后,从中寻求新(绿帽子)的发现。[②]

案例 5-8

第一次课试教后的讨论[③]

小组合作是小学英语课堂教学的一种常态,但是在具体的教学过程中,小组合作学

[①] 郭雅婷. 运用 Lesson Study 结合远距视讯观察模式促进个案教师实施 5E 探究教学之专业成长[D]. 彰化:彰化师范大学,2012:143.
[②] 陈大伟. 观课议课与课程建设[M]. 上海:华东师范大学出版社,2011:13.
[③] 胡庆芳. 课例研究,我们一起来:中小学教师指南(第二版)[M]. 北京:教育科学出版社,2014:106-108.

习从设计到实施,尚有很多问题值得再思考,例如,怎样进行分组才合理?小组合作的内容如何确定?采取哪些策略能够提高小组合作的成效?为了解决上述问题,并生成小组合作学习的理性认识,教师们组成课例研究小组,合作设计了研究的课例,进行了课堂观察,并在课后展开了讨论。本次课试教教师选择的是人民教育出版社出版的义务教育课程标准实验教科书《英语》三年级第六册第二单元"My Birthday Part B Let's Talk",当堂课的教学目标设定为能够熟练运用12个月份和30以内的序数词以及"When is your birthday"和"What's the date"两个句型进行有关生日、节日、纪念日的英语会话实践。

1. 观察发现及问题诊断

(1) 小组合作的形式主要以问答为主,形式比较单一。课堂上组织的3次活动基本上都是以"When is your birthday"和"What's the date"来展开,主要是问答的训练。如:When is PanWeibo's birthday? It's in July. What's the date? It's July 6th.

(2) 小组学习的内容局限于12个月份和部分序数词,课堂学习过程中的信息量偏少。课堂上教师唯一添加的内容就是5位流行明星,但也局限于生日信息,致使课堂上小组活动的内容显得单薄。

(3) 部分小组合作学习活动的设计不周全,目标词汇运用出现错误的比例较大。如,选取周杰伦等5位明星生日时,所有日期没有涉及1、2和3做序数词时词形需要做特殊变化的情形,致使在最后一个小组活动即"做生日调查"中,10个小组的学生采访员在针对36名学生的出生日期记录中,有7处出现错误。

(4) 部分小组合作学习活动的指导不到位,致使活动实效性不强。如,在最后一个环节"做调查"的小组合作活动中,教师让4人一组,其中一个学生对全组做调查,本来是需要采访员与小组成员就"name/birthday/favorite food/ability"这4方面进行英语采访并做要点记录,但很多组的采访员都是用汉语提问,只是在机械地完成填空任务。

(5) 部分小组合作学习活动的设计,在内容上有些重复。如,有关周杰伦等明星的生日话题就细分成了月份和日期来组织两次合作活动,任务划分不太合理。

2. 改进建议

第一,在课堂导入环节中,可以针对月份和表示一个月里30天的序数词来设计小组的接龙游戏,既可以活跃气氛,又可以帮助学生复习前面刚学习过的词汇,为新课的句型运用做充分的预热及准备。

第二,在有关生日的小组合作学习过程中,也可以适当进行拓展,比如,可以与季节相联系设计问题,还可以引入六一儿童节、母亲节、父亲节、国庆节、感恩节等节日的日期、星期等信息进行交流互动。

第三,在小组活动设计上,考虑以恰当的梯度编排,从而循序渐进地开始学习进程。

(5) 修改教案

根据观察与反思,小组教师再度修改教案,重点是增删教材内容、改变教学方法、变换提问的问题等。

(6) 第二次试验教学及课堂观察

经过修改的教案必须再次进行试验教学,这一次是由团队中的另一名教师按照修订的教案进行授课,其他教师再次进行课堂观察。之所以要让另一位教师来上课,其原因是:通过变换教师和学生,可以给小组提供一个更为宽广的经验平台以资探究和学习;这种变换也给了更多的教师展示自我的机会。

(7) 第二次试验教学的评价与反思

与第一次试验教学一样,也是先由授课教师进行自我评价和反思,再由观察教学的其他教师或专家提出他们的意见。课例研究的讨论会议通常需要 10 至 15 个小时,横跨 3—4 个星期,两次试验教学只隔几天而已。校外专家经常被邀请参加听评课,这些专家承担起课例研究指导员的角色,发表真知灼见,并为团队成员带来最新的理论与实践成果。

知识链接 5-5

教师在观察后会议上容易犯的两个错误[1]

日本学者佐藤学提出,教师在观察后会议上容易犯两个错误:一个是教师的防御性姿态,即用大量的时间来准备,最后"却只用短短 30 分钟议论一下就结束了。事先之所以花那么多时间据说是为了避免事后被说这说那。"另一个错误是"一味指责别人缺点的研讨方式",佐藤学认为,"研讨的焦点应针对授课中的'困难'和'乐趣'所在,大家共同来分享,以达到教研的目的。"

---

(8) 分享研究结果

课例研究小组将研究结果与他人分享是很有意义的,这也是整个课例研究过程中不可缺少的一部分。研究成果一般以课例研究报告的形式出现,报告的重点在于真实地记录团队已开展过的活动及一路走来的各种体验与收获,也包含定版的教案。此后,小组便可开启新一轮的课例研究。

在课例研究中,从设计教学,到课堂听课,再到课后交流,整个过程都是小组成员在一起集思广益,建言献策。课例研究为教师审视与改进教学实践提供了绝佳的机会,同时还增强了教师的问题意识,帮助他们发现课堂教学中潜在的问题,并分析、解决这些问题。

---

[1] [日]佐藤学.静悄悄的革命——课堂改变,学校就会改变[M].李季湄,译.北京:教育科学出版社,2014:56.

（四）主题聚焦式研讨

1. 概念界定

在教师的专业生活中,有许多有价值的话题值得教师一起讨论,教师也需要有一个时间和空间来进行交流和对话。主题聚焦式研讨是教师们围绕特定的主题而展开的专业对话,这些主题与教师的专业生活相关,且能引起教师的兴趣,而深入地研讨又能使教师加深对特定主题的理解。

2. 基本步骤

（1）组建讨论组

参加讨论组的教师应出于自愿,且讨论组人数不宜过多。讨论组还应确定规则和主持人。

（2）确立讨论主题

教师的每次讨论都是围绕一个主题展开,主题是思考和对话的焦点。可供讨论的主题是多种多样的,教学上的一个难题,教师经历的一个事件,媒体报道的热点事件,教育领域正在流行的某种观点或方法,乃至一本书、一部电影都可以成为研讨的主题。

（3）集体研讨

在对讨论主题有了较为充分的了解和思考之后,教师聚在一起,围绕这个主题展开讨论。在讨论过程中,主持人扮演着重要的角色。在开始讨论时,主持人一般应以较为宽泛的问题开场,如"你认为这本书怎样""你对这个问题怎么看"等。在讨论被激发起来之后,主持人只需做一些组织引导工作即可。通过对一定主题的集体剖析和反思,教师生成和扩展了自己的观念。

（4）个人总结或反思

在集体研讨结束后,为了使讨论收到更好的成效,一般应安排教师撰写总结或反思日记。

主题聚焦式研讨可以定期举行,每期的主题都是变化的,这样会使教师获得既全面又深入的理解。

主题教研解决共性问题[①] 案例 5-9

一位老师在教学《做一片美的叶子》时,发现学生将"形状"的"状"和前一课所学"茁壮"的"壮"严重混淆。针对这个问题,团队教师集思广益,探讨出两种处理方法:一是让学生自主查字典,然后分组说说辨别这两个字的诀窍,比比哪组的办法多,容易记;二是教师编顺口溜"有大不是大,无大反而大",将枯燥的讲解化为简单的口诀,使教学难点顺利突破。

数学学科"统计知识"这一内容在三年级数学下册"求平均数"、四年级数学下册"单式折线统计图"、五年级下册"复式统计图"等章节均有所体现。在这种情况下,各个学段的数学

[①] 顾万春,李志芳.团队合作促进教师专业发展[J].人民教育,2014(10):45-46.

教师共同探讨如何在教学中整合"统计知识",如何渗透基本的统计知识和数学方法,寻找教学的共性与联系。教师对这些问题进行横向与纵向的比较,使各个年级的教师对教材实现整体把握。

(五) 合作行动研究

1. 概念界定

行动研究通常被界定为"一种由实践者实施的自我反思研究,旨在解决问题,提高实践水平或促进理解"。行动研究过程之所以被冠以"研究"这个称谓,是因为它包含了以下几个重要的组成部分:(1)疑问、问题或困惑;(2)与这些疑问、问题、困惑直接相关的资料;(3)对此类资料的某种分析或解释。行动研究的主体可以是教师个人,也可以是若干进行合作的教师,相比之下,合作行动研究(collaborative action research)较个人行动研究更具价值。合作行动研究是由教师和其他有关人员组成研究小组,通过协同合作,共同研究那些源于日常实践的问题,并通过集体对话和反思建构出有关教和学的情境化理论,最终实现个体和集体层面的改变。作为一种寓于教师日常活动的专业发展策略,合作行动研究可以发挥众人的智慧和力量,可以选择更复杂、价值也更大的问题作为研究课题,可以扩大研究样本,属于较高层次的研究。

2. 基本步骤

综合有关研究成果,合作行动研究主要包含以下六个步骤:

(1) 提出明确的问题

合作行动研究的问题非常宽泛,教师们可能感兴趣的研究问题包括课程问题、学生学习问题、自身教学实践方面的问题,等等。但需要注意的是,在研究活动一开始,教师集体要就研究的问题达成共识,这个问题不能太宽泛,在表述上要尽量使用日常语言而不是专业术语,更重要的是,这个问题能促使教师不断地对问题情况进行回溯,从不同的角度接近这一问题,而各种不同的观点的存在又能使参与探究的教师们对问题理解得更深,并获取尽可能多的问题解决方案。

案例 5-10

一个研究问题[①]

小亮,小学一年级,岁数在班中最小,个头却在班里最高。家长对他很关心,每天放学后都要问我小亮在校一天的表现,并和我交流他在家的情况。对于这个孩子,我真是又爱又恨。他的行为习惯很不好,上课坐不住,手老是放在座位下面的桌子里玩,下课就招惹同学,常常是我一到学校,就有人告他的状,最多的一天,同学告了他几十次。开学没过多久,班里的同学就开始孤立他,课上不愿意和他分到一组讨论问题,下课不和他一起玩。我多次提醒

---

① 陆敏. 中学英语教师校本合作模式研究[D]. 重庆:西南大学,2009:128.

别的孩子,但由于他老是出状况,常常因为管不住自己而让值周生给我们班扣分,同学们跟我说不喜欢他。我无法批评别的孩子,他们有自己的观点,有自己的好恶。如何有针对性地对他进行教育呢?

(2) 制定探究计划

一般而言,教师的行动研究计划应该包括如下一些内容:

一是研究问题,在撰写研究计划时,研究者应该对研究问题的内涵和外延进行清晰地界定。

二是研究设想,这里所言的"设想"主要是指就如何解决问题提出一些预想的方案和路径。

三是过程规划,即对整个研究过程及其具体的研究活动进行合理安排,这包括对资料的搜集与整理、集体研讨、具体研究任务的分配与落实、中期检查、反思与改进、最终研究结果的呈现与推广应用等的科学规划。

四是研究进度与时间表,任何类型的研究都需要研究者对研究进度和时间长度有宏观上的把握。

五是技术性问题,比如采取什么样的方法来收集研究资料,如何分析资料等等。

(3) 搜集相关资料

搜集的资料必须围绕探究的目标,确保资料的相关性和有效性。资料的来源有很多种,搜集的方式也有很多种。由于课堂事件是短暂且不能复制的,因而教师应在事件发生后马上记录相关经验,保存这些文件供将来参考。资料的来源可以有很多种,举例来说,关于教学的资料有以下来源:观察、课时或单元计划、为课堂应用而设计的任务或活动、专业发展档案袋、访谈、调查、日志、学生成绩、教师设计的课程文件等。

(4) 分析问题并共同商讨确定解决问题的有效方案

在这一阶段,教师们一起利用搜集到的相关资料对问题进行分析,得出一些结论,确定下一步行动的方案。需要注意的是,分析问题、商定方案的工作必须是合作性的,因为引入的观点越多,对问题的分析越透彻,所商定的方案也就越有效。

(5) 按计划实施行动,并一起解决实施过程中碰到的各种问题

在这个过程中,教师们将商定的方案落实到行动中,但是事先拟订的各种方案未必都能很顺畅地落实到行动中去,面对不断出现的新情况、新问题,教师们要进行集体性的观察、记录、研讨和反思,及时做出调整和应变。

(6) 再一起对整个研究过程及问题解决效果进行评价、反思

这个环节包括两个具体任务:一是对所研究的问题做出结论,即分析合作行动研究是否完成目标;二是对整个合作行动研究的计划、策略、步骤等进行分析、反思和批判,为下一个循环做准备。

第三节　教师合作的促进

"几乎所有教师都渴望发展,毕竟那能带来鲜花、掌声和实惠,但可惜的是,教师的发展欲求并不等于合作欲求。""教师具有合作需求,但多是潜在的,并不是有效的合作需求。"①总之,真正的教师合作会面临诸多阻碍因素,合作其实并不容易发生。要真正发挥教师合作对于教师专业发展的价值,需要教师做出努力,也需要学校在组织、制度方面做出调整。

一、教师方面：培植合作意识、能力与品性

开展教师合作无疑是有意义的,然而,在现实中我们看到的却是教师合作的稀缺。日本教育学者佐藤学对日本教师的合作情况进行过描述："在教室之间相对封闭的学校里,教师间的团结、合作的意识很淡薄""由于相互不信任而形成沉闷气氛的场合也不少,对彼此的工作大家都恪守'各人自扫门前雪,莫管他人瓦上霜'的不成文的规矩。结果,每个教师都在孤立的状态下开展自己的工作。"佐藤学还对造成这种现象的原因进行了分析,他认为,教师不愿意合作是因为"不想在同事面前暴露自己的弱点,不愿意自己的工作方式被别人指手画脚",他们抱持的想法是"我不会对别人的事说长道短,同样地,也不希望别人来干预我的工作"。②

> **知识链接 5-6**
>
> **教师为什么不合作?** ③
>
> (1)一些教师自感被边缘化,缺乏合作动力,不愿共享个人专业经验,甚而放弃合作。(2)感觉自己在协同合作中受到不公正对待,或共享的成果为他者攫取却并未获得对等收益,精于算计,自感权益受损而不再合作。(3)体会到合作成员的不诚信,或遭遇成员背叛,进而只愿进行有限合作或直接放弃合作。(4)在协同合作中的付出和努力不被认可,觉得是在浪费感情,或自尊受到伤害,进而不合作。(5)在协同合作中感到自身地位、角色尴尬,甚至受到歧视,决定退出合作。(6)想"搭便车"、喜欢占小便宜,都想吸收他者的好点子或好做法,自身却惰于共享,因此合作的发展性受限,合作难以持续。(7)对合作成员心存怀疑,认为这些成员配不上自己,或认为不能从成员中获得对等收益,结果导致合作不全面、不彻底。

---

① 吴振利,饶从满.关于教师合作问题的理性思考[J].课程·教材,教法,2009(11):69-75.
② [日]佐藤学.静悄悄的革命——课堂改变,学校就会改变[M].李季湄,译.北京:教育科学出版社,2014:52-53.
③ 王帅.教师专业发展:标准、内容与向度[M].北京:科学出版社,2018:154.

推动教师合作,要从改变教师开始。首先要激发教师的合作意愿。在理想情况下,教师合作是一群志同道合的教师,基于共同的兴趣,为了完成共同的任务和目标而采取的联合行动。只有当教师想要合作、愿意合作时,真正的合作才能发生;任何强制性的或所谓的"人为合作"都无法使教师真正投入合作的行动。而教师之所以愿意合作,主要是因为教师有这样一种心理预期:通过参与合作,能为自己带来一定的收益和回报,如解决面临的专业上的难题,获得在专业团体中的声望,改进人际关系等。因此,提升教师合作的意识,不能仅靠向教师宣讲合作对于专业发展如何重要,还要靠丰富教师积极的合作体验,使教师感受到合作的价值。

其次,教师还要掌握一定的交流与沟通技巧。教师要善表达、会倾听、能提问、能总结,这样才能保证合作的顺利进行。例如,在进行口头交流时,教师应遵循两项基本原则,即具体(concreteness)和中立(neutrality)。具体的语言会使沟通更有效,减少误解的可能,而过度抽象的语言会使传达的信息变得不清楚。中立性的语言能增进教师之间的信任,因为它传达了一种不做判断的、接受的态度。像"我已经注意到你在教学时围绕着教室走"就是中立性的语言,而"你绕着教室走得太多了,会干扰学生的""你不应该绕着教室走那么多"就是非中立性的语言。积极的倾听是与他人交往所需要的重要技能,具备这种能力就能够通过抓住讲话人所讲的主要信息来区分其中的情感内容和理性内容,尽力对别人试图交流的内容有一个明确的理解。

再次,教师还应发展合作所需的品格,如虚心、坦率、真诚、乐于分享等。教师首先要具备虚心的品质,正如贝利所言:"只要我感觉能从自己的学生和周围的人身上学到东西,我就会将教学一直进行下去。如果我过于自信,认为没有什么可学之处,这就将是我作为教师的终结。"[1]如果教师只认可自己的观念与行为方式,不肯承认别人的长处和优势;如果教师只想指责别人,对自己实践中存在的问题避而不谈;如果教师用坚实的盔甲把自己严密地包裹起来,拒绝向别人坦露自己的内心世界;如果教师在交流中口是心非、言不由衷,而不是有一说一,有二说二,教师就很难在合作中获得真正的进步。

二、组织方面:建设开放又有活力的教师专业组织

美国学者劳蒂曾对学校内部教师合作的稀缺进行描述和分析,她指出,在"由多个独立自主的教室所组成的'蛋箱式学校'里,每个教师都是以脱离其他成年人的方式进行教学工作的",这也造成"教师之间的不合作和较低的工作依赖性"[2]。学校内的组织结构从横向看,是一种以分割和阻隔为特征的蜂窝状结构,教师们被分隔在一个个独立的教室或教研室中,彼此之间极少有机会进行知识交往。学校的组织结构从纵向上看,则多是一种等级明显、分

---

[1] [美]Kathleen M. Bailey等.追求专业化发展——以自己为资源[M].北京:北京师范大学出版社,2007:272.
[2] [美]丹·克莱门特·劳蒂.学校教师的社会学研究[M].饶从满等,译.北京:人民教育出版社,2011:11-13,71.

工明确的科层结构,学校人员都有确定的角色标签与身份等级,教师之间的联系受制于部门与各自的身份。总之,传统的学校组织结构多呈现出封闭与隔离的特征,学校中形成了一个个孤军奋战的教师个体或相互隔离的教师小组,教师主要依靠个体的力量应对课堂教学事务与学校生活。如果不对学校的组织进行改造或重塑,难以在源头上改变教师孤立的境况,促进教师的合作。

学校组织改造的一个方向是创建"无边界组织",模糊乃至打破组织内外的多种边界,使组织变得更为通透,以便于组织内的思想、信息以及资源的自由流动。需要打破的组织边界包括组织内上下级之间的垂直边界;组织内不同部门之间的水平边界;组织与组织外不同机构之间的外部边界等。

教师合作的一个重要前提是共同面对一个可分解的任务,因此,建立多种类型的任务型组织也很有必要。教师工作坊就是一种有利于教师合作的任务型组织。教师工作坊由参与者、主持者和帮扶者三种角色组成。参与者指的是坊内的普通成员,主持者一般是优秀教师,帮扶者是协助主持者工作的人。工作坊的目的是让成员在一个彼此信任、互相尊重、坦诚相待的人际环境中,围绕实践中面临的问题进行对话和研究。工作坊兼具团队学习、个体学习、师徒制学习的特征,也是典型的学习型组织。佐藤学认为,要促进教师合作,还必须抵制不良的教师文化。他说:"教师文化中也存在问题,即每个教师都不愿意听到别人批评自己的工作""希望自己所做的能得到别人百分之百的肯定""有这样的教师文化存在,要让教师打开自己教室的大门,让别人来观摩教学,那遭到抵抗就是理所当然的了"。[①] 建设合作的教师文化,可从共同愿景以及批判性同事关系入手。共同愿景是特定组织为之奋斗并希望达到的理想图景,它包括了特定组织成员共同认可的未来目标以及核心价值观。共同愿景是组织内每个成员深受感召的力量,能够激发出强大的凝聚力和创造力。批判性同事关系以彼此尊重、信任为基础,但是又不回避批评、分歧和冲突。教师之间互相尊重、彼此信任,能够使教师获得安全感,但互相尊重、彼此信任又非一团和气,甚至相互奉承。批判性同事关系鼓励教师通过观念的碰撞与竞争来彻底地反思自己,不断突破自身的肤浅与狭隘。

三、制度方面:通过制度建设推进教师合作

制度是特定社会结构中关于人们的权利、义务和禁忌的规定。权利规定人们可以采取什么行为,义务规定人们必须采取什么行为,禁忌规定人们不准采取什么行为。为了保障教育教学的顺利进行,学校建立各类规章制度对教师的行为做出规定和约束,制度的建立就如同将教师的行为划定一个圆圈,在圆圈之内,教师按照规定获得一定的资源,受到一定的奖励;而一旦有教师越过圆圈规定的界限,就会受到一定的惩罚。

制度能对教师的合作行为产生约束作用。并不是每一位教师都能够自觉主动地参与到

[①] [日]佐藤学.静悄悄的革命——课堂改变,学校就会改变[M].李季湄,译.北京:教育科学出版社,2014:52-53.

合作的专业发展活动中来的,此时就需要通过制度的强制力量来将那些人拉进这个队伍中来。例如,规定教师每两周参与一次教研活动,这样的制度就能将教师定期聚集在一起,为教师之间通过合作交流获得专业成长提供机会。

> **案例 5-11　以"师徒结对"制度促成教师合作**[①]
>
> 学校的每个学科都有一批市区级骨干教师,他们是学校教学的中坚力量。为了充分发挥他们的带动和辐射作用,促进青年教师在较短时间内适应教育教学岗位的基本要求,实现师德、教学艺术和班级管理的同步提高,我们聘请师德高尚、教学经验丰富、管理水平较高的骨干教师与青年教师进行一对一师徒结对。师徒组合采取学校安排并征得双方同意或双向选择、自愿组合并举的办法。
>
> 学校提倡骨干教师要有"甘为人梯"的精神,热情关怀、努力扶持青年教师,以自己良好的师德影响、带动青年教师。每学期初,骨干教师指导青年教师制订学期教学计划,指导青年教师备课、上课、批改作业。每月为青年教师上两节示范课,听两节青年教师的课,课后及时交流,共同研究教学改进策略。此外,骨干教师要认真指导青年教师分析学生情况,制订班级管理措施,传授班级管理的方法和艺术。
>
> 学校把师徒结对列为常规性检查工作,要求师徒各自填写结对活动记录表,每月检查一次,学期末上交相关的师徒结对材料,建立完整的师徒结对档案,作为年度考核、绩效考核、晋职、评优的依据。同时,学校优先给予师徒共同外出学习的机会,每学年末评选一次"优秀师徒结对教师",给予表彰与奖励。

在上述案例中,青年教师有合作的需求,而骨干教师有合作的资本,借助适当的制度安排,激发双方的合作动机,确保双方合作的时间与机会,明确合作活动的内容和程序,从而使合作收到预期效果。

制度的实质是一套规则体系,良好的规则能够激发教师参与合作的积极性。例如,在教学观摩中,要求参与研讨的教师从正反两个方面对观摩课发表意见,这个"硬性"的规定打消了上课教师与评课教师的"面子"顾虑,有利于对观摩课做出全面客观的评价。

适当的奖励规则也能促进教师合作。要避免竞争性的奖励结构,因为在这种奖励结构中,一个人的成功注定了其他人的失败。只有在合作性的奖励结构中,教师之间的奖励互赖是一种正向性互赖,即个人的成功并不影响别人的成功,一个教师成功后可以帮助其他教师成功。如一项集体合作的科研活动是根据任务、责任分工确定奖励系数的,权重得当,所有教师都会朝着成功的目标前进,因为别人的成功不会影响自己的考核和收益。在实践中,学校制定合作政策时要注意两点,一是规定清楚合作单位的总体目标,二是具体分解各项奖励

[①] 李健.教师发展:从单兵作战走向合作共赢[J].人民教育,2014(23):51-52.

的系数和评价指标,这样可以有效避免团队奖励无序和难以操作。还要注意的是,由制度"逼出"的教师合作存在着低效合作的风险,因此,制度的效力应以教师认同为基础。

> **思考题**
>
> 1. 请从知识观转向的角度谈谈建设教师专业共同体、推进教师合作的必要性。
> 2. 比较公开课与教学观摩的不同点。
> 3. 我国小学普遍存在的教研组是否一定属于"教师专业共同体",为什么?
> 4. "合作自传"(collaboration autobiography)即由一组教师一起围绕目前工作的背景、当前正使用的课程、所奉行的教育理论、过去个人和专业生活等主题写出自我描述性的文字,然后进行批判性的评论。以下是某校小学教育专业的学生运用"合作自传法"开展的一次学习活动,活动步骤如下:
>
> (1) 将本专业同学分为三个自传小组,每个小组8人;
>
> (2) 分配写作教育自传的任务,第一个小组的写作主题是"小学时代的我",要求结合具体事件回顾自己在小学阶段的心理活动和行为表现,写作目的是更好地理解小学生的特点;第二个小组的写作主题是"难忘的小学老师",要求回顾那些刻印在自己记忆中的小学老师的形象,写作目的是形成对"理想的小学教师应具备哪些素养"这一问题更为全面的思考;第三个小组的写作主题是"小学时期印象深刻的几堂课",要求对当时的课堂教学情景进行细致的描述,写作目的是对小学教师的课堂教学进行反思,确立适宜的教学观。
>
> (3) 各小组成员利用两周的时间撰写自传;
>
> (4) 三个小组各自选择一个恰当的时间举行小组会议,在主持人的引导下,每个小组成员都公开自己的自传,并开展集体性的讨论和反思。
>
> (5) 小组会议之后,每个小组成员参考其他小组成员的传记和见解,重新梳理自己的思想,形成类似"对小学生特点的认识"这样的文字材料。
>
> (6) 三个小组的成员都公开自己整理出来的文字,在更大的范围内进行知识分享。
>
> 请思考:假设在小组会议这一环节,小组成员写作的主题是"难忘的小学老师",而你则担任了会议的主持人,你将提出哪些问题来使讨论更加全面、深入?
>
> 5. 阅读以下材料,并分析该小学在推进教师合作、实现专业发展方面有哪些值得肯定的做法。[1]

---

[1] 王洁,顾泠沅.行动教育:教师在职学习的范式革新[M].上海:华东师范大学出版社,2007:149-150.

2005年下半学期,上海市高安路小学引进了一位特级教师。这位老师有着近二十年的教龄,小学语文学科出身,由于平时涉猎的领域广泛,所以眼界开阔,知识渊博,而且该老师不仅教学经验丰富,为人也相当热情、谦和,校长任命她为学校知识主管。

经验告诉我们,教师的一些隐性的信念和价值观往往会通过其情绪状态反映出来。比如,我们发现部分教师缺乏正确的教育认识,认为教师对孩子不凶不行,不然没法控制学生,因此课堂上常会出现师生不和谐的一幕,事实上这折射出部分教师内隐的权威主义的师生关系观。这位学校知识主管在做了充分调研的基础上,设计了一次全校性的"理性表达喜怒哀乐,构筑和谐师生关系"的知识分享活动。

活动主题:理性表达喜怒哀乐,构筑和谐人际关系			
活动目的	1. 通过知识分享,总结经验,提升教职员解决棘手问题时的实际操作能力; 2. 通过专题的知识分享活动,提高师生缔造和谐的师生关系的能力。		
活动形式	分组座谈、专题沙龙、案例分析、网上交流		
实施步骤		时间	备注
组织教职工座谈:回忆自己的经历,挖掘成功的经验,倾诉存在的烦恼		4月8日	梳理成功经验,提出"理性发怒"的学生教育
讲座:教师如何赢得学生(朱丽春)		4月15日	专家报告引领
讲座:表扬和惩戒(教科院:吴增强)		4月29日	专家报告引领
以年级组为单位、跨学科对"理性发怒"作初步的探讨		5月13日	知识的交流与分享
教师们上网交流,学校对各种做法进行梳理,形成《教师教育工作条例》		5月20日	知识的整理与创新,形成更高层次的知识成果

扫一扫二维码
获取思考题 答案要点

扫一扫二维码
获取同步练习题及参考答案

第六章
师生相长

📊 学习目标

1. 理解师生相长的性质、特点与理据。
2. 辨析师生相长与教学相长的关系;理解平等和谐师生关系的实质;明晰基于师爱的有效互动。
3. 知晓实现师生相长的主要策略。

📖 关键概念

1. 教学相长:本意是指教师的专业发展源于自身在学习与教授学生的过程。在教师自己的学习中知道自己不足的地方,进而反过来要求自己;在教师教授学生的过程中知道自己有不理解的地方,进而督促自己进一步学习,从而在从学到教再到学甚至再到教的这个不断递进的过程中实现发展。

2. 师生相长:教师与学生在学校和课堂环境的交互活动中共同获得进步与专业发展。学生作为师生相长的主体表现出情感的丰盈、知识的丰富、能力的提升等;教师作为师生相长的主体则表现出教育教学理念的提升、专业知识的丰沛、专业能力的提高等。

3. 多维互动:指教师与学生之间不拘泥于某种特定的环境、场域、形式与内容限制的互动。学生的任何疑惑、想法、观点、行动,皆可促发教师反思,促进教师行动,成为教师专业发展的机会。

🏛 知识脉络

师生相长
- 内涵及意义
  - 师生相长的概念
  - 师生相长的特点
  - 师生相长的意义
- 实现策略
  - 基于学生已有经验开展教学活动
  - 基于学生学情开展教学活动
  - 基于师生有效互动的课堂提问
  - 基于学生自主学习的教学策略选择
  - 基于多维互动的师生关系建构
- 前提条件
  - 教学相长走向师生相长
  - 平等和谐的师生关系
  - 基于师爱的有效互动

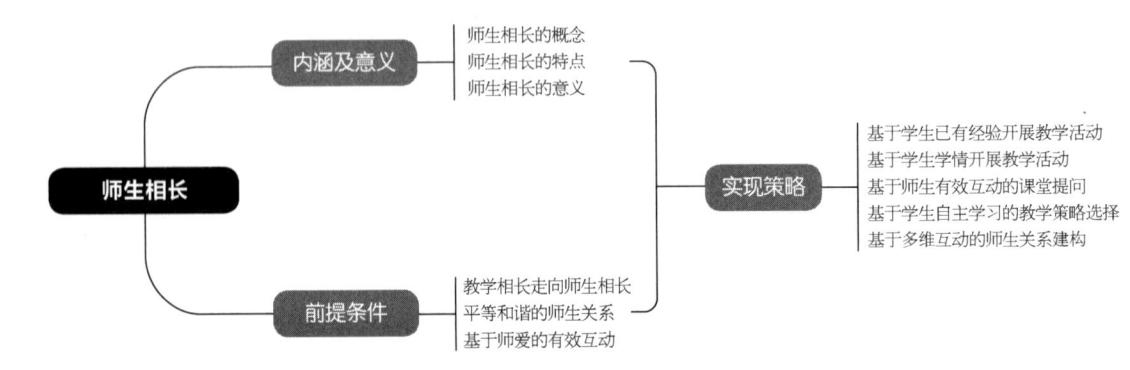

那是十多年的事了,一个学生在周记中写到:我特怕上语文课,一上课心里就有一种紧张的感觉——怕老师的提问、怕老师听写生字、怕课堂上的静……读着孩子的心里话,我反思着自己的教学行为:为了保护"师尊",我在学生面前是不苟言笑的,哪怕是取得了成绩,也只是埋在自己的心中偷偷乐,难怪这帮孩子与我相处已四年了,却依然如此生疏,难怪我的语文课堂上总是死气沉沉,我就像一个歌星唱了一首走调的歌无人应和,就像一个独裁者对着一群俯首帖耳的臣民哇哇狂叫而无人对话。是呀,这样的课堂,即使孩子可以学到知识,这些知识也是凝滞的,时间一长,便会遗忘在学生大脑的某个角落,上面落满尘埃。孩子应该是快乐的,因此,我要放下所谓的"师尊",卸下"女王"的面具,走进孩子们,让孩子们在课堂上快乐起来,找回孩子的笑声、欢呼声和掌声。

于是,我阅读有关教育心理学的书籍,学习名师的教学经验,"课无情不感人,无笑不诱人"。教师的微笑,有着神奇的感染力,它能缩短师生之间的距离,密切师生之间的情感。为了让孩子们在课堂上快乐起来,我带着微笑走进了课堂。我发现,我微妙的改变竟然让我具有了强烈的感召力,孩子们举起小手主动发言了。微笑,它能促进学生的学习兴趣,开启学生心灵的窗扉。对学生多一份微笑,教学情感的氛围就多一份浓度。

为了让孩子们在课堂上快乐起来,在我的课堂上,我也常常让学生去笑。当然,它不是笑星们夸张的"搞笑",也不是对低级"童趣"的放纵和迎合,它是探究、发现、对话。当学生们绽开笑脸,忍俊不禁的时候,正是他们思维最活跃的时候,此时的课堂是学生思维飞翔的殿堂,智慧的火花被点燃,情感的闸门被开启,在和文本、老师的相互对话中,他们大胆质疑,畅所欲言,说出了自己的所思、所想、所感、所悟、所疑、所惑,不断地体会着成功的喜悦,欢声笑语在教室里回荡,可真是"欢声与笑声相伴,掌声与书声齐飞。"

在这样充满快乐的课堂里,孩子们"小脸通红,小眼发光,小手直举,小嘴常开",乐得其所,同时,我也享受到了为学生创造快乐而给自己带来的快乐,我和学生一同成长。

孩子们夸我:年纪虽大,但心态很年轻!老师您活泼、开朗、幽默、风趣、学识渊博、快乐、执着;老师您慈祥、善良、细致、善解人意、关爱学生,对我们您总是不抛弃、不放弃,您一视同仁,不歧视、不偏爱。您公正地对待我们每一个学生。我为自己能成为您的学生而感到荣幸!

以上是某省级骨干教师古老师的《教育随笔》。从古老师的教育随笔中,我们可以看到她作为教师专业成长的原点是为了学生在课堂中快乐、充满笑声,为了和学生一同成长。学生的发展成为古老师教师专业发展的重要源泉。在孩子们"小脸通红,小眼发光,小手直举,小嘴常开"的动态描述中,古老师更新了教学理念、丰实了专业知识、提升了专业能力,实现了专业发展。该案例彰显出在教育活动中如何通过师生互动达成共同进步与发展的过程,即教师的专业发展存在于与学生的互动关系中,这就是所谓的"师生相长"。那么,师生相长有什么样的内涵与意义呢?师生相长需要具备什么样的基础与前提条件呢?作为小学教师应该怎么去设计并实施师生相长的课堂教学呢?这是本章需要回答的关键问题。

第一节 师生相长概述

一、师生相长的概念

(一)师生相长辨析

师生相长是指教师与学生在学校任何场域下(主要是课堂教学情境)的交互活动中共同获得进步与发展。师生相长包含以下三层具体的含义。

首先,教师通过与学生之间的交互活动获得发展,学生是教师专业发展的重要原点与源头。这一点体现了师生相长的根本途径是师生双方的交互活动。交互的字面意义是指交往互动,交往互动的双方均是这种交互活动发起的主体,且是平等的关系。这种交互活动表明一次完整的教育教学活动必然既有教师的参与,也有学生的参与。这个过程中一方的活动需要基于另一方的反应,双方互动的实质就是不停地基于对方的反应以做出下一步的行动,因此这种互动也是一种不断循环往复、螺旋上升的过程。这种互动可以具体体现在对课堂氛围的共同建构中、对课程内容的共同解读中、对教学活动的共同参与等环节中。通过这些环节的互动,师生双方以达到活动目标的实现为最终目的,比如师生双方更新了某种认知理念、重建了某种知识结构或者协商了某种共同话语体系等。

案例 6-1

教育故事[①]

苏霍姆林斯基在《给教师的建议》中,记叙了一件耐人寻味的事情:

我曾经教过一个任性的、胡闹的、一点也管束不住自己的男孩子罗曼。他会无缘无故地一会儿打了这个同学,一会儿又把另一个女孩子的连衫裙弄脏。

有一天早晨上课前,小女孩廖霞哭着来找我,罗曼已经把她扎小辫的丝带扯去了。我把罗曼找来,对他说:"你听着,罗曼,你的自由是一种野蛮人的行为,它会使你在生活中跌跤的。要是成年人干出这种事,人们就会剥夺他们的自由,把他们关进监牢。我们对你将采取另一种方法。把你的右手伸出来⋯⋯"

他伸出了右手。我从口袋里掏出一根绷带,把他的手掌和手腕缠住,然后把他的手紧紧地捆在衣袋里,使他不能使用这只右手。

"罗曼,我们今天就这样生活,不使用右手。为了不使你一个人觉得孤单,让学生们把我

---

① [苏]苏霍姆林斯基.给教师的建议[M].杜殿坤,编译.北京:教育科学出版社,2016.

的右手用同样的方法扎起来……"

　　孩子们照我给罗曼的做法一样,对我的右手做了同样的处置。罗曼惊奇地等待着,下面将会发生什么事。

　　我说:"好吧,现在我们就准备这样生活……让我们试一试。这样生活是不是轻松……"
　　一整天,我都跟罗曼在一起,在校园里、在花园里走、在教室里上课、一起吃饭……这孩子能够体会了:如果有一天真的失去了自由,生活将是一种什么滋味。后来,我又不得不给他上了几课,只是比较松一些,没有那一次的厉害。罗曼终于学会了约束自己。

　　如上案例中对于有"不良行为"的罗曼,老师不是责骂或者体罚,而是与他一起去感悟、体验不能用右手的生活会失去多大的自由,以引导罗曼去理解过度自由带来的后果。这个过程中,老师增进了经验,学生也改善了行动。但如果老师不与罗曼一起"互动",相信将很难收到矫正罗曼"不良行为"的成效。

　　其次,学校和课堂不仅是学生发展的场所,也是教师发展的场所(活动场所)。这一点是师生相长在交互性的基础上所需要的环境条件(物质条件),即学校和课堂成为师生相长发生的实践场域。这里的学校和课堂不是包含关系层次的学校和课堂,而是并列关系层次的学校和课堂,即师生互动的重点场所是在课堂教学活动中,这是师生互动的主要方式。除此之外,师生还在学校这个场域中有着各种方式的互动,这些场域中的互动既可能是显性的,也可能是隐性的;既可能产生于个体与个体之间,也可能产生于集体与集体之间或者个体与集体之间。比如师生一起参加学校的升旗仪式,在庄严肃穆的氛围烘托下,语文老师有可能会思考如何在语文课堂教学中融入爱国主义情感体验。还比如老师看见小学生课间在操场上的各种嬉笑打闹,进而可能会反思自己的课堂教学是不是过于"死气沉沉"等。

　　最后,教师与学生共同成长。这一点是师生相长的终极目的,也是指师生相长的主体是教师和学生,而非教师或者学生中的任意一方。在新一轮的课程改革中,尊重学生的主体地位、一切为了学生的发展等理念已经逐渐得到广大小学教师的认可,且已经广泛应用于小学教师的实际工作中。在这个过程中,不少小学教师认为其专业发展的终点就在于学生的发展,实则不然,在教师促进学生发展的过程中,教师自己也会不断地得到进步和成长。教师的成长存在于学生的发展过程中,这种成长既可能表现在教师解决学生学习所遇到的困难中,也可能表现在师生双方其他场合的言行互动中。

　　以上三点是师生相长内涵的三大要素或者三个维度,即师生相长的途径、师生相长的场所、师生相长的目的。师生相长就是师生在学校和课堂的双向互动中所体现出来的师生双方的共同发展与成长,学生作为师生相长的主体表现出情感的丰盈,知识的丰富,能力的提升等;教师作为师生相长的主体则表现出教育教学理念的提升,专业知识的丰沛,专业能力的提高等。

(二) 师生相长的性质

1. 师生相长是一种过程

所谓师生相长是一种过程，强调的是师生互动的过程，重视师生在互动中的相互反应与变化细节，也可以理解成在师生互动中任意细微之处皆有变化与发展，而正是这些细微的积淀，才逐渐汇集成了师生双方的共同成长。教师与学生在这种互动中的变化，既有质的维度上的变化，也有量的维度上的变化；既有理念上的变化、也有认知结构的变化，还有教学能力的变化等。波斯纳（Posner）认为教师专业"成长＝反思＋经验"，不管是反思还是经验，这里更多的同样是指一种过程性、动态性的变化与发展。师生相长的过程性质需要小学教师在专业发展中不断地积累经验，持续地反思自我，并关注自己在与学生的交互活动中理念、认知、能力、师德等方面的点滴变化。

2. 师生相长是一种状态

状态与过程是相辅相成的关系，过程强调师生相长中师生"质或量"的点滴变化，状态则是指在这种质量点滴变化中呈现出的相对稳定的某种样态，这种样态可以具体表现为师生双方互动时在教学/学习理念、认知结构、能力结构中的外显性变化。这种变化既是持续性的，也是具有阶段性的。持续性是指如果从细微处看教师与学生，他们每时每刻都在发生变化；阶段性是指如果隔一段时间再观察师生双方，会发现这种变化具有质的飞跃性。当然，这种变化的外显性也告诉我们这种变化是可观察与记录的。比如在师生互动中教师受到学生的启发，记录下瞬间的某种感悟，这些都是教师实现专业发展的某种状态。具体来说这种状态既可表现在师生互动时各自的表情、姿势、眼神、语态、语音、语言内容等之中；也可表现在双方就某一问题或主题的交互过程中，比如教师提问、学生回答、教师做出鼓励或赞扬的反馈或评价等；或者教师观察学生的言行，做出专业判断，继而产生专业行动等。

3. 师生相长是一种良性互动结果

师生相长还是一种师生之间良性互动的结果，这一点为师生相长的互动过程和点滴状态分别框定了边界与特点，良性为互动指明了方向，结果为状态奠定了目标。所谓良性具体是指在师生相长中的师生互动是优质的，也是进步的；是积极的，也是正向的。正是因为有了这种方向性、目标性指向，也决定了师生相长是源于实践、指向实践、服务实践的，即师生相长不是仅仅停留在理念层面或者思辨层面，而是要小学教师在教师专业实践过程中真切感悟、真实体验；要真正指导小学教师在专业发展过程中的各种实践活动，解决小学教师在师生相长中的困惑或难题。

二、师生相长的特点与意义

(一) 师生相长的特点

1. 民主性

师生相长的民主性是在师生相长中，教师与学生这两大主体之间表现出的关系特点。

民主性特点决定了师生相长中教师与学生之间的相互尊重、平等对话的交互活动方式,教师要善于在与学生的平等对话中发现促进自身专业发展的契机。同时,也决定了教师在与学生的这种互动中要学会倾听学生声音,允许并欢迎学生发表意见等。

2. 共生性

共生性是师生相长的本质性特点,所谓共生性就是教师与学生在教育教学活动中通过互动获得共同的进步与发展,这种进步与发展是相互依赖与依存的。共生性特点决定了教师与学生双方在互动时要首先意识到一方的进步与发展必须有赖于或者源于另一方的进步与发展。共生性是新时期师生相长的关键特点,共生性包含以下几层含义:第一,共生具有共同生长的本体性含义,即教师与学生在民主、平等的师生关系建构中实现共同生长;第二,共生具有生成性与发展性的外延性意义,这两点都表示师生相长是一种变化过程,是一种基于师生之间有效互动和交流的生成与发展过程;第三,共生具有持续性的专业性意义。教育效果显现的长期性和潜隐性,使师生相长的共生性特点突破了时间和空间的限制,即师生相长不只是囿于师生关系形式存在期间,即使师生关系形式已经消失,师生的成长与发展依然可能存在。

3. 动态性

动态性特点指的是在师生相长中,师生互动是持续发生的,不是静止的,即只要存在教师与学生之间的互动,师生之间的共同成长与进步就会发生。这种发生是在动态的过程中通过点点滴滴的积累产生的。只要有师生之间的交互关系,师生双方就必然处于持续的变化过程中,只是变化的过程与结果有时是潜在的,不容易观察到而已。因为师生相长的动态性重视师生双方的点滴变化,因此容易出现泛化理解师生相长的问题,即认为凡是师生之间的点滴变化都是师生相长。要避免这样的现象出现,作为小学教师首先要理解师生相长是在师生良性互动中达成的;其次小学教师要对师生互动中的各自变化具有专业敏感意识与认知;最后小学教师还要具有能把稀松平常的教育教学事件转换为自身专业发展契机的素养与能力。

(二)师生相长的理据

为什么要提师生相长呢?从教师专业发展的角度来说,校本资源是每一位小学教师专业发展的重要支撑,而在校本资源中,学校、教师、学生共同构成了小学教师实践场域的主要要素。学校不仅是学生发展的场所,同时也是教师专业发展的场所。而学生除了在学校中能够实现身心发展外,还可为教师专业发展提供动力与机遇。为什么这么说呢?

省级名师沈苏英的教育随笔[①] 案例6-2

对一年级的新生,有时候我也会带着这样的想法面对他们:这帮小孩儿刚进入小学课

[①] 本资料源于2015年贵州省"省级名师"教育随笔资料库。

堂,汉语拼音教学的内容也繁重,我就利用一切可以利用的课,比如班会课、写字课进行语文教学。一次一个小男孩在课间与小朋友们分享绘本读物,他滔滔不绝地给小伙伴们介绍各类绘本的特点,小伙伴们听得也津津有味……是啊,虽然是一年级的新生,他们也是一个个鲜活而具有爆发力的个体,或许他们知识的来源已经超越了我们,他们拥有更加丰富的学习资源来承载对世界的认识,若我总是按部就班地教授课标里的内容,只是觉得完成好教学计划就好,这样的想法已经不能再适应每一个学生的发展。

尽管孩子们才一年级,但是他们来到学校并不是"零起点",现在的父母都很重视孩子的教育,在孩子还未踏入学校以前就对孩子进行很多方面的启蒙,也许是声乐、也许是绘画、也许是历史、也许是中国传统乐器、也许是手工……学生本就是一个个鲜活的"小课堂",我应该珍视这样的教育资源,不能只是让孩子在学习知识的技术层面中丧失殆尽了自己的光芒。因此,我决定着手办一次活动,让学生把自己平时了解到的趣闻、知识介绍给同学,也介绍给我。

因此我在11月12号那天利用班队活动开展了一次"小小书博会"的活动,在活动中,有的孩子介绍书籍的出版印刷,有的孩子介绍世界各地的图书馆的特点,有的孩子介绍当下流行的"二手书"流通,有的孩子根据自己的爱好介绍自己喜欢的书籍……其中林嘉忆这个女孩子给全班同学介绍的糖的种类、糖的故事、糖的制作、糖的不同造型,让同学们惊叹不已,包括我在内也是第一次知道有关糖果的知识是那么丰富。

每一个学生都可以是一座"小宝库",他们或许对某个领域了解的内容比我们当老师的还多。我们不能固守原来的思想,总是认为教师这桶水是鲜活的,殊不知,在这样一个信息化时代,孩子们获取知识的途径已经变得更多元,他们在不同的资源下感知的和知识有关的信息已经变得更加有趣与多彩。作为教师,要能欣赏学生拥有的不一样的风采,也要能有向他们学习的勇气,毕竟他们能带给我们不一样的思绪和触动是我们当教师前进的另一种源头。

从沈老师的教育随笔中可以看出,小学生的知识储备有时比老师还多,当小学教师能欣赏他们、赞赏他们的闪光点时,他们能给教师带来不一样的专业发展生长点。

1. 小学生的好奇心会不断给小学教师专业发展提供问题契机

小学生的年龄一般指的是从6岁(7岁)到12岁(13岁)的孩子,他们的身心发展并不像处在学前教育时期的孩子或者初中时进入青春期的孩子那样,会快速从一个阶段进入到另一个阶段且具有明显的阶段性特征。小学生的身心发展相对来说处于比较平缓、匀速发展的时期。但该时期也是个体从学前阶段到青春期阶段的过渡时期。因此,小学低年级阶段(1—3年级)学生的身心特点与学前教育阶段孩子的身心特点比较接近,而小学高年级阶段则逐渐与青春期学生的身心特点比较接近。但是,不管是在小学低年级阶段还是在小学高年级阶段,小学生的好奇心都是比较强的。比如小学生在没有学习"不可思议"这个词时,并不理解这个词的含义,一旦听到大人说"不可思议"一词时,可能马上就会自然地问大人"不可思议"的含义是什么。这就是小学生的好奇心,那么作为小学教师在此时可能就需要思考如何面对小学生的诸如此类的问题,怎么来回答、选择什么样的方式回答,这些都需要小学教师具备相应的专业素养。对于小学教师来说,这就是在日常工作中所碰到的各种问题的契机和专业发展的机会,如果一名小学教师的问题意识较强,会不断地思考在自己的工作中如何来应对、回答小学生基于各种好奇心所提的各种问题。一名真正能够尊重小学生的小学教师会在碰到这类问题的时候,思考如何既保护好小学生的好奇心,同时也鼓励小学生自己来解决在学习中碰到的各种疑惑与问题,甚至为小学生的好奇心提供发展支架。这些问题往往是产生在师生互动时的很多细节当中,这些细节对于小学教师专业发展来说,是重要的经验与资源,更是他们产生问题意识的各种契机。比如,在某小学老师的数学课堂上,突然一个学生发现窗外下雪了,并惊讶到:"哎,下雪了。为什么这会儿下雪了呢?"这样的惊讶声可能会把全体同学的注意力都吸引过去。这个时候的数学老师决定调整上课内容,即让学生观察雪花,体验雪中的生活,并提出要求:观察雪花的性质、形状,描述下雪时的景致等。在观察结束后,孩子们争先恐后地发言,课堂气氛活跃,学生参与度高。尽管是一堂数学课,尽管因为学生的"好奇"打断了教师的预设,但是孩子们在这个过程中收获很大,教师也在这种"临时"的决定下提升和发展了自己的实践智慧。

2. 小学生的童真是小学教师看世界的另一双眼睛

小学生还处于儿童阶段,这个时期的孩子对他们周围的世界充满各种好奇心,喜欢积极认知周围世界中的各种事物,在这个过程中,由于他们还童心未泯,看待周围的世界还充满各种童真。而小学教师由于已经是成人,对周围世界的认知已经形成某种固化的模式,这种认知模式也许能让小学教师很好地适应成人的生活世界,但也容易让他们陷入其中而不自知。此时,小学生身上所具有的这种儿童的童真视野能够为小学教师这种成人的认知模式提供另一种视角,以反观小学教师自己的认知模式。

由于现代社会的急速变化,越来越多的小学教师在教学中失去了童真,没有童真的教学很难吸引小学生的注意力、激发他们的学习兴趣。所以,如果小学教师能意识到、能尊重小学生的这种童真视野,那么这种童真视野就能为小学教师反思自己的课堂打开另一扇窗。同时,小学教师不能简单地把小学生的童真理解成幼稚和不成熟。如果随意抹杀掉小学生的这种童真,我们就往往看不到他们眼中的新奇世界。比如小学低年级的女同学把各种颜色的纽扣当作是最贵重的礼物送给自己喜爱的老师,还有的孩子会真的以为对着天空许愿就能实现各种愿望等。类似这样的童真恰恰能激发小学教师发现自己固有认知世界的盲区。孩子们的童真世界是孩子们丰富内心和细腻情感的载体,往往是真诚的、善良的、美好的。优秀的小学老师需要走近孩子们的内心世界,改变自己的认识盲区,树立真善美的教育情怀。

3. 小学生的可塑性会给小学教师专业发展提供持续动力

小学生的身心发展具有可塑性，这种可塑性首先表现为这个阶段学生的身心发展会发生实质性变化。如果我们将小学一年级学生与小学六年级学生或者与小学三至四年级学生来进行对比，就不难发现这种实质性的变化，具体表现为身高、体重、认知能力的变化。当然，如果要对小学时期分阶段的话，会发现这种实质性的变化还会有相应的阶段性，一般这种阶段性特征被分为小学低年级阶段和小学高年级阶段。两个阶段的小学生在身心发展状态中表现出不一样的特质。对小学教师来说，小学生的这种可塑性特征一方面使得他们在工作中要不断关注处在不同年级阶段的小学生身心发展特点差异，另一方面更是要从小学生的这些差异出发来开展相应的教育教学活动。

小学生身心发展的可塑性还表现在这个阶段学生身心发展的变化是持续不断的。即在小学六年中，他们的身心特质还未成型，还在不断的变化过程中。小学生现阶段的表现并不能预测或者代表他们进入中学后或者成人后会怎么样，这一点使得小学教师在与学生互动时要注意多方引导与鼓励，而不能随意给学生贴上标签。另外，小学生的这种持续性的变化还具有代际差异、群体性差异，代际差异和群体性差异常用于社会学领域，代际差异是指出生在不同年代的群体在知识水平、思想观念、行为方式等方面表现出的不同之处，主要是一种年龄差异；群体性差异指的是不同成长环境或者生活场域的群体之间表现出的在知识水平、思想观念、行为方式等方面的不同之处，主要是一种文化差异。不管是代际差异还是群体差异，都会随着历史文化背景变迁、社会经济结构变化而发生相应的变化，小学教师既要正视这种差异的客观存在性，也要意识到这种差异的可变化性。

从现代社会的发展特质来看，每个社会的教育均具有"分层"特点，尽管我们一直在强调教育公平、资源均衡分配，但现实社会现状依然是各个阶层之间的分化越来越明显。而小学教师所面临的小学生同样也包含不同的分层特质，这些都是小学教师在面对这种变化性特征时必须要直面的问题，这使得小学教师，特别是处于社会背景变化日新月异时期的小学教师更是要时刻关心小学生的身心发展特质。小学教师只有在职业生涯中不断地提高完善自己，才能同步小学生的这种可塑性。

> **知识链接 6-1**
>
> **教育意味着一棵树摇动另一棵树**[①]
>
> ……
>
> 小学一、二年级阶段儿童发展的一般特征有哪些呢？以下可供参考：
>
> 1. 生长缓慢而稳定。

---

① 周海洋.教育意味着一棵树摇动另一棵树[EB/OL].(2017-09-07)[2018-09-29] https://wenku.baidu.com/view/eecd28c4aa00b52acfc7ca03.html.

2. 女孩比男孩早熟。
3. 易感染疾病。
4. 因过剩的精力,很少有静止的时候。
5. 爱赛跑、跳高、跳绳、做模型、玩游戏。
6. 会好奇地提出许多问题要求父母或老师回答。
7. 注意力短暂,对于长时间要求注意力的活动易有坐立不安的表现。
8. 喜欢色彩绚丽,爱画画,可以独自游戏或工作。
9. 由与邻座小朋友游玩,发展到小团体游玩。
10. 因富于想象力,而易产生恐惧。
11. 需要争取成人的注意与爱护,表示嫉妒。
12. 从成人的态度、语言或表情来辨别事物的是非,认为受到赞许的事就是对的,受到责备的事就是错的。
……

(三) 师生相长的意义

1. 师生相长有利于小学教师与小学生之间实现平等对话

在传统的教育观中,小学教师的身份常常被标签为拿着"教鞭"与"戒尺"在小学生面前高高在上的样子。这种观点主要受到传统教育理念中"师者严父"、"从师从父"的等级制的影响。现代社会的文化多元性、信息更迭的快速性促使教育结构发生了很大的变迁,特别是教师与学生之间的关系结构发生了很大的变化。教育开始重视个体,开始强调在教师与学生之间实现平等对话。在这种平等对话中,教师与学生之间能够实现一种不同主体世界之间的相互影响、相互交流。教育教学活动中不再是教师的"一言堂",同时,这种师生关系的变化也被看成是一种教育本质的进一步回归。雅思贝尔斯(Jaspers)在《什么是教育》中认为教育在于"呼唤人所未能意识到的一切。"[1]这句话本意是指教育不是一种灌输,更不是教师的权威与压制,而是一种在自然状态下(尊重学生)的唤醒[2]。这个教育本质观受到存在主义教育思想的影响,即充分尊重每一个个体,包括学生的存在价值。到了现代社会,这句话的意义进一步得到了拓展,不再是仅仅局限于教师对学生的尊重,还表现出教师在尊重学生的同时要与学生平等的对话。为什么要有这种转变呢？就如同案例6-2中沈老师的教育随笔中所写的一样,小学生的世界有时比我们成人的世界更为丰富、更为前沿,这也是为什么小学生能成为小学教师专业发展的重要资源的原因所在。在这种唤醒式的平等对话中,小学教师一方面发现小学生自己的价值,促进小学生有个性地发展、主动地发展,另一方面更是

---

[1] [德]雅思贝尔斯.什么是教育[M].邹进,译.上海:生活·读书·新知三联书店,1991:65.
[2] 张叶青.教育的使命在于"唤醒"[J].中国德育,2013,8(13):20-21.

可以把这种价值转换为自身专业发展的不竭动力，实现小学教师持续的专业发展。

2. 师生相长有利于小学教师与小学生之间实现双向互动

长期以来，由于受到传统教育观"师道尊严"的影响，小学教师一直被认为是小学课堂中的权威者。小学教师自己常见的口头禅也是"我要管好这帮熊孩子"，尽管"管"字并没有褒义与贬义之分，但是在小学教师内心深处，通常带着这样的假设："你们（小学生）都是我管教的对象，最好事事都得听我的。"这种观点深植小学教师心中，使得小学教师在实际的教育教学工作中不重视倾听小学生的声音，不具有向小学生学习的理念，也就难与小学生之间进行双向互动。在"师生相长"中，一方面强调和重视小学教师要尊重小学生具有可塑性的身心发展特点，也要合理利用小学生的好奇心和童真，在这个过程中小学教师要不断拓展视野、发现专业发展契机，进而实现个人的专业发展。另一方面，师生相长打破了传统师生关系中认为"生不如师"的传统认知，要求小学教师与小学生之间在平等对话的基础上实现双向互动，这个互动的前提就是小学教师要具有向小学生学习的理念，要由"生不如师"转换为"生者不必不如师"，要重视来自于小学生的童真、好奇心等视域中的发展契机。这种双向互动中的前提当然是师生双方是平等的、是可以对话的关系，在这种平等的对话中师生双方尊重对方各自的精神世界，尊重对方的精神视域。在这种与小学生之间的双向互动中，小学教师实现与小学生的共同成长、共同发展，实现师生双方各自世界与视域的融合与交流、各自认知结构的不断建构与再生、各自能力的持续提升与发展。当然更为重要的是这种理念打破了传统观点中认为小学教师专业发展只是为了小学生的发展而发展的单向度视角，建构了一种尊重师生双方的主体平等、双向互动的师生共同发展观。

3. 师生相长有利于小学教师专业发展理念实现由工具性价值向自我实现价值的转变

师生相长有利于实现小学教师专业发展理念由工具性价值向自我实现价值的转变。小学教师专业发展理念中的工具性价值是在专业理念更新、专业能力提升、专业知识丰富等过程中实现的，是教师在促进学生身心健康发展时所产生的附带性功能与作用，即小学教师的专业发展附属于小学教师要促进小学生身心健康发展的根本性目的。小学教师专业发展理念中的自我实现价值是指小学教师在促进小学生身心健康发展的同时，意识到小学生的发展是教师自己专业发展的重要潜在资源，意识到小学生是教师自己专业发展的重要源泉与原点，继而更加善于把握、运用各种发展契机，以最大程度实现自身专业发展。同时，由于小学生并没有义务去促进教师专业发展，因此在这个过程中需要小学教师自己利用好学生这个资源，需要小学教师在与学生的交互活动中，意识到促进学生发展的同时也是教师自我价值实现的过程。这种教师专业发展理念的转变不光是指向学生的发展，更重要的是同时也指向教师的自我实现。因为，在这种转变中，小学教师不再认为小学生的身心健康发展与自己的专业发展无关，而是教师专业发展的现实性、关键性资源。这一点正好解决了传统教学相长观中教师专业发展中自我动力不足的关键问题，真正使小学教师基于自我实现的发展动机,实现积极、稳定的自我专业发展。

4. 师生相长有利于小学教师专业发展途径的革故鼎新

在以往的小学教师专业发展途径中,常见如下一些途径:(1)补偿性的学历提升。由于特定的历史原因,一般情况下,我国小学教师的基础学历都不太高,为了实现小学教师队伍的整体质量提升,相关部门往往通过补偿性学历提升的方式促进小学教师专业发展。(2)基于专业标准的模块式素质培养或者培训。这是最为常见的教师专业发展途径,不管是针对教师教育一体化的职前培养阶段、入职培训阶段还是在职发展阶段,往往都是围绕教师专业标准的相关结构要素设置模块的培训内容或知识结构以促进教师专业理念、专业知识或者专业能力的发展。与学历提升一样,这样的培养与培训模式同样属于一种补偿性的培训,且这两种视角都是基于小学教师在专业发展中"物质因素"缺乏的假设开展的,这种补偿是一种静态的、灌输式的单向度补偿,忽视了小学教师实践场域中的关键他者——小学生可能会对小学教师专业发展带来的影响,无视小学教师教育教学工作的真实情境。

师生相长观将小学生看成是小学教师专业发展的关键源泉和重要资源,这种转变契合了小学教师教育教学实践的真实场域,对提升小学教师专业发展的主动性、参与度有极大裨益。师生相长使小学教师专业发展途径在已有的基础上进一步得以丰富和多元,这种丰富和多元有助于在小学教师专业发展的培养与培训中引导小学教师重视学生在学校的各种反应,重视小学教师自己与小学生之间的交互活动。实现小学教师专业发展途径由静态的物质因素补充到动态的师生关系双向互动建构的转变。这一点既适应了师生关系变化的社会背景与教育结构,也与新课程理念背景下倡导平等对待学生的理念一致。

三、师生相长实现的前提条件

从师生相长的内涵与意义可知,师生相长的关键是小学教师要善于从小学生身上把握专业发展的机遇,这种机遇实现的途径是师生之间的交互活动,当然这种交互活动的性质是一种平等对话的双向互动。那么如何才能在师生交互活动中实现一种平等对话的双向互动,继而实现师生相长呢?这个过程中需要以教学相长为前提,以平等和谐的师生关系建构为基础。

(一)教学相长走向师生相长

1. 教学相长的词源学意义

教学相长源于《礼记·学记》中的一段论述:"虽有嘉肴,弗食不知其旨也;虽有至道,弗学不知其善也。是故学然后知不足,教然后知困。知不足,然后能自反也;知困,然后能自强也。故曰:教学相长也。""不足"的字面意思指缺乏,在此可理解为教师在教学中所需的专业知识不够丰富。"困"的字面意思是指困惑、不解等,在此可理解为教师在教学中所需的专业知识不够精深,没能成体系、有逻辑地掌握专业知识。这段话的本义是指纵然有美味的佳肴,(如果)不去品尝,(就)不会知道它的味美;即使有最好的道理,(如果)不去学习,(就)不知道这个道理的好。因此,(人)要学习然后才知道自己有不足的地方,(人)要在教其他人的时候,才会发现自己有理解不够透彻的地方。在知道自己的不足之后,才能反过来要求自己;知道自己有理解不够透彻的地方,然后能够督促自己进一步(学习)。所以教和学是相互促进的。从教学相长的词源学意义来看,其中的"教"和"学"是指教师自己的教授和学习。比如一小学数学老师在进行关于"图形的不同面"的教学设计时,忽视了站在不同的方位观察图形的差异,在教学实施阶段才发现这一点,这时他会根据学生的学习情况及时调整,明确授课时教师的方位与学生方位的差异,下课后重点对此进行了反思。这就是教学相长。

我们如果对教学相长的含义进行进一步分析的话,就会发现以下几个问题值得进一步讨论与思考。将这几个问题思考清楚了,就能理解为什么说教学相长是师生相长的前提:(1)如果教师处于"沉睡"中,怎么能够知道自己的不足和理解得不够透彻的地方呢?因为我们永远无法唤醒一个处于"沉睡"中的人。这里所谓处于"沉睡"中的教师就是指那些即使是学了也未必能知"不足",教了未必能"知困"的教师。如果一名小学教师只是机械式地学习知识或者传授知识,缺乏职业责任感、发展动机与问题意识等,就无法实现知"不足"和"知困"这两点。(2)教师知"不足"和知"困"后就一定能"自反"和"自强"吗?一名小学教师即使知道了自己在学习与教学中存在什么样的问题,但如果自身并没有发展动机与发展意识,对自己的工作抱着得过且过、麻木不仁的态度,这样的老师在职业生涯中是也无法做到"自反"和"自强"的。[①] 所以,教学相长的词源学意义中蕴含的教师专业发展意义与价值要通过平等和谐的师生关系建构,以及师生之间有效互动等才能实现。同时,作为小学教师要具有发展的意识,能在师生互动中知不足、知困,且具有主动知不足能自反和知困能自强的态度,才能实现师生相长。

2. 由教学相长到师生相长的转变

随着时代的变迁以及教育结构的变化,当前,教学相长的意义常常被拓展为教师的教与学生的学之间的一种互动关系,即教师基于学生的学习情况不断调整自己的教学行为。这种拓展与教学相长的词源学意义相比,具有以下一些变化:

首先,将教学相长聚焦于教师与学生各自发生的动作:"教"与"学";其次,将教学相长集中在教师"教"的结果和学生"学"的结果上。教学相长的现代拓展对于促进教师在知识传授中关注学生的学习情况具有非常积极的意义。但是,在这个过程中依然存在忽视学生、忽视学生身上所具有的促进教师专业发展的资源这一点。因此,尽管都是"相长",但是教学相长与师生相长既有区别也有联系。区别主要表现在两种"相长"产生的方向及其产生的时代背景上。

第一,两种"相长"产生的方向存在差异。教学相长是一种单向度的变化,指的是教师的教或者教师在关注学生学习情况时的教都指向自己,但师生相长认为教学是一个双向互动的过程,在这个过程中教师与学生是平等的两大主体,教师需要在与学生的交互活动中获得进步与发展,当然,同时学生也获得了进步与发展。

---

① 饶从满,杨秀玉等.教师专业发展[M].长春:东北师范大学出版社,2007:166-167.

第二,两种"相长"所产生的时代背景存在差异。教学相长产生于师道尊严的古代中国,师生相长产生在近现代的民主性社会。教学相长是指教师在教学中发现自己没有理解透彻的地方,再逐渐完善自己的过程,这个过程中的逻辑假设是教师先学后教,学懂才能教,这是先后发生的事情,这种教学相长是全程忽视学生的。当然,产生这个教学观的原因很好理解,因为在古代社会的教育教学活动中,教师的地位要高于学生,教师的权威要大于学生。师生相长的提出是在新课程改革理念中强调教师要尊重学生的主体地位已为大家所接受的大背景下。特别是在20世纪80年代的教师专业化运动之后,越来越强调教师专业发展要基于校本资源开发、校本研修等路径,无论什么样的路径,学生都是学的主体,而教师是教的主体,学生成为教师专业发展中非常重要的潜在资源。

正是因为教学相长与师生相长具有如上的差异,因此从教师专业发展的视角来说,提师生相长更为恰当,但这种提法并不是否定教学相长的积极意义以及在教育教学活动中引导和重视学生学习过程与状态的重要价值。因为一方面这种积极意义与价值至今依然适用于我们的教育教学过程;另一方面,教学相长是师生相长的基本前提,具体表现为教学相长是师生相长的重要步骤,没有教学相长就没有师生相长。现在我们通常认为教学相长是体现在教师教与学生学的过程中教师教学能力的提升。由于教学工作是教师职业的本质性工作,教学能力也成为了教师专业发展的基础性、基本性素质,甚至在很多时候,教师教学能力的提升与发展被认为是一名教师专业发展的关键,这种能力主要体现在教师在课堂中与学生的互动、反思中。师生相长强调教师发展源于学生的专业发展,把学生看成是教师专业发展的重要潜在资源。来自小学生的困惑、疑问、快乐、幸福等均可成为小学教师专业发展的重要契机;来自小学教师与小学生之间交往互动中的各种言行均可能成为小学教师专业发展的催化剂。小学教师的这种专业发展既有专业理念的变化、专业知识的丰富,更有专业能力的提升,当然在这些维度中,教师的教学能力是教师专业能力的关键表征。因此要实现师生相长必然要以教学相长为前提。没有教学相长就没有师生相长,教学相长不能包含师生相长,但师生相长一定可以包含教学相长,比如教学相长往往认为教师的专业发展仅仅限于课堂教学活动中,而师生相长则认为师生之间的课堂内外互动都有可能是教师专业发展的契机。

(二)平等和谐的师生关系

小学教师与小学生是小学教育要素结构中的两大要素。受到赫尔巴特教育思想的影响,传统教育观中强调教师中心、教材中心、课堂中心。在杜威民主主义教育思想的影响下,新的教育观强调学生中心、活动中心和经验中心。这种转变的焦点是学生的地位得到了很大的提高,学生经验与学生活动受到了很高的重视。但是,随着这种新教育观中对学生主体性及其活动与经验的一味重视与强调,教师在师生关系中的地位演变成了相对主体,学生成了绝对主体。这种理念有其优越的一面,即打破了传统教育观(特别是中国长期以来的封建主义教育观)中教师的绝对权威性,但另一方面也要看到,任由这种理念持续下去,容易让教师在专业发展中缺乏积极主动性,陷入一种被动发展的状态。这种被动式的发展状态,使得小学教师由于自身思维总是在已有(比较固定与刻板的)轨道上运行而导致教学能力的退化,其灵性和活力也被磨灭。① 所以,要实现师生相长既不能以权威式的教师中心为基础,也不能以一味地夸大学生的主体性地位,在师生关系建构中不能是师强生弱,也不能是生强师弱,而是要以平等和谐的师生关系为基础。要正确理解这种平等和谐的师生关系的实质,首先需要明确"师"和"生"的本义。

1. "师"与"生"

关于"师",唐代著名诗人、教育家韩愈在《师说》中提出的"传道授业解惑"是比较常见的解释,当然,这种解释主要是从教师职业的基本职能来说的。到清代末年的时候,教师曾被称为"教习"、"教员"。在中华人民共和国成立之前,学生称呼老师为"先生"。到了现代社会,我们一提到"师",首先反应的词汇就是"教师"、"老师"。

"生"的词源学含义具有"生长、长出"的意思,同时"生"有"与熟相对(未成熟或未经锻炼的皆曰生)"等含义。与现代意义上的"学生"这个概念相关的词源学组词有"生小(幼年)"、"生物(产生万物、有生命的物质)"、"生员(古代参加科举考试的学生)"、"生徒"等,特别是"生徒"就是指学生、门徒的意思。《后汉书·马融传》中有这样一句话:"常坐高堂,施绛纱帐,前授生徒,后列女乐,弟子以次相传,鲜有入其室者。"这里的"生"跟现代意义上的"学生"较为接近,指的是在封建社会时期先生教授学生的教学方式,生徒就是指与教师面向而坐、接受教诲的学生。唐代时期,生徒还指那些由学馆考试进士之科的人:"取士之科由学馆进者曰生徒,由州县举者曰乡贡,皇帝自诏选者曰制举。"② 尽管"生徒"与现代意义上的"学生"最为接近,但"学生"这一词中的"生"中也包含有未成熟、幼年等含义。也是因为这一点,与"生"相对应的"师"往往也隐含着成熟、成人等含义,这一点成为了古代中国和传统教育观中"师""生"关系特点的基本理论假设,这种特点表现为"师"的地位绝对高于"生"的地位,师生是不平等的。

2. 从职业隐喻看师生关系

自有"生"就有"师",到底是"师"先产生还是"生"先面世,现已无从考究,但是不管怎么样,至少这二者从产生开始就具有相应关系,因此,师生关系具有原初性的特点;而无论社会、历史、文化怎么变迁,只要存在"师"、"生",二者之间就必然产生关系,这种关系是固有的,从这点来说师生关系又具有固有性的特点。原初性与固有性可以说是"师"与"生"关系的本质特点,即在任何时候的师生关系都会表现出这样的特点。那么这种特点的具体表现是什么呢?通过对从古至今的有关"师"的职业隐喻可以发现师生关系特点的具体表现。

由古至今,关于教师的职业隐喻有以下几种:"桐子"、"园丁"、"蜡烛"、"灵魂工程师"等。在这些隐喻中,我们最为熟悉的应该是"园丁"、"蜡烛"、"工程师",这三种隐喻分别歌

---

① 叶澜,白益民等.教师角色与教师发展新探[M].北京:教育科学出版社,2001:82-83.
② 广东、广西、湖南、河南辞源修订组,商务印书馆编辑部.辞源(第三册)[M].北京:商务印书馆出版,1981:2097.

颂了教师职业的奉献精神、无私精神以及对学生身心发展的重要作用。特别是"灵魂工程师"更是形象地表达出了教师在日常工作过程中对学生身心发展所产生的深刻、深远影响。但另一个关于教师职业隐喻的"桐子"提法虽然不常见（桐子指的是一种植物所结的果实，可以用于榨取桐油。这种隐喻比较古老，加上桐子已经不多见，因此，这种隐喻并不像其他三种隐喻那样常见），却鲜明地表达出了教师在师生关系中所发挥的重要作用。该隐喻出自汉代杨雄的《法言·学行》，其中有言："师哉！师哉！桐子之命也。""桐"与"童"谐音，系以"桐子"比喻儿童，说明教师同儿童的命运相关。陈桂生认为这种隐喻突出表达了教师职业体现在学生身上的功能，且这个功能对学生的命运产生显著影响。[①]

有关教师职业的隐喻都体现了师生之间的某种关系，这种关系的实质表现是教师对学生所产生的单向度影响，这种影响也被看成是教师的一种职业自觉意识。"教师要善于自觉地在一定方向上影响学生。"[②]之所以这种影响是单向度的，是因为这些隐喻中存在如下的基本假设：教师相对学生来说，是更加成熟的个体、具有更加丰富的经验、具备更为丰富的知识与技能，因此，教师理应对学生的身心发展产生影响，且这种影响决定了教师的基本职能就是基于知识传授而影响学生。为什么会产生这种单向度的师生关系呢？这一点与中国古代社会的等级制特点密切相关，中国古代社会是等级制社会，强调阶层等级、老幼尊卑等传统伦理观，在师生关系中也是如此，即强调学生在师生关系中处于一种被动的地位，学生按照教师所教的内容学习即可，教师在教学中不用考虑学生的想法，更不用顾虑学生的地位等。教师的社会地位与等级明显地要高于学生，这才有"常坐高堂，施降纱帐，前授生徒"，即教师在教授生徒时，需要坐在高大的厅堂之上，同时还需要在教师与生徒之间升降纱帐，以表示师生之间是有距离的、是有等级差异的。

3. 平等和谐的师生关系实质

从"师""生"的本意以及教师职业的隐喻来看，在中国传统文化以及传统的教育观中，都强调和重视教师的权威性。当然，如前所述，随着我国教育领域受到西方文化及教育思潮的不断影响，当前也有一种理念在教育教学实践场域中盛行，即过于强调学生的主体性地位，随之而来出现了教师在实际工作场域中不管学生、放任学生的现象。主张师生相长，就要反对这两种教育观中的师生关系，倡导平等和谐的师生关系，这种师生关系中师生双方是相互尊重的、也是相互影响的，师生双方同时处在一种动态的共生系统中。

（1）平等和谐的师生关系是多重的人际关系

师生关系是教育体系运行过程中基本的、本质的、核心的一种人际关系。由于师生关系中师生双方的特殊性，特别是师生双方在身心发展水平上的差异性，使得师生关系又不同于其他一般的人际关系。师生关系至少存在以下三重关系：一是社会关系，二是教与学的工作

---

① 陈桂生. 师道实话[M]. 上海：华东师范大学出版社，2005：7.
② 陈桂生. 师道实话[M]. 上海：华东师范大学出版社，2005：1.

关系,三是自然的人际关系①。所谓社会关系指的是师生关系发生在教育系统中,属于社会系统的一部分,由这种社会系统中的人与人之间所发生的联系、产生的关系当然是一种社会关系。所谓教与学的工作关系,由于学生还是未成年人,并不存在工作之说,这种教与学的工作关系其实就是指师生关系是教师工作关系中的一种。所谓自然的人际关系是指教师与学生这两大主体是随着教育活动的发生而产生的,是自然而然存在的。而之所以将这三种关系要表达为三重,说明在师生关系中,用其中任何一种形式的师生关系来表达都不够完整,师生之间的交往、互动也皆源于这三重关系。从这三重关系的具体表现来看,师生关系一方面是由于教师的"教"与学生的"学"之间的职业角色分工差异导致的,另一方面也与相应的社会文化背景密切相关。

(2) 平等和谐的师生关系是师生之间能达成共识的关系

如陈桂生所说,师生关系的格局根本上取决于教育结构②,而非取决于教师或者学生个人。由古至今,教育结构已经发生了巨大的变化,由于信息技术社会的到来,使得小学生的视野与生活范围均大大超过现有成年人曾经的成长经历,他们各方面的意识与能力在比较小的时候就超乎不少成年人的想象,而在教育教学中信息技术的广泛运用也使小学阶段的教育教学模式发生了相应的变化。比如现有的翻转课堂、慕课、微课等教学模式已经彻底颠覆了传统的课堂教学模式。更重要的是小学生的学习资源来源方式、来源渠道也发生了相应的变化,"生不如师"已经成为过去时,师生相长的说法应运而生。要实现师生相长,建构平等和谐的师生关系是基础,同时也是师生相长内涵的前置性条件,这种平等和谐的师生关系需要师生之间在如下几个方面逐渐达成共识:

首先,师生在发展理念上达成共识,师生双方经过平等的交往互动,秉持目标一致的发展理念,这种发展理念表现为教师明晰教学的根本目的是为了学生的发展,学生理解教师的教学用心,并努力与教师开展各种合作。

其次,师生在互动的言行上逐步达成共识,双方互相认可、尊重对方的言行,这种认可和尊重表现为教师的教书育人行动得到学生的认可,学生的各种行为表现得到教师的尊重,双方在此基础上逐渐在行动上取得一致,相互配合,教师的教为学生的学,学生为了自己主动学习而配合教师的教。

最后,师生在行动结果上共同获得进步,师生相长的课堂打破了传统课堂教学中教师的单向教学、学生单向接受知识的方式,真正实现了师生双方在平等、和谐的关系建构中获得双向、共同的发展。

(三) 基于师爱的有效互动

由于师生关系是一种成年人与未成年人之间的关系,在这个过程中,教师始终是师生关系建构的主动发起者,即教师是师生关系建构的主导者。

---

① 陈桂生.师道实话[M].上海:华东师范大学出版社,2005:59.
② 陈桂生.师道实话[M].上海:华东师范大学出版社,2005:63.

1. 尊生、爱生

师爱是一名教师专业素质的基本要求,热爱学生、尊重学生是教师职业道德结构的内在体现和教师热爱教育事业的具体表现,也是衡量教师道德水准的重要标准。全国首批特级教师,也是我国国宝级教师霍懋征把"没有爱就没有教育"作为她的座右铭,在其从教生涯中一直践行着"没有爱就没有教育"的基本要求。《中华人民共和国义务教育法》第二十九条规定:教师在教育教学中应当平等对待学生,关注学生的个体差异,因材施教,促进学生的充分发展。教师应当尊重学生的人格,不得歧视学生,不得对学生实施体罚、变相体罚或者其他侮辱人格尊严的行为,不得侵犯学生合法权益。

进入近现代社会,中外教育界一致倡导在学校教育中教师与学生之间的民主、平等关系。这种关系受到法律的保护,不管是国际公认的《儿童权利公约》还是中国相应的各种教育法规都对儿童或者学生权利进行了明确的规定,并具有法律效力与法律意义。

> **知识链接 6-2**
>
> **《儿童权利公约》**
>
> 1989年11月20日,第44届联合国大会第25号决议通过《儿童权利公约》,共54条,实质性条款41条,其中被提到的儿童权利多达几十种,如姓名权、国籍权、受教育权、健康权、医疗保健权、受父母照料权、娱乐权、闲暇权、隐私权、表达权等。但其最基本的是四大原则和四大权利。
>
> 四大原则:
>
> (1) 儿童最大利益原则——任何事情凡是涉及儿童的必须以儿童权利为重。
>
> (2) 尊重儿童权利与尊严原则——尊重儿童的生存和发展的权利。
>
> (3) 无歧视原则——不管儿童的社会文化背景、出身高低、贫富、男女、正常儿童或残疾儿童,都应该得到平等对待,不受歧视和忽视。
>
> (4) 尊重儿童观点的原则——任何事情只要涉及儿童,应当听取儿童的意见。
>
> 四大权利:
>
> (1) 生存权——每个儿童都有其固有的生命权和健康权,包括有权接受可达到的最高标准的医疗保健服务。
>
> (2) 受保护权——不受危害自身发展影响的、被保护的权利,包括保护儿童免受歧视、剥削、酷刑、虐待或疏忽照料,以及对失去家庭的儿童和难民儿童的基本保证。
>
> (3) 发展权——充分发展其全部体能和智能的权利,儿童有权接受正规和非正规的教育,以及儿童有权享有促进其身体、心理、精神、道德和社会发展的生活条件。
>
> (4) 参与权——参与家庭、文化和社会生活的权利,儿童有参与社会生活的权利,有权对影响他们的一切事项发表自己的意见(表达权)。

民主、平等的师生关系是师生相长实现的基础,同时也是师生相长的逻辑起点。因为有了这种民主、平等的师生关系,我们才会看到教师与学生身上是各有所长的,从教师专业发展的角度来说,教师教学的同时,也是自己学习的过程,教师影响学生的过程中也是一种影响自己的过程。即教者与学者是平等的,教法也是学法。雅思贝尔斯在《什么是教育》一书中,对苏格拉底的产婆术进行了如下分析:尽管苏格拉底的产婆术一直被认为是启发式教学的典范,但是实质上其中包含有至少以下几点,即思辨者要通过"自知其无知"达到"自知其所知",其实在这个过程中,并不是真正的要去教会别人或教诲别人,而更多是要教自己,是自己从无知到所知的一个学习过程,所以应该说产婆术更多的是一种学法。[1] 从教学相长到师生相长不光是社会历史文化背景变化的结果,还是师生关系中师生双方地位发生变化的必然结果。

从这点可以看出来,尊生、爱生不光是教师职业道德的具体体现和具体要求,同时,也是平等和谐师生关系的具体体现和具体要求。在尊生、爱生的过程中,教师应该是主动的一方,因为小学生是未成年人,在教师等成人面前,小学生具有绝对的弱势性。罗尔斯(Rauls)在《正义论》中认为,在实现社会正义的过程中,要从社会的原始状态考虑,这种原始状态中的弱势群体应该受到照顾才是正义的,才能实现公平。"原始状态中的选择有两个原则:第一种原则要求平等分配基本权利和义务;第二种原则则认为,社会和经济的不平等,例如财富和权力的不平等,只有在它们最终能对每一个人的利益,尤其是对地位最不利的社会成员的利益进行补偿的情况下才是正义的。"[2]因此,教师主动尊生、爱生,从教育层面上说是为了补偿小学生作为未成年人所具有的弱势性,从更加宏观的社会层面上说也是为了实现整个社会的公平正义。

教师在尊生、爱生的过程中最需要解决的问题就是公正地对待每一位学生,即教师在师生互动中要有教师公正。什么是公正呢?"公正是处理人际关系时的公平与正义的伦理原则"。[3] 那么教师公正可被看成是教师处理师生关系时的伦理原则。教师公正具有教育性、实质性、自觉性的特点。[4]"教育性"这一点与教师职业的职业特征密切地联系在一起,成为了教师公正的首要特点,具体来说就是教师平等地对待不同学业水平、不同家庭背景和性别的学生等。教师的教育公正会影响学生的公正观,也会进一步影响社会的公正;"实质性"指教师公正在某种程度上绝不是一种停留在表面形式或者语言表达上的公正,而是要针对学生的不同个体差异、基于因材施教理念开展教育实践行动的教育公正。这一点是指教师公正是有据可循的,体现在教师的具体行动中,发生于教师真实的工作场域,表征于师生之间的各种真实教育事件中;"自觉性"则体现了教师职业对教师本身的德性要求,也可理解为教

---

[1] [德]卡尔·雅斯贝尔斯.什么是教育[M].邹进,译.北京:生活·读书·新知三联书店,1991:8-10.
[2] 约翰·罗尔斯.正义论[M].谢延光,译.上海:上海译文出版社,1988:10.
[3] 檀传宝.教师伦理学专题[M].北京:北京师范大学出版社,2010:57.
[4] 檀传宝.教师伦理学专题[M].北京:北京师范大学出版社,2010:69-70.

育公正在教师素质中的目标性特点,即教师自觉地、不需要他人或者规范监督地在教育教学行为中履行教育公正。

"教师对学生公正的主要含义是在教育活动中对学生持民主与尊重的态度;对不同性别、年龄、出身、智力、个性、相貌以及关系密切程度不同的学生能够做到一视同仁、同等对待,不以个人的私利和好恶作标准。"①从这点来看,平等对待学生其实是表现了教师公正理念的具体内容与要求。在具体的教育教学过程中,怎么样才能做到尊生、爱生呢?

首先,教师要放下所谓作为教师的那些传统权威。陈桂生曾提出在尊生、爱生过程中,教师要做到以下六点②:一是放下"你给我"的架子,真正与学生平等相处;二是改变"你总是""你反正"的错误认知,真正对学生宽容;三是抛掉"算了吧"的无奈与急躁,真正对学生耐心、期待;四是收起"我搞不懂"的疑问,真正理解与关心学生;五是减少"你怎么搞的""你怎么回事"的责问,真正与学生互动;六是摆脱"你父母送你来是干什么的"束缚,激发学生内在的动机。以上六种现象在一些小学教师的日常教学活动中非常常见,这背后更让人担心的是某些老师形成了与学生的固定对话模式,甚或成为了某些老师的口头禅(见案例6-3)。不管是固定的对话模式还是随意的口头禅,如果小学教师自己没有这种自知与自觉,则很难修正与调整。因为这些师生的对话模式和教师的口头禅恰恰体现了教师自己是如何看待与学生之间的关系问题的。

剖析教师"口头禅"③ 案例6-3

每次考试后,我的教学老师都习惯以"我觉得很难为情,我班竟然有同学考得一塌糊涂,某人心里一定有数,下面请他自觉站起来,给大家看看"的开场白将班级的"差生"揪出来,暴露在众人面前。我就是其中的一位,因为那次暴露,我成了一个彻彻底底的数学"差生";因为那次暴露,我怀着对数学的恐惧,离开了那所学校。

直到有一天,一位五十几岁的喜欢微笑的数学老师走进了我的生活,我才重新发现了自身的价值。她总喜欢挖掘学生的长处:"我很高兴,我班的陶波同学第三道证明题做得相当巧妙。"然后,我那错多对少的试卷也跟好学生的一起被贴到了墙上,我的自信也就这样被"贴"了出来。

其次,教师要注意保护学生。教师教学过程中要注意保护好学生的各种权利,让学生能够享有基本的权利,使他们的身心能健康成长。在这个过程中,教师要以人的价值、尊严、平等、智慧等为尺度来尊重学生和保护学生,这样,师生之间才能相互理解与关爱,在这种理解与关爱中师生才能更好相长。比如案例6-4中的老师就完全没有做到在尊重学生尊严的基

---

① 檀传宝.教师伦理学专题[M].北京:北京师范大学出版社,2010:72.
② 陈桂生.师道实话[M].上海:华东师范大学出版社,2005:87-90.
③ 陈桂生.师道实话[M].上海:华东师范大学出版社,2005:86-87.

础上保护学生。

案例 6-4　　　　　　**女生上课与老师顶嘴，班主任罚全班跪 20 分钟**[①]

"下跪事件"发生在四川泸州合江县某学校，全班学生 63 人除 4 人外 59 人下跪，学生反映罚跪是常有的事。为何要叫学生下跪，班主任答："不是给我跪，是给他们的家长跪。只有腿跪痛了，他们才会想起家长们挣钱的辛苦，是想教育好他们。"

2. 有效互动

在师生交往的过程中，互动是一种基本的方式和载体，从字面意义上来理解是指相互交往的个体在交往、交流、沟通等过程中发生的对对方语言、行为或心理的某种回应。这种回应的基本前提是双方皆为平等的主体。但是由于师生关系是一种极为特殊的关系，教师与学生在交往互动中往往容易出现教师是交往主体的互动模式，当然这一点也受到传统观念的影响（即认为教师的地位应该是至高无上的，不可怀疑与不可侵犯的）。随着社会背景的变化，对学生自主学习能力的要求越来越高，这样的背景下，师生互动的含义也必然要发生相应的变化，即师生之间是一种有效的互动、平等的互动，是教师在充分尊重学生主体地位的互动。

这种有效互动表现为教师或学生都可成为互动行为的发起者，教师或学生都要相互关注对方的行为与心理，特别是当教师面对众多学生时更是如此，教师要有意识地关注到不同学生的行为与心理变化，同时教师要让每个学生都感受到这种关注，这一点尤其重要。否则由于教师与学生之间的互动模式是一名老师同时面对多名学生，容易出现教师对互动的感知与学生对互动的感知之间存在差异的问题，教师可能认为自己做到了对每个学生的关爱，而学生可能很难体会到这种关爱，这是一种典型的无效互动。要实现师生相长，师生之间的有效互动是重要的前提条件。

怎么才能做到有效互动呢？案例 6-5 也许能够启发我们教师如何在师生互动中与学生有效互动，即首先教师要注意从细节出发主动互动；其次，教师要关注学生的"在乎"。这种"在乎"可能来自于学生的一句话、一个表情、一个姿势，但表征的恰是学生真实而又柔弱的内心世界。

案例 6-5　　　　　　　　　**在乎学生的"在乎"**[②]

每次的单元考试过后，为了鼓励学生的写作积极性，我总是对学生们说："如果谁对自己本次习作的成绩不满意，可以重新写，然后两次的作文成绩老师取最高的记上。"因为有分数

[①] 班主任罚全班下跪续：当事老师被解聘校长道歉[EB/OL].（2009-04-13）[2019-02-23] http://news.ifeng.com/society/2/detail_2009_04/13/931222_0.shtml？2015351.
[②] 陈可伟，方建君.成功学生经典智慧案例 100 则[M].北京：中国书籍出版社，2015：142-144.

的"刺激",学生们都很受鼓励,大多数同学都会在我讲评了试卷上的习作之后,重新再写一次。

又是一次单元考试,还是依照惯例,很多学生又纷纷重新写了习作,我也赶紧把作文改好了,分发了下去。可是在登记考试成绩的时候,因为刚好那段时间事情比较多,我便直接把学生们第一次习作的成绩给记上了。

宣布成绩的那天,我轻描淡写地把原因向学生们说明了,并公布了考试的成绩。当时只觉得教室里一阵躁动,因为忙着去开会,我也没有多想就走了。

几天后,我在批阅学生周记的时候,一些同学针对我这一次的"成绩登记"给予了"尖锐"的批评。周记中诸如"老师说话不算数"、"不是说好了,记作文成绩最好的那一次吗?怎么又不算了呢?"……等类似的话比比皆是。

读着学生们的心声,我不由得想起了这样一个小故事:暴雨后的一个早晨,一个男人来到海边散步。他注意到在沙滩浅水洼里有许多被昨晚的暴风雨卷上岸的小鱼。虽然大海近在咫尺,但它们被困在浅水里,再也游不回去了。这时,男人看见前面不远处有一个小男孩,他在捡拾水洼里的小鱼并用力把它们扔回大海。看了很久,男人忍不住走过去说:"孩子,这么多小鱼,你救不过来的。""我知道!"小男孩头也不抬地回答。"哦,那你为什么还在扔,谁在乎呢?""这条小鱼在乎,那条小鱼也在乎,还有这一条……"男孩指着那些被他扔回大海的小鱼说。

读完这则故事我思考良久。沙滩上,被海浪送到沙滩的快干死的小鱼,还有那执著地捡鱼的孩子……是的,也许小男孩这样子做改变不了什么,可是一条条重回大海的小鱼——那些被男孩救过的小生命,却在一瞬间获得了生机。作为老师,我的教育教学生涯中已经"见证"了无数次学生的考试,我手中的笔曾经过无数次给学生的打分,"一分、两分"对于我来说,并没有太多的不一样,可对于孩子们而言,却是他们努力的一分收获,却能让他们获得成就感。

这件事让我感到深深的自责与不安,有时候我常常会因为工作的琐碎而随心所欲,有时候甚至是"唯我独尊",而没有真正站在学生的角度来看问题,"蹲下来"看孩子,忽略了学生的感受。也许就是我习以为常的不经意的一句话、一个动作,就可能会给学生带来伤害,自己却浑然未觉。这是多么可怕的"不经意"啊!

著名的教育家苏霍姆林斯基曾告诫人们,对待学生的自尊心"要像对待一朵玫瑰花上颤动欲坠的露珠那样小心"。孩子的自尊、自信是那样的柔弱,对孩子们的"在乎",教师要给予充分的尊重,充分尊重他们因为"在乎"而表现出来的种种需求,甚至是异想天开的念头。否则,我们教师目中无人而导致的所谓正确的做法,将会大大挫伤孩子的稚嫩心灵。不以孩子的眼光看待孩子,就不可能发现孩子的"在乎";不进入孩子的心里,就体会不到孩子内心的需求。孩子们在乎教师给他的一个微笑,在乎教师给他的一个发言机会,在乎教师给他的一个鼓励,在乎教师给他的一个改错的机会……作为教师,我们应该经常反思自己的教育教学行为,看看我们是否在乎着孩子的"在乎"。

第二节　师生相长的实现策略

要真正实现师生相长,关键是落实。作为一名小学教师,在意识到小学生是教师专业发展的重要潜在资源的基础上如何与小学生开展双向互动呢？教学活动是师生双方的主要互动环节,本节将基于这一点进一步探讨师生相长的实现策略。

小学教师是成年人,小学生都是未成年人,而学科教学的目标就是把这门学科中的成人经验转化为未成年人自己的经验,在这个转化过程中,学生获得认知水平的提高,能力发展是提升。但是,在这种成人经验转化为未成年人经验时是存在差异的,即小学教师自己的既有经验与小学生自己的既有经验或者小学教师期待通过课堂教学要使小学生获得的经验之间是存在差异的。就像陈桂生所认为的"成年人经验(它已经不同于一般成年人的经验)与未成年人经验(其中又有儿童、少年、青年经验之别)之间,存在着学科逻辑与心理逻辑之间的鸿沟"。[①] 这种学科逻辑差异体现于课程知识的分科性与专业性建构逻辑与小学生的真实生活的统整性之间;而心理逻辑差异则体现在小学教师与小学生之间的身心发展水平的差异。课程改革、教材革新或者教学方式方法探索都在致力于缩小或者填平这个鸿沟,比如,现在基本上多数教师都知道"要使学生成为学习的主体",而现实中,由于我国高考制度现状,师生均面临比较严峻的升学压力和比较紧张的教学进度安排,很难使教师在教学中能真正顾得上学生学习过程中的"心理逻辑",改革效果自然不佳。

小学教师专业发展要求小学教师具有尊重学生主体性、以学生为本的学生观和"教是为了不教"的教学观。泰勒曾明确指出,传统课程实质上只能算是"教程",但是现代课程主要是"学程",即"学习是通过学生的主动行为而发生的。学生的学习取决于他自己做了些什么,而不是教师做了些什么。"[②]这里所说的学生自己做了些什么,实质就是学生获得了哪些认知经验与能力进步。师生相长的根本就在于教师要在学生获得经验的过程中实现自身的专业发展,要求教师要尊重学生主体性、要以生为本,这是在制定实现师生相长的具体策略时必须遵循的基本理念。

一、树立主动向学生已有经验学习的理念

实现师生相长的关键是要落实到师生的互动过程中,因为师生互动是师生相长的基本途径。在这个过程中,最为基本的师生互动就是教学活动,教学是教师基本的职责所在,也

---

① 陈桂生.师道实话[M].上海:华东师范大学出版社,2005:17.
② [美]泰勒.课程与教学的基本原理[M].罗庚,张阅,译.中国轻工业出版社,2008:94.

是实现师生相长的基本媒介。一般来说教学过程可以分为三个阶段,即准备阶段、实施阶段、反思评价阶段。新课程背景下,小学课程逐步向综合化、整合性方向改革。综合化、整合性的小学课程与学生的学习经验和生活经验是紧密联系在一起的,这一点在小学教师备课过程中就要有所体现。当前,在小学教师备课中,往往存在着两种争议,即到底是备教材还是备学生,如前所述,很多小学教师都知道现在的教学是为了实现对学生的"不教",是为了建立起学生的学习自觉性、自主性和主动性。但是实质上很多小学教师在实际教学工作过程中,常常存在"杯水隐喻(即教师要教给学生一杯水,首先得有一桶水的隐喻)"的理念与行为。这个隐喻就是指教师要比学生了解更多的知识在此隐喻成理念下不少老师认为要取得很好的教学效果,备课时的着力点应该是备教师所具备的知识,准确地说是教师所具有的学科知识。这个过程中人们往往忽视了教师应该先向学生"学习"这一点,这也是我们常说的"备学生"。毛泽东同志也曾经提出过教师在教学中要"先向学生学七分",然后再拿"三分教给学生"。所以,作为小学教师在备课时,应该首先了解、学习学生的既有经验,这种经验包括生活经验,更包括学习经验。

  比如一位小学教师在辅导学生将如下句子"秋天的雨淅淅沥沥的下着"改写为拟人句时,直接跟学生说,"同学们,我跟大家说过的,拟人句就是用写人的手法去写物,就是根据想象把物当作人来叙述或描写,使'物'具有人一样的言行、神态、思想和感情。"这样说了后,可能还是会有不少学生根本不知道如何去改写该句子。但是,如果该老师能先问问学生自己是怎么理解拟人句的,基于学生先前的学习经验,教师再有针对性地引导学生理解拟人句,所收到的效果会完全不一样。可能在这个知识点的教学时,不少学生会混淆比喻句与拟人句,该老师也可在了解学生对比喻句的理解(学生在学拟人句之前要学习比喻句)的基础上,然后将比喻句与拟人句的差异结合起来讲解,并让学生根据自己对比喻句和拟人句的理解进行区别。

  在小学生已有的经验中,他们的生活经验是进一步学习的基础,也是小学生在进行抽象思维、学习抽象性知识的前提。所以,小学教师要向小学生已有经验学习的话,不可忽视小学生已有的生活经验。小学教师在教学活动开展过程中,如果能借助生活事例来完成教学,一方面有助于学生理解知识,另一方面还有助于学生进行自主的联想、概括,并加深印象。特别是像小学数学或者小学科学等抽象性较强的学科更需要小学老师在教学中与学生的实际生活联系起来,如果这种课程中的抽象性、逻辑性没有和学生的实际生活建立起很好的联系,则很容易导致小学生产生厌学的情绪,这无疑容易使他们真正地输在"起跑线上"。通过与生活相联系的方式学习,能降低抽象性知识学习中的枯燥性,不断增强学科的趣味性,也有利于活跃课堂气氛,引导学生更多地参与课堂。比如案例 6-6 中以生活中学生熟知的内容导入例题的教学过程,就能更好地激发学生的学习兴趣,提升学生的学习积极性。

案例 6-6　　　　　　　　"多位数乘以一位数"[①]

学习"多位数乘以一位数"时,在教学实际中,教师仅以教材中的笔算例题教学,往往起不到很好的效果,教师需要把生活化的教学内容引入课堂,将一些学生熟知的内容穿插进来,比如,可以导入如下的例题。例1:图书馆新买来了一批新书架。已知这批书架中,A 型号书架有5层,图书馆的林老师每层放25本书;而B型号书架有4层,林老师每层放30本书。那么6个A型号书架与B型号书架分别放多少书?两种型号书架上一共可以放多少本书?例2:已知一个篮球95元,一辆山地自行车的价钱是足球的2倍,一个足球115元。请问:(1)买8个篮球需要多少钱?(2)买6辆自行车要多少钱?(3)蓝老师买两个足球和两个篮球,400元够吗?因导入所选取的两个教学实例均来源于学生生活实际,里面涉及的计算数字就是这一节的教学内容,这比老师直接给出一系列诸如:705×3,123×9,2 900×6,3×809,242×3……更具有吸引力。数学教师将书本知识转换成了日常生活中最常见的问题,这样的教学方式很容易引发学生的学习兴趣,学生会积极地投入到课堂的教学中来。

二、构建能激发学生主动学习的教学设计

了解、熟知学生的已有经验或者仅仅具备向学生已有经验学习的理念是不够的,在此基础上小学教师还需要在教育教学活动中深入了解学生,了解学生的身心特点,了解学生的学习需要,特别是要基于让学生乐学、会学、爱学的目标进行教学设计。

(一) 开展了解学生需要的学情设计

教师在进行教学设计时首先要对学生的学情进行具体分析,这时需要教师注意细节,并能辨别或预设学生在学习不同内容时可能面临的不同问题。要结合学生已有的身心发展水平,重点分析他们在已有学习经验上学习新的内容时的共性和个性问题。当然,如果要真正将这种学情分析落到实处,最根本的做法是要在进行教学设计时同时进行学案设计。学案设计是引导学生学会学习的基本路径与有效开展教学设计的基本策略,通过学案设计使教师的教学设计能充分调动学生学习的主动性和能动性,引导学生学会探究,学会发现,学会反思,学会总结,总之能引导学生学会学习。一般来说,学案设计包括以下一些内容。

首先,在进行学案设计之前,教师要尝试着进行换位思考,要结合具体的学习内容明确判断出学生的学习需求。

其次,在对学生已有学习状况的统筹分析基础之上,进一步细化学生在即将开始的学习中可能会出现什么样的情况,可能存在什么样的困难,需要什么样的支持,需要什么样的学习氛围和学习方式。

[①] 林国辉.提升数学课堂教学氛围的措施[J].西部素质教育,2016(04):151-152.

最后,在细化学案的过程中,教师要充分考虑到学生的共性特点和个性差异,不光是要对班上全体学生进行集体性分析,同时还要考虑到班上特殊学生的学习需求,以合理创建多维互动、民主平等的课堂学习氛围。不管是特别优秀的学生还是学困生,都与普通学生的学习方式不一样,教师在进行学案设计时需要考虑到他们的学习差异,并进行有针对性的教学设计。

学案设计主要与教师在开展新课教学时学生主要采用的学习方式有关,除了以上三个方面的学生情况分析之外,还可针对学生的学习方式设计相应的学案设计表格或者学案设计图。比如,一堂有关"小小科学"的学情设计中,其中学生最主要的学习方式可能是开展相关实验研究,那么在学案设计时就可以包含提出问题、做出假设、制定计划、开展实验、实施计划、得出结论、表达交流等环节,在每个环节中教师都需要注意学生的共性与个性的差异。

(二)进行学生学会学习的教学目标设计

学习型社会是21世纪的主流趋势,国际21世纪教育委员会在向联合国教科文组织(UNESCO)提交的报告《教育——财富蕴藏其中》中指出,面向21世纪教育的四大支柱,就是要培养学生学会四种本领:(1)学会认知(learning to know),培养学生学会运用认知工具求知,学会发现问题,学会探究知识,学会构建知识,也就是要学会继续学习的本领。(2)学会做事(learning to do),既要学会实践,更要学会创造。即要重视创建可供学生参与的环境,激发学生兴趣,使学习者通过环境的交互作用,通过实践,通过做事获得知识和能力。(3)学会合作(learning to together),要培养学生学会与他人共同生活,就要学会合作生活,合作学习,从过去的集中教学方式到个别学习方式,再到现在提倡的协商学习(也称合作学习)。(4)学会生存(learning to be),学会生活、学会自身的发展。[1] 在这四大支柱中,学会认知,也就是学会学习尤为重要,可以说是其他三大支柱的基础和前提,因此让小学生学会学习是教师教学的核心目标,也是师生相长的终极目标。

《学记》中有这样一句话:"善学者师逸而功倍,又从而庸之;不善学者,师勤而功半,又从而怨之。"意思是善于学习的人,往往教师费的力气不大,但自己获益却很多,又能归功于教师,对教师表示感激之意。不善学习的人,往往教师费力很大,但自己获益却很少,反而把责任推给老师,埋怨教师。可见,学生学会学习不光对学生如何进一步获取知识有所裨益,更是对创建良好的师生关系有极大的促进作用。教学生学会学习不仅是古代教师的为师之道,更是信息化社会和学习型社会的必然要求,因为学会学习不光教会学生会学习、能学习,还包含教会学生适应未来生活的自主能力和态度。现代不少教师仅停留在传统的"要使学生获得一杯水,教师必须要有一桶水"的水平是远远不够的,教师还应具备将学生引向水源的能力,也就是让学生学会学习。[2] 在小学教师的课堂中,如何能够基于师生相长让小学生

---

[1] 联合国教科文组织总部中文科.教育—财富蕴藏其中[M].北京:教育科学出版社,1996:76-87.
[2] 高秀萍.让学生学会学习——基于策略教学的几个问题的思考[J].黑龙江教育学院学报,2009(08):64-66.

学会学习呢?尤为重要的一步就是小学教师在教学目标的设计时就要体现出这个价值追求。

在教学设计中,教学目标是非常关键的一个环节,对于教学质量的高低具有直接的影响作用。教学目标的制定不是随意的、盲目的或者仅仅依靠教师自身经验的。我们都知道教学目标设计时至少要分为三个维度,即知识与技能维度、过程与方法维度、情感态度与价值观维度,这三个维度之间是具有相应逻辑关系的,三个维度之间是相互独立但又互为联系的。"情感态度与价值观"是形成学科素养的动力与导向系统,是为了实现"知识与技能、过程与方法"学习目标的高效性、优质性以及价值性;"知识与技能、过程与方法"是作为实现"情感态度与价值观"的培育过程与途径;而"知识与技能、情感态度与价值观"又可作为一种教学资源服务于"过程"的体验与反思、"方法"的习得与训练;反之,"过程与方法"又是"知识与技能、情感态度与价值观"达成的方法与手段。[1] 课程目标就是以"知识与技能"目标为基础,"过程与方法"目标为手段,以"情感态度与价值观"目标为导向,三者相互转化而整合形成学科素养。只有明确三维目标在学科课程中的关系,才能根据三维目标的学科特性体现出自身的具体内涵和方法,为理论通向实践搭建桥梁。教学目标则是课程目标的具体化和可操作化,即教学目标是教师把课程目标转化为具体的和可操作的教学行为或结果的表达方式,主要体现在具体的、情境化的、可操作的教师课堂教学设计中。知识与技能、过程与方法、情感态度与价值观的三维课程目标,已成为广大教师进行教学设计、教学实践和教学评价的基本依据。

在实际的操作过程中,许多教师却将课程目标照搬或完全等同于教学目标,有的甚至将课程目标的三维拆分为许多条教学目标。[2] 比如,一节小学一年级英语课的教学目标设计如下:

1. 知识与技能:

(1)学习单词:rice, soup;

(2)学会运用句型:Do you like? Yes, I do. /No, I don't like.

2. 过程与方法:在以学生为主体的前提下,引导学生主动思维,让学生学习词汇和句型的方法及口头准确表达的策略。

3. 情感态度与价值观:引导学生主动表达对于食物的喜好。

这样的教学目标设计看起来思路是非常清楚的,但是各个维度之间是相互独立的,即并没有很好地通过教学目标设计体现三维立体目标各个维度之间的有机联系。这样的目标设计使得教师在教学实施时容易把教学目标中规定的条目仅仅当作是某种任务来完成,而忽视了在教学设计中基于系统性和逻辑性理念的整体化和情景化设计,让学生能乐学、愿学、主动学。

---

[1] 阳利平.厘清教学目标设计的三个基本问题[J].课程·教材·教法,2014(05):86-91.
[2] 卜玉华.小学英语教学目标设计中的常见问题及对策[J].课程·教材·教法,2011(09):67-71.

如果把以上教学目标设计改成以下形式则相对较好地做到了三维目标的有机统一：

1. 运用教学图片或多媒体等教学手段设置教学情境，引导学生理解词汇：rice，soup 的意义，并能够在两两结对的活动中初步运用所学词汇进行听说交际；

2. 设置开放性的生活情景，引导学生理解并初步运用 Do you like? Yes，I do. /No，I don't like. 谈论日常食品；

3. 在中外饮食对比中，激发学生对异域饮食的好奇心。

这种目标表达方式自然、流畅，更重要的是既体现了教学的情境性，也体现了教学目标完成的针对性和实践性取向。不管是情境的创设还是多媒体手段的选择，都是为了让学生学会学习，即情境创设是一种认知情境，关键是在这个过程中教师要基于情境创设，触发学生思考，激发学生的学习动机与学习兴趣，以在这种自然、连贯的情境中能学会学习。案例6-7中"数学医院"的情境创设就较好地激发了学生的学习兴趣。

"数学医院"激发学生学习兴趣[①] 案例6-7

在教学"一位数乘两、三位数"时，我安排学生完成一道看似平常的改错题（即如下几题）：13×6＝68、43×3＝129、476×8＝3 808。由于班上的学生非常活泼外向，当时课堂气氛十分活跃。于是我顺势将话锋一转："今天，有几个数学病人怀疑自己生病了，来到我们班求医，看看哪位数学医生的医术高，可以为他们解决病痛？"话音一落，课堂气氛一下子进入了新的高潮，学生们纷纷埋头认真分析，并很快地一一举手，嘴里喊着："老师，我知道该怎么给他们治病了，让我来吧！"有的坐在前排的学生甚至都离开座位，把手举到我的面前来了，一副唯恐我不让他们"治病"似的。于是，我叫了其中一个名叫李小霞的学生，"李医生，请你上来为第一个病人看看。"李小霞一听到我这么称呼她，刚开始一愣，后来马上领悟了我这么称呼她的用意，非常高兴地上台，开始分析"病情"："这个病人的病因出在忘记在这里进位了。"一边说，一边还拿着红色粉笔指着个位和十位之间的位置，并补上"1"，接着就在积的十位上将"6"改成"7"，说："这样就好了。"这时，还没有等我说话，下面的学生已经纷纷说道："对了、对了，和我的看法一样。"既然学生们都已经发表了看法，并且这个"病人"的确治好了病，我就乘势表扬："看来我们班有许多和李医生一样医术高明的医生，谢谢李医生。"李小霞十分高兴地回到自己的座位上，其他同学这时居然也一个个都称呼她为"李医生"，弄得李小霞同学一副"英雄凯旋"的模样，气氛既热烈又有趣。

到了第二题时，由于刚才那道题之后使得班级中的气氛活跃了起来，学生们举手更积极了。这一次我叫了一名平时学习成绩不太理想的学生："现在有请王加浩医生上来为第二个病人瞧瞧。"王加浩同学显然很意外，但马上就配合我，十分开心地上台"看病"了。他十分认真地再看了看题目，肯定地告诉我："这个病人其实没有生病。"于是，我故作惊讶地问台下学

---

① 陈可伟，方建君. 成功学生经典智慧案例100则[M]. 北京：中国书籍出版社，2015：16-18.

生:"王医生诊断得对吗?"台下的方正同学马上站起来说道:"他诊断得没错,这道题确实没错。"其他学生也纷纷点头称是。我高兴地说道:"有了李医生和王医生以及这么多的医生集体诊断,确定这个病人确实没问题,我想他应该放心了。谢谢王医生。"第三题也和第一题一样,请了一个学生上台"看病、治病"。

最后,在做总结时,我对同学们说道:"其实我们在应用新知识解决问题时难免会出错,关键在于我们是否是一名合格的数学医生,能及时地找出病因,然后对症下药,避免小病变成大病,也避免下次再生同样的病。当然,能否及时地发现问题,与我们的检查习惯有关。对于那些没有做错的题目,我们就当作给"他"免费体检一次吧!同学们,希望大家不仅能做好别人的数学医生,更能做好自己的医生,好吗?"学生们异口同声地回答:"好!"声音响亮,但其中那种坚定而又自信的语气更令我感动。

我只是将该题的题目设置成"数学医院"的纠错情境,没想到孩子们表现出如此高的积极性,如此跳跃的思维能力,我深深地为之惊讶和感动。

感悟与启示

《义务教育数学课程标准》中指出:数学教学要紧密联系学生的实际,从学生的生活经验和已有知识出发,创设各种情境,为学生提供从事数学活动的机会,激发学生对数学的兴趣以及学好数学的愿望。因此,在数学课堂教学中,创设各种诸如"数学医院"的情境,有助于激发学生的学习兴趣,使学生的主动性、创造性得以发挥。

(三) 基于学科核心素养养成的教学流程

教学设计的三维目标逻辑是基于学科知识与技能的获得,达到学生情感、态度与价值观的养成与获得,所以"情感、态度与价值观"往往被理解为形成学科素养的动力与导向系统。随着我国课程改革的进一步深化,有不少研究者认为,在教学设计中仅仅停留在基于学科知识与能力获得的设计并未能体现以生为本的学生观,学生如何在学科知识与技能获得的基础上实现情感、态度与价值观的迁移才应该是学科教学的重点方向。这种理念的产生促使教学设计逐步转向对学生核心素养特别是学科核心素养的关切。

余文森认为,"从功能上说,素养是一个人的精神财富,它是人生意义、人生价值、人生幸福的支撑……核心素养是素质教育的深化和细化,核心素养是当前基础教育改革与发展的方向、引擎。"学科核心素养是养成学生核心素养的基础与媒介,"是一门学科(教育和学习)留给学生最有价值、最有意义的东西。"[①]什么东西是最有价值和最有意义的呢?就要通过对我们到底要培养什么样的学生这个问题的思考来回答。总体来说,培养适应未来社会发展需求的人,培养能够自主学习、适应社会不断变革的人,培养学生具有能够良好适应未来社会关键品格和能力,至关重要,因此,不同学段的学科教学应该承担起这样的责任与使命,具

[①] 余文森.从三维目标走向核心素养是课改深化的标志[J].人民教育,2016(19):27.

体的教学目标设计应该重视学生情感、价值观、品性等核心素养,"任何一门学科的目标定位和教学活动都要从素养的高度来进行。"①

那么是不是有了学科核心素养之后,就完全否定或者抛弃了传统学科教学设计中的三维目标呢?答案当然是否定的,就像前文已述及,在三维目标中情感态度价值观实质也是为了养成学生的核心素养,学科核心素养应该说是在三维立体目标基础上的继承与发展,更加契合面向未来培养学生的教育需求。

首先,小学教师需知晓所教学科知识中蕴含的学科核心素养是哪些。作为小学教师在掌握学科基础知识与技能的基础上要清楚地知道自己所教学科知识的逻辑体系、概念关系,以及如何能够通过有效的教学方法、具体的教学情境设置让学生获得学科核心素养。学科基础知识之间的逻辑体系和概念关系是形成学生学科核心素养的基础,而知识的情境是促进学生学科核心素养养成的生命力,"知识的情境中,知识是活的;脱离特定的情境,知识就是死的。"②

其次,在小学教师的教学设计中融入学科核心素养培养目标。教育教学实践是培养小学生学科核心素养的关键途径,由于目标在很大程度上预设了教育教学的开展过程,旨在培养小学生学科核心素养的教学设计也需体现这样的归旨。在教学设计中从意图设计到流程设计都需打破三维目标教学的藩篱,以学生自主学习、合作学习、探究学习等为主要途径,将学科知识与学生生活实际、社会热点进行整合性设计。学习流程设计也应基于学生获得了什么为原点与起点,以充分体现在学生学科核心素养养成中学生学习的主体性。例如,在一篇小学语文课堂教学的学科核心素养为目标的教学设计中,首先应设计学生的学习流程可能有哪些。如果学生的学习流程包括"情感感知→合作互助→评价讨论→能力提升→创新拓展"等环节,那么基于此课堂的教学流程设计分别可能是"情境创设→指导合作→引导点拨→情感升华→联系生活"等环节。

三、开展基于师生双向交流的课堂提问

由于小学教师与小学生客观存在的年龄与心智差异,小学生在与小学教师交往互动时,往往会处于被动状态,在课堂教学过程中的常见交往互动模式是教师问、学生答的这种单向度交互关系。小学教师要激发小学生成为自己专业发展的重要现实资源,需要创设一种能够让小学生发散思考、自主学习、敢于与教师对话的课堂氛围。

教学实施过程是教师开展教学、影响学生、师生共同发展的主要环节,也是关键环节。在新课程理念影响下,与教学设计环节一样,教学实施环节也要促进小学生的自主学习。在创设师生对话的课堂氛围中,教师特别要注意通过有效的教学提问来体现这种有效互动,这

---

① 余文森.从三维目标走向核心素养是课改深化的标志[J].人民教育,2016(19):27.
② 余文森.论学科核心素养形成的机制[J].课程·教材·教法,2018,38(01):4-11.

是建构主体性的课堂教学,促进学生主体性发展和自主性学习的关键。[①]

教学提问是师生相长的主要媒介和策略,教师课堂提问首先具有以下两点基本作用,一是可以判断学生的学习情况,二是可以集中学生学习的注意力。其次具有以下两点延伸作用,一是通过提问拓展学生的思路,启发学生对学习内容的进一步思考,二是可以活跃教育教学气氛,通过个体提问或集体提问,帮助学生进一步理清和强化教学重难点。怎么能够通过提问达到以上目的呢?从师生相长来说,教师的课堂提问不仅要体现在课堂提问的基本作用上,更重要的是要体现出课堂提问的延伸作用,以更好地提升师生互动效果,促进师生共同发展。

(一) 精心设计所提问题

精心设计的课堂提问一定不是随意提出的,而是在教师充分备课、了解学情、准备学案的基础上所设计的,特别是对学情与学案的充分准备是进行精心课堂设计的必要条件。传统课堂教学中更多的是从教师要准备怎么教的角度来进行课堂提问设计,即教师是为了完成教学任务的任务型提问,而师生相长的课堂提问是要真正促进教师与学生的共同发展。精心设计的课堂提问具有以下的判断标准:首先,这种课堂提问一定是能够有效帮助学生学习关键内容。其次,这种课堂提问一定是准确把握住了学生认知矛盾突出显现的地方,只有这样的提问才最有可能引发学生的积极思维,激发他们的学习兴趣。比如小学数学讲到"0"的意义,已知学生都把"0"当作是"没有"的意思。在上课期间,教师可以先问问学生以往看到"0"时的意义解读,如果真是如此,教师还可以提出冬天温度是"0"度左右时,是不是也表示"没有"呢?这个时候学生已有的认知水平和现有的认知水平之间就产生了矛盾和冲突的地方,由此问题引发学生进一步探索"0"的其他意义,无论是进一步开展小组讨论还是学生自主学习都可以收到非常好的效果。最后,精心设计的课堂提问一定是视角新颖的。对于在传统课堂教学中陈述性问题和程序性问题的多少常成为判断教师课堂教学能力的一个重要指标。什么样的课堂提问是新颖的呢?所谓新颖的课堂提问不能简单地分为陈述性问题或者程序性问题,一定是能够启发学生思维和引起学生学习兴趣的问题。

什么样的问题能够引发学生的学习兴趣呢,它一定是与学生的生活密切相关的。比如在学习"比重"时,通常老师们会设计这样的问题:比重是什么?这样类似的问题学生往往就是搬下书上的概念给老师念一遍或者背一遍,但这并不能进一步引发学生思考,如果老师能够巧妙地把这个问题与学生的实际生活经验相结合,比如家里不同材质的炊具、厨具放在水里为什么有些沉下去有些浮起来?这种与学生生活密切相关的问题才能更好地引起学生的学习兴趣,并且可以帮助学生解决生活中的实际问题。作为一名教师,要促进学生的发展,必须要点燃学生在学习过程中具有的热情与激情,这个过程同时也是教师专业发展的过程

[①] 于忠海.教师教育的机理——与学生共生[M].成都:电子科技大学出版社,2014:277-280.

和实现师生相长的过程。

巧用语言分层提问[①]　　　　　　　　　　　　　　　案例 6-8

师：一般说来，鬼不喜火、不喜灯、不喜光、不喜桃符等。想象，如果宋定伯遇到了这样的鬼，宋定伯该怎么回答？

师：鬼问，何以不避火？生："新死，不习避火故耳，勿怪吾也。"师：鬼问，何以不避灯？生："新死，不习避灯故耳，勿怪吾也。"（以下学生问，学生答。）

师：到此，你又看出这是一个怎样的宋定伯？生：机智勇敢、老谋深算。师：真乃兵不厌诈！听宋定伯又一连串的诳之，让我们看到，说宋定伯诳鬼一路引人入胜，有智，有勇，有谋，此乃又一大善！（板书省略号"……"）

感悟与启示

如上案例来自于著名教育家窦桂梅老师的课堂教学片段，在提问过程中，窦老师采用层层追问的方式逐步引导学生感悟课文，通过点拨、启发，不断地设问、追问等策略触发学生思考，解答学生疑难。

（二）分层设计所提问题的难易程度

所谓分层设计所提问题的难易程度是指要基于学生个体差异性来设计课堂提问。在同一个班级中学生个体之间存在着比较明显的差异性，即每个学生已有认知水平差异，这一点是教师设计课堂提问或实施课堂提问时不能忽视的关键地方。基于这种学生的差异性，在课堂提问的设计中，可以对课堂提问进行分层设计。孙菊如在《课堂教学艺术》一书中提出课堂教学提问设计时可以从"解答距"的长短分为四个等级。[②] 当然这里的"解答距"问题指的都是程序性问题，即都是能够引发学生思维、激发学生学习兴趣的问题，而非指只需要重复记忆就可以回答的纯粹记忆性问题。在师生相长的课堂教学实施中，我们不鼓励小学教师对学生提机械式、重复记忆式的陈述性问题。根据"解答距"长短，课堂提问可以分为以下四个级别：

第一级：初级阶段，教师在这个阶段所提问题是学生只要参照学过的例题、例文就可以解答，这种问题是属于"微解答距"的范畴。

第二级：中级阶段，与第一级问题相比，这类问题并无"套子"或"模子"可以依傍，但是需要以现有的"套子"或"模子"为基础，进行相应的变化或调整才能回答，同样也属于"微解答距"的问题范畴。

第三级：高级阶段，这类问题要求学生要对已学过的知识进行综合运用，没有现成的"套

[①] 郑倩倩.用建构主义学习论评析窦桂梅《晏子使楚》教学案例[J].基础教育研究,2016(07):76-77+83.
[②] 孙菊如.课堂教学艺术[M].北京：北京大学出版社,2006:120.

子"或者"模子"可以依傍,这类提问属于"长解答距"的范畴。

第四级:创造阶段,这类问题并没有现成的方法或者答案,需要学生在灵活应用、拓展视野的基础上才能找到相应的答案。这类提问属于"新解答距"的范畴。从建构主义心理学上说,这类提问既能在一定程度上引发处于不同发展阶段的学生和具有个体差异性学生的学习兴趣,激发学生的学习动机,更能够触发教师主动、积极思考教学内容,能够让教师在这个过程中基于学生获得专业发展。

前已述及,这种分阶段、分层次设计课堂提问的基础是师生双方的民主和平等,这样学生才能提问、才敢提问,这种氛围需要教师在教学实施过程中不光是要关注那些学习成绩好、个性活泼的学生,更要关心那些学习成绩不太好、个性不太活泼的学生。"对学生来说,学生不可能知道作为老师是否真的喜欢他们,所以至少在表面上都要表现得公平地信任、对待每一个学生,不要轻易地放弃任何一个学生。"[1]

四、选择基于学生自主学习的教学策略

师生相长中教师教的目的是为了"不教",这里所谓的"不教"就是指教师在教学实施过程中要以学生自主能力的培养为目的,要着眼于学生在没有教师教的时候依然能够自主地学习、主动地学习。这一点既是新时代教师专业发展的根本目的(即教师的专业发展是为了学生更好地发展,为了学生自主地发展。),也是新课程背景下教师应有的教学理念。作为小学教师首先需要在明确什么是自主学习的基础上进行具体的教学策略选择。

首先,什么是自主学习呢?"所谓自主学习是学生自己主宰自己的学习,是与他主学习相对立的一种学习方式。自主学习可分为三个方面:一是对自己的学习活动的事先计划和安排;二是对自己实际学习活动的监察、评价、反馈;三是对自己的学习活动进行调节、修正和控制。自主学习具有能动性、反馈性、调节性、迁移性、有效性等特征。"[2]

从自主学习的概念可以看出,自主学习的基本前提是学生在学习过程中具有自主性,能够自我调节学习的状态、学习的进度等。但是,这种自主学习并不是不需要教师的学习,而是教师在教学实施过程中要基于培养学生的自主学习能力开展教学工作,即教是为了"不教"。这样的教学实施对教师各方面的专业素养要求更高,需要教师在教师职业生涯中不断完善并提高自己,从教师专业发展的角度来说,这就是来自于学生的一种发展动力。

其次,小学教师需要深谙小学生的学习心理。那么小学生的学习心理有什么样的特征呢?从皮亚杰的儿童认知发展阶段理论来看,小学生的认知心理发展阶段正好处在7—11岁的具体运算阶段,这个阶段孩子的认知特点是基本具备一定的逻辑推理能力,但是这种逻辑

---

[1] [美]安奈特·布鲁肖,托德·威特克尔.从优秀教师到卓越教师[M].范杰,译.北京:中国青年出版社,2013:223.
[2] 庞维国.自主学习——学与教的原理与策略[M].上海:华东师范大学出版社,2003:2.

推理能力往往会"局限于眼前的具体情境或熟悉的经验,需要借助具体的形象进行。"[1]从个性发展特点来说,小学生的个性心理正处于埃里克森关于个性发展阶段理论中的第四阶段:"该阶段的发展任务是获得勤奋感、克服自卑感以及体验能力的实现。这一阶段是自我成长的关键性阶段。小学生进入学校后,首次接受学校赋予他并希望他完成的学习任务。为了完成这些任务,他们必须勤奋学习,同时又害怕失败,这种勤奋感与自卑感的矛盾,便构成了这一阶段的危机。如果儿童在学习上不断取得进步,在其他活动中也经常受到成人的奖赏,就会变得越来越勤奋;反之,如果学生在学业上屡遭失败,在日常生活中经常遭受成人的批评,就容易形成自卑感。"[2]因此,对小学生来说,培养他们在学习过程中的自主性和自主学习能力有助于他们自信心的建立。这种自主性和自主能力的培养需要借助于具体的情境创设,并与他们已有的经验联系起来。具体来说,有如下一些策略可供选择。

(一) 精心创建激发学习兴趣的教学氛围

在教学活动开展过程中,小学教师应基于小学生注意力集中时间持续不够长的特点,通过情境式教学氛围的营造,激发小学生的学习兴趣,因为学习兴趣是小学生能自主学习的基本先决条件,只有基于兴趣的学习,学生才会喜学、乐学。小学教师应该在教学实施过程中避免那种到处找题目让学生练或做的方式,要注意精心设计教学氛围,充分利用小学生的好奇、新奇的学习心理,激发小学生的求知欲。

例如,教学"能被3整除的数的特征"时,我设计了一个猜数游戏,以引发学生学习的兴趣。我先让学生每人写出任意的三位数、四位数、五位数各一个,并分别除以3,计算出商及余数;接着,请学生把任意一个数报给老师,老师都能马上说出能否整除,余数是几。不管学生报出什么数,教师都很快地猜出余数,学生感到非常惊奇,探索其中奥秘的欲望便油然而生。[3]

传统教学模式中教师在台上讲、学生在台下听的方式已基本上不能满足学生自主学习能力培养的需要。要创建激发学生学习兴趣的氛围,作为小学教师就要充分利用小学生的认知心理特点不断丰富教育教学活动内容,把传统的单向灌输式课堂教学改成双向互动式的课堂教学。小学教师要有意识地调节课堂教学中的学习氛围,通过语言引导、情境创设、任务驱动以及与小学生生活联系紧密的课程内容等方式激发小学生的学习兴趣,并要做到善于在这个过程中抓住小学生的兴趣点,及时根据他们的兴趣点调节预设的教学流程。由于课堂教学具有生成性特点,激发小学生的学习兴趣需教师具备良好的课堂监控与调节能力,在多元组合多种教学方式的基础上,将教学内容与学生的生活情境充分结合,并根据实

---

[1] 庞维国.自主学习——学与教的原理与策略[M].上海:华东师范大学出版社,2003:124.
[2] 庞维国.自主学习——学与教的原理与策略[M].上海:华东师范大学出版社,2003:125.
[3] 杨德福.让学生学会学习[J].中国当代教育文集,2003(12卷):299-300.

际情况及时进行调整,比如案例6-9中的王老师就综合运用了与小学生生活情境联系起来的教学方式激发小学生的学习兴趣。

案例6-9

王老师的图形教学[①]

以图形的学习为例,学校王老师在课堂上告诉学生每个人都制作一组图形(提前安排学生上课时带上剪刀、小刀等剪纸工具),包括三角形、正方形、长方形,再以小组的形式列举出在生活中有关这些图形的实物,最后比一比看看哪个小组想得最多。话音刚落,学生就开始活跃起来,纷纷动手画起图形,接着裁剪制作起了图形,小组与小组之间也展开了激烈的讨论。王老师还别出心裁地将小组讨论的结果以比赛的形式进行分享,各小组以成语接龙的方式分享自己的讨论成果,坚持到最后的小组即为获胜的小组,可以得到相应的奖励。在小组合作比赛模式下,学生会产生强烈的集体荣誉感,每个学生都会积极地为小组荣誉做出努力,这保证了每个学生都能积极主动地投入到课堂学习中去,课堂氛围自然也就活跃起来了。

(二) 教授让学生自己动手动脑的学习方法

要培养学生的自主学习能力,就要把更多的自主权还给学生,这种自主权体现在教师尽量让学生自己想、自己做,即通过学生的这种自主体验获得经验,增长能力,特别是自主学习能力。在这个过程中,教师所发挥的作用主要是设计引领、营造氛围。在核心素养培养的总目标下,不同学科核心素养的价值取向具有差异性和独特性,比如小学语文学科的核心素养表现为语感、语文学习方法、语文学习习惯以及文化传承等方面,这也决定了不同学科的小学老师在培养学生动手动脑等自主能力时应灵活采用教学策略。但不管哪个学科,让学生动手动脑的目的都是为了把课堂学习活动的主动权还给学生,教师主要起着引导和学习支架搭建的作用。

例如,在教学"平行四边形面积计算"时,教师可先提供不同形状(平行四边形、正方形、长方形等)的花坛图片创设情境,并提问学生"你发现有哪些图形?会计算哪些图形的面积?"引导学生回答已经学过的知识:长方形和正方形的计算方法,为学生已有经验与将要学习的知识之间建立联系。继续提问学生图片中这些花坛(包括长方形、正方形、平行四边形)的面积大小如何比较?引出本节课要学的内容——平行四边形的面积计算。再进一步给学生提供有小方格的卡片,指导学生移动方格,在正方形、长方形的面积计算与平行四边形的面积计算之间建立联系,鼓励学生同桌交流,积极提问"谁愿意交流自己的算法?"等。整个教学过程中放手让学生尝试,然后在黑板上展示成果。最后学生根据计算出的结果,很容易发现底、高与面积间的关系,得到求平行四边形面积的公式。

[①] 曹建国.小学数学教学"多维互动"实施策略[J].科研纵横,2011(06):14-15.

学生在自主观察、主动操作与实践的过程中,注意力非常集中,思维很活跃,想象力得到发挥,知识掌握得扎实,既理解了知识的形成,又学会了"把新问题转化为旧知识,使新问题得到解决"的学习方法。

(三)开展让每个学生参与的多维互动活动

自主学习是一种基于民主、平等的学习,如果没有民主、平等,就只能是一种假性的自主学习课堂。让每个学生参与课堂是民主、平等式课堂的基本表现。教师在教学过程中,怎么样让每个学生都参与其中呢?这种教学方式的前提是教师要有多维互动的教学理念及行为,这种理念及行为需要小学教师摒弃教学过程中学生被动学习的传统观点,丰富自己的课堂教学,开展以激发每个学生的学习积极性为目的的教学活动,让每个小学生真正参与到由教师组织和引导的教学活动中,成为学习的主人。比如老师先让一名成绩比较优秀的学生回答问题,再让平时成绩薄弱的学生进行评价补充,或者大家形成互助合作小组。教学过程中的互动包括教师与成绩优秀学生、教师与成绩薄弱学生、成绩优秀学生与成绩薄弱学生等维度。这样既使教师及时了解了不同发展水平学生的知识获取情况,也提升了每个学生的参与度。

什么是多维互动呢?简单地说,多维互动就是指教师与学生之间不拘泥于某个特定的环境、场域、形式与内容限制的互动,只要学生有疑惑、只要学生有想法,教师皆可当成是自己专业发展的机会。这种多维互动尊重教师与学生各自丰富的精神世界与精神视域,实现在相互交融,相互碰撞之间产生的火花,这种火花于师于生皆是发展的动力。因此,所谓的多维互动是在有效互动的基础与前提之下,扩大师生之间的互动范围、拓宽互动视野。多维互动不仅关注师生在知识量的增加,更重要的是把教师与学生当成是一个整体的人来发展。就"多维互动"在课堂教学的内涵看,课堂内的互动有两条主线:情感互动与信息互动。信息互动指的是在师生互动中,主要通过信息传递的方式进行,而传统的课堂教学认为在课堂教学的信息传递中,教师是信息传递的发出者,学生只要负责接收信息就可以了,这样的互动很难实现信息传递的双向甚至是多向的互动。情感互动指的是在信息互动过程中,师生双方坦诚表达,相互关注,共同成长。"学生是一个个有血有肉的活生生的个体,老师一句激励的话语,一个鼓励的眼神,都能激发起学生的学习积极性,而学生良好的表现也能提高老师的成就感,即通过情感互动提高师生的'自我效能感'"。[①] 由此可以看出,多维互动就是通过教师与师生之间的各种情感互动,以达到师生双方共同成长与发展的一种课堂互动模式,这种模式不拘泥于某种固定的形式,而是教师在结合各种物质环境与精神环境的基础上,善于抓住细节、发现教学创新点,在师生相互合作中共同成长的一种互动模式。

那么作为小学教师如何才能实现与小学生之间的多维互动呢?

首先,教师要创设氛围,激发学生互动。多维互动中的师生双方是民主、平等的主体,双

---

① 曹建国.小学数学教学"多维互动"实施策略[J].科研纵横,2011(06):14-15.

方都具有独立的个性与人格,对各种知识、经验的理解有自己独特的方法,教师必须要基于这一理念开展教学。教师在师生双方的互动中不再承担单方的主导者与权威的教学者等角色,而要成为与学生平等的交流者,要在平等、民主的氛围中启迪学生、引导学生、组织学生。教师在课堂教学中要为学生创设一种轻松、积极、乐学、愿学、善问的氛围,由此激发学生与教师的互动意识与互动行为。比如以小学生熟知的生活经验或者环境作为情境导入材料。

其次,以问题意识为导向,发展学生互动能力。如果学生只有互动意识而无互动行为,说明互动还不够深入。如果只有教师互动的触发行为,学生并无教师互动的回应,也说明互动还不够有效。要深入互动、有效互动,需小学教师在充分熟知学生互动时心理变化的基础上创设能够激发学生思考的情境、提出能触动学生思考的问题,并给予学生充分的、自主的思考时间,再引导学生进行回答或做出其他回应。学生能够思考、善于思考的表征就是学生是否能够提问、答问,这是进一步引发学生之间、学生与教师之间交流互动,发生思维碰撞或者启发双方思考的基本路径,这才是比较理想的有效多维互动。要做到这一点,教师就要学会倾听学生的声音,且还要引导学生学会倾听,在倾听的基础上找到问题所在,领会和理解别人所述信息,以充实自己,受到启迪,实现专业发展。

最后,准确把握并有效开发互动资源。师生多维互动不是可以刻意设计的,在教学设计阶段教师可以对师生互动资源和互动方式进行预设,但是在教学活动的真正开展过程中,教师与学生的一句话、一个问题、一个眼神等都可成为引发师生多维互动的资源,应该说多维互动的师生关系生发于课堂教学活动的全过程中。教师要善于把握机会,并有效利用,以真正促进学生自主性学习为目的,有效开展教育教学活动。教师对这种多维互动的准确把握还指在互动中,教师要注意及时调整教学节奏,即在师生多维互动中,教师要注意把握节奏,调控气氛,如果学生情绪过于激动,情感过于丰富,反而会得不偿失,影响教学质量。所以,为了避免出现这种情况,教师所提问题要明确、简洁,并随时进行必要的指导,以提高互动质量与效率。

案例6-10　**以互动促进学生长方体面积求法的学习积极性**[①]

在学习六年级上册《长方体和正方体》时,实际问题中长方体表面积的求法往往是学生容易出错的地方,这就要求师生通过互动共同解决。教师可以引导学生利用学具或手上其他物体与实际问题中的长方体进行对比,以此建立表象感知。比如,制作一个玻璃鱼缸所需材料的面积、游泳池需贴瓷砖的面积,师生就可以共同想一想这与我们身边哪些物体有关系。有的学生想到了无盖的粉笔盒,也有学生想到了长方体的笔筒等,这样就将问题中的长方体转化为自己身边常见的物体,从而拉近了问题与现实生活的距离。学生在观察与动手

---

① 张玲玲.小学数学课堂呼唤"多向互动"[J].内蒙古教育,2015(11):57.

操作中就能正确解决问题,从而使学生既掌握了知识,又获得了方法,在发展思维能力的同时把握了解决问题的策略。

如上案例6-10中,教师在互动时充分利用了与学生生活实际密切相关的资源,比如粉笔盒、笔筒等开展师生互动,取得了较好的互动效果。

五、鼓励学生对教师的课堂教学进行评价与反馈

教学评价与反馈环节是教育评价的重要环节,也是小学教师反思自己课堂教学的关键环节。新课程改革背景下,基于对学生学习主体性的关注、对学生学习能力的关切,提出了课堂教学评价中要实现由"评教"向"评学"的转变,这里的"评教"主要评价教师的教学任务完成如何、教师的教学氛围创设如何等;"评学"指的是要基于学生的学习情况、要基于学生情感态度等的变化情况开展课堂教学评价,这种转变的积极意义不言而喻,对于提升学生在课堂教学中的主体性、主动性均有很大的助推作用。一堂基于师生相长理念的课不是仅仅停留在简单地从"评教"到"评学"的转变上,还应该以此为基础继续探索小学教师在学生评教的基础上到底对自己的课堂教学进行了哪些反思、开展了哪些调整或调控策略等,最重要的是小学教师要在这个过程中能够客观、理性地分析自己在小学生对课堂教学进行评价与反馈时获得了哪些专业发展,比如有没有受到学生评课的启发;有没有在某个看问题的视角上与学生不一样,而学生的这种视角恰恰拓宽了自己的视野;有没有真正反思自己在与学生的互动中与学生是平等和谐的师生关系等(参见案例6-11)。

作为小学教师要及时鼓励小学生表达在与老师交往互动时的感受,具体的方法可以分为正式的评教活动与非正式的评教活动。正式的评教活动可以是定期召开班会讨论、专题讨论等。非正式的评教活动指小学教师在任何一个与小学生的互动场合中都可及时关注他们的变化,可以采用教师观察、方便询问等方式进行。在这个过程中小学教师基于师生相长的理念,本着向学生学习的态度,及时调整自己的教学设计、转换自己的教学方式方法、提升自己的教学效果,这种教学效果主要表现为学生最大限度地获得进步,教师自己也能最大限度地获得提高,师生双方在这种平等对话中认知结构不断得到重组,精神世界不断得以丰富。对小学教师来说这种提高既可以表现在教师各种教学能力的点滴进步上,也可表现在教师师生相长意识的建立、强化等过程中。

案例6-11

以学生的"学"评价教师的"教"[①]

整整一课堂,学生都在"剪":有的剪"蝴蝶",有的剪"蜻蜓",还有的在剪"梅花"。但这却不是手工课,也不是活动课,而是数学课。待到孩子们剪好了,纷纷放下手中的剪刀,老师让

---

① 张宝敏.以学生的"学"评价教师的"教"[N].中国教育报,2007-03-23.

他们打开剪纸,仔细观察。学生发现所有的对称图形中都有一条折痕,在老师的启发引导下,他们很快又发现"每个对称的图形都至少有一条对称轴"……于是,在活泼、轻松的气氛中,学生认识了"对称轴",知道了什么是"轴对称"。自从天津市大港区第二小学进行教学评价改革实验以来,像这样内容丰富、形式活泼、学生积极主动参与学习活动的好课是越来越多了,因为这所小学"以学评教"的评价体系,促使教师把关注点更多地放在了学生身上,这不仅促进了学生的发展,也促进了教师的成长。

……

天津市大港区第二小学的教师们有句话:"让每一朵花都开放,让每一只鸟都歌唱"。在新的评价理念下,他们意识到评价要以学生为出发点,激发学生主体精神,促进和谐发展。因此,他们注意发现学生的闪光点,保护学生的创造火花,探索运用各种激励为主的评价手段,鼓励学生进步。该校还专门开展了一个建立激励性评价机制的课题实验研究,创建了一系列促进学生发展的评价方式:教师、学生、家长三位一体的"美少儿"评价;一项一评的多元化明星评价;心灵对白式的评语评价;循循善诱式的及时评价;群体参与式的典型活动评价;导行式个体评价;小组协作式的教学评价。同时,注重全员参与,有学生自评、同学互评,教师评、家长评,甚至社会各界评。评价形式也是丰富多样,有单项评、综合评、个案评、典型评、书面评、口头评,等等。总之,是运用多种方法,多渠道、多层面地进行多方位评价。

总体来说,针对不同学校与课堂,师生相长的策略可能还有很多。作为小学教师关键是要在理解为什么小学生会成为教师专业发展的重要潜在资源和关键现实资源的基础上,不断地总结与反思如何与小学生有效互动,如何激发小学生主动学习、自主学习的能力与热情等,从而让自己从小学生身上获得更多的发展契机,实现持续的、积极的专业发展。

思考题

1. 如何理解小学生成为小学教师专业发展的重要资源?
2. 如何理解教学相长与师生相长之间的关系?
3. 作为一名小学教师,如何在你的教学工作中践行师生相长?
4. 阅读下面的材料,结合本章相关内容分析师生相长中的师生关系。

你的教鞭下有瓦特,你的冷眼里有牛顿,你的讥笑中有爱迪生。你别忙着把他们赶跑。你可不要等到坐火轮、点电灯、学微积分,才认识到他们是你当年的小学生。

5. 阅读下面材料,结合本章相关内容分析这位教师与学生们的互动行为。

数学课上，开始上课时老师说道："今天我们将要学习乘法交换律，鉴于这部分内容比较难，我们将用两节课的时间学习这部分内容。"

"我不同意！"一个调皮的同学突然回答。

"为什么？"老师问道。

"这部分知识虽然比较难，但是我们在课外辅导班都学习过了；而且上节课您已经讲了一些关于交换律的问题，我们已经了解了一点，昨天晚上您也让我们预习了，我们觉得一节课的时间就足够了。"

老师听完这位同学的解释后，便向大家问道："大家有谁赞同他的意见？"同学们一致举起了手。

于是这位老师说："很好！我也同意大家的意见！今天我们就用一节课来学习乘法交换律。"

课堂上响起一片热烈的掌声。

扫一扫二维码
获取思考题 答案要点

扫一扫二维码
获取同步练习题及参考答案

第七章
教师专业发展规划

学习目标

1. 确立教师发展的基本理念,厘清个人发展、专业发展和组织发展之间的关系。
2. 厘清教师专业发展的模式、主体、核心、条件和策略。
3. 了解教师专业发展进程中职业倦怠的表现及原因,并掌握消解职业倦怠、提升职业幸福的具体策略。

关键概念

1. 个人发展:教师作为个体,在知识、能力、情意基础上在信念(我相信什么)、认同(在工作中我是谁)、使命(成长中的动力)维度的本体论层面的发展,是一种自我理解的发展。
2. 组织发展:教师个体发展所依赖的外在环境的发展,包括单位、同事、学生、社会等教师发展不可或缺的生态系统的发展。
3. 生涯发展:教师在进入工作的历程前后,职业角色和环境交互作用所表现的行为、经验、态度与思想等,经由职前、入职、在职以及离职各个阶段的历时态发展。
4. 教师幸福:教师在教育活动过程中的稳定的、和谐的、自由的愉悦状态。它是一种愉悦的心理体验、一种乐教的职业境界以及一种创造幸福的过程。

内容脉络

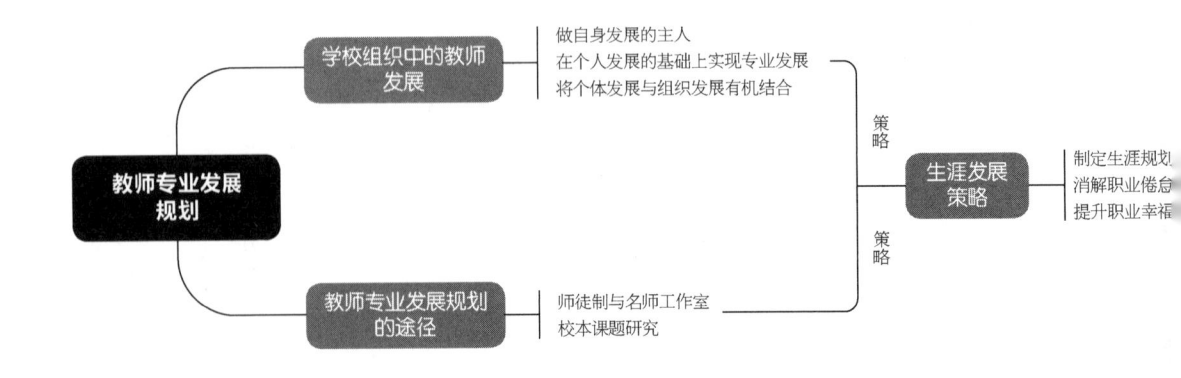

教师专业发展规划
- 学校组织中的教师发展
  - 做自身发展的主人
  - 在个人发展的基础上实现专业发展
  - 将个体发展与组织发展有机结合
- 教师专业发展规划的途径
  - 师徒制与名师工作室
  - 校本课题研究
- 策略 → 生涯发展策略
  - 制定生涯规划
  - 消解职业倦怠
  - 提升职业幸福

对教师发展的认识直接影响着教师生涯发展规划的制定和教师个体的成长,因此,我们需要从一个上位的概念和广义的范畴来拓展教师发展的理念。同时,作为教师应充分认识到生涯发展规划给自己发展带来的影响,并且需要进一步结合自身所处的环境制定自己的生涯发展规划。在这个过程中尽量避免职业倦怠带来的危害,努力提升教师的职业幸福感,实现教师的持续性发展。

第一节 多维思考:学校组织中的教师发展

关于教师发展(teacher development)的定义、内容及发展维度,国内外的学者见仁见智。哈格里夫斯和富兰(Hargreaves & Fullan)将教师发展视为知识和技能的发展;自我理解的发展及生态变化的发展,其后又从后现代的视角将教师发展分为技术的、道德的、政治的、情感的四个维度。贝尔和吉尔伯特(Bell & Gilbert)指出了三种类型的发展:个人发展、专业发展和社会发展。[1] 利斯伍德(Leithwood)对教师发展也做过多维度的描述:专业知识的发展、心理发展、生涯周期发展,并且认为这三个层面是互为关联、互为影响的。台湾学者罗清水指出,专业发展(professional development)一般常与专业成长(professional growth)、教师发展(teacher development)和教师培训(staff development)等交互使用。[2] 通过纷繁复杂的概念和定义我们至少可以看出以下几个端倪:第一,教师发展一方面是增进教师的专业性并进一步提升教师专业地位的过程,但同时也是教师作为真实的个体成员自我更新的过程,因此在发展的宽度上,我们需要考虑教师作为人的发展(个人发展)和教师作为专业人员的发展(专业发展)的关系。第二,由于教育和教学具有"与人打交道"的特殊性,学者们在谈及教师发展时除去教师个体发展,都涉及生态、社会等由教师发展所带来的外延性变革,所以我们应该思考教师个体发展与组织发展的关系。第三,教师发展和专业成长与教师培训互用,说明教师发展的动力机制也是多维的,既有外在力量的引领,也有内在动机的升腾,因此,我们在理解教师发展理念时需要区分推动教师发展的内在力与外在力之间的关联。

一、教师发展的模式

在国际上,根据发展的缘由或者说动力来自的方向,一般把教师发展划分为两类,一类是由外至内的外生性发展,一类是由内至外的内生性发展。学者休伯曼(Huberman M.)和古斯基(Guskey T. R.)将之总结为"补缺"模式("deficit" model)与"成长"模式("growth" model)。

(一)"补缺"模式

所谓"补缺"模式,建立在这样的观念或认识基础上:即由于职前教育不完善等原因,教

---

[1] Bell, B., Gilbert, J. Teacher development as professional, personal and social development [J]. Teaching and Teacher Education, 1994,10(05): 483-497.

[2] 叶澜. 教师角色与教师发展新探[M]. 北京:教育科学出版社,2001:223-225.

师存在某些质量上的缺陷,因而需要弥补或矫正。这些缺陷通常又是由管理者或研究者等教师以外的人来确定的,教师被看作是发展的对象或客体,而非发展的主体。[①] 在"补缺"模式中,教师专业发展的视角是由外向内的,教师之外的管理者和研究人员根据既往的管理和研究经验分析或预测教师发展进程中可能存在的不足,这种分析或预测存在一定的合理性,但限于经验的束缚或研究的限制又不能够完全反映教师专业发展的整体情况。如在一线教师新入职培训会上,在指导教师的选择上校际之间存在重大差异,有些学校的主管领导倾向于聘请高校教师作为中小学新教师入职培训人员,做出这种判断的依据可能是管理者在经验世界中对新教师知识结构欠缺做出的带有个性化倾向的判断。我国教育部、财政部于2010年从国家层面展开的"中小学教师国家级培训计划"(以下简称"国培计划"),就是教师专业发展"补缺"模式的真实体现。

> **知识链接 7-1**
>
> **"国培计划"——补缺型的教师专业发展模式**[②]
>
> "中小学教师国家级培训计划",由教育部、财政部于2010年开始全面实施。"国培计划"是贯彻落实《教育规划纲要》启动的教育发展重大项目,是加强幼儿园、中小学教师队伍建设的一项重大举措。"国培计划"其宗旨是示范引领、雪中送炭和促进改革,以农村教师为重点,通过对幼儿园、中小学教师的专项培训,提高广大教师的教育教学能力和专业化水平,示范带动各地教师全员培训工作的开展,大幅度提高教师队伍整体素质,为促进学前教育普及、义务教育均衡发展和提高基础教育质量提供师资保障。"国培计划"包括"中小学教师示范性培训项目"(简称"示范性项目")、"中西部农村骨干教师培训项目"(简称"中西部项目")和"幼儿园教师国家级培训计划"(简称"幼师国培")三项内容。

"国培计划"中不同的项目设置了不同的目标,渗透了教师专业发展分层设计的理念,"置换脱产研修"要求教师培训后发挥"示范引领"的辐射作用,"短期集中培训"要求教师发挥"骨干带头"的作用,"转岗教师培训"要求教师胜任本岗位的工作,核心理念还是通过外在的引领和辅导"增添"不同类型教师原本缺乏的素质与能力。了解和掌握教师专业发展的需求是"补缺"模式的先决条件,然后才能有效地实现或者完成培训目标。但这种"补缺"模式最大的不足在于"培训需求分析过于简单化、形式化,造成培训方案的设计和培训的组织不是基于教师培训的内在需求"[③],专家所擅长的课程领域与接受培训教师的实际需求存在一定距离,无论是培训的内容还是培训的模式与一线教师的真实需求差距较大。

---

① 饶从满.教师发展若干问题辨析[J].中国教育学刊,2009(04):83-86.
② 教育部.国培计划[EB/OL].(2012-09-03)[2017-01-22] http://www.moe.edu.cn/publicfiles/business/htmlfiles/moe/s6811/201209/141516.html.
③ 王北生,冯宇红."国培计划"实施中的现实困境及其突破[J].中国教育学刊,2015(10):88-92.

(二)"成长"模式

"成长"模式的教师发展则指伴随教师对其自身教学实践进行"持续性探究"的各种专业发展活动,包括教师学习小组、课程起草小组、教师设计的研究课题、教师资源中心活动、内部实施的课程评价以及经常参与由有经验的同事举办的研讨班等活动。这一模式的特点在于它是基于现场的,并无外部专家和外部指导;即使有外部专家和外部指导,其所起作用是次要的,而且都是互动性质的。[①] 在"成长"模式中,教师专业发展的视角是由内向外的,教师自身、同伴所组成的实践共同体基于自身的日常教学经验实际和切身的感悟,体认专业成长过程中的不足。这其中既包括有效运用那些可用于课堂管理和教学的日常教学技巧以及使用教学策略的专门知识技术的能力,又蕴含了通过反思性行动和探究对问题情境进行判断及解决问题的能力,通过自我分析以及通过与他人的对话不仅能够实现教师个体教育教学能力的提升,而且能够形成一种反观教育本质的批判力。在国际上享有盛誉的日本"授业研究"(lesson study)可以说是"成长"模式的典型案例。

> **知识链接 7-2**
>
> **"授业研究"——成长型的教师专业发展模式[②]**
>
> 日本的"授业研究"在十多年前已经成为一种"世界性现象","授业研究"是以学校的基本活动——授业(教学)为对象,旨在改善授业、锻造教师的实践能力的一种临床研究及其基础研究。日本授业研究的模式是"参与性授业研究会"。第一阶段——授业研究的年度计划与研究授业及执教者的总体计划的编制。第二阶段——由学科或学年的教师集体编制单元计划与教案、编制针对样本儿童的教案。第三阶段——研究授业的事前准备。包括研究授业的问题意识的明晰、单元的构想教案、座位表的完成等。第四阶段——决定研究授业的观察、记录的分工与说明(速记者两名、样本儿童观察者、全体观察者)。第五阶段——研究授业的观察与七个步骤构成的协议会。第六阶段——讨论成果的积累与使用资料的整理与保管。第七阶段——利用长假,每年实施基于逐句记录的授业研究一至两次。
>
> 授业研究原本就是"实践性研究",其主体是教师,以教师的实践性经验的创造与反思为基础而进行的实践性研究。通过教师共同体对教学集体记录和反思,凝练自身的实践,改进自己的教学。它为一线教师提供了教学的"设计、实施、过程、协议、评价、改进"的有效手段。"授业研究"是同授业实践的改进、参与教师的成长联系在一起的。

---

① 饶从满.教师发展若干问题辨析[J].中国教育学刊,2009(04):83-86.
② 钟启泉.授业分析与教师成长——日本"授业研究"的考察[J].教育发展研究,2016(08):1-7.

二、教师是专业发展的主体

(一) 教师要成为发展的主体

可以发现,成长型教师发展模式的主体是教师个体及其同事,以教学现场中实践性问题为对象,开展超越教育事实的实践性反思,最终实现实践问题的改进、学生的发展和教师自我提升的质的飞跃。成长型教师发展模式的核心是实践性研究,聚焦的是临场教育活动的事实,但需要进一步拓展事实,即多层次的反思:第一层是一种回顾性反思,把自己当作是探究情境的一部分,教师通过解读自身的体验,获得新鲜而深刻的洞察;第二层是质疑维度,凭借原初假设的专业价值不一致的证据来反思实践者在情境中的行动;第三层是批判维度,实践者开始反思其想当然的在其生活经验和生活史中支撑起专业价值及其根源的实践性解释信念和假设,实践者开始重构其价值观,这又打开了对情境新的理解并开展才智活动的可能性。[①] 因此,理论的提升必不可少。成长型教师发展模式并非拒斥研究者的重要性,仍然需要庞大的、周边领域的基础研究作为支撑,或者说依靠自己与理论研究者一道用实践理性的上位理论反观业已熟悉的实践。焦点在于成长模式中教师的主体性和能动性掌握在自己手中,具有内生的积极态度。为了能够说明这种由外烁到内塑的教师发展转变,这里举一个与日本"课例研究"和具有中国特色的校本教研模式之间的比较(见表7-1)。

表7-1 从两种教研模式看教师发展的取向[②]

	中国的校本教研	日本的课例研究
计划	行政力量主导; 集体备课,以教师个人为主	教师自发; 集体备课,教师小组共同努力
执行	观课的主要项目包括: 课堂组织、材料展示、教学方法、内容组织、教师品质、基本教学能力、目标达成、以教师的教学为中心	观课主要看学生的反应,教案的实际效果,以学生的学习为中心
总结	注重教师的自我反思	注重教师的集体反思

课例研究中教师的研究活动没有外在力量的约束,是一种内生力量的催发,发展的指向也不仅仅是关注教育教学技术层面的完善与更新,而是在此基础上进一步向前延展,如何促进学生的学习,如何处理教学的公平,如何关注不同的学生,教学究竟给学生带来什么,我要做一个什么样的教师……通过比较可以发现,教师发展由外在主导变成自我发展,由教学方法层面延伸到课堂教学活动的真实情境及学生发展上,由此而生发更多教师观念的转变,教师发展的自主性就日益增强。

[①] 苗学杰.融合的教师教育[D].长春:东北师范大学,2012:159.
[②] 李子健,丁道勇.课例研究及其对我国校本教研的启发[J].全球教育展望,2009(04):29-34.

（二）在被动发展的基础上实现主动发展

当然，需要指出的是，并不能因为"补缺"模式的弊端而否认这一积极高效的教师发展模式，"补缺"模式的出发点是专业特质主义取向的，即和医生、律师等专业化程度高的专业相比，它有哪些要素需要提升和改善。强调教师群体和外在的专业性的提升，这是在教师专业发展历史进程中必不可少的一个过渡阶段，也是教师发展初期和教师个体专业发展意识尚未真正萌发之前行之有效的外推力，"教师自己经常并不能意识到自身的某些缺点和不足会对其创设和掌控的学习环境产生直接后果"，"教师已有的内化了的观念和信念与外部提供的'冲突性'培训观念的'遭遇'会刺激和挑战教师改变常规，并以新的洞察和能力开展试验。'培训'在教师发展过程中发挥着关键性功能"。[①] 随着教师专业发展研究的持续性精进化推进，教师专业发展的视角由关注群体向个体转变，由外在推动向内在生发转变，由被动发展向主动发展转变。

两种不同的发展模式，是在教师发展历程中不同时段呈现出的不同状态，前者是在教师专业地位有待提升之际，或者教师个体发展意识尚未明确之时较多被采用，强调教师的群体的、外在的专业性要素并不时地添补，有学者把之归结为专业主义模式。后者是在教师发展研究进入到一个阶段之后的进一步提升，关注的是教师发展而非教师专业，强调个体的、内在的发展模式。[②] 作为教师个体，我们应该首先坚持教师自身是发展的主体，能不断地接受通识教育；掌握扎实的学科知识，理解学科领域的目的、结构、方法论和信息；持续性地改进教学，把那些情感性和认知性经验融合到教学中；深入地反思和探究，推动教师持续发展；最终推动学生的全面发展。也只有这样，教师自身的发展才有源源不断的内生动力，才能实现个体发展的质的飞跃。与此同时，也不排斥补缺的发展模式，外部机构实施的助长发展模式尽管不一定会成功，但是却是教师发展不可或缺的成长过程，发展本是一个人与环境相互作用的过程，个人主体性的发挥总是要在一定的环境下实现的，因而是相对而非绝对的。因此，我们不能人为厚此薄彼，把教师发展中的主体性和客体性完全对立起来，而是要放在一个连续发展的脉络中进行考察，诸多时候，补缺式发展是自主性发展的前提和条件，不能作为互不关联的模式来看待。

三、专业发展是教师发展的核心

在很长一段时间内，人们对教师发展的认识呈现出一维化特征，即把教师发展等同于教师专业发展，更多地关注知识和技能，这是在教师职业专业化进程中谋求专业地位急需提升的特质，但是教师作为独立的个体，具有自己独特的态度、信念和价值观，并会把它们落实在自己的教育实践活动之中，因此，仅仅关注知能的发展是不够的。在制定教师生涯发展规划进程中，需时时把握专业发展这个核心，同时奠定个人发展的基础，实现教师的多维度发展。

---

① 饶从满.教师发展若干问题辨析[J].中国教育学刊，2009(04)：83-86.
② 叶澜.教师角色与教师专业发展新探[M].北京：教育科学出版社，2001：208.

(一) 完善专业特质是职业专业化的重要前提

专业发展是教师发展的核心,这是教师职业专业性提升的重要议题。在 20 世纪 60 年代,从事专业研究的社会学者着力建立一套具有普遍性的"专业特质",从而把专业与其他职业分开并依据专业特质把职业的专业性进行级序排列,来判断一门职业专业性程度的高低。[①] 这种分类模式基于法国涂尔干(Durkheim)的"社会分工体系",这种体系在社会运作与进化的历程中扮演着重要的角色,它提供系统的结构将一个个散落的群体组合成为系统的结构,每种群体都发挥着一种功能性作用,就像一个个器官致力于身体整体的恰当性运转,此种论点彰显职业体系的功能定位,并进而引发社会的阶层性理论,根据各种职业所产生功能的大小,将职业分为专业、半专业、技术、半技术和无技术等级别,并用最高级别的专业所显示的特质作为判断其他职业是否为专业的重要标志,如专业知识、专业能力、专业服务理想。

作为专业,它必须具备的核心特质可归纳为三:第一,要有一套专业知识。即需要一套有系统、具有普遍性、可记录及传递,甚至具有一定学术地位的理论系统。这种专业知识有着自己独特的专业词汇、理解方式和操作程序,是一种封闭的知识结构,只有受过专业训练才能理解和掌握,否则会对社会造成伤害(如医生必须有医师资格证才能从业上岗)。第二,要具备专业实践能力。这套理论系统更需落实为可实践的原则——专业能力,并且可应用于解决人类生活上的实际问题,能够被社会民众所认可且对社会具有一种不可或缺的功能,倘若专业服务不足或水准低落,则会对整个社会体系的续存存在危害,如医生的不可或缺性。第三,要有一个"服务理想"或者一种为服务或集体的取向,做到忘我、客观、公正不偏。

(二) 教师专业发展需要提升其专业知能

如果从上述专业特质论视角审视教师的教学活动,可以发现教师专业性尚存在持续性提升的空间。就基础知识而言,一方面,教学工作的理论根基本身就不是一门独立和完整的学科,它是援引其他学科对教育及教学活动的研究综合而成的,如心理学、哲学和社会学等;另一方面,教育知识和学科知识孰轻孰重的长期争论在另一维度削减了专业知识根基的稳定性。就实践能力而言,长期以来,在教师教育课程设置和教师培养的实际效果上均存在理论与实践之间的巨大鸿沟。囿于教学活动发生环境的封闭性和教师在课堂活动上的自主性,教师之间互相观摩、沟通与合作的机会较少,教学工作在专业技术上不能像其他专业一样积累起一套丰富的实践经验(如经典的医学病例和法学案例),教学活动中优良的实践经验和精湛的专业技术很难流传下来。教师的专业性和不可替代性还没有像医生与律师那样确认,未受过教学专业训练的成年人,只要有一定的文化水平即可教导学生,甚至相信他们可以达到一定的水准。再加上人人都具备的早期学校经验,以及教学活动内容和程序表述的简单性,没有一套专用的词汇和独特的体系,专业知识和实践能力尚未具备独特的专业封闭性特征。在专业服务理想方面,教师职业表现出了强烈的"为公众服务的信念"和"对工作

[①] 曾荣光.教学专业与教师专业化:一个社会学解释[J].香港中文大学教育学报,1984,12(01):23-41.

抱有一种使命感"的服务理想,这一点与专业性职业差异不大。

在谋求教师职业专业性提升的历史进程中,知识和技能专业性提升与完善成为教师发展的重要议题,以专业发展推动教师发展也是最为有效的行动方案,正如哈格里夫斯(Hargreaves A.)所指出的,"对大多数人来说,出色的教学就是一件教师掌握教学技能、执教学科的知识和如何教学的事情。"按照这种观点,教师发展就是关于知识和技能的发展。这种教师发展广为所知,并且被广泛实践。(因为)它可以很容易地被组合成课程、教材、专题研讨和培训方案。① 但是我们应该注意,教育实践与教师个人具有的价值观、信念和态度密切相关,仅仅从发展专业知识和技术角度并不能完整地把握教师发展,必须把目光放大到教师个人之整体。作为教师个体不仅需要知识和技能等认识论层面上的发展,还需要上升到观念、认同、信念等本体论层面的教师个人的发展上,这是教师发展的基础。

四、个人发展是教师发展的基础

"对于教师来说,课堂内所发生的一切与课堂外的因素紧密相连。课堂教学的质量和效果不仅取决于教师专业性成长,同时还与教师作为常人(develop as people)的发展和专业人员的发展紧密相关"②,教师的教学方式深深扎根于他们的成长背景与个人经历中。因此,我们需要"反思、澄清与改善我们内部世界的景观,去洞察它们如何形塑我们的行为与决定"。哈格里夫斯和富兰陈述到:"教师发展,不仅仅是改变教师的行为,同时还包括变革教师这个人。"③

(一) 教师发展需要变革教师个人

英国学者尼亚斯(Nias J.)长期围绕着"教学与自我"这个问题开展研究,将教师的"专业发展"与"个人发展"联系起来,探讨教师个人作为整体的发展,并提起了将自我分为"本质自我"和"情境自我"的分析框架。从前者的观点来看,教师是"作为人的教师";从后者的观点来看,教师是"作为教师的教师"。尼亚斯指出,虽然明确区分二者实际上很困难,而且在现实中二者也是相互重合的,但是,教师发展研究却一直主要是以"作为教师的教师"为研究对象,而相对忽略了"作为人的教师"的这一面。于是她提出,应该从二者相互作用这个角度来观察教师发展。何为教师的个人发展,就是在认识教师发展的时候要超越过去在审视教师发展时单一的从知能层面出发的认识论层面的技术观,而进一步拓展到包括本体论层面的深层洞察,生成整体意义上的教师图式——作为一名教师意味着什么,如何对教师生成一种个人理解与认同,以及交互维度上如何在教学生活和课堂上展现自己转化后的信念,即帮助受教育者形成审视其自身、专业实践及其存在的社会价值基础的洞察力。教师个人发展关

---

① 饶从满.教师发展若干问题辨析[J].中国教育学刊,2009(04):83-86.
② Hargreaves, A.. Changing teachers, changing times: Teachers' work and culture in the postmodern age [M]. London: Cassell, 1994: Ⅸ.
③ Hargreaves, A., Fullan, M. Teacher development and educational change [M]. New York: Falmer Press, 1992:7.

涉如何创造一个有利于学生发展的公共环境、如何体验作为一名教师与其他专业所不同的教学气质、价值观和道德责任感。换句话说，就是教师从我们应该教什么知识的"是什么"问题，好的教学需要什么样的方法和技巧的"如何做"的问题，甚至我的教学是为了什么目的的"为什么"的问题，转换到"少人踏足的小径"——"我是谁"的问题——"教师的自我是什么样的？我的自我的品质是如何形成或缺失变形的？如何因我联系于我的学生、我的学科、我的同事以及我的整个世界的方式而形成或缺失变形的？教育制度如何能够支持和增强孕育优秀教学的自我……揭示教学的自我内部景观"[①]。

(二) 教师个人发展的核心在于理解教师"自我"

荷兰学者科瑟根(Korthagen)认为在思考教师发展时传统的能力标准与教师自我的二元分立状态应该结束，应该考虑到更多的因素，他建构了教师行为改变的"洋葱头模型"（见图7-1），置于洋葱头内核圈层的信念、认同和使命相对于外围圈层的行为、能力更为根本，教师在课堂中的教学行为不是那些"固定"的"硬"的能力标准，真正决定教师发展的是与教师情感、教师效能感、教师职业承诺等息息相关的"软"的因素——由教师的认同和使命所决定[②]，是作为自我理解的教师发展。

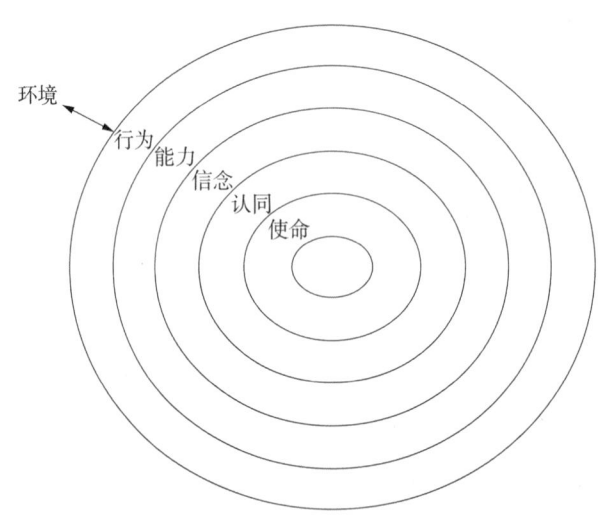

图 7-1 科瑟根(korthagen)的教师发展洋葱头模型

如果说专业发展是教师发展在知识和能力结构上量的增长，那么个人发展就是教师个人的整体转换，教师发展"牵涉的不仅仅是改变教师的行为，它还涉及到改变教师这个人"，"只聚焦于行为技能而不考虑其立足的基础及对态度和信念的影响，是误入歧途，且可能被证明为是无效的"，"承认教师发展也是一种个人发展，标志着我们改进努力中的一个重要飞

---

① [美]帕克·帕尔默. 教学勇气——漫步教师心灵[M]. 吴国珍等，译. 上海：华东师范大学出版社，2005：4.
② 塞世琼. 生命历程视域下教师认同发展轨迹及其影响因素研究[D]. 长春：东北师范大学，2013：3.

跃"①。需要指出的是,强调个人发展并非是对以往专业发展的否定,而是对以往过分强调专业维度的发展而忽略个人和社会性维度发展的一种纠正和平衡,不是非此即彼的完全取代。教师个体在制定个人生涯发展规划时不能过分地窄化和平面化,要考虑横向的多维和纵向的深层次的发展,以个人发展为基础,以专业发展为核心,推动教师自我的全方位成长。教师在知识和能力方面的专业发展,就像河流的水位不断提升,是教师发展的必经途径和有效策略,但总容量依然有限;如果教师在信念、认同和使命方面发生了本体层面的根本性变革,就不仅仅是水位的提升,而变成了河道的扩容,是教师个体的根本性变革(见图7-2)。②

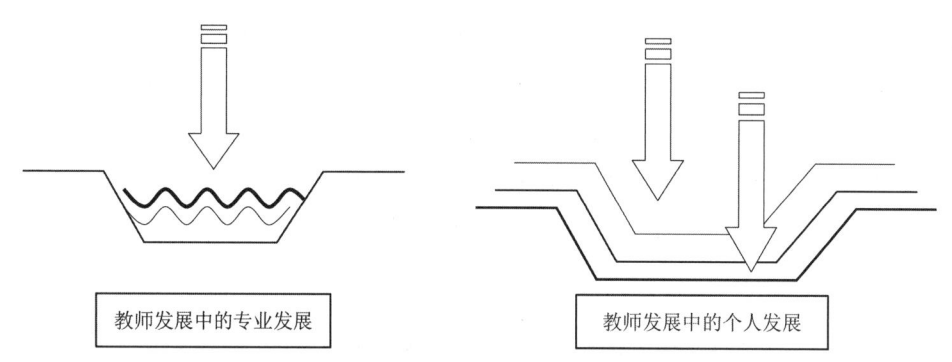

图7-2 教师发展中的专业发展与个人发展

五、将个体发展与组织发展有机结合

教师在制定生涯发展规划或实现自我发展的途径中不能忽略其自身所存在的社会环境或生态环境。

(一) 组织发展为个人发展提供资源与支持

"教师的组织发展作为教师发展的一部分,它既包括作为教师究竟意味着什么的反思和重构,也包括与其他老师彼此共事方式的发展,而这是教师发展不可或缺的社会交往"。③ 通俗一点讲,就是摆脱个人发展或专业发展的个体性,加强教师之间的沟通和合作,通过促进各学校内作为一个集体的教师(teacher as group)间的合作来促进教师的发展,同时实现学校教育的改善。如同医生在面临疑难杂症时的会诊,不同科室的医生从各自专业的角度围绕共同的问题展开救治方案的设计,通过不同科室的优势互补解决病人难题。这种集体的合作不是简单的人员叠加,不同于过去我们作为教师职业道德建设提出的集体主义和团结协作,而是一种新型的人际互动方式与形态,"是教师们为了改善学校教育实践,以自愿、平等

---

① 饶从满.教师发展若干问题辨析[J].中国教育学刊,2009(04):83-86.
② Robert Kegan. What "form" transforms? A Constructive-developmental approach to transformative Learning [C]. Knud Illeris Contemporary theories of learning. New York: Routledge, 2010:43.作者根据罗伯特·基根对转换性学习和知识型学习研究改编而成。
③ Beverley Bell, John Gilbert. Teacher Development: a model from science education [M]. London: the falmer press, 1996:13.

的方式,就共同感兴趣的问题,共同探讨解决的办法,从而形成的一种批判性互动关系"[1]。在组织协作的过程中,既有教学经验丰富的老教师,也有刚入职的新教师,既有教学实践经验丰富的教师,也有理论素养扎实的教师。组织协作为教师提供了一个教学研讨和相互学习交流的平台。教师在同事的帮助下,研究教学大纲、领悟教学内容、分析学生学情。对于教师来说,学习本身就是一项社会活动,是通过一系列的交流实现的。所以说,个体的变化或个人的发展总是发生在社会背景中,同时也包括社会的交流。教师素质的提升离不开他所依存的教师群体与学校环境。其次,在每一个教育环境的中心,都存在一个共同迈进的目标,学生发展就是凝聚教师共同体的力量,理解并实现那个预期的目的。教师存在于学校教育空间和社会空间内,需要进一步学习如何有效地参与到社会背景当中。教师的行为影响着学生发展和社会进步,反过来也成立。社会发展就是需要教师更加清晰地认识到其活动行为是如何影响他者以及他者是如何影响自身的。在一个共同的育人目标中,通过教师之间的合作,提高教师教学实践能力,改善学生的学习效果,推动学校的整体进步,实现教师、学生和学校的共同发展。

> **知识链接 7-3**
>
> **通过组织合作促进教师发展**[2]
>
> 美国学者李尔特指出合作文化呈现以下几种场景:(1)关于教学的日常交谈;(2)协同进行教学设计、教材开发和教育方法开发;(3)观察同事的教学;(4)同事间就新的想法、实践方法等相互授受。
>
> 这种互动的社会发展基于教育生活同时指向学校教育改善,并且充分尊重教师的自愿性。合作建立在教师平等的基础上,参与者在资源共享、共同决策、共同负责等方面拥有平等权利和义务。教师合作存在批判性互动,目的不是建构高度一致的共有文化,而是以差异乃至冲突营造新的学习环境,带来教师共同体的持续性更新。

"社会交流是个体思维发展和行为改善的持续性和根本性的基础。交流和共享的问题解决方式本身就搭建了新旧知识衔接的桥梁,让参与者对其不同的文化价值和手段进行沟通,帮助他们彼此修正和重构已有的认知,最终朝着共享理念与目标迈进"[3]。教师群体也是如此,正如学者泰勒(taylor)所说"急剧的教育改革要求教师参与到教学文化的协商交流中,而非一人孑孓前行",合作文化是在日常生活中自然而然地生成的一种相互开放、信赖、支援性的同事关系。在这种文化下,教师对于教育教学上的失败和不确定性不再采取防卫性态度,而是相互援助,同事共同面对和接受问题,相互进行讨论;同事间追求在教育价值上有广

---

[1] 饶从满,张贵新.教师合作:教师发展的一个重要路径[J].教师教育研究,2007,19(01):12-16.
[2] 饶从满,张贵新.教师合作:教师发展的一个重要路径[J].教师教育研究,2007,19(01):12-16.
[3] Hennessy. S. Situated Cognition and Cognitive Apprenticeship: Implications for Classroom Learning [J]. Studies in Science Education,1993(22):15.

泛的一致性,但是对于细节上的不一致也保持宽容。① 也只有在交流和互动中,教师个体对教学文化的体认才能够被再次分享,最终达到群体的认可。

(二) 组织发展对教师发展的作用

组织发展对教师发展究竟产生什么作用呢? 第一,它有助于教师发展意愿的激发与强化。教师合作文化鼓励一定程度的差异的存在,强调多元化、开放化的批判性互动。特别是当不同的观点发生碰撞时,便会产生思想的火花。在一个良好的组织中,这种火花就是创造的源泉。与此同时,同事关系可以强化教师的道德视野和价值观,在一个以相互支持与关心的合作文化背景下,个体可以表达他们消极和积极的情感,坦陈失败与弱点,发泄怨恨和失望之气,表露喜爱之情。第二,有助于教师个体反思能力的提高。教师间的互动和合作对于教师个体反思能力的提高主要体现在同事可以扮演形成性评价者的角色。在教师专业发展历程中,教师希望能够得到多方面的、及时的形成性回馈与协助,以便能够不断地提升其专业素质水平,因为教师个人的独立反思可能会由于视野的局限而出现偏差,而且也会由于视野的有限而难以走向深入,而同事间通过听课、观摩、讨论、交流等合作形式就可以扮演形成性评价的角色,有助于减少教师独立反思的偏差,有助于使教师个体的反思走向深化。第三,有助于促进学生发展与学校改进。即下面所要进一步阐述的促进学生发展与学校改进。

> **知识链接 7-4**
>
> **教师在共享中成长**②
>
> 由各级教育行政部门专门设置教研机构和配制教研工作专业人员,学校有教研组的建制,这是中国基础教育的一大特色。学科教研组作为学校教育教学工作的基层组织和教师专业成长的共同体,反映了一个学校的质量、文化和特色,从某种意义上讲,一个学校学科教研组建设的质量,决定着学校教育教学质量和学生的发展。北京市昌平区城关小学教研组建立了流程清晰、易于操作和落实的集体备课制度和名师讲坛制度。以教研组为核心开展有效的集体备课,按照"集体梳理——集体备课——个人上课——研讨反思——修改创新——资源共享"六步进行,以教研组为单位,随时记录下自己的所思所想,成功与困惑,汇编成《成长记录册》。以教研组为核心开展有主题的"名师讲坛"。名师讲坛每月一期,每期一个主题,潜移默化地帮助老师在教学中少走弯路,提高自己的教育教学水平。北师大附属实验中学语文学科教研组提出"开展多方位教学研究活动"的跨校合作,明确提出"向兄弟学校学习,组织去四中或八中听课一次"。项目组成员感慨地说道:"这对教师之间互通有无、开阔视野、拓宽思路很有裨益。"

---

① 饶从满,张贵新.教师合作:教师发展的一个重要路径[J].教师教育研究,2007,19(01):12-16.
② 北京学科教研组.教师在共享中成长[EB/OL]. http://www.sohu.com/a/721770_100908 2015-01-27.

（三）教师发展主要目的是促进学生发展与学校改进

脱离了学校环境，很难单独地理解专业发展对教师的影响。反过来，教师发展的最终目的不仅是个人发展，而是把个人发展与团体发展、学生发展和学校变革结合起来。提高学生的整体成绩水平，帮助其他教师适应变化，使个人和学校整体的表现都得以提升，教师的士气和成就感高涨，工作满意度高，从而实现学校整体性的变革。教师社会性发展的一个重要目的就是促进组织的变革与发展并持续性地推进学生的发展。让学生充满人文底蕴、富有科学精神、拥有健康的生活、学会如何学习、有责任担当意识且学会在实践中创新。教师的社会性发展在这方面发挥着重要作用，前面的专业发展和个人发展，归根到底还是属于教师的个人知识、实践经验与独特理解和感悟，还需要教师之间的互动和交流，使这些具备个性化特征和隐形化特征的经验与体认条理化、明细化、结构化和概括化，有利于教师知识的创造和传播。富兰指出："理解合作文化的本质和它所具有的作用，就是承认它在吸收全体成员的隐性知识（进而使他们变成显性知识）方面具有功能，同时它也能够积极寻求和吸收组织外部新的思想和知识。这样一个知识创新的过程对于成功具有核心意义。"学校教师共有的行动和思维方式为该学校的日常教育活动赋予方向，提供解决问题、决策判断的框架，同时推动教师集体凝聚力和一体感的形成。学校和教师之间变得紧密关联，教师之间的合作和交流助推了学校文化的生成和传播，他们作为一个共同体在发展过程中加深对学校环境和学校文化的深度认同，把自我发展融入到学校事业发展过程中来。同时，教师自身作为学校活动的参与者和学校文化的创建者，也在塑造着学校组织文化和扩大社会影响。教师发展的最终指向是学生发展和学校改进。

总结起来，教师发展不是单向的一维发展，而是个人、专业和社会多维度、全方位的提升，任何一个侧面的发展都不能单独先行，除非其他侧面也得到了发展，只有在三维一体全面发展的基础上，不断地增强对任教学科的理解，对教师群体的理解，对其学生的理解，对其作为教师角色的理解以及最重要的对他自身的理解，增强作为全面推动变革的力量，最终实现学生的发展、学校的变革和教育的改进。师范生在重视个体发展的同时，要注意将个体发展与组织发展有机结合，一方面可以获得更多资源或支持，另一方面也能够使自身发展成果得到体现，毕竟教师发展的主要目的是促进学生发展和学校改进。

教师发展规划的依据

第二节 实践探索：个体发展与组织发展结合的模式

教育是一个不断变化的领域，面对着日益变化的学生群体，成为终身学习型教师是必要且必须的。除了参与各种教育形式以及培训来提高教师的专业发展能力外，开展各种形式的教研活动、课题活动也成为了教师专业发展的重要途径。作为小学教师，开展课题研究更多的是为了解决在教学中发现的问题，在研究的过程中不断改进教学、对教学进行反思，通过循环往复的研究过程以解决问题,提升自身专业发展,并以教师个体带动全校范围的教研活动,促进教育教学质量的提升和学校发展。

一、以师徒传承引领教师发展

教师的培养是一项系统、长远、重要的工程,而以传帮带为特点的"师徒制"是教师专业发展的重要法宝。师徒制和名师工作室的推行,为新手教师的成长提供了重要支撑。"师徒制"在我国还有其他不同的称法;如"师徒结对""师徒带教"等。我国学者杨显彪认为:"师徒制就是要通过新手教师与资深教师合作的方式,使新教师通过对资深教师教学实践的观摩、效仿及具体指导,慢慢地体会职业的隐性经验和缄默知识,慢慢掌握专业技能和方法的一种新型教师培养形式。"[①]师徒制作为一种帮助新手快速适应工作、领会行业内部隐性知识的重要途径,在我国教师专业发展中也被广泛应用,以师徒传承的方式帮助新教师在专业信念、知识、能力以及情意等各个方面获得成长。

(一)以师徒制为载体开展新教师入职辅导

新入职教师是师范生身份转变的第一步,新入职教师的培训是教师专业成长发展的关键一环。"新教师"也称"初任教师"、"新手教师",一般指受过师范教育的师范生、刚入职时期(最长可达五年)的教师。教师的初始阶段是其职业的关键时期,又是教师专业发展的危机时期,直接关乎新教师的未来前途。

基于教师的专业发展,师徒带教的组建方式主要包括:一对一的师徒关系、多对一的师徒关系和多对多的师徒关系。三种师徒关系的组建方式不同,但目的是相同的,都是为了促进师徒双方的专业发展。随着时代的发展,"师徒制"中师傅的身份也开始实现跨校、跨区域的流动,师徒带教方式也更加多样,除了传统的听课、评课以外,还出现了网络分享等借助现代信息技术手段的新途径。

为保证师徒带教效果,很多学校都制定了较为完整的"师徒制"实施方案。首先,师徒双方须签订《师徒结对协议书》,明确指导教师与青年教师各自的职责与要求。以明确师徒关系和双方职责作为整个师徒结对活动的序幕,关系到整个活动的成效,所以有些学校在新教师入职前就已经开始了师徒结对活动,早早地为初任教师确定师傅,以便及早告知其各种开学后的计划和要求,为初任教师尽快适应教育教学工作指明方向。案例7-1是某校的师徒结对协议草案,可助大家更好地理解师徒结对。

[①] 杨显彪."师徒制":新手教师专业成长的必经之路[J].中小学教师培训,2006(03):13-14.

案例 7-1

某校的师徒结对协议书草案[①]

师徒双方的职责

甲方(师傅)的职责:
1. 教书育人,为人师表,敬业爱生,有高尚的师德形象,在师德、教学业务、工作态度等方面为徒弟做出榜样。
2. 指导徒弟制订好严格的教学计划,及时帮助徒弟分析教材的重点、难点,制订教学目标和教学方法,指导并检查徒弟写出规范详细的教案。
3. 每周至少听徒弟一节课,课后及时反馈,及时评价,每学期指导徒弟面向全校上一节公开课。
4. 每周至少为徒弟开一节示范课,每学期指导徒弟阅读一本关于教学理论的书籍。
5. 每学期结束前,填写本学期的师徒结对小结上交教科室。

乙方(徒弟)的职责:
1. 热爱教育事业,热爱学校,关心学生,养成高尚的师德。
2. 认真钻研教育教学理论知识,主动向师傅学习、请教、有疑问问。
3. 每周至少听两节师傅的课,提倡多听课,特别是同教材的课,两节课中一节为师傅的课,另一节可以是其他教师的课。
4. 每学期必须开一节校内汇报课、认真参加学校和市区组织的各级各类公开课或赛课,争取好成绩。
5. 每学期结束前写出师徒结对小结上交教科室。

甲乙双方团结一致,各守其职,本协议书的所有内容将列入师徒双方个人年度考核,存入个人业务档案。本协议书自签订之日起生效,协议期为一学年。协议书一式三份,甲、乙各执一份,另一份学校存档。

甲方:师傅(签名)　　　　　　　　　　　　　乙方:徒弟(签名)
日期:　　　　　　　　　　　　　　　　　　日期:

其次,各主体以自身特色确定师徒制的指导方式与指导内容。指导内容的制定一般是由学校统筹安排,主要分为纵向的总体时间安排和横向的具体内容安排两个部分。师徒结对活动的时间周期一般是一学年,从师徒双方签订师徒结对协议开始计算。不同学校在这一学年期间结合各校的教学计划和学校总体安排,以时间为节点开展各项教学活动以此来推动师徒结对活动的顺利进行。师徒结对的活动内容是整个师徒结对活动的核心部分,由于初任教师的主要工作是课堂教学,所以学校在制定师徒结对活动的具体内容上常常是围绕教学展开的。同时,学校在师徒课程的安排上也尽量做到不冲突,以方便师徒之间相互听课、评课。除此以外,学校也会鼓励师傅指导徒弟开设公开课、讲座、撰写论文、承担课题研究等,这些具体内容一般都会在师徒结对协议中明确。例如全国著名的特级语文教师于漪详细地论述了"师徒带教"指导方式,具体内容如下表 7-2 所示:

表 7-2　于漪老师"师徒带教"指导方式汇总表[②]

指导方式	具 体 实 施
说课	在年轻教师听课后,指导教师分析、解剖课堂的教学设计及其原因
评课	听年轻教师讲课后,指导教师对此进行评价分析

[①] 许倩.促进初任教师专业发展的师徒制研究[D].南京:南京师范大学,2016:23-24.
[②] 张贻复,张徐顺.著名特级教师于漪谈"以老带新"[J].北京:人民教育,1985(09):11.

续表

指导方式	具 体 实 施
互评	让年轻教师相互听课并相互评价
专题讲座	围绕教和学的问题,由指导教师按课程安排系统讲授
随时讨论	年轻教师或指导教师发起均可

最后,大多数学校会制定师徒结对的评价与激励机制以完善师徒结对体系。师徒双方的评价是保证师徒制优质运行的重要环节。从评价主体来看,我国的师徒结对活动一般比较注重师傅对徒弟的评价。尤其是对初任教师来说,在第一年实习期间,师傅的评价甚至可以决定其能否继续在教师岗位上工作。从评价标准来看,学校对于师徒结对活动一般比较注重量化指标的考察,比如师徒双方听课、评课的次数,师傅指导徒弟开公开课的次数或撰写论文的篇数等,一学期考核一次。当然也有一些质性评价,比如学校要求填写的评价内容,其中包括导师对初任教师一年来教育教学、为人处世等各个方面的描述,以及这一年师傅对徒弟是如何指导的等。[①]

师徒制是一种很好的促进教师专业发展的方法,在教师专业发展中具有重要意义。师徒结对是一个双向互动、相互影响的过程。对于新教师来说,一方面,指导教师以身作则,通过示范、点拨和指导为新教师架起由理论到实践的桥梁,使新教师少走或不走弯路,大大缩短了新教师胜任教学工作的周期,加快了新教师的专业成熟度。另一方面,在传帮带过程中,新教师在教师职业意识、职业人格等方面也受到指导教师的熏陶。就指导教师而言,这是一个再学习、再思考、再提高的过程。师徒传承引领教师专业发展可谓一举两得,是教师专业化发展的真谛之一。[②] 如图 7-3 更为直观地展示了在带教过程中师傅和徒弟相互影响

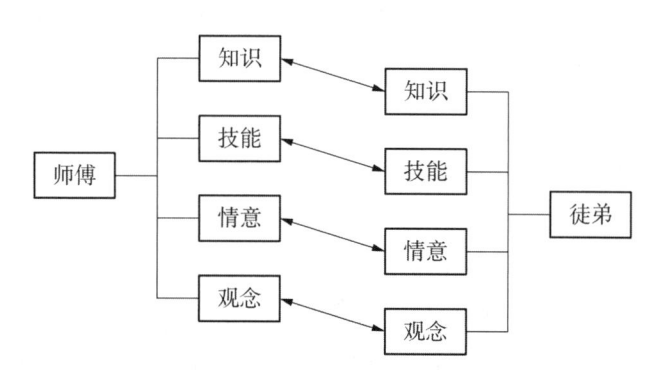

图 7-3 "师徒制"中师傅和徒弟的相互影响内容示意图[③]

[①] 许倩.促进初任教师专业发展的师徒制研究[D].南京:南京师范大学,2016:26.
[②] 王建军.课程变革与教师专业发展[M].成都:四川教育出版社,2004:128.
[③] 张强."师徒制"与新教师专业发展的个案研究[D].上海:华东师范大学,2009:27.

的内容。

(二) 以名师工作室为平台引领青年教师成长

学高为师,身正为范。名师就像一门艺术,他们或返璞归真,或激情满怀,或智慧盈润,或匠心独具,他们的背后有太多值得青年教师学习的地方。名师工作室是一类由教学专家和优秀教师自愿参加的合作共同体,是以教育行政部门牵头,以教育专家和优质课程资源为保障的教育模式,具有课程教学、教学研究与职业培训于一体的多元化职能。名师工作室作为我国新一轮课程改革的创新实践,往往以语文、数学、英语等核心科目为载体,通过教研活动、科研课题、自主学习等学习组织形式进行活动,并具有组织引导、团队合作、问题导向等特征,为青年教师的全方位、快速成长构建了极具智慧的学习共同体。以下是某校名师工作室的运行机制:

某校名师工作室的运行机制(试行)[1]

1. 导师培养负责制

以名师工作室领衔人为导师,实行导师培养负责制,导师要为成员量身制订成长方案,促使其成长为在某一方面学有专长、术有专攻的名教师。

2. 项目领衔制

工作室以领衔人专长为基础,以工作室群体成员智慧为依托,开展教育教学项目研究,每学期至少有一个研究项目,每月至少进行一次活动,包括上课、讲座、理论学习、专题沙龙等等。

3. 成果输出制

项目研究成果应以论文、专著、研讨会、报告会、名师论坛、公开课等形式显现出来,并向外辐射、示范。每个工作室在工作周期内应培养出一定数量的骨干教师。

玉成器须名匠精心雕琢,人成才得高师精心培育。基于学习共同体而设的名师工作室对引领青年教师成长进步具有重大意义。

第一,名师带教,引领青年教师成长进步。走近名师,接触名师,得名师指点,领略名师教学风格的独到之处,体悟教书育人的深层涵义,能激发教师自我发展的动力。名师工作室定期汇集优质教学资源,组织教师学习交流和借鉴。名师之名就在于教学技艺的娴熟、教学经验的老道、教研思维的活跃。要发挥名师带教的功效,促进新任教师快速成长,基于每个青年教师个性发展的特点,培养具有集先进的教育观念、扎实的教育理论和独特的教学风格等于一身的学术型教师,使这部分青年教师向学科带头人、名师方向发展。

---

[1] 南京市中华中学.名师工作室建设方案(试行)[EB/OL].(2014-04-17)[2019-03-29]http://www.njzhzx.net/bmcs/27/e2/c151a10210/page.htm.

第二，定期交流，开阔青年教师眼界。名师工作室的培养模式是名师坐镇，发挥教师的集体智慧优化课程资源，定期开展交流座谈会，鼓励青年教师谈谈在教学中发生的故事及见解等。通过与名师面对面的交流，通过提供技术和经验方面的参考和指导，可以使教师时时处处耳闻目睹名师风采，反思自己在教学实践中的不足，及时更新教学理念、调整教学方法，确保自己紧跟课程改革的步伐，进而有力地促进青年教师提升专业素质。

第三，集体智慧，助力青年教师积累经验。开展课堂教学观摩交流研讨活动，注重发挥名师资源优势，开展名师展示课活动，促进教师间的教育教学交流。尤其是学科带头人的展示课，能够为广大青年教师提供教学示范，成为教师交流的高地，使青年教师从中汲取更多养分。在各级名师的引领和辐射下，名师工作室这一平台必将成为教师专业成长的有力助推器，相信在名师工作室的示范和指导下，新任教师定会在今后的教学中呈现更多精彩。

名师引领，抱团发展，享受成长。例如案例7-2中钟公庙小学以《建高塔》为题进行的课堂教学展示活动，以名师工作室为平台，以团体合作的形式进行教学实践，促进了教师群体的共生与发展。

案例7-2 浙江省任洪网络名师工作室带头人成长案例（节选）[①]

2016年伊始，任老师开始在工作室成员中选拔浙派名师经典课堂教学展示活动的人员，我有幸入选。本次展示课课题为《建高塔》，创新地提出以三人同上一课，分三课时体现学生"自行设计搭建——启发引导再设计——根据设计再搭建"的建高塔的探究实践过程。

经过团队集体备课、交流研讨、多次的调整与优化后，我和翁老师、陈老师相约钟公庙小学进行合作教学。这次合作教学，我们在学生设计与搭建环节，充分调动了每一位学生的积极性与参与度，也充分发挥了学生团体合作的精神，使他们在规定的时间内顺利完成建塔活动，并通过三个指标评比哪个小组的塔更高、更稳！整个教学过程，学生自然而然地合作在一起，玩得开心，学得开心。同样，课后我们在师傅的指导下进行了再次研讨与优化，我们的教学与设计渐趋完善。我的课堂指导关注了科学原理、技术启示、工程设计等因素，从"九层人塔"的震撼视频中让学生谈想法、说启发，从"底盘设计"为起点了解塔的主体结构，从"颗粒大小、轻重"等加工技术认识高塔"高、稳"的特点……

就这样，我们相互听课，一起准备、互相点评；我们相互帮助，做到资源共享、智慧共享。在此，我不禁想用一句非洲谚语来表达："一个人可以走得很快，但一群人可以走得更远！"正是名师网络工作室团队成员的抱团合作、名师引领，才有了我对课堂教学的深层认识，我相信接下来的现场展示一定能取得成功。

以上的案例中，三名老师集体备课、交流研讨、合力促成了教学活动的顺利落幕。名师

[①] 王世力.名师引领 抱团发展 享受成长[EB/OL].(2018-06-10)[2019-09-01] https://www.docin.com/p-2112328429.html.

工作室的成立,为青年教师的全方位、快速成长构建了极具智慧的学习共同体。感受名师风采,共享教学智慧。名师工作室成员结成"传帮带"的对子,以师徒制为支撑,以名师工作室为平台,定时、定期开展名师座谈会、名师示范课、学术研讨会等,建立起"教、学、研"为一体的名师教育体制,促进教师之间的经验分享、学术交流,助力一大批优秀教师脱颖而出,也为学校的可持续发展奠定坚实的师资基础。

二、以校本教研助推新教师发展

校本教研是适应新形势发展需要而产生的一种新的教育理念,它以学校为研究基地,以学校中的教师和领导为研究主体,以学校教育教学中的实际问题为研究对象,通过校外研究人员的合作、指导,总结推广教学经验,探索教学规律,融学习、工作和研究为一体,促进学校发展、学生发展和教师专业发展的一种研究活动。[①] 教而不研则浅,研而不教则空。自我反思、同伴互助、专业引领是校本教研的三个核心要素,也是开展校本研修的三种基本力量。在课堂教学改革和教师专业发展的节点进行研讨引领,将教师自学、同伴互助、专家引领相结合,解决教师成长中的问题,搭建教师发展的平台,促进不同年龄、不同层次、不同阶段的教师专业素养的全面提升。校本教研为教师提供自我反思的良好平台,能引发教师的思考与总结,提倡教师自学,突出了校本教研的自主性,是提升教师教育科学研究能力的有效途径;同伴互助是校本教研的重要标志和灵魂,强调同伴互助,增进校本研究的合作性,也是促进教师共同成长的重要途径;注重专业引领,体现校本教研的引导性,通过专家引领、专业能手引领、理论引领等提升教师专业素养,促进教师走自主学习、自主研究的专业发展之路。

(一)建立校本研修制度,提升教师个体专业能力

建立以校为本的教育研究制度,是学校发展和教师专业成长的现实要求与长期需要。校本教研,是创办特色学校的重要支撑,适应新时期学校发展要求的必然选择,也是促进教师专业发展的重要路径。为此各地教育行政部门、教育专家和学校都在大力倡导构建各种形式的校本研修制度,提升教师参与校本教研的热情与积极性,特别是提升教师的专业学习能力和教学研究意识,改进学校的教育教学,提高学校的教育教学质量和教师的业务水平。

学校是校本教研的主阵地,教师是校本教研的主体,校长是校本教研的第一责任人。多年来的实践表明,校本教研是整合各种培训效果的最佳途径,是提高教师职业道德和教育教学水平的有效手段。校本教研的模式已由单一的以校为本转向以校本教研、学区教研、网络教研相结合的教研网络,使校本教研成为跨学校、跨学区的区域研修网络。助推教师专业发展的校本教研模式如图7-4所示:

制度是行动的保障,行动有了制度的"保驾护航"才能顺利实施。要想校本教研真正成

---

① 刘方.校本教研的理念及特征简析[J].教育理论与实践,2004,24(01):14-16.

图 7-4 校本研究模式①

为学校教学改革发展的永恒动力,构建校本研修制度体系,必须体现"以教师为本",要从行动要求,保障措施等方面入手,努力为教师的行动研究指明方向,搭建平台。在校本教研活动开展过程中,学校须结合本校的实际,制定出一系列校本教研活动所必须执行的行为制度,从而为研究活动的顺利实施提供保障。依靠管理方式的转变,利用人的全面发展理论,唤醒教师的内在价值驱动力,促进教师对职业追求的更新与自主发展能力的提升。校本教研制度建设一般涵盖以下几个方面:校本教研的规划、校本教研中的职责分工及相应的管理制度、校本教研中的学习制度、校本教研中的集体教研制度、校本教研的评估检查制度、校本教研的奖惩制度等②。

北京朝阳区管庄中心小学印制了《管庄中心小学管理制度汇编》,其中有关校本培训、校本教研的管理制度共 20 余条,基本形成了包含以下 3 方面内容的制度体系。③

一是以提高教师的专业理论水平、转变教育观念为重点的理论培训制度。包括理论学习制度、业务学习制度、教研组活动制度、教研组调研跟踪制度、主题研讨制度、学习交流制度等。

二是以提高教师的专业知识水平、能力为重点的基本功培训制度。包括教学常规检查制度、教师教学基本功培训与考核制度、教师岗位竞聘制度、师徒挂钩制度、教科研培训制度、青年教师听评课制度等。

三是以提高教师的专业操作能力为重点的操作技能培训制度。包括教师备课检查办法、课堂教学评价方案、各学科教学质量监控方案、集体备课研究制度、对家长的开放课制度、教学竞赛制度、校级研究课制度、校级评优课制度、教学总结评比制度等。

(二) 打造校本教研共同体,促进教师群体专业发展

校本教研共同体是在校本教研实践活动中体现教研整体关联、动态涌现、交互融通和多

---

① 张诚,蒲大勇.几种助推教师专业发展的校本教研模式[J].教育理论与实践,2008,28(15):25-26.
② 孙占军.加强校本教研管理 促进教师专业发展[J].人民教育,2011(12):26-27.
③ 刘永红.学校制度建设:在过程中收获——以我校校本教研制度建设为例[J].中小学管理,2007(06):48-51.

元共生的教师发展与专业学习共同体。①《学记》云:"独学而无友,则孤陋而寡闻。"教师个体主动发展并不是教师专业发展的理想状态,唯有通过自身的影响力带动更多的教师共同发展,形成一种集体的专业力量,实现群体共同专业发展才是教师专业发展的最高境界。在校本教研中,通过打造校本教研共同体,从而促进教师群体的共同专业发展。②

教师专业性的提升,离不开自身的努力,同时也离不开团队成员的影响,开展各种专业培训活动,为教师搭建专业学习的平台,教师在专家的引领下,感悟专业,明确目的,收获自身的专业成长。通过建立校本教研共同体,教师共同研究教学中存在的问题,探讨改进教学的方法,最大限度地加强教师之间的专业对话与合作,营造教师之间专业合作的精神面貌和合作氛围,逐步形成共同的教育价值观。

俗话说:"单丝不成线,独木不成林。"让合作成为一种修养,开展团队学习,激发群体智慧。充分利用团队的力量,充分挖掘和发挥教师的个人特长和聪明才智,开展各项专题研究,引领教师进一步明晰教育理念、理清工作思路、提升专业能力。通过团队的合作、支持和帮助,让每一位教师的成长有宽度、有深度。通过定期、定点、定主题组织开展研讨活动,在研讨中产生思维的碰撞,激发更多的认识与思考,共同研究出解决问题的办法,以达到拓宽视野、启迪智慧、解决问题的目的。通过邀请专家到校举办讲座,以提高教师课题研究与论文写作水平,在与大师们对话中,不断汲取教育科研理念,修正教育科研实践,形成"科科实施课题研究,人人参与课题研究"的校园教育科研文化氛围。山东省大窑镇中心小学建立了完善的教研制度,构建了学校、学科组和教师个人的三级教研网络。以学校教研制度为保障,"成立了由校长挂帅的校本教研领导小组和业务副校长、教导主任、骨干教师组成的校本教研业务指导小组,统筹规划学校的校本教研工作"。③

建立学科组集体备课制度,使教师走出"单打独斗"的小圈子,对于疑难问题可以进行集体讨论与研究,起到互相取长补短的效果,为教师打开多种教学思路,促进教师群体的专业发展。首先是理论学习。通过认真学习新课程标准以及杂志文章,提高教师的理念功底。其次开展教材研究。新教材在教学内容、教材的编排体系上都发生了较大变化,通过教研组对教材重难点内容的分析、研究,教师们各抒己见,谈自己的理解,谈自己如何进行教学设计,进行思想的交流,激起思维的碰撞,使教师真正走进新教材、领悟新教材。最后进行课堂研讨。在教材研究中,教师们仁者见仁、智者见智,为选择科学、有效的教学策略,打开多种教学思路,形成多种课堂教学研究模式,如"同课异构,对比施教""一课多研,跨班循环"以及"课为载体,主题研讨"。④

泽州县周村镇苇町中心小学为了在数学练习课中促进学生全面发展,该校的数学教师

---

① 赵敏,蔺海沣.校本教研共同体建构:从"共存"走向"共生"[J].教育研究,2016,37(12):112-119.
② 李协良.校本教研与教学优质化研究成果集[M].成都:四川大学出版社,2007:264.
③ 李玉芹.加强制度建设,提高校本教研的质量[J].教学与管理,2007(17):18-20.
④ 李协良.校本教研与教学优质化研究成果集[M].成都:四川大学出版社,2007:265.

参与了学科教研组活动,通过分析现状找出了当前存在的问题,提出从根本上改变教学策略,让学生积极参与进来,确定了"让学生在练习课中全面发展"的教研主题。案例7-3中,节选其教研活动案例的一部分,展示该校的教研组活动,通过执教者课堂的展示,各个老师共同交流与学习,促进了教师的专业成长。

优化课堂练习　提高教学效率——小学数学教研活动案例(节选)[①]　　案例7-3

执教者:重视培养解决问题的策略意识。寻求和应用各种策略去解决问题,是数学教学的目标之一。在本节课中我把问题解决的策略应用到课堂教学之中,创设情境,让学生解决了实际生活中的三个数学问题,特别是最后的"动物过河"这个问题,没有停留在解决问题的表面,而是引导学生进一步探索解决问题的策略,发现规律。授课后,我觉得本课仍存在一些不足之处,比如练习题的形式较单一,今后上练习课时,习题的形式应注意多样化与适应性。

师A:本节课在内容的编排上体现了生活化与针对性。在练习中从张涛的日记这一熟悉的生活情境出发,使学生有针对性地对经常出现的错误进行改正,激发了学生的学习兴趣。如果能借助多媒体辅助教学,通过课件的动态演示,增加趣味性,效果会更好些。

师B:在教学过程中教师处处注意创设民主、宽松的课堂氛围,使学生在会心的微笑与积极的思考中掌握、消化知识。不过本节课中师生之间、生与生之间、小组与小组之间的交流较多,但交流时间不够充裕,需要进一步提高数学交流的能力。

师C:让学生全体积极参与,确实行之有效,学习的效果好。整节课学生人人都参与了有价值的练习,人人都能获得必需的练习,不同的学生在不同的练习中得到不同的发展,从而逐步实现教学目标,提高教学效果。

师D:本节课的教材取之于生活,来源于生活,使学生进一步体会到数学来自于生活,也要回归生活。我们的身边处处都有数学的影子。还有自主检测,既可以让学生享受成功的喜悦,增强学习的积极性与自信心,又能使学困生反映出存在的问题,有助于以后的教学改进。最重要的是最后的课外延伸,真正地把课堂延伸到课外。

组长:从课堂教学的实践看,本课的总体效果良好,基本上达到了预设的教学目标。这是一节普通的练习课,而执教老师却将其设计得有声有色,三个活动主题将学习的知识有机相融,在解决问题的过程中学生对正确使用单位有了较深的理解,使练习课变得生动而有趣。培养了学生在生活的海洋中扬帆远航的能力。

三、以课题研究提升教师发展

所谓课题,就是指要解决、研究、讨论的主要问题或亟待解决的重大事项。课题研究是

[①] 李静.优化课堂练习　提高教学效率——小学数学教研活动案例[EB/OL].(2017-07-28)[2019-06-03] https://wenku.baidu.com/view/413b7bd3c4da50e2524de518964bcf84b8d52d6b.html.

教育科学研究最常见的、最基本的方式,是指通过采用科学的方法对发现的问题进行诊断、分析、解决,并从中发现其规律的过程。① 作为小学教师,开展课题研究,更多的是针对在学科教学过程中发现的问题进行一系列的研究,或者是在学生学习过程中发现一些关于学生自身存在的问题而进行的研究。对于小学教师而言,开展教研活动的目的更多的是侧重对教学工作的指导和服务,使教研成果具有可操作性和实践性,因此其教研活动应从教学实际中具体的问题出发,从中发现问题,寻找问题的解决办法进而解决问题,并反过来以研究成果更好地指导教学实践。教师可以通过以下几个途径选择研究的课题:直接从有关部门发布的课题选择指南中选择研究的问题,在教学实际中发现急需解决的问题,在日常教学实践中发现问题,从别人的经验和方法中提出问题,在借鉴其他学科先进的做法中提出问题。②

(一) 开展行动研究以强化教师的主体作用

开展课题研究,首先要找准课题研究的定位。新时代,对教师的素质有了更高的要求,做科研型教师应是每一位教师发展的要求和方向,以课题研究不断提升教师的专业发展能力。但作为小学教师,不能为了研究而研究,课题研究的定位应以自身在实际教学中的问题为落脚点,与教育实践密切联系。教师应具备一定的问题意识,善于在教学工作中发现问题,提出问题。作为小学教师,以实际教学中出现的问题为研究对象展开研究,更容易被他人或自己认可和接受,有助于教师切实解决实际教学问题,也有助于提升自身的专业发展。小学教师选择小而实用的问题作为课题研究对象,不仅可以解决自身在教学过程中的问题,而且对本校的其他教师也有一定的借鉴价值,例如针对学生上课注意力不高,发言不积极等具体的实际问题展开课题研究,研究的结果虽没有普遍性,但对于本班的学生及其他任课教师都有很高的参考价值。通过这些小问题的课题研究,能不断解决实际教学中的问题,有助于提升教学效果。比如案例7-4中王老师就将自己的课题研究融入实际教学中,与语文课堂教学有机地结合起来,提高了学生对作业评语的关注度。

案例 7-4 　　　　　　　　将课题研究融入课堂教学中③

江苏某小学教师王老师,在反思他的作文教学过程中,发现一个问题:大多数学生不关注教师的作文批语。他对此做了一个调查,将学生新近完成的一篇作文精心批阅,写上详尽的批语,分发下去。一个星期后,在单元考试中又出了相同的作文题和相同的写作要求。在批卷时,王老师将学生的前后两篇同题作文进行了对照,结果发现56名学生中有49名同学写了相同题材,而这49名相同题材作文中,仅有8名学生能看出较为珍惜教师的心血,研读

---

① 张定强,李保民.小学数学教师"课题研究"中的理论问题探析[J].中小学教师培训,2016(03):24-27.
② 国家课题研究网.什么是微型课题及如何选题[EB/OL].(2015-07-31)[2019-03-29] http://www.ktyjw.com/index.php?c=content&a=show&id=101.
③ 马玉芬.如何把小课题研究与课堂教学结合起来[EB/OL].(2018-07-02)[2019-03-29] https://wenku.baidu.com/view/ca7ac3f3e2bd960591c67770.html.

了批语中的指导,对作文做了修改和调整。这一发现引起了王老师的深思,他逐个地找学生谈心交流,又深刻反思自己习以为常的作文批阅方式,感到问题产生的原因是教师评价霸权惹的祸:学生因为被动挨批,而失去写作和修改的兴趣;教师、学生、文本三方缺少交流,师生间平等互动只是口号。于是,王老师经过思考,确立了一个校本小课题《提高小学作文批阅的有效性研究》。

王老师确立了小课题后,就开始围绕这一课题,查阅相关资料,设计新的作文批阅形式,并在实践中进行尝试:在批好的作文后面增加"回音壁"栏,留给学生写"对教师批语的批语";讲评作文之前,留给学生对比阅读自己原作与改后作的时间;增加面批比率,与学生一道赏析他们的得意之作;鼓励学生进行"第二次习作"……这样,坚持了一段时间后,学生不看教师评语的现象不见了,学生主动和教师交流的热情提高了。

案例中的王老师在反思自身的教学过程中,发现学生不关注作文评语的问题,进而通过与学生的交流,以及反思自己的批阅方式,经过总结找到问题产生的原因。王老师通过确定研究课题,并查阅资料,再付诸实践当中,改善自己作文讲评的教学方式,渐渐解决了学生不看作文评语的问题。王老师选择的课题小而实用,能够发挥教师个体开展研究的主体作用,在研究的过程中不仅切实解决了其教学中存在的问题,也促进了教师个人教学专业能力的提高。

开展课题研究,其次是落实课题研究的基本程序。郑金洲将教师的教育研究活动划分了四个环节"计划——行动——观察——反思",实际上这也是我们行动研究的基本程序内容。行动研究是教育工作者研究教育问题、实施变革以及记录专业成长的一种策略。教师可以根据他们特定的专业背景,选取感兴趣的问题或领域进行研究。小学教师开展课题多以行动研究为主,教师作为课题研究的行动者,在参与教学的过程中能提出要改进的问题,并将问题以课题研究的方式呈现出来,有助于教师在实践中及在实践的反思过程中收集、分析研究的相关资料,这一行动研究的过程,不仅有助于课题的顺利开展,而且有助于教师专业素质和专业能力的提高。[①] 一项课题研究的开展首先要制定计划,它不仅是教师提出问题后采取进一步行动的前奏,还是行动前对自身行为做出的系统审视和反思,该计划具有较强的灵活性和变通性,是行动计划与研究计划的高度统一;然后采取行动,行动是和行动的情境结合在一起的,随着教育情境和教师认识的变化,行动也是不断调整的;接着进行全面观察,教师要在行动的过程中收集相关的资料,供后续的反思和改进,收集资料的过程就是对教师及其行动状态的全面观察,通过借助仪器的自我观察或他人的观察和描述,以获得关于自身行动状态的真实信息;最后反思,它既是行动研究第一个循环的结束,也是下一次行动研究循环的开始。反思既是对整个研究过程的系统描述,也是对研究过程和结果的评判,进

---

① 段红霞.中小学教师课题研究的定位[A].教育部基础教育课程改革研究中心.2019年"区域优质教育资源的整合研究"研讨会论文集[C].教育部基础教育课程改革研究中心,2019:2.

而发现研究中的问题,以修正下一次的研究计划和行动。[1]

案例 7-5 "低年级学生写字错误姿势的成因分析及纠正策略的探究"申报书(节选)[2]

教育教学中的问题与困惑

本人一直从事低年级的语文教学及班主任工作,在教学实践过程中,我发现低年级孩子的写字姿势(执笔方法和坐的姿势)大多不正确,而且不容易纠正,完成作业时大多我行我素,按照自己的意愿来。老师强调一次,他们稍稍改一改,可是还没等你巡视完毕,回头一看,很多孩子的执笔姿势和坐的姿势又回到老样子:有的拇指弯曲着将笔杆用力压在食指与中指上,使中指受力过大,以致磨出硬硬的茧子;有的由于拇指弯曲,使笔杆倾斜度过小;有的近似垂直,并且笔杆不是靠在食指根部与虎口之间的位置,而是靠在食指的第三指节上,致使运笔受到影响;有的手指距笔尖不是2至3厘米,而是只有1厘米,甚至只有四五毫米,手指已经捏到了笔的尖端。这样下去既影响学生的身体健康又影响学生写字的质量。我经常会请家长帮忙监督,希望家校联合,让他们养成正确写字的好习惯,可是家长的反馈却也是和老师的感受差不多。这是为什么呢?

学生们存在的写字错误姿势情况实在让人担忧。我在入学后一个半月的家长会之前,针对班上47个孩子完成作业开始阶段的执笔姿势和坐的姿势做过一个观察登记:

调查内容	会的人数	不会的人数	正确的所占百分比
正确执笔	16	31	34%
写字时脚并拢	5	42	10.6%
眼离书本一尺	6	41	12.8%
胸离桌子一拳	7	40	14.9%
手离笔尖一寸	21	26	44.7%

学生的写字姿势状况如此令人堪忧,急需纠正!

案例中作为班主任的王老师,在其教学实践中发现了学生写字姿势错误的问题,以此作为课题研究的主题,通过观察发现学生写字姿势存在各种问题,并查找相关资料,从学生的生理发展分析学生出现写字姿势错误的原因,学生的骨骼尚未发育成熟,手指力度不够,学生只有攥紧拳头才能拿好笔,以致造成了错误的执笔方式。王老师在发现问题、找到问题原因之后,制定了行动计划方案,采取示范、体验、督查、评比和反馈的方式纠正学生写字姿势。

---

[1] 郑金洲.教师如何做研究[M].上海:华东师范大学出版社,2005:57-86.
[2] 贡雅丽.小学教师小课题研究的现状、问题及对策[D].南京:南京师范大学,2014.

发挥课题研究的主体地位。对于小学而言,"随机的、偶发的、情境的、个别的问题都可以成为研究的对象"[①],教师在实际的教学活动中对一系列具体问题进行的系统化的反思都是研究的内容,突出了教师作为研究者的角色。教师作为研究者,不仅有助于促进教师自身专业的发展以及学生的全面发展,也有助于学校走上可持续发展的道路。当教师真正成为研究者时,"才能不断反思教育实践,不断改进教育行为,才能真正成为教育的实践者和教育的创新者"[②]。作为传道授业解惑者,教师应对自己的教育教学活动精益求精,如此,投身教学研究的热情也会高涨,也有助于教师成为教育变革的主动者,在"研究—实践—反思—再研究—再实践"的过程中才能提高自身的教学水平和科研能力,才能让课堂更加生动高效。[③]

(二)开展课题研究提高教师课堂教学质量

改善学校教学的一个方法是让教师在自己的教室里做研究,以行动研究的方式开展研究,这是一种有效的专业发展工具,可以促进教师探究、反思和解决问题。进行行动研究的教师对其所在领域能有更好的了解,在参与行动研究的过程中,他们在行为上能做出更好的决定和选择。[④] 通过在教学实际活动中发现问题、解决问题,不仅能促进教师教学能力的提升,也提高了课堂教学质量,解决问题的过程就是开展课题行动研究的过程。

作为一名教师,不仅要具有专业的教育教学理念和师德观,还应具有相关的教育知识、学科及教学知识、相应的专业能力,且要具有专业自主性。教师的专业自主就是指教师能"自觉、能动地参与课程,积极有效地行使专业自主权"[⑤]。当下,对于日常琐事较为繁忙的小学教师而言,教师的专业发展内在动力并不容乐观,尤其在琐事较为繁忙的小学教师中,多出现了消极、被动的工作状态,再加上要求教师开展宏观、大型的课题研究显然不合适,而且教师在教研中多处于被动的位置,参与性不高,对教师的发展也很有限,而课题研究能够有效转变这种现状,能够帮助教师在教学活动中进行针对性研究,提高常规教研活动的实效。课题研究成为了教师谋求自身专业发展的重要途径。将课题融入教师的教学实践中,可以用课题的研究手段分析原因,寻找解决问题的策略,再付诸教学实践中,使教师不断积累教研经验,进而也可以提升教师自身的专业发展。[⑥] 例如案例7-6中王老师以身边实际教学中的问题作为研究对象,将课题研究融入教学实践中,针对学生存在作业抄袭的问题,通过作业评讲、诚信故事等形式予以解决。

---

① 郑金洲.教师如何做研究[M].上海:华东师范大学出版社,2005:3.
② 张良才.如何使教师成为研究者[J].中国教育学刊,2009(06):77-79+86.
③ 杨美珍.论课题研究在学校发展中引领效应的实现[J].中国教育学刊,2012(S2):281-284.
④ Levin B B, Rock T T. The Effect of Collaborative Action Research on Preservice and Experienced Teacher Partners in Professional Development Schools [J]. Journal of Teacher Education, 2003(54):135-149.
⑤ 姚计海.基于自主的教师专业发展:动力与激励[M].北京:北京师范大学出版社,2019:17-19,22.
⑥ 常立钢.融课题研究和常规教研为一体促教师发展[J].中国教育学刊,2018(06):103.

案例 7-6

日常教学实践的小课题研究[①]

任教五年级语文的王老师,意外发现本班部分学生有长期抄袭作业的现象。但她控制住了自己的恼怒,先是不动声色地与个别学生接触,了解具体情况。然后,她决定与"克隆作业过过招"。

王老师首先设置了专题作业评讲课。评讲课上她先表扬了所有语文作业全对的学生。然后让这些学生当小老师,为大家作解题示范,几个抄作业的学生自然就"挂黑板"了。尽管在座的学生多心知肚明,但王老师仍未揭开真相,这让"抄手"们十分愧疚。

接着,王老师又组织学生们自编自导了"诚信为金"节目,大家通过讲故事、演话剧、夸典型、表决心等丰富多彩的文艺形式,进一步激发和增强同学们"诚实守信"的意识。

此外,王老师还对自己的教学活动做出针对性改进。首先,她在班上建立了学习互助小组,引导学生们积极、正确地对待学困生并给以学习援助;其次,她在平时的新授课上,特别留心学困生的表现,有针对性地调整教学节奏;最后,她在作业批阅中增大了面批的分量,更加关注对学困生的个别指导……这样一来,同学们渐渐感受到了老师和同学的诚挚关心,抄袭作业的现象渐渐减少,学生的学习成绩稳步提高……

对于小学教师来说,以教学中的实际问题为课题的研究对象,教师的备课、上课、课后反思这一过程就是研究的过程,无论你是对学科课堂教学的研究,还是针对教学活动中某一环节的研究,抑或是构成教学活动某一环节的细节研究,例如教学方案的研究、课堂导入方式的研究、作业评价方式的研究,教师只有针对这些具体问题的细节展开研究,才能了解教材、深入教材、研究教材,只有通过研究与教学相关的一切,才能更有效地提高教学质量。[②]

(三) 开发校本课题促进教师教研能力提升

"小学教师的教研能力更多的应该是对自身在实践中遇到的问题进行探究并找到解决方案的能力,以及对教育教学方式进行反思并找到更好的解决方式的意识和能力"。[③] "校本课题研究"是一种以校为本的教育教学研究,以教师为主体,针对课堂中的教学实践加以反思、改进,而且校本课题的基点是学校,研究要扎根于本校的实践,以本校教师在教学中发现的问题为出发点,解决存在的问题。[④] 实际上,学校所面临的研究课题都是有共性的,但又由于学校、师生的不同,针对某一学校的课题研究又是有特殊性的,因此,做相同的课题研究并

[①] 马玉芬.如何把小课题研究与课堂教学结合起来[EB/OL].(2018-07-02)[2019-06-03]https://wenku.baidu.com/view/ca7ac3f3e2bd960591c67770.html.

[②] 段红霞.中小学教师课题研究的定位[A].教育部基础教育课程改革研究中心.2019年"区域优质教育资源的整合研究"研讨会论文集[C].教育部基础教育课程改革研究中心,2019:2.

[③] 曾志伟.从小课题研究入手,提升教师教研能力[J].人民教育,2018(Z2):118-119.

[④] 常军威.校本课题研究,助推学校发展[EB/OL].(2018-01-15)[2019-06-03]http://www.360doc.com/content/18/0115/21/49338801_722216389.shtml.

不意味着重复,针对本校的一个小问题展开研究,"所产生的辐射、互动、连带作用,有时远胜于浮于表面的面面俱到的研究"。[1]

以校本研究为主的课题不仅有利于教师总结教学经验,更好地提升自己,改善教学质量,而且还有利于教师之间相互学习,提升教师的专业发展。"立足校本教研,开展课题研究是促进教师快速成长、逐渐走向专业化的有效途径"[2],因此,我们要注重以学校为平台,开展课题研究。例如安徽省安庆市怀宁县振宁学校,根据学校所在的地理位置,以及生源的现实情况,申报符合教学实际的课题,更多的是站在学生的角度以提升学生的各学科的学习能力。比如该校因学生存在阅读面窄、写作水平低的问题而申报的《城郊学校初中语文读写课程资源的开发和利用的研究》等语文课题,旨在拓宽学生语文学习的视野、提高学生的阅读写作能力、提升学生语文素养。因人们更加关注数学的实际应用而申报的数学课题,旨在"帮助学生用数学的方式去思考问题,用数学的方法解决问题,用数学的视角去认识世界"[3]。这些课题研究不仅仅根据学生自身的特点展开研究,解决本校学生存在的问题,更重要的是以学校为研究平台,为各学科教师提供了团结协作的机会,组成了各学科研究课题小组,再配备专家、名师的引领和指导,增长了教师主动参与科研的主动性,形成了良好的科研风气,也有助于教师的共同成长。在课题的研究实施中,教师在反思批判、自主、同伴互助学习中提升了自我更新能力和可持续发展能力,也在研究的过程中体验到了研究的乐趣,找到了专业发展的新基点,"成为有思想、有能力、有智慧、有悟性的教育实践主体"[4]。

例如案例7-7中石城小学的宋老师以在语文课堂上如何培养学生小组合作学习的能力为校本教研主题活动,采用课程案例呈现的方式与教研组的教师展开交流互动,促进了教师专业群体的成长。

语文校本教研活动案例(节选)[5]   案例7-2

当然,一节课要真正落实让每个学生都积极地参与小组合作的全过程,让他们多种感官都调动起来,说起来似乎很容易,但做起来就没那么简单了。为了让老师们能真正融入教研的氛围中,本人自告奋勇地担起了教研课例的示范课,下面是一个课例片段。

《穷人》一课教学过程片段:

导语:我们已经知道了本文讲的是桑娜和她的丈夫渔夫在得知邻居西蒙死后主动收养西蒙的两个孩子的感人故事。他们在收养西蒙的两个孩子前后心里是怎么想的呢?这节课让我们首先走入桑娜的内心世界。请同学们找出描写桑娜心理活动的语句并思考:1.桑娜

---

[1] 郑金洲.教师如何做研究[M].上海:华东师范大学出版社,2005:2.
[2] 何庆华.以校本课题研究促进教师专业发展[J].中国教师,2019(08):69-71.
[3] 何庆华.以校本课题研究促进教师专业发展[J].中国教师,2019(08):69-71.
[4] 方展画,程江平,徐敏娟."小课题研究":教师快速成长的有效途径[N].中国教育报,2011-01-03(004).
[5] 宋江波.语文校本教研活动案例[EB/OL].(2018-04-13)[2019-06-03] https://wenku.baidu.com/view/4107dacec67da26925c2cc58bd63186bdeb9263.html?rec_flag=default&sxts=1576750730127.

在领回西蒙的两个孩子后是怎样的心情？2.你能将五个省略号的内容补充出来吗？要求个人想好后小组合作探究。

在学生合作学习中，我参与到其中，发现有的小组无所适从，还没确定谁先说，于是我引导小组长要对各个组员进行合理分工，并明确责任，自己要模范带头，但不能唱独角戏，要鼓励组员人人发言。有的小组中后进生成了旁观者和旁听者，仿佛置身事外，讨论与他们无关，于是我引导小组长要关照鼓励后进生，把机会先让给他们，要尊重和信任他们。有的小组分工较合理，责任明确正处于激烈的讨论中。其中第六小组的表现令我最满意：在小组长严格的要求和精心的组织下，由小组长王润南带头说，其他组员轮流发言，记录员记录汇总，效果较明显。于是我将这组请到讲台上给大家做示范，没想到在他们的带动下，其他学生表现积极，都想为各小组争光，连平时只能考五十多分的张某也能说出令人意想不到的答案，令人惊喜。将近七八分钟后，每组派一名代表汇报，其他小组补充完善。待我们共同体会到桑娜紧张、害怕、担忧、自责、后悔、下定决心的那种矛盾复杂的心情和想象出省略号内容后，我客观奖励了先进小组和个人。

案例中，宋老师在课堂上的小组活动中充当了引导的角色，有效发挥了小组合作学习的作用，注重学生合作能力的培养。同时，为教研组的其他教师提供了良好的示范作用，通过同伴集体评议以及执教者的反思，肯定了执教者选择了恰当的问题作为小组讨论的内容，提高了学生合作的积极性，同时也对评价不全面等问题也进行了讨论，并提出了一些改进措施。石城小学开展这一课题研究，要求教师的公开课以小组合作的形式展开。课前，教师积极主动备课，课后，教师们集体评课，提升了教师参与科研的主动性。通过教学实践，不仅提高了学生课堂参与讨论、合作的积极性，也促进了教师的专业成长。

第三节　教师职业倦怠应对

小学教师在制定生涯发展规划时，需要确定自己的发展目标，同时还需熟悉生涯发展规划制定的路径。从生命历程发展的历时态视角来看，教师的专业发展是一个持续不断的过程。作为一个长期与人打交道的专业性职业，和护士与社会工作等专业性助人行业一样，教师在专业成长的过程中不可避免地出现因工作时间长、工作量大和工作强度高而带来的疲惫不堪（burnout）状态，"职业枯竭的感受正打击着无数具有爱心、理想、乐于奉献的教师，使他们逐渐放弃自己的专业工作"[1]，并且这种职业倦怠并非像一时的压力一样可以尽快地缓解和消除，而是教师在工作数年乃至数十年之后，在个体的社会化进程中逐渐凸显且积重难消。因此，小学教师在制定自己的职业发展规划时应及时消解职业倦怠，同时，要提升自身

---

[1] 苏素美.美国教师的"职业倦怠"之探讨[J].教育资料文摘，1995(03)：209-217.

的职业幸福感,沉浸在教育活动所带来的愉悦当中,不断前行。

一、制定生涯规划

小学教师在制定自己职业生涯发展规划中,首先要明确自己的发展目标,作为一名教师自己将要走向何方;其次要厘清自己发展的框架,打算从哪些方面发展;同时还要遵循一定的程序、选择恰切的方法,只有把发展蓝图、行动指南、操作路径统一起来,才能朝着目标的设计不断前进。

(一)确定生涯发展规划的目标

1. 确立教师生涯发展规划的主要目标

生涯发展的目标按价值取向来说,可以分为生存取向和成就取向。前者仅仅把职业作为一种谋生的手段,目标指向的结果更倾向于对物质的追求。后一种取向则可以进一步细化为对职业的专业化、能力的提升以及对专业的认同等非物质层面的追求。小学教师应首先致力于成为教育者,然后才是教学者。只有成为一个合格的教育者才能算上一个称职的教师。对于教育者而言,专业化的基本目标是称职,最高目标是成为教育家。教师不仅要对学生做到"教书育人",自己也要先学会做人,再学会教书。这是教师生涯发展规划的主要目标。小学教师在制定自己生涯发展规划的目标时,需要思考自己职业生涯发展的路线。职业生涯发展路线有多重路向,如向教育教学研究方向发展,向教书育人方向发展,向行政管理方向发展。不同的发展路线对教师的素质要求不同,其今后的发展阶梯也不同。教师需要权衡确定自己的发展路线,综合考虑自己的个性、兴趣、能力、价值观与社会组织条件,看自己适合向哪条路上发展。[①]

2. 多维度视角审视职业生涯发展目标

按照时间来分,职业生涯发展的目标可以分为短期目标、中期目标、长期目标。短期目标一般是学期、学年目标;中期目标3—6年左右;长期目标一般10年甚至更长,可以说是教师的职业人生目标。当然,短和长没有固定的模式,是教师根据自己实际情况做出的恰切判断。在制定生涯发展目标,可以从"内职业生涯发展目标"和"外职业生涯发展目标"两个模块开展。内职业生涯发展目标是指小学教师所应具备的知识、观念、心理素质、能力和内心感受等因素的组合及其变化。外职业生涯发展目标是指从事这一职业整个过程的发展通路,如招聘、培训、提拔、解雇、奖罚、退休等,它是从事职业时的工作单位、工作内容、工作职务、工作环境、工作待遇等因素的组合及其变化。如某一年轻小学教师给自己提出在20年内在教学、科研成果、社会影响上要达到的水平,就属于内职业生涯目标;20年后工资经济收入是多少,就属于外职业生涯目标。这些目标可以是并列也可以是互补,如小学教师可以在教学、科研、行政方面齐头并进,也可以通过工作能力提高、工作成果显著、职务提升、实现经济

---

① 程振响.教师职业生涯规划与发展设计[M].南京:南京师范大学出版社.2006:41-42.

目标等互补方式推进。小学教师的工作内容较多,如教学工作、班主任工作、教务工作、学校团队工作等,在制定生涯发展规划目标的时候,还可以把这些日常的教育教学活动按维度进行分类。在职业生涯的广度方面,如教学者、研究者、组织策划者等要达到一个什么样水平;在职业生涯的深度方面,如教学专家、名校长等要达到一个什么样的水平;在职业生涯的时间维度方面,如一般教师、熟练教师、资深教师等要达到一个什么样的水平。

案例 7-8

张老师五年个人发展规划[①]

张老师从师范大学毕业,参加工作一年,他以"立足岗位求作为"为己任,将"不断提升师德修养、更新教育理念、转变教学方式、增强教育教学潜力"作为今后五年的工作目标,在学校不断发展的同时,力求超越自我。

1. 努力学习现代教育技术相关知识,提升自己的课件制作水平,探索微课、翻转课堂等现代教学模式与手段。

2. 积极投身于"课堂质量工程"活动中,一学期准备一节"公开课",写一篇高质量论文。做好读书笔记,写好教学反思,努力使自己的业务水平再上新台阶。

3. 作为班主任,摸索全面提升本班学生整体素养的有效途径,深入了解学生,尤其是在对学习尖子生的培养及对学习困难生的帮忙上,找出良策,做到因材施教。

4. 成为教育的研究者和终生学习者,不断反思自己的教育行为,虚心向其他教师请教,在教学模式、教学方法、教学艺术等方面有所突破,构成自己独特的教学风格,创出自己的教学特色。

"多做"、"多想"、"多听",在未来的五年时间中,不断改善自己的课堂教学;改善自身的坏习惯,将自己改变成一名主动学习者,使自己成为学生心目中具有亲和力、简单、快乐、幽默的老师。

尽管说张老师的发展规划未必全面,但他的目标明确,重点突出。既有近期目标,又有远期目标;既涉及课堂教学,又兼顾了学生管理,还对自己未来"想成为什么样的教师"做出了清晰的勾勒,多维度、多层次厘定了个人生涯发展规划的目标,为未来的成长和发展指明了方向。

(二) 明确生涯发展规划制定的路线

小学教师生涯发展规划的制定包括"确定志向、自我评估、生涯机会评估、教师职业生涯路线选择、确定目标、制定行动计划、评估与反馈"七个基本步骤[②]。

步骤1:确定志向。志向是设计目标的起始,是落实蓝图的前提。志向的基础是价值观,

---

① 作者根据河南省新乡市铁一小教师提交的生涯发展规划计划书改编。
② 程振响.教师职业生涯规划与发展设计[M].南京:南京师范大学出版社,2006:55-58.

志向是事业成功的基本前提。立志是人生的起跑点,志向也反映了一个人的理想、胸怀、情趣、价值观,影响着一个人的奋斗目标及成就。教师在制定生涯规划时,应首先确立志向。这既是制定教师职业生涯规划的关键,也是教师职业生涯规划最重要的起始点。确定志向要做整体的而不是支离破碎的、长远的而不是临时的规划。

步骤2:自我评估。包括自我分析、认识自己、了解自己。教师对自我有了全面的分析,才能对自己的选择做出正确的判断,对自己的生涯目标做出最佳的抉择。教师的职业生涯规划是一个过程,而自我评估是规划中不可缺少的一个步骤。如果忽视了这一步,或自我评估不全面,则设计将会根基不牢、中途夭折。

步骤3:生涯机会评估。生涯机会的评估,主要是分析内外环境对自己生涯发展的影响。一粒种子可能在沃土中长成参天大树,也可能在戈壁滩上无所作为,这完全取决于它的生涯环境。每个人都像这粒种子一样处在一定的环境之中,离开了该环境,便无法生存或成长。需要考虑组织环境、组织发展战略、人力资源需求、晋升发展机会、政治环境、社会环境、经济环境以及环境的特点、环境的发展变化情况、环境与自己的关系、自己在环境中的地位、环境对自己提出的需求、环境对自己有利与不利的条件等。

生涯机会评估包括对长期机会和短期机会的评估。短期的规划比较注重组织环境的分析,长期规划要更多地注重社会环境的分析。通过社会环境的分析,结合本人的具体情况,评估有哪些长期发展的机会;通过组织环境的分析,评估组织内有哪些短期发展的机会。通过职业生涯机会的评估可以确定职业和职业发展的目标。

步骤4:教师职业生涯路线选择。通过"知己""知彼"的评估,即自我评估、生涯机会评估,认识自己,分析环境,对自己的教师职业做出选择,也包括对职业中工作方向做出路线选择。选择时既要充分考虑自身的特点,即性格、兴趣、特长等,也要充分考虑到环境因素对自己的影响。分析自我、了解自我、分析环境、了解环境、了解教师职业、了解在这种特殊职业中自己所从事的工作,使自己的性格、兴趣、特长等与在这种职业中所从事的工作相吻合,这便是教师职业选择的现实意义。在职业生涯的广度、深度、时间度三个层面中,你先取哪个层面后取哪个层面?你究竟打算向哪个方向发展?走行政管理路线,或是走专业技术路线,还是向业务方向发展?是从事教育教学科研,还是向优秀讲课教师能手努力,或是两者兼有之?发展路线不同,要求也就不同,这点是不能忽视的。因为即使是同一个教师职业,也有不同的岗位,同一个岗位也有不同的工作,同一个工作也有不同的要求,同样的要求各人所完成的方式方法也不一定相同。有的人所具备的人力资源得天独厚,适合从事行政,可以在管理方面大展身手,成为一名卓越的管理人才;有的人独善其身,适合搞研究,能在某一领域里有所建树,甚至有所突破,成为著名的专家;有的人兢兢业业,硕果累累,桃李满天下,社会影响力大,成为一代名师;有的人是"全能冠军",什么都行……

步骤5:目标定位。教师职业发展规划目标有长期、中期、短期之分。短期目标较易制定,中、长期目标则较难制定。我们在进行职业生涯目标定位时,要根据个人的专业、性格、气质和价值观以及社会发展趋势等确定自己的长期目标,然后再把长期目标进行细化,根据个人的经历和所处的组织环境制定相应的中期目标和短期目标。如果没有目标,尤其是没有整体的、长期的目标,教师是很容易对现状妥协的。因此,要特别提倡关注最长远的人生目标。教师职业生涯目标规划是教师职业生涯规划的核心。一个人事业的成败,很大程度上取决于有无正确适当的目标选择。生涯目标的选择,是继教育职业选择(工作方向选择)、教师生涯路线选择之后的目标选择。其抉择要以自己的最佳才能、最佳性格、最大兴趣、最有利的环境等条件为依据。

步骤6:制定行动计划与措施。马克思在《哥达纲领批判》中说过:"一打纲领不如一个实际行动"。在确定了教师职业生涯目标后,关键在于行动。没有达成目标的行动,充其量也不过是纸上谈兵、画饼充饥而已。这里的行动指的是落实目标的具体措施,主要包括教育教学实践工作、岗位培训、自学、向他人学习等一系列教师自身提高的措施。例如,为了达成目标,在工作方面,你采取什么措施以提高自己的教育教学效果;在业务素质方面,你计划怎样提高自己的教育教学能力;在人力资源开发方面,采取什么对策来开发自己的潜能……这些都要有具体的计划与明确的措施,以便今后操作检查。

步骤7:评估与反馈。影响教师职业生涯规划的因素很多,有的因素是可以预测的,有的因素却变数很多而难以预测。在这种情况下,要使教师生涯规划行之有效,就必须不断地对教师生涯进行评估和修订。其修订的内容应包括教师职业的重新选择,譬如重新选择学校、重新选择学校里的其他工作、重新选择该工作的不同岗位、重新调整该岗位的不同要求等。教师生涯路线和目标的重新选择、实施措施与计划的变更等,都需要评估和反馈,评估和反馈可使整个设计程序更趋向科学化。职业生涯规划的评估与反馈过程是个人对自己不断认识的过程,也是对社会不断认识的过程,是使教师职业生涯规划更有效的重要手段。[①]

二、避免职业倦怠

小学教师队伍因其对象特殊性、职业奠定性、外在的压力等多重因素的影响,容易出现职业倦怠倾向,并且一旦倦怠情绪和行为出现,会严重影响到教师个体行为与心理感受,降低教师群体对其自身职业的认同和自我发展的期望。因此,我们应该及时甄别出教师职业倦怠的表现并进一步消解,消除生涯发展规划障碍。

(一)教师专业发展进程中职业倦怠的表现与原因

根据费登伯格的理解,"倦怠是服务性专业的人员因工作时间过长,工作量过大和工作强度过高所经历的一种疲惫状态",马斯拉什(Maslach)把这种倦怠描述为"任职于需要连续的、紧张的与他人互动的行业中人们在经历长期连续压力下的一种行为反应。他们因不能有效缓解工作压力而产生情绪上的疲惫感,对顾客产生消极心态,以及认为自己在工作中再

---

① 程振响.教师职业生涯规划与发展设计[M].南京:南京师范大学出版社,2006:55-58.

也不能取得成就的挫败感"[①]。概括来说，职业倦怠就是个体不能有效地缓解工作压力或妥善地应对工作中的挫折，所经历的一种身心疲惫的心理状态。就具体表现来说，主要表现在三个维度：情绪衰竭、人格解体、个人成就感降低[②]。

1. 外在压力带来的情绪低落

情绪衰竭，是枯竭的个体压力维度，主要表现为教师个体情绪和情感处于极度疲劳状态，个体完全丧失了工作热情。相对于其他专业性职业来说，小学教师职业是最具活力的职业，与此同时，教育活动高度的复杂性和学校的特殊因素，也给小学教师带来高强度的心理压力。这种压力主要表现在沉重的工作负荷和外在评价的压力。在新时代的当下小学，特别是新课程改革之后在新的教育理念的引领下，教师已经不是单纯的知识传递者和信息提供者，而是具有学生的道德的引领者、学习的合作者、教育的组织者、家校的协调者等多重身份，社会赋予了小学教师更多的职业角色，直接导致教师工作负荷的加重。工作负荷主要体现在以下三方面。

第一是教学准备、活动组织等工作量较大。基础教育课程改革实施以后，小学阶段发生了重大改变，基础教育课程实现了课程功能的转变，努力体现课程结构的均衡性、综合性和选择性，加强课程内容与生活和时代的联系，改善学生的学习方式，这些变革给小学教师的课堂教学准备工作和活动实施带来了全新的挑战，过去"一次备课打江山"的应对模式失效，需要教师持续性地更新理念，变革传统教学方式，新信息技术的应用和流媒体的出现，翻转课堂和微课等新教学手段的涌现，以及学生获取知识途径的扩展和信息素养的提升，学生带着各种资源和背景知识来到课堂，"舞台上智者"的角色已不适应。需要教师变革教学方式、开展校本研究、提升监控组织能力，变革就需要小学教师做出大量的课外准备，无形中增加了教师的负担。其次是由于小学教育是综合性课程，尽管越来越多的职前教育培养目标是全科教师，但是囿于师范大学的师资和平台，小学教育的专业教师缺乏把"多种学科知识进行综合，把关于生活与世界的完整知识传授给学生"的能力，仍没有做好应对全科的准备。现实的小学教育的课程形态仍然是相互分离的学科课程，在教学实践的本质上仍然是"分科教学"，小学教师就需要接受"语数外通吃，德音体美全扛"的教学任务，"不得不教自己没有受过训练的课程"[③]，成为小学教师"工作负荷"的重要内容之一。

第二是学生的有效发展和教育绩效评价的困扰。教师专业发展的最终目的是指向学生的发展，因此，全体学生是否获得有效发展是教师面临的重要任务之一。"有些学生的成绩总是跟不上""个别学困生的工作难做"是小学教师常常面临的现实性难题。由于小学生的年龄和心理特征，纪律问题对小学教师教学效率影响很大，学生管理日益困难也是小学教师职业倦怠的重要原因。根据2006年修订的《中华人民共和国义务教育法》第二章第十二条

[①] 杨秀玉，等.教师职业倦怠解析[J].外国教育研究，2002，9(02)：56-60.
[②] Maslach C Understanding burnout: Definitional issues in analyzing a complex phenomenon [A]. In Paine WS, editor. Job stress and burnout. Beverly Hills [C], CA: Sage, 1982: 29-40.
[③] 蔡金花.广州市天河区小学教师职业压力调查分析[J].华南师范大学学报(社会科学版)，2004(06)：154-156.

"适龄儿童、少年免试入学。地方各级人民政府应当保障适龄儿童、少年在户籍所在地学校就近入学"规定,义务教育阶段实施免试入学,教育部进一步规定"地方各级教育行政部门和公办、民办学校均不得采取考试方式选拔学生。公办学校不得以各类竞赛证书或考级证明作为招生入学依据"[1],但学生的考试及其衍生的教师绩效评价并没有发生根本性的变革。学困生的成绩如何提高,所任学科的班级成绩如何改善,如何应对家长对学生的较高期望等问题仍然是小学教师必须直面的现实性难题,评价仍然是小学教师的重要压力源。

第三,教学之外的事务性活动较多。小学教学工作的繁琐,教师承担越来越多的教学之外的事务。除了教学和班级管理等本职性工作之外,小学教师还要协助领导处理好部分行政和家长工作。特别是随着课程改革的深入,全新的教育理念和现代多媒体技术的不断涌现,各种教育检查、评比、考核、示范项目越来越多,使得原本承担教书育人角色的小学教师耗费大量精力处理教学的外部性工作。这些巨大的压力对教师的身心健康造成一定程度的威胁,容易导致教师的职业倦怠,甚至会进一步引发教师离职的负面结果。从结构功能主义的角度讲,这种压力产生的倦怠是专业人员不可避免的困境,凯尔尼斯(kelnis)认为专业人员既要面对来自科层制的行政系统的挑战,同时又要竭力提供基本的助人服务,在实行科层制的公共机构里,行政管理者和职员之间的冲突不可避免,专业人员必须学会调整这种冲突以使自己更有效地发挥作用。[2]

2. 人际疏远招致的人格特质消解

人格特质消解,是枯竭的人际关系维度,主要表现为教师以一种消极的、被动的态度和情感去对待自己身边的同事、学生和家长。

尽管这些年来关于教师合作与发展的议题逐渐明显,但教师的工作形式从根本上来说仍然是一种独立性工作。劳蒂(Lortie)在《学校教师的社会学研究》中关注了教师职业发展中的生态模式,把教室描绘成细胞状结构,学校和课程都是相对分离而非依赖的组织,这点明了教师职业的独立性特征,但同时也鲜明地指出教师之间的不合作及教师职业存在较低的工作依赖性。[3] 这种较低的合作性是容易招致小学教师职业倦怠的诱因之一,教育生活现实情境也是教师人格特质消解的真实表现和背后推手。当下以学生成绩作为量化指标评判教师的教学水平与表现激化了教师之间的正常竞争,容易导致过分追求班级名次和荣誉的不良竞争,合作交流、共享互助的理念在你追我赶中受到抑制,导致教师时刻处于精神紧张亢奋的状态,防备和冷漠笼罩着教师个体,最终导致教师以消极心态审视同行职业,最终产生职业倦怠。

教师和学生之间出现人际关系问题主要原因在于学生是教师教育活动中的主要对象,

---

[1] 教育部.关于进一步做好小学升入初中免试就近入学工作的实施意见[EB/OL].(2014-01-14)[2019-09-30] http://www.moe.edu.cn/publicfiles/business/htmlfiles/moe/s3321/201401/163246.html.
[2] 杨秀玉.西方教师职业倦怠研究述评[J].外国教育研究,2005,11(32):67-71.
[3] [美]丹·克莱门特·劳蒂.学校教师的社会学研究[M].饶从满,等,译.北京:人民教育出版社,2011:13.

而当下城市小学班级规模的扩张导致教师工作压力变大,疲于应付学生管理工作。大容量的班级规模使得小学教师不能关注到每一个学生,势必会造成教师忽视部分学生进而招致师生关系紧张。在乡村学校中,小学生的流失又使得教师感到教育没落的工作荒芜,无法点燃其对学生发展的激情。限于小学生的自我管理能力比较弱,需要教师承担更多的学生成长管理责任。譬如学生的安全问题和后进生的转化工作,但这一问题又受到多方面因素的影响,需要家校合作才能持续性推进,家长在配合教师工作方面仍存在一些不足,把教育的责任推给教师,寄予学校的期望过高。突发事件发生后,学生和家长不能以公正的态度去客观地评价教师的行为与责任,无法冷静有序地化解危机,导致教师和家长之间的关系更为紧张。

3. 自我效能感降低引发个人成就感低落

个人成就感降低,是枯竭的自我评价维度,表现为个体对自己工作的意义和价值的评价下降,对自我效能的信心下降,时常感觉到无法胜任,从而在工作中体会不到成就感,积极性丧失,不再付出努力。个人成就感来源于教师个体预设教育目标与达成度感知之间差距的主观判断,既有认知成分也包括情感体验,自我效能感直接影响着个人成就认知的高低。如果说压力和人际关系导致教师职业倦怠属于外在困扰,那么个人成就感低落则是小学教师从内心对工作意义和价值体认的衰减。"作为一名小学教师,我能否胜任我的学科?我是否排解了学生学习和行为的困难,激发了学生内在的学习动机?我是否有能力积极有效地影响和改变我的学生?我要做一名什么样的教师?"随着小学教师在职业初期的热情和豪迈褪去,日复一日的教学平淡生活使他们感觉到教育工作中不再有什么激动人心的事情值得去做。无法给学生的发展带来更大的变化,而教学职业给自己带来的薪水和社会回报也少之又少,直面社会和学生家长对教师的高希望和要求,学生的有限发展,繁重的工作任务,沉重的教师角色负担和教师角色冲突,较低的工资收入,时间和资源的困难等诸多阻碍,对教师职业的体认逐渐下降,教学又退守到一份谋生职业的原始状态。较低的自我效能感使得教师在面临挫折的时候就会采取回避或者归因于外在因素的妥协做法,把教育活动的失败归结为外在因素,自我感到无能为力进而产生焦虑、逃避的退缩行为。

(二) 职业倦怠消解的路径与策略

小学教师专业发展历程中职业倦怠不可避免,教师的疲惫和倦怠已经成为这一职业发展中的突出性问题。在制定教师专业发展规划进程中必须消除职业倦怠。小学教师职业倦怠的压力来源是多样的,既与学校组织层面的制度和环境等因素有关,也与专业结构中的他人如领导、同事、家长和学生有关,还与教师个体如专业能力、人格特质和职业追求等内在因素有关。在外在制度体系渐进性变革的条件下,教师个体主观层面的自我变革是职业生涯发展的重要推动力。

减少教师职业倦怠,可以从三个维度着手,第一就是个人维度,改变自己的认知,正确认识小学教育工作的复杂性,要把工作的烦杂和琐碎看成工作的刺激和挑战,不要因为不恰当的期望和努力失败产生职业倦怠。检视压力源,面对困难的问题,不用逃避,而是积极面对探寻问题解决的思路。当发现自己有职业倦怠的征兆时,应勇于面对现实、正确认识职业倦怠的症状,主动寻求同事和校长的帮助,积极表达自己的意见,遇到困难学会倾诉,敢于提出和不断完善自己的意见并设法加以化解。劳逸结合,合理化或重新解释压力情境,通过锻炼、娱乐等改变环境的方式使压力减轻。

第二个维度就是组织维度,学校和社会应为小学教师提供更为宽容的发展环境。改善工作的环境、提供培训机会、给予教师更多理解和包容、加强对教师健康的关注等。学校需要建设健康向上的学校文化与营造和谐的校园氛围,让教师更多地参与决策;增加教师之间书面或口头的交流;对教师的努力表示认可并支持教师正在从事的工作;鼓励教师尝试新的事物;对一些政策提供清晰的指导;保护教师使其摆脱家长、政界人士等的不合理要求;发展教师的支持团队;鼓励教师参加在职进修课程的学习;提供教师改变日常教学惯例的机会;在教师家庭与学校之间建立更多的联系;给教师时间使其投身于一些革新项目等。[①]

第三个维度是个人和组织维度的交互,譬如说教师角色问题、教师的组织参与、个人或者环境的适切性等。如果说仅仅关注教师自身,可能暂时化解倦怠的危机,后续依然面对诸多困难,安慰劝勉可能的确会减轻教师的担心与忧虑,但是却无力改善教师个体对工作满足感与教师职业的组织承诺。同时,正因为教师职业工作的复杂性,在减轻教师职业倦怠过程中还需有组织外的视角,即学校组织机构之外包括整个教育体系在内的更大的组织机构,因为教师感受到的更大的压力通常是来自组织外部的而非组织内部的——社会和环境层面。在组织层面,赋予教师更多的专业自主权与更大的自由度,并且为教师提供更多参与学校决策的机会,这将有助于激发教师的工作热情与动力,从而使教师具有更强的责任感与归属感。家庭和朋友的支持是社会支持最为常见一种资源,其次是同事的支持和领导的支持。其中,领导的支持对教师减轻压力,缓解情绪衰竭最为有效,家庭和朋友的支持则可以破解人格衰竭。因此,我们需要规划一个多重的减压路径降低教师的职业倦怠,预防和治疗并用,通过消除或淡化职业倦怠的影响来减轻教师压力,在遭受压力之后设法分散压力或减小压力。

三、提升职业幸福

对幸福感的强调来源于教师群体职业倦怠的负面影响,倦怠和幸福感是教师教学工作的两个侧面,此消彼长。避免倦怠的一个重要突破口即帮助教师体会到职业的幸福。职业幸福,既包括人们对个人生活质量的自我感知的比较私人化的体验,譬如,我对生活是否感到满意? 我的生活有诗和远方吗? 也包括情感和认知的成分,即持续性的情感反应和生活满足感。[②] 制定教师的生涯发展规划,不仅仅是帮助教师进行经验的积累和技术的精进,还需要从一个更加上位的层面探寻本质性的追求,即探寻教育意义上的价值——如何致力于

---

① 杨秀玉. 西方教师职业倦怠研究述评[J]. 外国教育研究,2005(11):67-71.
② Dunn, D. S. Teaching about the good life: Culture and subjective well-being[J]. Journal of Social and Clinical Psychology,2002,21(02):218-220.

培养一位完人、建构一个完美的社会并创设一种美好的生活。提升教师的幸福感和生活品质,把过去关注的重点从学校绩效和学生发展转向教师自身,这是一个时代的召唤。

(一)明白作为一名教师我是谁

过去我们在教师培养和教师生涯发展指导时,更多关注教师的技能提升,但技能的熟练或提升是教师专业发展的必要不充分条件,有些教师并没有通过经年的技术熟练而达致一种愉悦幸福的状态,"教得越久,内心越感到一种深深的失望"[1]。造成这种现象的重要原因在于过去我们教师发展研究和教师生涯规划一直主要是以"教师作为教师"为研究对象,而相对忽略"教师作为人"的这一面[2],更多的是从认识论层面来剖析和理解教师。教师的职业幸福,是一种本体论层面的体认,是超越认识论层面的提升与改进。这种本体论层面的体认,通过自我研究实现对教师职业的专业认同,如果教师没有明晰对专业的高度认同,就无法体会到这一职业所带来的幸福与喜悦。教师生涯发展规划制定过程中不可或缺的一项就是提升"作为一名教师意味着什么的自我意识",探寻教师个人的存在,充分实现专业转换,从根本上厘清"作为专业人员我们是谁"。"教师是谁"哲学省思的关切就在于帮助教师察觉到自我,为成为专业人员打开一条新的通道。教师专业发展的重心应该以获得知识技能为基础转向教师个体对自己教学的一种理解。

思考"作为教师我是谁",就像是一个返乡的陌生人自我回溯,以质疑审视的眼光来看待所熟悉的人和事物,教师应该具有这样的批判意识,能仔细观察并质疑已经被认为理所当然的一切人为的图式,他的教学可能变成充满其个人生命并向其学生及世界敞开的蓝图,他将会对推陈出新的真实进行源源不断地解释,找到比过去更有活着的感觉。[3] 反思是一种特殊的思考形式,但是并非所有的思考都是反思,反思的关键在于通过回望达到一种对本质的觉悟。[4] 教师的本体论反思就是激发教师对其职业的思索,以期许教师探寻"我是谁"的核心要素。

> **知识链接 7-5**
>
> ### 作为一名教师我是谁?[5]
>
> 作为一名教师我是谁,我是如何变成今天的教师,影响我职业发展特别是专业理解的主要社会因素是什么?我是如何归纳出我的世界观的基本特征的以及他们如何与我专业

---

[1] Xin, M., MacMillan, R. B. Influences of workplace conditions on teachers' job satisfaction[J]. Journal of Educational Research, 1999,93(01):39-47.

[2] 饶从满.教师发展若干基本问题辨析[J].中国教育学刊,2009(04):83-86.

[3] Maxine Greene. Teacher as Stranger: Educational Philosophy for the Modern Age [M]. CA: Wadsworth publiishing company, 1973:270.

[4] Fred A. J. korthagen, Linking Practice and Theory the Pedagogy of Realistic Teacher Education [M]. London: Lawrence Erlbaum Associates, Inc., 2001:120.

[5] Ardra L. Cole, J. Gary Knowles, Researching teaching: Exploring teacher development through reflexive inquiry. [M]. Needham Heights: Allyn Bacon, 2000: 23-24.

自我和专业实践相互影响与共鸣？我对教师教育和专业发展的基本观点是什么？

我对学校和课堂最基本的理解是什么？这些观点的根源是什么？我如何与身处其中的工作制度遥相呼应？体制的目标和过程又如何影响我的发展？

形塑学校和课堂经验本质的最基本的社会、文化、政治、历史因素与事件是什么？这些影响因素是如何在日复一日的教学概念中消失的？这些因素如何影响教师自我概念的发展？

我的学生是谁？我是如何理解作为学习者的学生的？他们对学习的社会化偏爱如何影响我的专业实践？我是如何理解学生的学习需求、学习愿望和学习目标的？作为一名教师，我的需求是什么？我如何实现我的学习需求？对于专业需求，同事是如何理解的？

我到底教了什么？我专业工作的特征是什么？我是如何教的？我与同事合作的特征是什么？其他人如何评价我的工作？哪一种教学方法最适合我的学生和我自己？我的专业愿望是什么？我如何向亲密的同事和管理者告知我专业发展的需求？

我如何持续性地促进我的专业和教育学发展？我如何以持续的方式探究我的教学？如何以持续性探究促进专业发展？我是如何思考传统在职教育的？我是如何回应专业发展的机会的？

陌生人的观点会带来某种敏锐，这种敏锐不太可能在一个已经受制于熟悉而思想钝化的人身上发现。"对作为一名教师应该做什么，为什么这样做的自我追问可能使教师觉得不太自然，但是当教师开始确证并且接受自己的行为和动机，教师就更加理解教学的复杂性，也就更能坦然地以变革和多维视角审视自己"[①]。这是教师走向幸福的重要前提，"无论我们意识到与否，最大的耻辱莫过于我们不是我们自己，最大的自豪与幸福莫过于思考、感觉、表达属于我们自己的东西"。做一名幸福的小学教师，努力在认识自我中改造自我和成就自我，不断塑造和彰显属于自己的特色和风格，在自我澄清当中品味和体会幸福。

（二）引领学生走向幸福人生

苏霍姆林斯基曾经说："理想的教育是培养真正的人，让每一个从自己手里培养出来的人都能幸福地度过一生。"这就是教育应该追求的恒久性、终级性价值。教育的目的是培养一种完人，引领人们过上有意义的幸福生活。教师可以帮助我们完成更为艰巨的任务——改变思维方式和世界观。"作为教师我是谁"的哲学追问不是天马行空式的冥思与苦想，这是一场在充满复杂与挑战的日常世界中的"思考已知及价值判断"的活动。教师的责任在于使其自我与那些深受影响的人，获得自我的解放，教师进行哲思并期望成为积极存在于生活世界的人，必定源自于他对他的学生能够在生活世界中做出专业判断和自我实现的期望。

---

① Mary Louise Holly and Caven S. Mcloughlin. Teachers as Professionals: Perspect on Teacher Educational Development [M]. East Sussex: The Falmer Press, 1989: 288.

教师的核心关怀在于帮助年轻学生形塑其概念,展开其对世界的看法。教师必须帮助学生开发其认知能力,帮助学生学会如何思考、发现及探索当下世界。

引领学生走向幸福,具体内容体现为为学生未来的幸福生活奠基。教育的意义不在于传递知识和生活技能,而在于通过教师自己的行为唤醒学生心灵的激荡,进而激发他们自由的选择而实现其自我的存在。教师的职责乃至教育的任务,就是探寻个体如何为其自身做出睿智而又真实的选择的真谛,就是让学生学会用概念性工具、自我尊重和选择机会来装备自我,在特殊的复杂情境下践行他所判断为真的决定。教师的职责就在于解放人类,让人们自由地自我抉择,在自我的选择中成为自我。

首先,激发学生的全部潜能,让学生成长为顶天立地的自我。赋予学生诠释他们自身经验的机会与能力,引导学生意识到个体在成长道路上自我确立过程中所扮演的角色,也帮助学生成为一种顶天立地的自我,教师运用的有效手段就是通过对这种经验的解释和澄清协助学生生发意义学习,借此促成学生对"我"的充分觉知,发挥学生认识自我和知觉自我的主观能动性并为激发这种自觉提供可能。其次,培养学生建立专业判断能力和批判意识基础上的实践能力,帮助学生能够辨识生活和社会的不足,辨别真善美与假恶丑,并积极地改善和变革生活和社会中的不如意。帮助学生学会在生活的处境中自由抉择,培养学生具备迷路知返、歧路自规的自我修正和导向能力,力争协助学生过一种幸福的教育生活和完美的现实生活。帮助学生对他自己及其可能性有主体的觉知,能在其生活的情境中自由地选择,自由地创造自己。从价值论的方向看,教师就是那个"在学生身上唤醒其沟通自我的需求与能力,并且以其方式将学生带至更澄明的存在"[①]的那个使者。指向未来幸福的教育就要求教师关注学生的可持续性发展的核心素养,在知能基础上的上位发展需求,能够适应终身发展和社会发展需求的必备品格和关键能力。著名语文教育专家窦桂梅老师通过对其语文课堂的变革,将语文学习转移到天地大课堂当中,激发学生感悟语文、品味生活,尽情发挥学生生命中的潜力。

> 🎓 **知识链接 7-6**
>
> **超越课堂: 窦桂梅老师的三个超越**[②]
>
> 我是在农村长大的。少年的学习生活,可以说是"两耳不闻窗外事,一心只读考试书",其结果夸张点说是"悠悠六年里,肚中空如洗"。现在,我成为了为学生生命奠基的教师,我时时提醒自己:教育的蓬勃发展告诉我们,今天的学生再也不能像我那样活。我们知道,学生的童年只有一次,他们的生命不能等待。作为教师,应该让学生在课堂的40分钟里生命得以增值。信息时代的到来,世界日新月异的变化,坐在课堂上已经不是唯一的学习渠道。

---

① Friedman, M., The Existential Man: Buber [A]. Nash, P., Kazamias, A. M., Perkinson, H. J. The Educated Man: Studies in the History of Educational Thought [C]. N. Y.: John Wiley, 1965: 363-388.
② 窦桂梅. 为生命奠基——谈语文教改的三个超越[EB/OL]. (2017-07-12)[2019-03-26] http://www.cjedu.cn/newsInfo.aspx? pkId=28296.

> "课堂小天地,天地大课堂",应该让学生懂得:在课堂上要好好学语文,生活就是语文学习的课堂,语文学习就在广阔的天地里,生命的成长中。
>
> 如何加强学校、家庭和社会对语文教育的影响,使学生在广阔的语文天地中获得多方面的滋养?在"大语文观"的指导下,我努力探求语文教育"整体大于部分之和"的系统效应,尽可能地去开展丰富多彩的语文实践活动,引导学生去直面精彩纷呈的生活场景。课上,我们一起讨论读书的心得,讨论西部开发、腐败现象、庸俗文化,一起和大师对话,和专家讨论素质教育,听教授的专题讲座;课下,我们组织红领巾志愿者服务队,到部队进行夏令营活动,到农村去体验生活,和学生一起滑雪,玩老鹰捉小鸡的游戏。当然,最重要的还要引导学生把看到的、听到的、感受到的活生生的社会现象及生活内容,带入自己的课堂,写进自己的考卷。把生命的内在感悟转化为一种精神产品。智慧与创造就表现在学生的手指尖上:从他们自己动手编辑的《萌芽文集》《创造文集》到《诗词配画文集》《信息资料文集》;从《感悟文集》《心灵日记》,到在诸多语文报刊上发表的文章及省教委为他们出版的 10 万册《爱与爱的交流——窦桂梅学生作文选》……这一项项的创造,让学生把生命中的潜在表现力尽情地释放了出来。

引领学生走向幸福生活,还体现在当下,即为学生今天的幸福生活奠基。让幸福这一教育目的活在教育工作者心中,活在教育活动中,让学生在接受教育的过程中切身体会到幸福。引领学生走向幸福,就是让学生个体在主观感受和客观的实践中体察到幸福,在个人努力和团队协作中追求着幸福,在意义的实现和人生发展中感悟出幸福,在教育引领和自我反思中提升着幸福。幸福在这里不仅变成教育的目的,还是教育活动开展的一种有效手段,"幸福作为教育目的的重要意义在于它有助于复兴那种完整意义上的、知识情感交流共在的教育教学活动"[1]。对于教师来说,引领学生走向幸福的教学生活是丰富和多元的,它超越过去单一的知识传递和技能训练,通过知识的体悟、能力的培养和心理的培育,形塑学生稳健积极的心态与优秀的人格,奠定学生为未来幸福人生努力奋斗的智识、激情、意志和本领的根基。学生全面发展观就可以作为实现日常幸福教学具体途径的上位指南,来看我们的教育活动是否指向了学生在"文化基础、自主发展、社会参与"层面的发展,是否蕴含着引领学生达致"人文底蕴、科学精神、学会学习、健康生活、责任担当、实践创新"的教育目的。窦桂梅老师不仅把语文课堂延伸到课外,还进一步走进学生的内心,引领学生和家长就真实的生活展开心灵的对话,激发学生与教师开展心灵对话,这种基于当下真实生活的教育教学活动孕育了道德力量和精神的共鸣,奠定了学生幸福成长的重要基石。

---

[1] [美]内尔·诺丁斯.幸福与教育[M].龙宝新,译.北京:教育科学出版社,2009:4.

> **知识链接 7-7**
>
> **超越课堂：窦桂梅老师的三个超越**[①]
>
> 超越课堂，不光把语文从课堂延伸到学生的生活活动中，还要触及到学生的心灵里。我们开展了家长和孩子的心灵对话活动。家长在来信中讲述自己的求学经历、少年生活、工作压力、下岗困惑、母子情深和父子隔阂……学生的回信，家长看后抑制不住内心的激动，又回信交流读后感。感情的交流，加深了两代人心灵的碰撞。一位家长用 1300 多字讲了自己的经历和感想，讲了自己自幼患小儿麻痹，参加高考超出录取线 35 分但未被录取，现在下岗在家的遭遇。他没有被生活的重重打击击倒，仍然顽强地自学了中文函授的专科和本科，还学会了雕刻和画画。这位家长拖着残疾的双腿来到学校后说："老师，那天您念完信后，儿子回家，眼睛含着泪水，他把我开的小吃部里的小餐桌擦了一遍又一遍，晚上还特意提醒我，明天早晨他要和我一起去早市买菜，我哪舍得让他去呀！这些年，我儿子不让我来开家长会，怕我让他没面子，在人多的地方他从来不喊我爸爸。你知道吗，我看了儿子的回信后很激动，他在信中说：'爸爸，以前我错了，现在我觉得您比谁都伟大！'你们搞的活动，不光是教孩子学语文、学作文，而是在教孩子做人呐……"家长流泪了，我也流泪了。来信的家长虽然来自不同的文化阶层，有不同的差异，对孩子的回信虽然有不同的理解，有不同的见解，但这真实和真情的交流所凝聚成的，却是共同的道德力量，共同的精神力量！
>
> 后来，我们班又开展了教师和学生的心灵对话。我给每一个学生写了一封 2000 字左右的长信，用 6 年中发生的真实故事，述说每个学生的性格、特长、优缺点等，我在信中谈看法，述说我们朝夕相处的感悟……学生看后纷纷回信。一封封含着浓浓的情、带着滚烫的泪的回信，让我的心伴着幸福的泪飞翔。省教委又为学生们出版了《我们一起成长——一位老师和她的学生的心灵对话》。学生们在毕业留言中这样写道："也许再过 20 年，这份精神礼物的意义才能真正显现出来。老师，在 2000 多个校园生活的日子里，您不是站在人生的高峰上召唤我，而是手拉着手、肩并着肩，和我们一起经历风雨、享受彩虹、攀登人生阶梯，高唱生命的同一首歌！"我当然知道这是学生对我们当老师的鼓励，不过，还有什么能比得了此时的幸福呢！
>
> 超越课堂，语言已不只是作为交流情感和思想的工具，语言更是人的生存空间、生存条件和存在方式。学生的生活活动、情感活动、心灵活动等所有的生命运动，都是语文学习的过程。

实际上，学校生活是学生获得幸福的重要领地，问题的关键在于作为教师能否尊重学生的兴趣和选择，能否给学生以热情的鼓励，能否关注学生心智的成长和人格的完善。正如联合国教科文组织在 2015 年《反思教育：向"全球共同利益"的理念转变》所强调的，"维护和增

[①] 窦桂梅.为生命奠基——谈语文教改的三个超越[EB/OL].(2017-07-12)[2019-03-26] http://www.cjedu.cn/newsInfo.aspx?pkId=28296.

强个人在其他人和自然面前的尊严、能力和福祉,是二十一世纪教育的根本宗旨,新的教育观应该包括培养学生学会批判思维、独立判断和开展辩论"[1]。

(三) 过一种幸福完整的教育生活

幸福,是一种主观体验,带有很大程度的经验性质,但这一类似"感觉"的体认对教师来说至关重要,主观性体验却能够激发巨大的客观控制力,帮助教师对自己的工作甚至是自我发展的未来产生一种强有力的掌控力,是教师摆脱倦怠走向安详的重要通道。幸福感要求的是身心之间的和谐。它意味着在生活中各个维度所具有的幸福感和舒适度。幸福感的范围非常广阔,包括生理幸福感、情绪幸福感、心智幸福感和精神幸福感。[2] 生理幸福是前提,也是一个最后的挑战,教师个人及学校首先应该考虑教师的健康问题,它是直接影响到教师作为个体而非作为教员能否幸福存在的关键。情绪幸福,则体现在日常教学的具体情境中,相对于生理强调个体,情绪幸福则更贴近教师日常工作的状态,譬如那些令人焦虑的学生和班中落后的成绩。合理控制情绪帮助教师更好地应对生活中的改变,发展良好的人际关系、心理感受和心灵的幸福感,使教师的工作更加有效,深刻地影响着教师的人生观和价值观。心智幸福感的提升很大程度来源于我们前面所分析的专业成长和个人成长的获得感。最后且最重要的就是提升教师的精神幸福感,对于精神幸福感,每个教师都应该有属于自己的理解,它可以帮助我们摆脱束缚、创设自由的生活,使我们在追求美好事物的同时,拥有自我认知和自我批评的能力。它为我们在生活中产生追求、意义、勇气与和平提供了动力,它每时每刻都存在,但却超越了我们所见所感的范围。

幸福教育生活理念也在中国大地上生根发芽,朱永新教授从 2000 年开始发起了"新教育实验"。历经 15 年的发展,已经拥有 60 个实验区和 3 000 所实验学校,打造了一个缔造幸福教育生活的民间教育改革样本。通过五大理念、十大行动(五大理念:与人类的崇高精神对话,教给学生一生有用的东西,相信师生的潜力无限,重视教师状态,倡导成功体验,强调个性发展、注重特色教育;十大行动:营造书香校园、师生共写随笔、聆听窗外声音、培养卓越口才、构建理想课堂、建设数码社区、推进每月一事、缔造完美教室、研发卓越课程和家校合作共育),以及"晨诵午读暮省"的生活方式,听读绘说、生命叙事剧等创新课程,职业认同加"三专"模式的教师成长等,努力改变学生的生存状态,改变教师的行走方式,改变学校的发展模式,让教师和学生探索真正符合教育规律的幸福教育。[3]

---

[1] 联合国教科文组织.反思教育:向"全球共同利益"的理念转变[M].联合国教科文组织总部中文科,译.北京:教育科学出版社,2017:24-25.
[2] [英]Elizabeth holmes.教师的幸福感——关注教师的身心健康及职业发展[M].闫慧敏,译.北京:中国轻工业出版,2006:2.
[3] 朱永新.过一种幸福完整的教育生活:新教育实验的缘起、发展与愿景[J].中国教育学刊,2015(06):1-5.

> 知识链接 7-8

过一种幸福完整的教育生活——新教育十大行动[①]

（1）营造书香校园。创设读书氛围，开阔师生视野，促进师生发展。特别是"图书漂流"活动，书香的流动变成了家校之间心灵互动的精神交流。要求小学生在小学 6 年内读完 100 本课外书、聆听 60 场精彩报告、写完 600 余篇日记、每月都要做一个 10 分钟演讲、师生网上都有一个家、6 年学一项有用的技能。有了这样基础的学生到了初中、高中，再引导他们阅读 100 本必要的文学经典和哲学著作。

（2）师生共写随笔。倡导师生立足于每一天的教育、学习生活，在写随笔的过程中，体验生活，反思自己，促进自我超越。通过教育日记、教育故事、教育案例分析等形式，记录、反思师生的日常生活，促进教师的专业发展和学生的自主成长。

（3）构建理想课堂。主张把握理想课堂的"六个度"：一是参与度，二是亲和度，三是自由度，四是整合度，五是练习度，六是延展度。提出了课堂教学的三重境界：第一重境界：落实有效教学框架——为课堂奠定一个坚实的基础；第二重境界：发掘知识这一伟大事物内在的魅力；第三重境界：知识、社会生活与师生生命的深刻共鸣。

（4）聆听窗外声音。开展学校报告会活动，充分利用校外的教育资源，引导学生关心社会，激发学生形成多元的价值观，培养他们创造的激情。使各种烙印改变着学生的人生态度，提升着学生的生命价值，同时也带给社会以纯真、至善至美的教育希望。

（5）培养卓越口才。创立学生论坛，让孩子有当众说话的地方，"把话语权还给学生"，要让孩子思考，让孩子说话，让孩子讨论，让孩子争论，让孩子真正的"说起来"。

（6）建设数码社区。以"新教育实验"为基地，以"教育在线"（www.eduol.cn）为网络平台，加强各类数字化学习资源的整合和应用，建设家庭、学校、社区一体化的"数码社区"，可以让"新教育共同体"进行超越时空的学习与交流，促进全民学习、终身学习的学习型社会的形成。

（7）推进每月一事。要教给学生一生有用的东西——良好的习惯。从微笑开始，学会交往；从打球开始，学会健身；从吃饭开始，学会节俭；从演说开始，学会表达；从走路开始，学会规则；从植树开始，学会公益；从日记做起，学会毅力；从唱歌开始，让学生热爱艺术。心理学家认为，人的习惯养成一般要经过 21 天的重复练习，所以用"每月一事"的办法来培养习惯是非常好的途径。

（8）缔造完美教室。就是要让教室里的每个孩子穿越课程与岁月，朝向有德性、有情感、有知识、有个性、能审美等方面，训练有素又和谐发展，一天天地丰盈着、成长着。教室是个小社会，就会有社会的一切：道德规范、行为规则、规章制度、榜样底线……全都与这个社会同步建构而成。一间教室的名字，应该是教室文化的具体承载与体现，是班级成员的自我镜像，最终呈现的则是教室文化的整体构建，包括班徽、班旗、班歌、班诗、班训、班级

[①] 根据朱永新教授报告整理而成。

承诺(誓约)等,它们是一个有机的整体。

(9)研发卓越课程。在新教育的课程概念中,"起点"首先意味着人,意味着作为课程实施的具体对象学生,也意味着实施者自己;意味着教育要从受教育者那里开始,也意味着教师本人对于课程的理解。而"终点",则意味着课程目的的实现程度;意味着师生生命的发展程度;意味着社会与国家诉求的落实程度;而居于二者之间的,是历程、计划、设想、方法、途径、资源、评估、修正……简言之,在我们的课程意蕴中,起点处是活生生的人、是人的问题、是人的各种可能性;终点处还是人,是人的问题的解决、是人的幸福完整的实现。

(10)家校合作共建。一是让家长走进学校,成为教育管理的同行者;二是让家长拥有话语权,成为教育的评判者;三是让家长尝试作义工,成为自觉服务学校的志愿者;四是让家长了解学校,成为素质教育理念的宣传者;五是让优秀家长起到示范引领作用,成为先进教育文化的践行者;六是实施亲子共读工程,成为书香家庭、校园的建设者。

正如朱永新教授所说的,"每个人过幸福完整的教育生活,我们提出这个问题不仅仅是教育中期的思考,还有对当下的担忧和不满,现在很多孩子失去凝望世界的明媚,失去尝试成功的勇气和感恩。我们反对以牺牲孩子当下幸福为代价,如果孩子在童年没有幸福快乐的体验,他的人生就蒙受永远的阴影,而一个教师不能够体验教育职业带给他们尊严和幸福,他就永远不会有真正的教育成就。一位教师只有真正体验这个职业带给他的满足、尊严和幸福,他才会有职业上的成就",真正的幸福教育生活在哪里,就在让自己沉醉的教师事业里。正如一位普通教师改编的歌曲中所唱到的,"幸福在哪里,朋友告诉你,不在教鞭下也不在分数里,它在诗意晨颂里,幸福不在灯下也不在题海里,在温馨的共读声里,它在快乐的共写里。幸福在哪里,不在霓虹下,不在酒杯里,在理想愿景中,幸福就在芬芳果实里。"[1]师生共同"过一种幸福完整的教育生活"是教师生涯发展的理想状态,也是学校教育变革的愿景和目标。

> **思考题**
>
> 1. 作为一名小学教师,如何处理个体发展与学校发展的关系?
> 2. 请根据你自己的实际与未来发展展望,制定一份作为小学教师的生涯发展规划。
> 3. 材料分析
>
> 教师是社会上普通的一员,虽然近年来教师的待遇在一定程度上有所提高,但多数生活并不富裕,有一定的经济压力。同时,全社会对教师这一职业的期望

---

[1] 朱永新:过一种幸福完整的教育生活[EB/OL].(2011-04-16)[2017-02-28] http://edu.sina.com.cn/zxx/2011-04-16/1540292282.sht-ml.

值在不断升高,家长因孩子成绩的不理想而责备甚至殴打教师的事还时有发生。因而,教师要耐心地面对社会的种种压力。另外,人事制度的改革,末位待岗制、教师资格社会化,学校内的学生和家长评定教师等制度的推行,在一定程度上给教师带来了压力,这也使得"不能得罪学生和家长"成了教师难以逾越的一道坎。

结合材料,尝试从教师个体和校长的视角分别谈谈可以采取哪些有效措施消解工作中的压力。

4. 案例分析

一位参加了新教育实验的小学教师在自己的日记中这样写到,"教室是什么?教室是愿景,是我们想要到达的地方,是决定每一个生命故事是平庸还是精彩的舞台,是我们共同穿越的所有课程的总和。我有一个朴素的理想,让每一个孩子都在教室里开花,让每一个孩子在清晨醒来的时候,对即将开始的一天充满期待和向往。让每个孩子结束回家时对教室充满了留恋和不舍。"的确,他的孩子是留恋和不舍的,这位老师的学生毕业以后每个星期都会回到教室里面,老师还给他们继续上课。"初中生还留恋小学时的教室。这些孩子走向哪里我不知道,我会尽我力量带向他们想走的路。心平气和不抱怨,我像一个农夫,静静地抵挡风雨,侍弄自己的农田,过一种完整的教育生活。"

什么是幸福的教育生活,每个人都有自己的理解,请结合实际,谈谈如何做一名幸福的小学教师?

扫一扫二维码
获取思考题 答案要点